SIGM. FREUD

GESAMMELTE WERKE

CHRONOLOGISCH GEORDNET

FÜNFTER BAND

WERKE AUS DEN
JAHREN 1904–1905

FISCHER TASCHENBUCH VERLAG

Unter Mitwirkung von Marie Bonaparte,
Prinzessin Georg von Griechenland
herausgegeben von
Anna Freud

E. Bibring   W. Hoffer   E. Kris   O. Isakower

Veröffentlicht im Fischer Taschenbuch Verlag GmbH
Frankfurt am Main 1999, November 1999

© 1942 Imago Publishing Co., Ltd., London
Alle Rechte, insbesondere die der Übersetzung, vorbehalten
durch S. Fischer Verlag, Frankfurt am Main
Druck und Bindung: Clausen & Bosse, Leck
Printed in Germany
ISBN 3-596-50300-0 (Kassette)

DIE FREUDSCHE
PSYCHOANALYTISCHE
METHODE

DIE FREUDSCHE PSYCHOANALYTISCHE METHODE

[handwritten: Kathartische Verfahren = Psychoanalyse]

„Die eigentümliche Methode der Psychotherapie, die Freud ausübt und als Psychoanalyse bezeichnet, ist aus dem sogenannten kathartischen Verfahren hervorgegangen, über welches er seinerzeit in den „Studien über Hysterie" 1895 in Gemeinschaft mit J. Breuer berichtet hat. Die kathartische Therapie war eine Erfindung Breuers, der mit ihrer Hilfe zuerst etwa ein Dezennium vorher eine hysterische Kranke hergestellt und dabei Einsicht in die Pathogenese ihrer Symptome gewonnen hatte. Infolge einer persönlichen Anregung Breuers nahm dann Freud das Verfahren wieder auf und erprobte es an einer größeren Anzahl von Kranken.

Das kathartische Verfahren setzte voraus, daß der Patient hypnotisierbar sei, und beruhte auf der Erweiterung des Bewußtseins, die in der Hypnose eintritt. Es setzte sich die Beseitigung der Krankheitssymptome zum Ziele und erreichte dies, indem es den Patienten sich in den psychischen Zustand zurückversetzen ließ, in welchem das Symptom zum erstenmal aufgetreten war. Es tauchten dann bei dem hypnotisierten Kranken Erinnerungen, Gedanken und Impulse auf, die in seinem Bewußtsein bisher ausgefallen waren, und wenn er diese seine seelischen Vorgänge unter intensiven Affektäußerungen dem Arzte mitgeteilt hatte, war das Symptom überwunden, die Wiederkehr desselben aufgehoben. Diese regelmäßig zu wiederholende Erfahrung erläuterten die beiden Autoren in ihrer gemeinsamen Arbeit dahin, daß das Symptom an Stelle von unterdrückten und nicht zum Bewußtsein gelangten psychischen Vorgängen stehe, also eine Umwandlung („Konversion") der letzteren darstelle. Die therapeutische Wirksamkeit ihres Verfahrens erklärten sie sich aus der Abfuhr des bis dahin gleichsam „eingeklemmten" Affektes, der an den unterdrückten seelischen Aktionen gehaftet hatte („Abreagieren"). Das einfache Schema des therapeutischen Eingriffes komplizierte sich aber nahezu allemal, indem sich zeigte, daß nicht ein einzelner („traumatischer") Eindruck, sondern meist eine schwer zu übersehende Reihe von solchen an der Entstehung des Symptoms beteiligt sei.

Der Hauptcharakter der kathartischen Methode, der sie in Gegensatz zu allen anderen Verfahren der Psychotherapie setzt, liegt also darin, daß bei ihr die therapeutische Wirksamkeit nicht einem suggestiven Verbot des Arztes übertragen wird. Sie erwartet vielmehr, daß die Symptome von selbst verschwinden werden, wenn es dem Eingriff, der sich auf gewisse Voraussetzungen über den psychischen Mechanismus beruft, gelungen ist, seelische Vorgänge zu einem andern als dem bisherigen Verlaufe zu bringen, der in die Symptombildung eingemündet hat.

Die Abänderungen, welche F r e u d an dem kathartischen Verfahren B r e u e r s vornahm, waren zunächst Änderungen der Technik; diese brachten aber neue Ergebnisse und haben in weiterer Folge zu einer andersartigen, wiewohl der früheren nicht widersprechenden Auffassung der therapeutischen Arbeit genötigt.

Hatte die kathartische Methode bereits auf die Suggestion verzichtet, so unternahm F r e u d den weiteren Schritt, auch die Hypnose aufzugeben. Er behandelt gegenwärtig seine Kranken, indem er sie ohne andersartige Beeinflussung eine bequeme Rückenlage auf einem Ruhebett einnehmen läßt, während er selbst, ihrem Anblick entzogen, auf einem Stuhle hinter ihnen sitzt. Auch den Verschluß der Augen fordert er von ihnen nicht und vermeidet jede Berührung sowie jede andere Prozedur, die an Hypnose mahnen könnte. Eine solche Sitzung verläuft also wie ein Gespräch zwischen zwei gleich wachen Personen, von denen die eine sich jede Muskelanstrengung und jeden ablenkenden Sinneseindruck erspart, die sie in der Konzentration ihrer Aufmerksamkeit auf ihre eigene seelische Tätigkeit stören könnten.

Da das Hypnotisiertwerden, trotz aller Geschicklichkeit des Arztes, bekanntlich in der Willkür des Patienten liegt, und eine große Anzahl neurotischer Personen durch kein Verfahren in Hypnose zu versetzen ist, so war durch den Verzicht auf die Hypnose die Anwendbarkeit des Verfahrens auf eine uneingeschränkte Anzahl von Kranken gesichert. Anderseits fiel die Erweiterung des Bewußtseins weg, welche dem Arzt gerade jenes psychische Material an Erinnerungen und Vorstellungen geliefert hatte, mit dessen Hilfe sich die Umsetzung der Symptome und die Befreiung der Affekte vollziehen ließ. Wenn für diesen Ausfall kein Ersatz zu schaffen war, konnte auch von einer therapeutischen Einwirkung keine Rede sein.

Einen solchen völlig ausreichenden Ersatz fand nun Freud in den Einfällen der Kranken, das heißt in den ungewollten, meist als störend empfundenen und darum unter gewöhnlichen Verhältnissen beseitigten Gedanken, die den Zusammenhang einer beabsichtigten Darstellung zu durchkreuzen pflegen. Um sich dieser Einfälle zu bemächtigen, fordert er die Kranken auf, sich in ihren Mitteilungen gehen zu lassen, „wie man es etwa in einem Gespräche tut, bei welchem man aus dem Hundertsten in das Tausendste gerät." Er schärft ihnen, ehe er sie zur detaillierten Erzählung ihrer Krankengeschichte auffordert, ein, alles mit zu sagen, was ihnen dabei durch den Kopf geht, auch wenn sie meinen, es sei unwichtig; oder es gehöre nicht dazu, oder es sei unsinnig Mit besonderem Nachdrucke aber wird von ihnen verlangt, daß sie keinen Gedanken oder Einfall darum von der Mitteilung ausschließen, weil ihnen diese Mitteilung beschämend oder peinlich ist. Bei den Bemühungen, dieses Material an sonst vernachlässigten Einfällen zu sammeln, machte nun Freud die Beobachtungen, die für seine ganze Auffassung bestimmend geworden sind. Schon bei der Erzählung der Krankengeschichte stellen sich bei den Kranken Lücken der Erinnerung heraus, sei es, daß tatsächliche Vorgänge vergessen worden, sei es, daß zeitliche Beziehungen verwirrt oder Kausalzusammenhänge zerrissen worden sind, so daß sich unbegreifliche Effekte ergeben. Ohne Amnesie irgend einer Art gibt es keine neurotische Krankengeschichte. Drängt man den Erzählenden, diese Lücken seines Gedächtnisses durch angestrengte Arbeit der Aufmerksamkeit auszufüllen, so merkt man, daß die hiezu sich einstellenden Einfälle von ihm mit allen Mitteln der Kritik zurückgedrängt werden, bis er endlich das direkte Unbehagen verspürt, wenn sich die Erinnerung wirklich eingestellt hat. Aus dieser Erfahrung schließt Freud, daß die Amnesien das Ergebnis eines Vorganges sind, den er Verdrängung heißt, und als dessen Motiv er Unlustgefühle erkennt. Die psychischen Kräfte, welche diese Verdrängung herbeigeführt haben, meint er in dem Widerstand, der sich gegen die Wiederherstellung erhebt, zu verspüren.

Das Moment des Widerstandes ist eines der Fundamente seiner Theorie geworden. Die sonst unter allerlei Vorwänden (wie sie die obige Formel aufzählt) beseitigten Einfälle betrachtet er aber als Abkömmlinge der verdrängten psychischen Gebilde (Gedanken und Regungen), als Entstellungen derselben infolge des gegen ihre Reproduktion bestehenden Widerstandes.

Je größer der Widerstand, desto ausgiebiger diese Entstellung In dieser Beziehung der unbeabsichtigten Einfälle zum verdrängten psychischen Material ruht nun ihr Wert für die therapeutische Technik. Wenn man ein Verfahren besitzt, welches ermöglicht, von den Einfällen aus zu dem Verdrängten, von den Entstellungen zum Entstellten zu gelangen, so kann man auch ohne Hypnose das früher Unbewußte im Seelenleben dem Bewußtsein zugänglich machen.

Freud hat darauf eine Deutungskunst ausgebildet, welcher diese Leistung zufällt, die gleichsam aus den Erzen der unbeabsichtigten Einfälle den Metallgehalt an verdrängten Gedanken darstellen soll. Objekt dieser Deutungsarbeit sind nicht allein die Einfälle des Kranken, sondern auch seine Träume, die den direktesten Zugang zur Kenntnis des Unbewußten eröffnen, seine unbeabsichtigten, wie planlosen Handlungen (Symptomhandlungen) und die Irrungen seiner Leistungen im Alltagsleben (Versprechen, Vergreifen u. dgl.). Die Details dieser Deutungs- oder Übersetzungstechnik sind von Freud noch nicht veröffentlicht worden. Es sind nach seinen Andeutungen eine Reihe von empirisch gewonnenen Regeln, wie aus den Einfällen das unbewußte Material zu konstruieren ist, Anweisungen, wie man es zu verstehen habe, wenn die Einfälle des Patienten versagen, und Erfahrungen über die wichtigsten typischen Widerstände, die sich im Laufe einer solchen Behandlung einstellen. Ein umfangreiches Buch über „Traumdeutung", 1900 von Freud publiziert, ist als Vorläufer einer solchen Einführung in die Technik anzusehen.

Man könnte aus diesen Andeutungen über die Technik der psychoanalytischen Methode schließen, daß deren Erfinder sich überflüssige Mühe verursacht und Unrecht getan hat, das wenig komplizierte hypnotische Verfahren zu verlassen. Aber einerseits ist die Technik der Psychoanalyse viel leichter auszuüben, wenn man sie einmal erlernt hat, als es bei einer Beschreibung den Anschein hat, anderseits führt kein anderer Weg zum Ziele, und darum ist der mühselige Weg noch der kürzeste. Der Hypnose ist vorzuwerfen, daß sie den Widerstand verdeckt und dadurch dem Arzt den Einblick in das Spiel der psychischen Kräfte verwehrt hat. Sie räumt aber mit dem Widerstande nicht auf, sondern weicht ihm nur aus und ergibt darum nur unvollständige Auskünfte und nur vorübergehende Erfolge.

Die Aufgabe, welche die psychoanalytische Methode zu lösen bestrebt ist, läßt sich in verschiedenen Formeln ausdrücken, die aber ihrem Wesen nach äquivalent sind. Man kann sagen: Aufgabe der Kur sei, die Amnesien aufzuheben. Wenn alle Erinnerungslücken ausgefüllt, alle rätselhaften Effekte des psychischen Lebens aufgeklärt sind, ist der Fortbestand, ja eine Neubildung des Leidens unmöglich gemacht. Man kann die Bedingung anders fassen: es seien alle Verdrängungen rückgängig zu machen; der psychische Zustand ist dann derselbe, in dem alle Amnesien ausgefüllt sind. Weittragender ist eine andere Fassung: es handle sich darum, das Unbewußte dem Bewußtsein zugänglich zu machen, was durch Überwindung der Widerstände geschieht. Man darf aber dabei nicht vergessen, daß ein solcher Idealzustand auch beim normalen Menschen nicht besteht, und daß man nur selten in die Lage kommen kann, die Behandlung annähernd so weit zu treiben. So wie Gesundheit und Krankheit nicht prinzipiell geschieden, sondern nur durch eine praktisch bestimmbare Summationsgrenze gesondert sind, so wird man sich auch nie etwas anderes zum Ziel der Behandlung setzen als die praktische Genesung des Kranken, die Herstellung seiner Leistungs- und Genußfähigkeit. Bei unvollständiger Kur oder unvollkommenem Erfolge derselben erreicht man vor allem eine bedeutende Hebung des psychischen Allgemeinzustandes, während die Symptome, aber mit geminderter Bedeutung für den Kranken, fortbestehen können, ohne ihn zu einem Kranken zu stempeln.

Das therapeutische Verfahren bleibt, von geringen Modifikationen abgesehen, das nämliche für alle Symptombilder der vielgestaltigen Hysterie und ebenso für alle Ausbildungen der Zwangsneurose. Von einer unbeschränkten Anwendbarkeit desselben ist aber keine Rede. Die Natur der psychoanalytischen Methode schafft Indikationen und Gegenanzeigen sowohl von seiten der zu behandelnden Personen als auch mit Rücksicht auf das Krankheitsbild. Am günstigsten für die Psychoanalyse sind die chronischen Fälle von Psychoneurosen mit wenig stürmischen oder gefahrdrohenden Symptomen, also zunächst alle Arten der Zwangsneurose, Zwangsdenken und Zwangshandeln, und Fälle von Hysterie, in denen Phobien und Abulien die Hauptrolle spielen, weiterhin aber auch alle somatischen Ausprägungen der Hysterie, insoferne nicht, wie bei der Anorexie, rasche Beseitigung der Symptome zur Hauptaufgabe des Arztes wird. Bei akuten Fällen von Hysterie wird man den Eintritt eines ruhigeren Stadiums abzuwarten haben; in allen Fällen, bei denen die nervöse Erschöpfung obenan steht, wird man ein Verfahren vermeiden, welches selbst Anstrengung erfordert, nur langsame Fortschritte zeitigt und auf die Fortdauer der Symptome eine Zeitlang keine Rücksicht nehmen kann.

An die Person, die man mit Vorteil der Psychoanalyse unterziehen soll, sind mehrfache Forderungen zu stellen. Sie muß erstens eines psychischen Normalzustandes fähig sein; in Zeiten der Verworrenheit oder melancholischer Depression ist auch bei einer Hysterie nichts auszurichten. Man darf ferner ein gewisses Maß natürlicher Intelligenz und ethischer Entwicklung fordern; bei wertlosen Personen läßt den Arzt bald das Interesse im Stiche, welches ihn zur Vertiefung in das Seelenleben des Kranken befähigt. Ausgeprägte Charakterverbildungen, Züge von wirklich degenerativer Konstitution äußern sich bei der Kur als Quelle von kaum zu überwindenden Widerständen. Insoweit setzt überhaupt die Konstitution eine Grenze für die Heilbarkeit durch Psychotherapie. Auch eine Altersstufe in der Nähe des fünften Dezenniums schafft ungünstige Bedingungen für die Psychoanalyse. Die Masse des psychischen Materials ist dann nicht mehr zu bewältigen, die zur Herstellung erforderliche Zeit wird zu lang, und die Fähigkeit, psychische Vorgänge rückgängig zu machen, beginnt zu erlahmen.

Trotz aller dieser Einschränkungen ist die Anzahl der für die Psychoanalyse geeigneten Personen eine außerordentlich große und die Erweiterung unseres therapeutischen Könnens durch dieses Verfahren nach den Behauptungen F r e u d s eine sehr beträchtliche.. F r e u d beansprucht lange Zeiträume, ein halbes Jahr bis drei Jahre für eine wirksame Behandlung; er gibt aber die Auskunft, daß er bisher infolge verschiedener leicht zu erratender Umstände meist nur in die Lage gekommen ist, seine Behandlung an sehr schweren Fällen zu erproben, Personen mit vieljähriger Krankheitsdauer und völliger Leistungsunfähigkeit, die, durch alle Behandlungen getäuscht, gleichsam eine letzte Zuflucht bei seinem neuen und viel angezweifelten Verfahren gesucht haben. In Fällen leichterer Erkrankung dürfte sich die Behandlungsdauer sehr verkürzen und ein außerordentlicher Gewinn an Vorbeugung für die Zukunft erzielen lassen."

ÜBER PSYCHOTHERAPIE

ÜBER PSYCHOTHERAPIE

Meine Herren! Es sind ungefähr acht Jahre her, seitdem ich über Aufforderung Ihres betrauerten Vorsitzenden Professor von Reder in Ihrem Kreise über das Thema der Hysterie sprechen durfte. Ich hatte kurz zuvor (1895) in Gemeinschaft mit Doktor Josef Breuer die „Studien über Hysterie" veröffentlicht und den Versuch unternommen, auf Grund der neuen Erkenntnis, welche wir diesem Forscher verdanken, eine neuartige Behandlungsweise der Neurose einzuführen. Erfreulicherweise darf ich sagen, haben die Bemühungen unserer „Studien" Erfolg gehabt; die in ihnen vertretenen Ideen von der Wirkungsweise psychischer Traumen durch Zurückhaltung von Affekt und die Auffassung der hysterischen Symptome als Erfolge einer aus dem Seelischen ins Körperliche versetzten Erregung, Ideen, für welche wir die Termini „Abreagieren" und „Konversion" geschaffen hatten, sind heute allgemein bekannt und verstanden. Es gibt — wenigstens in deutschen Landen — keine Darstellung der Hysterie, die ihnen nicht bis zu einem gewissen Grade Rechnung tragen würde, und keinen Fachgenossen, der nicht zum mindesten ein Stück weit mit dieser Lehre ginge. Und doch mögen diese Sätze und diese Termini, solange sie noch frisch waren, befremdend genug geklungen haben!

Ich kann nicht dasselbe von dem therapeutischen Verfahren sagen, das gleichzeitig mit unserer Lehre den Fachgenossen vorgeschlagen wurde. Dasselbe kämpft noch heute um seine Anerkennung. Man mag spezielle Gründe dafür anrufen. Die Technik des Verfahrens war damals noch unausgebildet; ich vermochte es nicht, dem ärztlichen Leser des Buches jene Anweisungen zu geben, welche ihn befähigt hätten, eine derartige Behandlung vollständig durchzuführen. Aber gewiß wirken auch Gründe allgemeiner Natur mit. Vielen Ärzten erscheint noch heute die Psychotherapie als ein Produkt des modernen Mystizismus und im Vergleiche mit unseren physikalisch-chemischen Heilmitteln, deren Anwendung auf physiologische Einsichten gegründet ist, als geradezu unwissenschaftlich, des Interesses eines Naturforschers unwürdig. Gestatten Sie mir nun, vor Ihnen die Sache der Psychotherapie zu führen und hervorzuheben, was an dieser Verurteilung als Unrecht oder Irrtum bezeichnet werden kann.

Lassen Sie mich also fürs erste daran mahnen, daß die Psychotherapie kein modernes Heilverfahren ist. Im Gegenteil, sie ist die älteste Therapie, deren sich die Medizin bedient hat. In dem lehrreichen Werke von Löwenfeld (Lehrbuch der gesamten Psychotherapie) können Sie nachlesen, welche die Methoden der primitiven und der antiken Medizin waren. Sie werden dieselben zum größten Teil der Psychotherapie zuordnen müssen; man versetzte die Kranken zum Zwecke der Heilung in den Zustand der „gläubigen Erwartung", der uns heute noch das nämliche leistet. Auch nachdem die Ärzte andere Heilmittel aufgefunden haben, sind psychotherapeutische Bestrebungen der einen oder der anderen Art in der Medizin niemals untergegangen.

Fürs zweite mache ich Sie darauf aufmerksam, daß wir Ärzte auf die Psychotherapie schon darum nicht verzichten können, weil eine andere, beim Heilungsvorgang sehr in Betracht kommende Partei — nämlich die Kranken — nicht die Absicht hat, auf sie zu verzichten. Sie wissen, welche Aufklärungen wir hierüber der Schule von Nancy (Liébault, Bernheim) verdanken. Ein von der psychischen Disposition der Kranken abhängiger Faktor tritt, ohne daß wir es beabsichtigen, zur Wirkung eines jeden vom Arzte eingeleiteten Heilverfahrens hinzu, meist im begünstigenden, oft auch im hemmenden Sinne. Wir haben für diese Tatsache das Wort „Suggestion" anzuwenden gelernt, und Moebius hat uns gelehrt, daß die Unverläßlichkeit, die wir an so manchen unserer Heilmethoden beklagen, gerade auf die störende Einwirkung dieses übermächtigen Moments zurückzuführen ist. Wir Ärzte, Sie alle, treiben also beständig Psychotherapie, auch wo Sie es nicht wissen und nicht beabsichtigen; nur hat es einen Nachteil, daß Sie den psychischen Faktor in Ihrer Einwirkung auf den Kranken so ganz dem Kranken überlassen. Er wird auf diese Weise unkontrollierbar, undosierbar, der Steigerung unfähig. Ist es dann nicht ein berechtigtes Streben des Arztes, sich dieses Faktors zu bemächtigen, sich seiner mit Absicht zu bedienen, ihn zu lenken und zu verstärken? Nichts anderes als dies ist es, was die wissenschaftliche Psychotherapie Ihnen zumutet.

Zu dritt, meine Herren Kollegen, will ich Sie auf die altbekannte Erfahrung verweisen, daß gewisse Leiden, und ganz besonders die Psychoneurosen, seelischen Einflüssen weit zugänglicher sind als jeder anderen Medikation. Es ist keine moderne Rede, sondern ein Ausspruch alter Ärzte, daß diese Krankheiten nicht das Medikament heilt, sondern der Arzt, das heißt wohl die Persönlichkeit des Arztes, insofern er psychischen Einfluß durch sie ausübt. Ich weiß wohl, meine Herren Kollegen, daß bei Ihnen jene Anschauung sehr beliebt ist, welcher der Ästhetiker Vischer in seiner Faustparodie (Faust, der Tragödie III. Teil) klassischen Ausdruck geliehen hat:

„Ich weiß, das Physikalische
Wirkt öfters aufs Moralische."

Aber sollte es nicht adäquater sein und häufiger zutreffen, daß man aufs Moralische eines Menschen mit moralischen, das heißt psychischen Mitteln einwirken kann?

Es gibt viele Arten und Wege der Psychotherapie. Alle sind gut, die zum Ziel der Heilung führen. Unsere gewöhnliche Tröstung: Es wird schon wieder gut werden! mit der wir den Kranken gegenüber so freigebig sind, entspricht einer der psychotherapeutischen Methoden; nur sind wir bei tieferer Einsicht in das Wesen der Neurosen nicht genötigt gewesen, uns auf die Tröstung einzuschränken. Wir haben die Technik der hypnotischen Suggestion, der Psychotherapie durch Ablenkung, durch Übung, durch Hervorrufung zweckdienlicher Affekte entwickelt. Ich verachte keine derselben und würde sie alle unter geeigneten Bedingungen ausüben. Wenn ich mich in Wirklichkeit auf ein einziges Heilverfahren beschränkt habe, auf die von Breuer „kathartisch" genannte Methode, die ich lieber die „analytische" heiße, so sind bloß subjektive Motive für mich maßgebend gewesen. Infolge meines Anteiles an der Aufstellung dieser Therapie fühle ich die persönliche Verpflichtung, mich ihrer Erforschung und dem Ausbau ihrer Technik zu widmen. Ich darf behaupten, die analytische Methode der Psychotherapie ist diejenige, welche am eindringlichsten wirkt, am weitesten trägt, durch welche man die ausgiebigste Veränderung des Kranken erzielt. Wenn ich für einen Moment den therapeutischen Standpunkt verlasse, kann ich für sie geltend machen, daß sie die interessanteste ist, uns allein etwas über die Entstehung und den Zusammenhang der Krankheitserscheinungen lehrt. Infolge der Einsichten in den Mechanismus des seelischen Krankseins, die sie uns eröffnet, könnte sie allein imstande sein, über sich selbst hinauszuführen und uns den Weg zu noch anderen Arten therapeutischer Beeinflussung zu weisen.

In Bezug auf diese kathartische oder analytische Methode der Psychotherapie gestatten Sie mir nun, einige Irrtümer zu verbessern und einige Aufklärungen zu geben.

a) Ich merke, daß diese Methode sehr häufig mit der hypnotischen Suggestivbehandlung verwechselt wird, merke es daran, daß verhältnismäßig häufig auch Kollegen, deren Vertrauensmann ich sonst nicht bin, Kranke zu mir schicken, refraktäre Kranke natürlich, mit dem Auftrage, ich solle sie hypnotisieren. Nun habe ich seit etwa acht Jahren keine Hypnose mehr zu Zwecken der Therapie ausgeübt (vereinzelte Versuche ausgenommen) und pflege solche Sendungen mit dem Rate, wer auf die Hypnose baut, möge sie selbst machen, zu retournieren. In Wahrheit besteht zwischen der suggestiven Technik und der analytischen der größtmögliche Gegensatz, jener Gegensatz, den der große Leonardo da Vinci für die Künste in die Formeln *per via di porre* und *per via di levare* gefaßt hat. Die Malerei, sagt Leonardo, arbeitet *per via di porre;* sie setzt nämlich Farbenhäufchen hin, wo sie früher nicht waren, auf die nichtfarbige Leinwand; die Skulptur dagegen geht *per via di levare* vor, sie nimmt nämlich vom Stein so viel weg, als die Oberfläche der in ihm enthaltenen Statue noch bedeckt. Ganz ähnlich, meine Herren, sucht die Suggestivtechnik *per via di porre* zu wirken, sie kümmert sich nicht um Herkunft, Kraft und Bedeutung der Krankheitssymptome, sondern legt etwas auf, die Suggestion nämlich, wovon sie erwartet, daß es stark genug sein wird, die pathogene Idee an der Äußerung zu hindern. Die analytische Therapie dagegen will nicht auflegen, nichts Neues einführen, sondern wegnehmen, herausschaffen, und zu diesem Zwecke bekümmert sie sich um die Genese der krankhaften Symptome und den psychischen Zusammenhang der pathogenen Idee, deren Wegschaffung ihr Ziel ist. Auf diesem Wege der Forschung hat sie unserem Verständnis sehr bedeutende Förderung gebracht. Ich habe die Suggestionstechnik und mit ihr die Hypnose so frühzeitig aufgegeben, weil ich daran verzweifelte, die Suggestion so stark und so haltbar zu machen, wie es für die dauernde Heilung notwendig wäre. In allen schweren Fällen sah ich die darauf gelegte Suggestion wieder abbröckeln, und dann war das Kranksein oder ein dasselbe Ersetzendes wieder da. Außerdem mache ich dieser Technik den Vorwurf, daß sie uns die Einsicht in das psychische Kräftespiel verhüllt, z. B. uns den Widerstand nicht erkennen läßt, mit dem die Kranken an ihrer Krankheit festhalten, mit dem sie sich also auch gegen die Genesung sträuben, und der doch allein das Verständnis ihres Benehmens im Leben ermöglicht.

b) Es scheint mir der Irrtum unter den Kollegen weit verbreitet zu sein, daß die Technik der Forschung nach den Krankheitsanlässen und die Beseitigung der Erscheinungen durch diese Erforschung leicht und selbstverständlich sei. Ich schließe dies daraus, daß noch keiner von den vielen, die sich für meine Therapie interessieren und sichere Urteile über dieselbe von sich geben, mich je gefragt hat, wie ich es eigentlich mache. Das kann doch nur den einzigen Grund haben, daß sie meinen, es sei nichts zu fragen, es verstehe sich ganz von selbst. Auch höre ich mitunter mit Erstaunen, daß auf dieser oder jener Abteilung eines Spitals ein junger Arzt von seinem Chef den Auftrag erhalten hat, bei einer Hysterischen eine „Psychoanalyse" zu unternehmen. Ich bin überzeugt, man würde ihm nicht einen exstirpierten Tumor zur Untersuchung überlassen, ohne sich vorher versichert zu haben, daß er mit der histologischen Technik vertraut ist. Ebenso erreicht mich die Nachricht, dieser oder jener Kollege richte sich Sprechstunden mit einem Patienten ein, um eine psychische Kur mit ihm zu machen, während ich sicher bin, daß er die Technik einer solchen Kur nicht kennt. Er muß also erwarten, daß ihm der Kranke seine Geheimnisse entgegenbringen wird, oder sucht das Heil in irgendeiner Art von Beichte oder Anvertrauen. Es würde mich nicht wundern, wenn der so behandelte Kranke dabei eher zu Schaden als zum Vorteil käme. Das seelische Instrument ist nämlich nicht gar leicht zu spielen. Ich muß bei solchen Anlässen an die Rede eines weltberühmten Neurotikers denken, der freilich nie in der

Behandlung eines Arztes gestanden, der nur in der Phantasie eines Dichters gelebt hat. Ich meine den Prinzen Hamlet von Dänemark. Der König hat die beiden Höflinge Rosenkranz und Güldenstern über ihn geschickt, um ihn auszuforschen, ihm das Geheimnis seiner Verstimmung zu entreißen. Er wehrt sie ab; da werden Flöten auf die Bühne gebracht. Hamlet nimmt eine Flöte und bittet den einen seiner Quäler, auf ihr zu spielen, es sei so leicht wie lügen. Der Höfling weigert sich, denn er kennt keinen Griff, und da er zu dem Versuch des Flötenspiels nicht zu bewegen ist, bricht Hamlet endlich los: „Nun seht ihr, welch ein nichtswürdiges Ding ihr aus mir macht? Ihr wollt auf mir spielen; ihr wollt in das Herz meines Geheimnisses dringen; ihr wollt mich von meiner tiefsten Note bis zum Gipfel meiner Stimme hinauf prüfen, und in diesem kleinen Instrument hier ist viel Musik, eine vortreffliche Stimme, dennoch könnt ihr es nicht zum Sprechen bringen. **Wetter, denkt ihr, daß ich leichter zu spielen bin als eine Flöte? Nennt mich was für ein Instrument ihr wollt, ihr könnt mich zwar verstimmen, aber nicht auf mir spielen.**" (III. Akt, 2.)

c) Sie werden aus gewissen meiner Bemerkungen erraten haben, daß der analytischen Kur manche Eigenschaften anhaften, die sie von dem Ideal einer Therapie ferne halten. *Tuto, cito, iucunde;* das Forschen und Suchen deutet nicht eben auf Raschheit des Erfolges, und die Erwähnung des Widerstandes bereitet Sie auf die Erwartung von Unannehmlichkeiten vor. Gewiß, die psychoanalytische Behandlung stellt an den Kranken wie an den Arzt hohe Ansprüche; von ersterem verlangt sie das Opfer voller Aufrichtigkeit, gestaltet sich für ihn zeitraubend und daher auch kostspielig; für den Arzt ist sie gleichfalls zeitraubend und wegen der Technik, die er zu erlernen und auszuüben hat, ziemlich mühselig. Ich finde es auch selbst ganz berechtigt, daß man bequemere Heilmethoden in Anwendung bringt, so lange man

eben die Aussicht hat, mit diesen letzteren etwas zu erreichen.
Auf diesen Punkt kommt es allein an; erzielt man mit dem
mühevolleren und langwierigeren Verfahren erheblich mehr als
mit dem kurzen und leichten, so ist das erstere trotz alledem
gerechtfertigt. Denken Sie, meine Herren, um wieviel die
Finsentherapie des Lupus unbequemer und kostspieliger ist als
das früher gebräuchliche Ätzen und Schaben, und doch bedeutet
es einen großen Fortschritt, bloß weil es mehr leistet; es heilt
nämlich den Lupus radikal. Nun will ich den Vergleich nicht
gerade durchsetzen; aber ein ähnliches Vorrecht darf doch die
psychoanalytische Methode für sich in Anspruch nehmen. In
Wirklichkeit habe ich meine therapeutische Methode nur an
schweren und schwersten Fällen ausarbeiten und versuchen
können; mein Material waren zuerst nur Kranke, die alles erfolglos
versucht und durch Jahre in Anstalten geweilt hatten. Ich habe
kaum Erfahrung genug gesammelt, um Ihnen sagen zu können,
wie sich meine Therapie bei jenen leichteren, episodisch auftretenden Erkrankungen verhält, die wir unter den verschiedenartigsten Einflüssen und auch spontan abheilen sehen. Die
psychoanalytische Therapie ist an dauernd existenzunfähigen
Kranken und für solche geschaffen worden, und ihr Triumph
ist es, daß sie eine befriedigende Anzahl von solchen dauernd
existenzfähig macht. Gegen diesen Erfolg erscheint dann aller Aufwand geringfügig. Wir können uns nicht verhehlen, daß wir vor
dem Kranken zu verleugnen pflegen, daß eine schwere Neurose in
ihrer Bedeutung für das ihr unterworfene Individuum hinter keiner
Kachexie, keinem der gefürchteten Allgemeinleiden zurücksteht.

d) Die Indikationen und Gegenanzeigen dieser Behandlung sind
infolge der vielen praktischen Beschränkungen, die meine Tätigkeit
betroffen haben, kaum endgültig anzugeben. Indes will ich versuchen, einige Punkte mit Ihnen zu erörtern:

1) Man übersehe nicht über die Krankheit den sonstigen
Wert einer Person und weise Kranke zurück, welche nicht einen

gewissen Bildungsgrad und einen einigermaßen verläßlichen Charakter besitzen. Man darf nicht vergessen, daß es auch Gesunde gibt, die nichts taugen, und daß man nur allzu leicht geneigt ist, bei solchen minderwertigen Personen alles, was sie existenzunfähig macht, auf die Krankheit zu schieben, wenn sie irgendeinen Anflug von Neurose zeigen. Ich stehe auf dem Standpunkt, daß die Neurose ihren Träger keineswegs zum *dégénéré* stempelt, daß sie sich aber häufig genug mit den Erscheinungen der Degeneration vergesellschaftet an demselben Individuum findet. Die analytische Psychotherapie ist nun kein Verfahren zur Behandlung der neuropathischen Degeneration, sie findet im Gegenteil an derselben ihre Schranke. Sie ist auch bei Personen nicht anwendbar, die sich nicht selbst durch ihre Leiden zur Therapie gedrängt fühlen, sondern sich einer solchen nur infolge des Machtgebotes ihrer Angehörigen unterziehen. Die Eigenschaft, auf die es für die Brauchbarkeit zur psychoanalytischen Behandlung ankommt, die Erziehbarkeit, werden wir noch von einem anderen Gesichtspunkte würdigen müssen.

2) Wenn man sicher gehen will, beschränke man seine Auswahl auf Personen, die einen Normalzustand haben, da man sich im psychoanalytischen Verfahren von diesem aus des Krankhaften bemächtigt. Psychosen, Zustände von Verworrenheit und tiefgreifender (ich möchte sagen: toxischer) Verstimmung sind also für die Psychoanalyse, wenigstens wie sie bis jetzt ausgeübt wird, ungeeignet. Ich halte es für durchaus nicht ausgeschlossen, daß man bei geeigneter Abänderung des Verfahrens sich über diese Gegenindikation hinaussetzen und so eine Psychotherapie der Psychosen in Angriff nehmen könne.

3) Das Alter der Kranken spielt bei der Auswahl zur psychoanalytischen Behandlung insofern eine Rolle, als bei Personen nahe an oder über fünfzig Jahre einerseits die Plastizität der seelischen Vorgänge zu fehlen pflegt, auf welche die Therapie rechnet — alte Leute sind nicht mehr erziehbar — und als

anderseits das Material, welches durchzuarbeiten ist, die Behandlungsdauer ins Unabsehbare verlängert. Die Altersgrenze nach unten ist nur individuell zu bestimmen; jugendliche Personen noch vor der Pubertät sind oft ausgezeichnet zu beeinflussen.

4.) Man wird nicht zur Psychoanalyse greifen, wenn es sich um die rasche Beseitigung drohender Erscheinungen handelt, also zum Beispiel bei einer hysterischen Anorexie.

Sie werden nun den Eindruck gewonnen haben, daß das Anwendungsgebiet der analytischen Psychotherapie ein sehr beschränktes ist, da Sie eigentlich nichts anderes als Gegenanzeigen von mir gehört haben. Nichtsdestoweniger bleiben Fälle und Krankheitsformen genug übrig, an denen diese Therapie sich erproben kann, alle chronischen Formen von Hysterie mit Resterscheinungen, das große Gebiet der Zwangszustände und Abulien und dergleichen.

Erfreulich ist es, daß man gerade den wertvollsten und sonst höchstentwickelten Personen auf solche Weise am ehesten Hilfe bringen kann. Wo aber mit der analytischen Psychotherapie nur wenig auszurichten war, da, darf man getrost behaupten, hätte irgendwelche andere Behandlung sicherlich gar nichts zustande gebracht.

e) Sie werden mich gewiß fragen wollen, wie es bei Anwendung der Psychoanalyse mit der Möglichkeit, Schaden zu stiften, bestellt ist. Ich kann Ihnen darauf erwidern, wenn Sie nur billig urteilen wollen, diesem Verfahren dasselbe kritische Wohlwollen entgegenbringen, das Sie für unsere anderen therapeutischen Methoden bereit haben, so werden Sie meiner Meinung zustimmen müssen, daß bei einer mit Verständnis geleiteten analytischen Kur ein Schaden für den Kranken nicht zu befürchten ist. Anders wird vielleicht urteilen, wer als Laie gewohnt ist, alles, was sich in einem Krankheitsfalle begibt, der Behandlung zur Last zu legen. Es ist ja nicht lange her, daß unseren

Wasserheilanstalten ein ähnliches Vorurteil entgegenstand. So
mancher, dem man riet, eine solche Anstalt aufzusuchen, wurde
bedenklich, weil er einen Bekannten gehabt hatte, der als Nervöser in die Anstalt kam und dort verrückt wurde. Es handelte
sich, wie Sie erraten, um Fälle von beginnender allgemeiner
Paralyse, die man im Anfangsstadium noch in einer Wasserheil-
anstalt unterbringen konnte, und die dort ihren unaufhaltsamen
Verlauf bis zur manifesten Geistesstörung genommen hatten; für
die Laien war das Wasser Schuld und Urheber dieser traurigen
Veränderung. Wo es sich um neuartige Beeinflussungen handelt,
halten sich auch Ärzte nicht immer von solchen Urteilsfehlern
frei. Ich erinnere mich, einmal bei einer Frau den Versuch mit
Psychotherapie gemacht zu haben, bei der ein gutes Stück ihrer
Existenz in der Abwechslung von Manie und Melancholie ver-
flossen war. Ich übernahm sie zu Ende einer Melancholie; es
schien zwei Wochen lang gut zu gehen; in der dritten standen
wir bereits zu Beginn der neuen Manie. Es war dies sicherlich
eine spontane Veränderung des Krankheitsbildes, denn zwei
Wochen sind keine Zeit, in welcher die analytische Psychotherapie irgend etwas zu leisten unternehmen kann, aber der
hervorragende — jetzt schon verstorbene — Arzt, der mit mir
die Kranke zu sehen bekam, konnte sich doch nicht der Bemerkung
enthalten, daß an dieser „Verschlechterung" die Psychotherapie
schuld sein dürfte. Ich bin ganz überzeugt, daß er sich unter
anderen Bedingungen kritischer erwiesen hätte.

f) Zum Schlusse, meine Herren Kollegen, muß ich mir sagen,
es geht doch nicht an, Ihre Aufmerksamkeit so lange zugunsten
der analytischen Psychotherapie in Anspruch zu nehmen, ohne
Ihnen zu sagen, worin diese Behandlung besteht und worauf sie
sich gründet. Ich kann es zwar, da ich kurz sein muß, nur mit
einer Andeutung tun. Diese Therapie ist also auf die Einsicht
gegründet, daß unbewußte Vorstellungen — besser: die Unbe-
wußtheit gewisser seelischer Vorgänge — die nächste Ursache

der krankhaften Symptome ist. Eine solche Überzeugung vertreten wir gemeinsam mit der französischen Schule (Janet), die übrigens in arger Schematisierung das hysterische Symptom auf die unbewußte *idée fixe* zurückführt. Fürchten Sie nun nicht, daß wir dabei zu tief in die dunkelste Philosophie hineingeraten werden. Unser Unbewußtes ist nicht ganz dasselbe wie das der Philosophen, und überdies wollen die meisten Philosophen vom „unbewußten Psychischen" nichts wissen. Stellen Sie sich aber auf unseren Standpunkt, so werden Sie einsehen, daß die Übersetzung dieses Unbewußten im Seelenleben der Kranken in ein Bewußtes den Erfolg haben muß, deren Abweichung vom Normalen zu korrigieren und den Zwang aufzuheben, unter dem ihr Seelenleben steht. Denn der bewußte Wille reicht so weit als die bewußten psychischen Vorgänge, und jeder psychische Zwang ist durch das Unbewußte begründet. Sie brauchen auch niemals zu fürchten, daß der Kranke unter der Erschütterung Schaden nehme, welche der Eintritt des Unbewußten in sein Bewußtsein mit sich bringt, denn Sie können es sich theoretisch zurechtlegen, daß die somatische und affektive Wirkung der bewußt gewordenen Regung niemals so groß werden kann wie die der unbewußten. Wir beherrschen alle unsere Regungen doch nur dadurch, daß wir unsere höchsten, mit Bewußtsein verbundenen Seelenleistungen auf sie wenden.

Sie können aber auch einen anderen Gesichtspunkt für das Verständnis der psychoanalytischen Behandlung wählen. Die Aufdeckung und Übersetzung des Unbewußten geht unter beständigem Widerstand von seiten des Kranken vor sich. Das Auftauchen dieses Unbewußten ist mit Unlust verbunden, und wegen dieser Unlust wird es von ihm immer wieder zurückgewiesen. In diesen Konflikt im Seelenleben des Kranken greifen Sie nun ein; gelingt es Ihnen, den Kranken dazu zu bringen, daß er aus Motiven besserer Einsicht etwas akzeptiert, was er zufolge der automatischen Unlustregulierung bisher zurückgewiesen (verdrängt) hat, so haben Sie ein Stück Erziehungsarbeit an ihm geleistet. Es ist ja schon Erziehung, wenn Sie einen Menschen, der nicht gern früh morgens das Bett verläßt, dazu bewegen, es doch zu tun. Als eine solche Nacherziehung zur Überwindung innerer Widerstände können Sie nun die psychoanalytische Behandlung ganz allgemein auffassen. In keinem Punkte aber ist solche Nacherziehung bei den Nervösen mehr vonnöten als betreffs des seelischen Elements in ihrem Sexualleben. Nirgends haben ja Kultur und Erziehung so großen Schaden gestiftet wie gerade hier, und hier sind auch, wie Ihnen die Erfahrung zeigen wird, die beherrschbaren Ätiologien der Neurosen zu finden; das andere ätiologische Element, der konstitutionelle Beitrag, ist uns ja als etwas Unabänderliches gegeben. Hieraus erwächst aber eine wichtige, an den Arzt zu stellende Anforderung. Er muß nicht nur selbst ein integrer Charakter sein — „das Moralische versteht sich ja von selbst", wie die Hauptperson in Th. V i s c h e r s „Auch Einer" zu sagen pflegt; — er muß auch für seine eigene Person die Mischung von Lüsternheit und Prüderie überwunden haben, mit welcher leider so viele andere den sexuellen Problemen entgegenzutreten gewohnt sind.

Hier ist vielleicht der Platz für eine weitere Bemerkung. Ich weiß, daß meine Betonung der Rolle des Sexuellen für die Entstehung der Psychoneurosen in weiteren Kreisen bekannt geworden ist. Ich weiß aber auch, daß Einschränkungen und nähere Bestimmungen beim großen Publikum wenig nützen; die Menge hat für wenig Raum in ihrem Gedächtnis und behält von einer Behauptung doch nur den rohen Kern, schafft sich ein leicht zu merkendes Extrem. Es mag auch manchen Ärzten so ergangen sein, daß ihnen als Inhalt meiner Lehre vorschwebt, ich führe die Neurosen in letzter Linie auf sexuelle Entbehrung zurück. An dieser fehlt es nicht unter den Lebensbedingungen unserer Gesellschaft. Wie nahe mag es nun bei solcher Voraussetzung liegen, den mühseligen Umweg über die psychische Kur zu vermeiden und direkt die Heilung anzustreben, indem man die sexuelle Betätigung als Heilmittel empfiehlt! Ich weiß nun nicht, was mich bewegen könnte, diese Folgerung zu unterdrücken, wenn sie berechtigt wäre. Die Sache liegt aber anders. Die sexuelle Bedürftigkeit und Entbehrung, das ist bloß der eine Faktor, der beim Mechanismus der Neurose ins Spiel tritt; bestünde er allein, so würde nicht Krankheit, sondern Ausschweifung die Folge sein. Der andere, ebenso unerläßliche Faktor, an den man allzu bereitwillig vergißt, ist die Sexualabneigung der Neurotiker, ihre Unfähigkeit zum Lieben, jener psychische Zug, den ich „Verdrängung" genannt habe. Erst aus dem Konflikt zwischen beiden Strebungen geht die neurotische Erkrankung hervor und darum kann der Rat der sexuellen Betätigung bei den Psychoneurosen eigentlich nur selten als guter Rat bezeichnet werden.

Lassen Sie mich mit dieser abwehrenden Bemerkung schließen. Wir wollen hoffen, daß Ihr von jedem feindseligen Vorurteil gereinigtes Interesse für die Psychotherapie uns darin unterstützen wird, auch in der Behandlung der schweren Fälle von Psychoneurosen Erfreuliches zu leisten.

DREI ABHANDLUNGEN
ZUR SEXUALTHEORIE

VORWORT ZUR DRITTEN AUFLAGE

Nachdem ich durch ein Jahrzehnt Aufnahme und Wirkung dieses Buches beobachtet, möchte ich dessen dritte Auflage mit einigen Vorbemerkungen versehen, die gegen Mißverständnisse und unerfüllbare Ansprüche an dasselbe gerichtet sind. Es sei also vor allem betont, daß die Darstellung hierin durchweg von der alltäglichen ärztlichen Erfahrung ausgeht, welche durch die Ergebnisse der psychoanalytischen Untersuchung vertieft und wissenschaftlich bedeutsam gemacht werden soll. Die drei „Abhandlungen zur Sexualtheorie" können nichts anderes enthalten, als was die Psychoanalyse anzunehmen nötigt oder zu bestätigen gestattet. Es ist darum ausgeschlossen, daß sie sich jemals zu einer „Sexualtheorie" erweitern ließen, und begreiflich, daß sie zu manchen wichtigen Problemen des Sexuallebens überhaupt nicht Stellung nehmen. Man wolle aber darum nicht glauben, daß diese übergangenen Kapitel des großen Themas dem Autor unbekannt geblieben sind oder von ihm als nebensächlich vernachlässigt wurden.

Die Abhängigkeit dieser Schrift von den psychoanalytischen Erfahrungen, die zu ihrer Abfassung angeregt haben, zeigt sich aber nicht nur in der Auswahl, sondern auch in der Anordnung des Stoffes. Überall wird ein gewisser Instanzenzug eingehalten, werden die akzidentellen Momente vorangestellt, die dispositionellen im Hintergrunde gelassen und wird die ontogenetische Entwicklung vor der phylogenetischen berücksichtigt. Das Akzidentelle spielt nämlich die Hauptrolle in der Analyse, es wird durch sie fast restlos bewältigt; das Dispositionelle kommt erst hinter ihm zum Vorschein als etwas, was durch das Erleben geweckt wird, dessen Würdigung aber weit über das Arbeitsgebiet der Psychoanalyse hinausführt.

Ein ähnliches Verhältnis beherrscht die Relation zwischen Onto- und Phylogenese. Die Ontogenese kann als eine Wiederholung der Phylogenese angesehen werden, soweit diese nicht durch ein rezenteres Erleben abgeändert wird. Die phylogenetische Anlage macht sich hinter dem ontogenetischen Vorgang bemerkbar. Im Grunde aber ist die Disposition eben der Niederschlag eines früheren Erlebens der Art, zu welchem das neuere Erleben des Einzelwesens als Summe der akzidentellen Momente hinzukommt.

Neben der durchgängigen Abhängigkeit von der psychoanalytischen Forschung muß ich die vorsätzliche Unabhängigkeit von der biologischen Forschung als Charakter dieser meiner Arbeit hervorheben. Ich habe es sorgfältig vermieden, wissenschaftliche Erwartungen aus der allgemeinen Sexualbiologie oder aus der spezieller Tierarten in das Studium einzutragen, welches uns an der Sexualfunktion des Menschen durch die Technik der Psychoanalyse ermöglicht wird. Mein Ziel war allerdings zu erkunden, wieviel zur Biologie des menschlichen Sexuallebens mit den Mitteln der psychologischen Erforschung zu erraten ist; ich durfte auf Anschlüsse und Übereinstimmungen hinweisen, die sich bei dieser Untersuchung ergaben, aber ich brauchte mich nicht beirren zu lassen, wenn die psychoanalytische Methode in manchen wichtigen Punkten zu Ansichten und Ergebnissen führte, die von den bloß biologisch gestützten erheblich abwichen.

Ich habe in dieser dritten Auflage reichliche Einschaltungen vorgenommen, aber darauf verzichtet, dieselben wie in der vorigen Auflage durch besondere Zeichen kenntlich zu machen. — Die wissenschaftliche Arbeit auf unserem Gebiete hat gegenwärtig ihre Fortschritte verlangsamt, doch waren gewisse Ergänzungen dieser Schrift unentbehrlich, wenn sie mit der neueren psychoanalytischen Literatur in Fühlung bleiben sollte.

Wien, im Oktober 1914.

VORWORT ZUR VIERTEN AUFLAGE

Nachdem die Fluten der Kriegszeit sich verzogen haben, darf man mit Befriedigung feststellen, daß das Interesse für die psychoanalytische Forschung in der großen Welt ungeschädigt geblieben ist. Doch haben nicht alle Teile der Lehre das gleiche Schicksal erfahren. Die rein psychologischen Aufstellungen und Ermittlungen der Psychoanalyse über das Unbewußte, die Verdrängung, den Konflikt, der zur Krankheit führt, den Krankheitsgewinn, die Mechanismen der Symptombildung u. a. erfreuen sich wachsender Anerkennung und finden selbst bei prinzipiellen Gegnern Beachtung. Das an die Biologie angrenzende Stück der Lehre, dessen Grundlage in dieser kleinen Schrift gegeben wird, ruft noch immer unverminderten Widerspruch hervor und hat selbst Personen, die sich eine Zeitlang intensiv mit der Psychoanalyse beschäftigt hatten, zum Abfall von ihr und zu neuen Auffassungen bewogen, durch welche die Rolle des sexuellen Moments für das normale und krankhafte Seelenleben wieder eingeschränkt werden sollte.

Ich kann mich trotzdem nicht zur Annahme entschließen, daß dieser Teil der psychoanalytischen Lehre sich von der zu erratenden Wirklichkeit viel weiter entfernen könnte als der andere. Erinnerung und immer wieder von neuem wiederholte Prüfung sagen mir, daß er aus ebenso sorgfältiger und erwartungsloser Beobachtung hervorgegangen ist und die Erklärung jener Dissoziation in der öffentlichen Anerkennung bereitet keine Schwierigkeiten. Erstens können nur solche Forscher die hier beschriebenen Anfänge des menschlichen Sexuallebens bestätigen, die Geduld und technisches Geschick genug besitzen, um die Analyse bis in die ersten Kindheitsjahre des Patienten vorzutragen. Es fehlt häufig auch an der Möglichkeit hiezu, da das ärztliche Handeln eine scheinbar raschere Erledigung des Krankheitsfalles verlangt. Andere aber als Ärzte, welche die Psychoanalyse üben, haben überhaupt keinen Zugang zu diesem Gebiet und keine Möglichkeit, sich ein Urteil zu bilden, das der Beeinflussung durch ihre eigenen

Abneigungen und Vorurteile entzogen wäre. Verstünden es die Menschen, aus der direkten Beobachtung der Kinder zu lernen, so hätten diese drei Abhandlungen überhaupt ungeschrieben bleiben können.

Dann aber muß man sich daran erinnern, daß einiges vom Inhalt dieser Schrift, die Betonung der Bedeutung des Sexuallebens für alle menschlichen Leistungen und die hier versuchte Erweiterung des Begriffes der Sexualität, von jeher die stärksten Motive für den Widerstand gegen die Psychoanalyse abgegeben hat. In dem Bedürfnis nach volltönenden Schlagworten ist man soweit gegangen, von dem „Pansexualismus" der Psychoanalyse zu reden und ihr den unsinnigen Vorwurf zu machen, sie erkläre „alles" aus der Sexualität. Man könnte sich darüber verwundern, wenn man imstande wäre, an die verwirrende und vergeßlich machende Wirkung affektiver Momente selbst zu vergessen. Denn der Philosoph Arthur Schopenhauer hat bereits vor geraumer Zeit den Menschen vorgehalten, in welchem Maß ihr Tun und Trachten durch sexuelle Strebungen — im gewohnten Sinne des Wortes — bestimmt wird, und eine Welt von Lesern sollte doch unfähig gewesen sein, sich eine so packende Mahnung so völlig aus dem Sinne zu schlagen! Was aber die „Ausdehnung" des Begriffes der Sexualität betrifft, die durch die Analyse von Kindern und von sogenannten Perversen notwendig wird, so mögen alle, die von ihrem höheren Standpunkt verächtlich auf die Psychoanalyse herabschauen, sich erinnern lassen, wie nahe die erweiterte Sexualität der Psychoanalyse mit dem Eros des göttlichen Plato zusammentrifft. (S. Nachmansohn, Freuds Libidotheorie verglichen mit der Eroslehre Platos, Intern. Zeitschr. f. Psychoanalyse, III., 1915.)

Wien, im Mai 1920.

I

DIE SEXUELLEN ABIRRUNGEN[1]

Die Tatsache geschlechtlicher Bedürfnisse bei Mensch und Tier drückt man in der Biologie durch die Annahme eines „Geschlechtstriebes" aus. Man folgt dabei der Analogie mit dem Trieb nach Nahrungsaufnahme, dem Hunger. Eine dem Worte „Hunger" entsprechende Bezeichnung fehlt der Volkssprache; die Wissenschaft gebraucht als solche „Libido".[2]

Die populäre Meinung macht sich ganz bestimmte Vorstellungen von der Natur und den Eigenschaften dieses Geschlechtstriebes. Er soll der Kindheit fehlen, sich um die Zeit und im Zusammenhang mit dem Reifungsvorgang der Pubertät einstellen, sich in den Erscheinungen unwiderstehlicher Anziehung äußern, die das eine Geschlecht auf das andere ausübt, und sein Ziel soll die geschlechtliche Vereinigung sein oder wenigstens solche Handlungen, welche auf dem Wege zu dieser liegen.

Wir haben aber allen Grund, in diesen Angaben ein sehr ungetreues Abbild der Wirklichkeit zu erblicken; faßt man sie

---

1) Die in der ersten Abhandlung enthaltenen Angaben sind aus den bekannten Publikationen von v. Krafft-Ebing, Moll, Moebius, Havelock Ellis, v. Schrenck-Notzing, Löwenfeld, Eulenburg, I. Bloch, M. Hirschfeld und aus den Arbeiten in dem vom letzteren herausgegebenen „Jahrbuch für sexuelle Zwischenstufen" geschöpft. Da an diesen Stellen auch die übrige Literatur des Themas aufgeführt ist, habe ich mir detaillierte Nachweise ersparen können. — Die durch psychoanalytische Untersuchung Invertierter gewonnenen Einsichten ruhen auf Mitteilungen von I. Sadger und auf eigener Erfahrung.

2) Das einzig angemessene Wort der deutschen Sprache „Lust" ist leider vieldeutig und benennt ebensowohl die Empfindung des Bedürfnisses als die der Befriedigung.

Person: Sexualobjekt.
Handlung: Sexualziel

schärfer ins Auge, so erweisen sie sich überreich an Irrtümern, Ungenauigkeiten und Voreiligkeiten.

Führen wir zwei Termini ein: heißen wir die Person, von welcher die geschlechtliche Anziehung ausgeht, das Sexualobjekt, die Handlung, nach welcher der Trieb drängt, das Sexualziel, so weist uns die wissenschaftlich gesichtete Erfahrung zahlreiche Abweichungen in Bezug auf beide, Sexualobjekt und Sexualziel, nach, deren Verhältnis zur angenommenen Norm eingehende Untersuchung fordert.

1) Abweichungen in Bezug auf das Sexualobjekt

Der populären Theorie des Geschlechtstriebes entspricht am schönsten die poetische Fabel von der Teilung des Menschen in zwei Hälften — Mann und Weib —, die sich in der Liebe wieder zu vereinigen streben. Es wirkt darum wie eine große Überraschung zu hören, daß es Männer gibt, für die nicht das Weib, sondern der Mann, Weiber, für die nicht der Mann, sondern das Weib das Sexualobjekt darstellt. Man heißt solche Personen Konträrsexuale oder besser Invertierte, die Tatsache die der Inversion. Die Zahl solcher Personen ist sehr erheblich, wiewohl deren sichere Ermittlung Schwierigkeiten unterliegt.[1]

A) Die Inversion

Verhalten der Invertierten   Die betreffenden Personen verhalten sich nach verschiedenen Richtungen ganz verschieden.

a) Sie sind absolut invertiert, das heißt ihr Sexualobjekt kann nur gleichgeschlechtlich sein, während das gegensätzliche Geschlecht für sie niemals Gegenstand der geschlechtlichen Sehnsucht

---

[1] Vergleiche über diese Schwierigkeiten sowie über Versuche, die Verhältniszahl der Invertierten zu eruieren, die Arbeit von M. Hirschfeld im „Jahrbuch für sexuelle Zwischenstufen" 1904.

ist, sondern sie kühl läßt oder selbst sexuelle Abneigung bei ihnen hervorruft. Als Männer sind sie dann durch Abneigung unfähig, den normalen Geschlechtsakt auszuführen oder vermissen bei dessen Ausführung jeden Genuß.

b) Sie sind **amphigen invertiert** (psychosexuell-hermaphroditisch), das heißt ihr Sexualobjekt kann ebensowohl dem gleichen wie dem anderen Geschlecht angehören; der Inversion fehlt also der Charakter der Ausschließlichkeit.

c) Sie sind **okkasionell** invertiert, das heißt unter gewissen äußeren Bedingungen, von denen die Unzugänglichkeit des normalen Sexualobjektes und die Nachahmung obenan stehen, können sie eine Person des gleichen Geschlechtes zum Sexualobjekt nehmen und im Sexualakt mit ihr Befriedigung empfinden.

Die Invertierten zeigen ferner ein mannigfaltiges Verhalten in ihrem Urteil über die Besonderheit ihres Geschlechtstriebes. Die einen nehmen die Inversion als selbstverständlich hin wie der Normale die Richtung seiner Libido, und vertreten mit Schärfe deren Gleichberechtigung mit der normalen. Andere aber lehnen sich gegen die Tatsache ihrer Inversion auf und empfinden dieselbe als krankhaften Zwang.[1]

Weitere Variationen betreffen die zeitlichen Verhältnisse. Die Eigentümlichkeit der Inversion datiert bei dem Individuum entweder von jeher, soweit seine Erinnerung zurückreicht, oder dieselbe hat sich ihm erst zu einer bestimmten Zeit vor oder nach der Pubertät bemerkbar gemacht.[2] Der Charakter bleibt entweder durchs ganze Leben erhalten oder tritt zeitweise zurück oder stellt eine Episode auf dem Wege zur normalen Entwicklung

---

[1] Ein solches Sträuben gegen den Zwang zur Inversion könnte die Bedingung der Beeinflußbarkeit durch Suggestivbehandlung oder Psychoanalyse abgeben.

[2] Es ist von mehreren Seiten mit Recht betont worden, daß die autobiographischen Angaben der Invertierten über das zeitliche Auftreten der Inversionsneigung unzuverlässig sind, da dieselben die Beweise für ihr heterosexuelles Empfinden aus ihrem Gedächtnis verdrängt haben könnten. — Die Psychoanalyse hat diesen Verdacht für die ihr zugänglich gewordenen Fälle von Inversion bestätigt und deren Anamnese durch die Ausfüllung der Kindheitsamnesie in entscheidender Weise verändert.

dar; ja er kann sich erst spät im Leben nach Ablauf einer langen Periode normaler Sexualtätigkeit äußern. Auch ein periodisches Schwanken zwischen dem normalen und dem invertierten Sexualobjekt ist beobachtet worden. Besonders interessant sind Fälle, in denen sich die Libido im Sinne der Inversion ändert, nachdem eine peinliche Erfahrung mit dem normalen Sexualobjekt gemacht worden ist.

Diese verschiedenen Reihen von Variationen bestehen im allgemeinen unabhängig nebeneinander. Von der extremsten Form kann man etwa regelmäßig annehmen, daß die Inversion seit sehr früher Zeit bestanden hat, und daß die Person sich mit ihrer Eigentümlichkeit einig fühlt.

Viele Autoren würden sich weigern, die hier aufgezählten Fälle zu einer Einheit zusammenzufassen, und ziehen es vor, die Unterschiede anstatt der Gemeinsamen dieser Gruppen zu betonen, was mit der von ihnen beliebten Beurteilung der Inversion zusammenhängt. Allein so berechtigt Sonderungen sein mögen, so ist doch nicht zu verkennen, daß alle Zwischenstufen reichlich aufzufinden sind, so daß die Reihenbildung sich gleichsam von selbst aufdrängt.

Auffassung der Inversion Die erste Würdigung der Inversion bestand in der Auffassung, sie sei ein angeborenes Zeichen nervöser Degeneration, und war im Einklange mit der Tatsache, daß die ärztlichen Beobachter zuerst bei Nervenkranken oder Personen, die solchen Eindruck machten, auf sie gestoßen waren. In dieser Charakteristik sind zwei Angaben enthalten, die unabhängig voneinander beurteilt werden sollen: das Angeborensein und die Degeneration.

Degeneration Die Degeneration unterliegt den Einwänden, die sich gegen die wahllose Verwendung des Wortes überhaupt erheben. Es ist doch Sitte geworden, jede Art von Krankheitsäußerung, die nicht gerade traumatischen oder infektiösen Ursprunges ist, der Degeneration zuzurechnen. Die Magnansche Einteilung der Degenerierten hat es selbst ermöglicht, daß die vorzüglichste

Allgemeingestaltung der Nervenleistung die Anwendbarkeit des Begriffes Degeneration nicht auszuschließen braucht. Unter solchen Umständen darf man fragen, welchen Nutzen und welchen neuen Inhalt das Urteil „Degeneration" überhaupt noch besitzt. Es scheint zweckmäßiger, von Degeneration nicht zu sprechen:

1) wo nicht mehrere schwere Abweichungen von der Norm zusammentreffen;

2) wo nicht Leistungs- und Existenzfähigkeit im allgemeinen schwer geschädigt erscheinen.[1]

Daß die Invertierten nicht Degenerierte in diesem berechtigten Sinne sind, geht aus mehreren Tatsachen hervor:

1) Man findet die Inversion bei Personen, die keine sonstigen schweren Abweichungen von der Norm zeigen;

2) desgleichen bei Personen, deren Leistungsfähigkeit nicht gestört ist, ja, die sich durch besonders hohe intellektuelle Entwicklung und ethische Kultur auszeichnen.[2]

3) Wenn man von den Patienten seiner ärztlichen Erfahrung absieht und einen weiteren Gesichtskreis zu umfassen strebt, stößt man nach zwei Richtungen auf Tatsachen, welche die Inversion als Degenerationszeichen aufzufassen verbieten.

a) Man muß Wert darauf legen, daß die Inversion eine häufige Erscheinung, fast eine mit wichtigen Funktionen betraute Institution bei den alten Völkern auf der Höhe ihrer Kultur war;

b) man findet sie ungemein verbreitet bei vielen wilden und primitiven Völkern, während man den Begriff der Degeneration

---

1) Mit welchen Vorbehalten die Diagnose auf Degeneration zu stellen ist und welch geringe praktische Bedeutung ihr zukommt, kann man aus den Ausführungen von Moebius (Über Entartung. Grenzfragen des Nerven- und Seelenlebens. Nr. III, 1900) entnehmen: „Überblickt man nun das weite Gebiet der Entartung, auf das hier einige Schlaglichter geworfen worden sind, so sieht man ohneweiters ein, daß es sehr geringen Wert hat, Entartung überhaupt zu diagnostizieren."

2) Es muß den Wortführern des „Uranismus" zugestanden werden, daß einige der hervorragendsten Männer, von denen wir überhaupt Kunde haben, Invertierte, vielleicht sogar absolut Invertierte waren.

auf die hohe Zivilisation zu beschränken gewohnt ist (I. Bloch); selbst unter den zivilisierten Völkern Europas haben Klima und Rasse auf die Verbreitung und die Beurteilung der Inversion den mächtigsten Einfluß.¹

Angeboren-sein

Das Angeborensein ist, wie begreiflich, nur für die erste, extremste Klasse der Invertierten behauptet worden, und zwar auf Grund der Versicherung dieser Personen, daß sich bei ihnen zu keiner Zeit des Lebens eine andere Richtung des Sexualtriebes gezeigt habe. Schon das Vorkommen der beiden anderen Klassen, speziell der dritten, ist schwer mit der Auffassung eines angeborenen Charakters zu vereinen. Daher die Neigung der Vertreter dieser Ansicht, die Gruppe der absolut Invertierten von allen anderen abzulösen, was den Verzicht auf eine allgemein gültige Auffassung der Inversion zur Folge hat. Die Inversion wäre demnach in einer Reihe von Fällen ein angeborener Charakter; in anderen könnte sie auf andere Art entstanden sein.

Den Gegensatz zu dieser Auffassung bildet die andere, daß die Inversion ein **erworbener** Charakter des Geschlechtstriebes sei. Sie stützt sich darauf, daß

1) bei vielen (auch absolut) Invertierten ein frühzeitig im Leben einwirkender sexueller Eindruck nachweisbar ist, als dessen fortdauernde Folge sich die homosexuelle Neigung darstellt,

2) daß bei vielen anderen sich die äußeren begünstigenden und hemmenden Einflüsse des Lebens aufzeigen lassen, die zu einer früheren oder späteren Zeit zur Fixierung der Inversion geführt haben (ausschließlicher Verkehr mit dem gleichen Geschlecht, Gemeinschaft im Kriege, Detention in Gefängnissen, Gefahren des heterosexuellen Verkehrs, Zölibat, geschlechtliche Schwäche usw.),

---

1) In der Auffassung der Inversion sind die pathologischen Gesichtspunkte von anthropologischen abgelöst worden. Diese Wandlung bleibt das Verdienst von I. Bloch (Beiträge zur Ätiologie der Psychopathia sexualis. 2 Teile, 1902/3), welcher Autor auch die Tatsache der Inversion bei den alten Kulturvölkern nachdrücklich zur Geltung gebracht hat.

3) daß die Inversion durch hypnotische Suggestion aufgehoben werden kann, was bei einem angeborenen Charakter Wunder nehmen würde.

Vom Standpunkt dieser Anschauung kann man die Sicherheit des Vorkommens einer angeborenen Inversion überhaupt bestreiten. Man kann einwenden (Havelock Ellis), daß ein genaueres Examen der für angeborene Inversion in Anspruch genommenen Fälle wahrscheinlich gleichfalls ein für die Richtung der Libido bestimmendes Erlebnis der frühen Kindheit zutage fördern würde, welches bloß im bewußten Gedächtnis der Person nicht bewahrt worden ist, aber durch geeignete Beeinflussung zur Erinnerung gebracht werden könnte. Die Inversion könnte man nach diesen Autoren nur als eine häufige Variation des Geschlechtstriebes bezeichnen, die durch eine Anzahl äußerer Lebensumstände bestimmt werden kann.

Der scheinbar so gewonnenen Sicherheit macht aber die Gegenbemerkung ein Ende, daß nachweisbar viele Personen die nämlichen sexuellen Beeinflussungen (auch in früher Jugend: Verführung, mutuelle Onanie) erfahren, ohne durch sie invertiert zu werden oder dauernd so zu bleiben. So wird man zur Vermutung gedrängt, daß die Alternative angeboren—erworben entweder unvollständig ist oder die bei der Inversion vorliegenden Verhältnisse nicht deckt.

Weder mit der Annahme, die Inversion sei angeboren, noch mit der anderen, sie werde erworben, ist das Wesen der Inversion erklärt. Im ersten Falle muß man sich äußern, was an ihr angeboren ist, wenn man sich nicht der rohesten Erklärung anschließt, daß eine Person die Verknüpfung des Sexualtriebes mit einem bestimmten Sexualobjekt angeboren mitbringt. Im anderen Falle fragt es sich, ob die mannigfachen akzidentellen Einflüsse hinreichen, die Erwerbung zu erklären, ohne daß ihnen etwas an dem Individuum entgegenkommen müsse. Die Verneinung dieses letzten Momentes ist nach unseren früheren Ausführungen unstatthaft.

Erklärung der Inversion

Heranziehung der Bisexualität

Zur Erklärung der Möglichkeit einer sexuellen Inversion ist seit Frank Lydstone, Kiernan und Chevalier eine Gedankenreihe herangezogen worden, welche einen neuen Widerspruch gegen die populäre Meinung enthält. Dieser gilt ein Mensch entweder als Mann oder als Weib. Die Wissenschaft kennt aber Fälle, in denen die Geschlechtscharaktere verwischt erscheinen und somit die Geschlechtsbestimmung erschwert wird; zunächst auf anatomischem Gebiet. Die Genitalien dieser Personen vereinigen männliche und weibliche Charaktere (Hermaphroditismus). In seltenen Fällen sind nebeneinander beiderlei Geschlechtsapparate ausgebildet (wahrer Hermaphroditismus); zu allermeist findet man beiderseitige Verkümmerung.¹

Das Bedeutsame an diesen Abnormitäten ist aber, daß sie in unerwarteter Weise das Verständnis der normalen Bildung erleichtern. Ein gewisser Grad von anatomischem Hermaphroditismus gehört nämlich der Norm an; bei keinem normal gebildeten männlichen oder weiblichen Individuum werden die Spuren vom Apparat des anderen Geschlechtes vermißt, die entweder funktionslos als rudimentäre Organe fortbestehen oder selbst zur Übernahme anderer Funktionen umgebildet worden sind.

Die Auffassung, die sich aus diesen lange bekannten anatomischen Tatsachen ergibt, ist die einer ursprünglich bisexuellen Veranlagung, die sich im Laufe der Entwicklung bis zur Monosexualität mit geringen Resten des verkümmerten Geschlechtes verändert.

Es lag nahe, diese Auffassung aufs psychische Gebiet zu übertragen und die Inversion in ihren Abarten als Ausdruck eines psychischen Hermaphroditismus zu verstehen. Um die Frage zu entscheiden, bedurfte es nur noch eines regelmäßigen Zusammen-

---

¹) Vergleiche die letzten ausführlichen Darstellungen des somatischen Hermaphroditismus: Taruffi, Hermaphroditismus und Zeugungsunfähigkeit, Deutsche Ausgabe von R. Teuscher, 1903, und die Arbeiten von Neugebauer in mehreren Bänden des Jahrbuches für sexuelle Zwischenstufen.

treffens der Inversion mit den seelischen und somatischen Zeichen des Hermaphroditismus.

Allein diese nächste Erwartung schlägt fehl. So nahe darf man sich die Beziehungen zwischen dem angenommenen psychischen und dem nachweisbaren anatomischen Zwittertum nicht vorstellen. Was man bei den Invertierten findet, ist häufig eine Herabsetzung des Geschlechtstriebes überhaupt (Havelock Ellis) und leichte anatomische Verkümmerung der Organe. Häufig, aber keineswegs regelmäßig oder auch nur überwiegend. Somit muß man erkennen, daß Inversion und somatischer Hermaphroditismus im ganzen unabhängig voneinander sind.

Man hat ferner großen Wert auf die sogenannten sekundären und tertiären Geschlechtscharaktere gelegt und deren gehäuftes Vorkommen bei den Invertierten betont (H. Ellis). Auch daran ist vieles zutreffend, aber man darf nicht vergessen, daß die sekundären und tertiären Geschlechtscharaktere überhaupt recht häufig beim anderen Geschlecht auftreten und so Andeutungen von Zwittertum herstellen, ohne daß dabei das Sexualobjekt sich im Sinne einer Inversion abgeändert zeigte.

Der psychische Hermaphroditismus würde an Leibhaftigkeit gewinnen, wenn mit der Inversion des Sexualobjektes wenigstens ein Umschlag der sonstigen seelischen Eigenschaften, Triebe und Charakterzüge in die fürs andere Geschlecht bezeichnende Abänderung parallel liefe. Allein eine solche Charakterinversion darf man mit einiger Regelmäßigkeit nur bei den invertierten Frauen erwarten, bei den Männern ist die vollste seelische Männlichkeit mit der Inversion vereinbar. Hält man an der Aufstellung eines seelischen Hermaphroditismus fest, so muß man hinzufügen, daß dessen Äußerungen auf verschiedenen Gebieten eine nur geringe gegenseitige Bedingtheit erkennen lassen. Das gleiche gilt übrigens auch für das somatische Zwittertum; nach Halban[1]

---

[1] J. Halban, Die Entstehung der Geschlechtscharaktere. Archiv für Gynäkologie. Bd. 70, 1903. Siehe dort auch die Literatur des Gegenstandes.

sind auch die einzelnen Organverkümmerungen und sekundären Geschlechtscharaktere in ihrem Auftreten ziemlich unabhängig voneinander.

Die Bisexualitätslehre ist in ihrer rohesten Form von einem Wortführer der männlichen Invertierten ausgesprochen worden: weibliches Gehirn im männlichen Körper. Allein wir kennen die Charaktere eines „weiblichen Gehirns" nicht. Der Ersatz des psychologischen Problems durch das anatomische ist ebenso müßig wie unberechtigt. Der Erklärungsversuch v. Krafft-Ebings scheint exakter gefaßt als der Ulrichs', ist aber im Wesen von ihm nicht verschieden; v. Krafft-Ebing meint, daß die bisexuelle Anlage dem Individuum ebenso männliche und weibliche Gehirnzentren mitgibt wie somatische Geschlechtsorgane. Diese Zentren entwickeln sich erst zur Zeit der Pubertät, zumeist unter dem Einflusse der von ihnen in der Anlage unabhängigen Geschlechtsdrüse. Von den männlichen und weiblichen „Zentren" gilt aber dasselbe wie vom männlichen und weiblichen Gehirn, und nebenbei wissen wir nicht einmal, ob wir für die Geschlechtsfunktionen abgegrenzte Gehirnstellen („Zentren") wie etwa für die Sprache annehmen dürfen.[1]

Zwei Gedanken bleiben nach diesen Erörterungen immerhin bestehen: daß auch für die Inversion eine bisexuelle Veranlagung in Betracht kommt, nur daß wir nicht wissen, worin diese Anlage über die anatomische Gestaltung hinaus besteht, und daß es sich um Störungen handelt, welche den Geschlechtstrieb in seiner Entwicklung betreffen.

---

[1] Der erste, der zur Erklärung der Inversion die Bisexualität herangezogen, soll (nach einem Literaturbericht im sechsten Band des Jahrbuches für sexuelle Zwischenstufen) E. Gley gewesen sein, der einen Aufsatz (Les abérrations de l'instinct sexuel) schon im Jänner 1884 in der „Revue philosophique" veröffentlichte. — Es ist übrigens bemerkenswert, daß die Mehrzahl der Autoren, welche die Inversion auf Bisexualität zurückführen, dieses Moment nicht allein für die Invertierten, sondern für alle Normalgewordenen zur Geltung bringen und folgerichtig die Inversion als das Ergebnis einer Entwicklungsstörung auffassen. So bereits Chevalier (Inversion sexuelle, 1893). Krafft-Ebing (Zur Erklärung der konträren Sexualempfindung, Jahrbücher für Psychiatrie und Neurologie, XIII. Bd.) spricht davon, daß eine Fülle

Die sexuellen Abirrungen

Die Theorie des psychischen Hermaphroditismus setzt voraus, daß das Sexualobjekt des Invertierten das dem normalen entgegengesetzte sei. Der invertierte Mann unterliege wie das Weib dem Zauber, der von den männlichen Eigenschaften des Körpers und der Seele ausgeht, er fühle sich selbst als Weib und suche den Mann.

Aber wiewohl dies für eine ganze Reihe von Invertierten zutrifft, so ist es doch weit entfernt, einen allgemeinen Charakter der Inversion zu verraten. Es ist kein Zweifel, daß ein großer Teil der männlichen Invertierten den psychischen Charakter der Männlichkeit bewahrt hat, verhältnismäßig wenig sekundäre Charaktere des anderen Geschlechtes an sich trägt und in seinem Sexualobjekt eigentlich weibliche psychische Züge sucht. Wäre dies anders, so bliebe es unverständlich, wozu die männliche Prostitution, die sich den Invertierten anbietet, — heute wie im Altertum, — in allen Äußerlichkeiten der Kleidung und Haltung die Weiber kopiert; diese Nachahmung müßte ja sonst das Ideal der Invertierten beleidigen. Bei den Griechen, wo die männlichsten Männer unter den Invertierten erscheinen, ist es klar, daß nicht der männliche Charakter des Knaben, sondern seine körperliche Annäherung an das Weib sowie seine weiblichen seelischen

Sexualobjekt der Invertierten

von Beobachtungen bestehen, „aus denen sich mindestens die virtuelle Fortexistenz dieses zweiten Zentrums (des unterlegenen Geschlechtes) ergibt." Ein Dr. Arduin (Die Frauenfrage und die sexuellen Zwischenstufen) stellt im zweiten Band des Jahrbuches für sexuelle Zwischenstufen 1900 die Behauptung auf: „daß in jedem Menschen männliche und weibliche Elemente vorhanden sind (vgl. dieses Jahrbuch, Bd. I, 1899: „Die objektive Diagnose der Homosexualität" von Dr. M. Hirschfeld, S. 8—9 u. f.), nur — der Geschlechtszugehörigkeit entsprechend — die einen unverhältnismäßig stärker entwickelt als die anderen, soweit es sich um heterosexuelle Personen handelt..." — Für G. Herman (Genesis, das Gesetz der Zeugung, IX. Bd., Libido und Mania, 1903) steht es fest, „daß in jedem Weibe männliche, in jedem Manne weibliche Keime und Eigenschaften enthalten sind" usw. — 1906 hat dann W. Fließ („Der Ablauf des Lebens") einen Eigentumsanspruch auf die Idee der Bisexualität (im Sinne einer Zweigeschlechtigkeit) erhoben. — In nicht fachlichen Kreisen wird die Aufstellung der menschlichen Bisexualität als eine Leistung des jung verstorbenen Philosophen O. Weininger betrachtet, der diese Idee zur Grundlage eines ziemlich unbesonnenen Buches (Geschlecht und Charakter, 1903) genommen hat. Die oben stehenden Nachweise mögen zeigen, wie wenig begründet dieser Anspruch ist.

Eigenschaften, Schüchternheit, Zurückhaltung, Lern- und Hilfsbedürftigkeit die Liebe des Mannes entzündeten. Sobald der Knabe ein Mann wurde, hörte er auf, ein Sexualobjekt für den Mann zu sein, und wurde etwa selbst ein Knabenliebhaber. Das Sexualobjekt ist also in diesem Falle, wie in vielen anderen, nicht das gleiche Geschlecht, sondern die Vereinigung beider Geschlechtscharaktere, das Kompromiß etwa zwischen einer Regung, die nach dem Manne, und einer, die nach dem Weibe verlangt, mit der festgehaltenen Bedingung der Männlichkeit des Körpers (der Genitalien), sozusagen die Spiegelung der eigenen bisexuellen Natur.[1]

---

[1] Die Psychoanalyse hat bisher zwar keine volle Aufklärung über die Herkunft der Inversion gebracht, aber doch den psychischen Mechanismus ihrer Entstehung aufgedeckt und die in Betracht kommenden Fragestellungen wesentlich bereichert. Wir haben bei allen untersuchten Fällen festgestellt, daß die später Invertierten in den ersten Jahren ihrer Kindheit eine Phase von sehr intensiver, aber kurzlebiger Fixierung an das Weib (meist an die Mutter) durchmachen, nach deren Überwindung sie sich mit dem Weib identifizieren und sich selbst zum Sexualobjekt nehmen, das heißt vom Narzißmus ausgehend jugendliche und der eigenen Person ähnliche Männer aufsuchen, die sie so lieben wollen, wie die Mutter sie geliebt hat. Wir haben ferner sehr häufig gefunden, daß angeblich Invertierte gegen den Reiz des Weibes keineswegs unempfindlich waren, sondern die durch das Weib hervorgerufene Erregung fortlaufend auf ein männliches Objekt transponierten. Sie wiederholen so während ihres ganzen Lebens den Mechanismus, durch welchen ihre Inversion entstanden war. Ihr zwanghaftes Streben nach dem Manne erwies sich als bedingt durch ihre ruhelose Flucht vor dem Weibe.

Die psychoanalytische Forschung widersetzt sich mit aller Entschiedenheit dem Versuche, die Homosexuellen als eine besonders geartete Gruppe von den anderen Menschen abzutrennen. Indem sie auch andere als die manifest kundgegebenen Sexualerregungen studiert, erfährt sie, daß alle Menschen der gleichgeschlechtlichen Objektwahl fähig sind und dieselbe auch im Unbewußten vollzogen haben. Ja die Bindungen libidinöser Gefühle an Personen des gleichen Geschlechtes spielen als Faktoren im normalen Seelenleben keine geringere, und als Motoren der Erkrankung eine größere Rolle als die, welche dem entgegengesetzten Geschlecht gelten. Der Psychoanalyse erscheint vielmehr die Unabhängigkeit der Objektwahl vom Geschlecht des Objektes, die gleich freie Verfügung über männliche und weibliche Objekte, wie sie im Kindesalter, in primitiven Zuständen und frühhistorischen Zeiten zu beobachten ist, als das Ursprüngliche, aus dem sich durch Einschränkung nach der einen oder der anderen Seite der normale wie der Inversionstypus entwickeln. Im Sinne der Psychoanalyse ist also auch das ausschließliche sexuelle Interesse des Mannes für das Weib ein der Aufklärung bedürftiges Problem und keine Selbstverständlichkeit, der eine im Grunde chemische Anziehung zu unterlegen ist. Die Entscheidung über das endgültige Sexualverhalten fällt erst nach der Pubertät und ist das Ergebnis einer noch nicht übersehbaren Reihe von Faktoren, die teils konstitutioneller, teils aber

Die sexuellen Abirrungen

Eindeutiger sind die Verhältnisse beim Weibe, wo die aktiv Invertierten besonders häufig somatische und seelische Charaktere des Mannes an sich tragen und das Weibliche von ihrem Sexualobjekt verlangen, wiewohl auch hier sich bei näherer Kenntnis größere Buntheit herausstellen dürfte.

Die wichtige festzuhaltende Tatsache ist, daß das Sexualziel bei der Inversion keineswegs einheitlich genannt werden kann. Bei Männern fällt Verkehr per anum durchaus nicht mit Inversion zusammen; Masturbation ist ebenso häufig das ausschließliche Ziel und Einschränkungen des Sexualzieles — bis zur bloßen Gefühlsergießung — sind hier sogar häufiger als bei der hetero-

Sexualziel der Invertierten

akzidenteller Natur sind. Gewiß können einzelne dieser Faktoren so übergroß ausfallen, daß sie das Resultat in ihrem Sinne beeinflussen. Im allgemeinen aber wird die Vielheit der bestimmenden Momente durch die Mannigfaltigkeit der Ausgänge im manifesten Sexualverhalten der Menschen gespiegelt. Bei den Inversionstypen ist durchwegs das Vorherrschen archaischer Konstitutionen und primitiver psychischer Mechanismen zu bestätigen. Die Geltung der narzißtischen Objektwahl und die Festhaltung der erotischen Bedeutung der Analzone erscheinen als deren wesentlichste Charaktere. Man gewinnt aber nichts, wenn man auf Grund solcher konstitutioneller Eigenheiten die extremsten Inversionstypen von den anderen sondert. Was sich bei diesen als anscheinend zureichende Begründung findet, läßt sich ebenso, nur in geringerer Stärke, in der Konstitution von Übergangstypen und bei manifest Normalen nachweisen. Die Unterschiede in den Ergebnissen mögen qualitativer Natur sein; die Analyse zeigt, daß die Unterschiede in den Bedingungen nur quantitative sind. Unter den akzidentellen Beeinflussungen der Objektwahl haben wir die Versagung (die frühzeitige Sexualeinschüchterung) bemerkenswert gefunden und sind auch darauf aufmerksam geworden, daß das Vorhandensein beider Elternteile eine wichtige Rolle spielt. Der Wegfall eines starken Vaters in der Kindheit begünstigt nicht selten die Inversion. Man darf endlich die Forderung aufstellen, daß die Inversion des Sexualobjektes von der Mischung der Geschlechtscharaktere im Subjekt begrifflich strenge zu sondern ist. Ein gewisses Maß von Unabhängigkeit ist auch in dieser Relation unverkennbar.

Eine Reihe bedeutsamer Gesichtspunkte zur Frage der Inversion hat Ferenczi in einem Aufsatz: Zur Nosologie der männlichen Homosexualität (Homoerotik) (Intern. Zeitschr. f. PsA., II, 1914) vorgebracht. Ferenczi rügt mit Recht, daß man unter dem Namen „Homosexualität", den er durch den besseren „Homoerotik" ersetzen will, eine Anzahl von sehr verschiedenen, in organischer wie in psychischer Hinsicht ungleichwertigen, Zuständen zusammenwirft, weil sie das Symptom der Inversion gemeinsam haben. Er fordert scharfe Unterscheidung wenigstens zwischen den beiden Typen des Subjekthomoerotikers, der sich als Weib fühlt und benimmt, und des Objekthomoerotikers, der durchaus männlich ist und nur das weibliche Objekt gegen ein gleichgeschlechtliches vertauscht hat. Den ersteren anerkennt er als richtige „sexuelle Zwischenstufe" im Sinne von Magnus Hirschfeld, den zweiten bezeichnet er — minder glücklich — als Zwangsneurotiker. Das

Schluß-
folgerung

sexuellen Liebe. Auch bei Frauen sind die Sexualziele der Invertierten mannigfaltig; darunter scheint die Berührung mit der Mundschleimhaut bevorzugt.

Wir sehen uns zwar außerstande, die Entstehung der Inversion aus dem bisher vorliegenden Material befriedigend aufzuklären, können aber merken, daß wir bei dieser Untersuchung zu einer Einsicht gelangt sind, die uns bedeutsamer werden kann als die Lösung der obigen Aufgabe. Wir werden aufmerksam gemacht, daß wir uns die Verknüpfung des Sexualtriebes mit dem Sexualobjekt als eine zu innige vorgestellt haben. Die Erfahrung an den für abnorm gehaltenen Fällen lehrt uns, daß hier zwischen Sexualtrieb und Sexualobjekt eine Verlötung vorliegt, die wir bei

---

Sträuben gegen die Inversionsneigung sowie die Möglichkeit psychischer Beeinflussung kämen nur beim Objekthomoerotiker in Betracht. Auch nach Anerkennung dieser beiden Typen darf man hinzufügen, daß bei vielen Personen ein Maß von Subjekthomoerotik mit einem Anteil von Objekthomoerotik vermengt gefunden wird.

In den letzten Jahren haben Arbeiten von Biologen, in erster Linie die von Eugen S t e i n a c h, ein helles Licht auf die organischen Bedingungen der Homoerotik sowie der Geschlechtscharaktere überhaupt geworfen.

Durch das experimentelle Verfahren der Kastration mit nachfolgender Einpflanzung von Keimdrüsen des anderen Geschlechtes gelang es, bei verschiedenen Säugetierarten Männchen in Weibchen zu verwandeln und umgekehrt. Die Verwandlung betraf mehr oder minder vollständig die somatischen Geschlechtscharaktere und das psychosexuelle Verhalten (also Subjekt- und Objekterotik). Als Träger dieser geschlechtsbestimmenden Kraft wird nicht der Anteil der Keimdrüse betrachtet, welcher die Geschlechtszellen bildet, sondern das sogenannte interstitielle Gewebe des Organes (die „Pubertätsdrüse").

In einem Falle gelang die geschlechtliche Umstimmung auch bei einem Manne, der seine Hoden durch tuberkulöse Erkrankung eingebüßt hatte. Er hatte sich im Geschlechtsleben als passiver Homosexueller weiblich benommen und zeigte sehr deutlich ausgeprägte weibliche Geschlechtscharaktere sekundärer Art (in Behaarung, Bartwuchs, Fettansatz an Mammae und Hüften). Nach der Einpflanzung eines kryptorchen Menschenhodens begann dieser Mann sich in männlicher Weise zu benehmen und seine Libido in normaler Weise aufs Weib zu richten. Gleichzeitig schwanden die somatischen femininen Charaktere. (A. L i p s c h ü t z, Die Pubertätsdrüse und ihre Wirkungen, Bern, 1919.)

Es wäre ungerechtfertigt zu behaupten, daß durch diese schönen Versuche die Lehre von der Inversion auf eine neue Basis gestellt wird und voreilig von ihnen geradezu einen Weg zur allgemeinen „Heilung" der Homosexualität zu erwarten. W. F l i e ß hat mit Recht betont, daß diese experimentellen Erfahrungen die Lehre von der allgemeinen bisexuellen Anlage der höheren Tiere nicht entwerten. Es erscheint mir vielmehr wahrscheinlich, daß sich aus weiteren solchen Untersuchungen eine direkte Bestätigung der angenommenen Bisexualität ergeben wird.

der Gleichförmigkeit der normalen Gestaltung, wo der Trieb das Objekt mitzubringen scheint, in Gefahr sind zu übersehen. Wir werden so angewiesen, die Verknüpfung zwischen Trieb und Objekt in unseren Gedanken zu lockern. Der Geschlechtstrieb ist wahrscheinlich zunächst unabhängig von seinem Objekt und verdankt wohl auch nicht den Reizen desselben seine Entstehung.

B) Geschlechtsunreife und Tiere als Sexualobjekte

Während die Personen, deren Sexualobjekte nicht dem normalerweise dazu geeigneten Geschlechte angehören, die Invertierten also, dem Beobachter als eine gesammelte Anzahl von sonst vielleicht vollwertigen Individuen entgegentreten, erscheinen die Fälle, in denen geschlechtsunreife Personen (Kinder) zu Sexualobjekten erkoren werden, von vornherein als vereinzelte Verirrungen. Nur ausnahmsweise sind Kinder die ausschließlichen Sexualobjekte; zumeist gelangen sie zu dieser Rolle, wenn ein feige und impotent gewordenes Individuum sich zu solchem Surrogat versteht oder ein impulsiver (unaufschiebbarer) Trieb sich zurzeit keines geeigneteren Objektes bemächtigen kann. Immerhin wirft es ein Licht auf die Natur des Geschlechtstriebes, daß er so viel Variation und solche Herabsetzung seines Objektes zuläßt, was der Hunger, der sein Objekt weit energischer festhält, nur im äußersten Falle gestatten würde. Eine ähnliche Bemerkung gilt für den besonders unter dem Landvolke gar nicht seltenen sexuellen Verkehr mit Tieren, wobei sich etwa die Geschlechtsanziehung über die Artschranke hinwegsetzt.

Aus ästhetischen Gründen möchte man gern diese wie andere schwere Verirrungen des Geschlechtstriebes den Geisteskranken zuweisen, aber dies geht nicht an. Die Erfahrung lehrt, daß man bei diesen letzteren keine anderen Störungen des Geschlechtstriebes beobachtet als bei Gesunden, ganzen Rassen und Ständen. So findet sich sexueller Mißbrauch von Kindern mit unheimlicher

Sexueller Missbrauch von Lehrern und unglaublicher Häufigkeit bei Lehrern u. Warteperson

Häufigkeit bei Lehrern und Wartepersonen, bloß weil sich diesen die beste Gelegenheit dazu bietet. Die Geisteskranken zeigen die betreffende Verirrung nur etwa gesteigert oder, was besonders bedeutsam ist, zur Ausschließlichkeit erhoben und an Stelle der normalen Sexualbefriedigung gerückt.

Dieses sehr merkwürdige Verhältnis der sexuellen Variationen zur Stufenleiter von der Gesundheit bis zur Geistesstörung gibt zu denken. Ich würde meinen, die zu erklärende Tatsache wäre ein Hinweis darauf, daß die Regungen des Geschlechtslebens zu jenen gehören, die auch normalerweise von den höheren Seelentätigkeiten am schlechtesten beherrscht werden. Wer in sonst irgendeiner Beziehung geistig abnorm ist, in sozialer, ethischer Hinsicht, der ist es nach meiner Erfahrung regelmäßig in seinem Sexualleben. Aber viele sind abnorm im Sexualleben, die in allen anderen Punkten dem Durchschnitt entsprechen, die menschliche Kulturentwicklung, deren schwacher Punkt die Sexualität bleibt, in ihrer Person mitgemacht haben.

Als allgemeinstes Ergebnis dieser Erörterungen würden wir aber die Einsicht herausgreifen, daß unter einer großen Anzahl von Bedingungen und bei überraschend viel Individuen die Art und der Wert des Sexualobjektes in den Hintergrund treten. Etwas anderes ist am Sexualtrieb das Wesentliche und Konstante.[1]

2) Abweichungen in Bezug auf das Sexualziel

Als normales Sexualziel gilt die Vereinigung der Genitalien in dem als Begattung bezeichneten Akte, der zur Lösung der sexuellen Spannung und zum zeitweiligen Erlöschen des Sexual-

---

[1] Der eingreifendste Unterschied zwischen dem Liebesleben der Alten Welt und dem unsrigen liegt wohl darin, daß die Antike den Akzent auf den Trieb selbst, wir aber auf dessen Objekt verlegen. Die Alten feierten den Trieb und waren bereit, auch ein minderwertiges Objekt durch ihn zu adeln, während wir die Triebbetätigung an sich geringschätzen und sie nur durch die Vorzüge des Objekts entschuldigen lassen.

triebes führt (Befriedigung analog der Sättigung beim Hunger). Doch sind bereits am normalsten Sexualvorgang jene Ansätze kenntlich, deren Ausbildung zu den Abirrungen führt, die man als Perversionen beschrieben hat. Es werden nämlich gewisse intermediäre (auf dem Wege zur Begattung liegende) Beziehungen zum Sexualobjekt, wie das Betasten und Beschauen desselben, als vorläufige Sexualziele anerkannt. Diese Betätigungen sind einerseits selbst mit Lust verbunden, andererseits steigern sie die Erregung, welche bis zur Erreichung des endgültigen Sexualzieles andauern soll. Eine bestimmte dieser Berührungen, die der beiderseitigen Lippenschleimhaut, hat ferner als Kuß bei vielen Völkern (die höchstzivilisierten darunter) einen hohen sexuellen Wert erhalten, obwohl die dabei in Betracht kommenden Körperteile nicht dem Geschlechtsapparat angehören, sondern den Eingang zum Verdauungskanal bilden. Hiemit sind also Momente gegeben, welche die Perversionen an das normale Sexualleben anknüpfen lassen und auch zur Einteilung derselben verwendbar sind. Die Perversionen sind entweder *a)* anatomische Überschreitungen der für die geschlechtliche Vereinigung bestimmten Körpergebiete oder *b)* Verweilungen bei den intermediären Relationen zum Sexualobjekt, die normalerweise auf dem Wege zum endgültigen Sexualziel rasch durchschritten werden sollen.

a) Anatomische Überschreitungen

Die psychische Wertschätzung, deren das Sexualobjekt als Wunschziel des Sexualtriebes teilhaftig wird, beschränkt sich in den seltensten Fällen auf dessen Genitalien, sondern greift auf den ganzen Körper desselben über und hat die Tendenz, alle vom Sexualobjekt ausgehenden Sensationen mit einzubeziehen. Die gleiche Überschätzung strahlt auf das psychische Gebiet aus und zeigt sich als logische Verblendung (Urteilsschwäche) angesichts der seelischen Leistungen und Vollkommenheiten des Sexual-

<small>Überschätzung des Sexualobjektes</small>

objektes sowie als gläubige Gefügigkeit gegen die von letzterem ausgehenden Urteile. Die Gläubigkeit der Liebe wird so zu einer wichtigen, wenn nicht zur uranfänglichen Quelle der Autorität.[1]

Diese Sexualüberschätzung ist es nun, welche sich mit der Einschränkung des Sexualzieles auf die Vereinigung der eigentlichen Genitalien so schlecht verträgt und Vornahmen an anderen Körperteilen zu Sexualzielen erheben hilft.[2]

Die Bedeutung des Moments der Sexualüberschätzung läßt sich am ehesten beim Manne studieren, dessen Liebesleben allein der Erforschung zugänglich geworden ist, während das des Weibes zum Teil infolge der Kulturverkümmerung, zum anderen Teil durch die konventionelle Verschwiegenheit und Unaufrichtigkeit der Frauen in ein noch undurchdringliches Dunkel gehüllt ist.[3]

Sexuelle Verwendung der Lippen-Mundschleimhaut

Die Verwendung des Mundes als Sexualorgan gilt als Perversion, wenn die Lippen (Zunge) der einen Person mit den Genitalien der anderen in Berührung gebracht werden, nicht aber, wenn beider Teile Lippenschleimhäute einander berühren. In letzterer Ausnahme liegt die Anknüpfung ans Normale. Wer die anderen wohl seit den Urzeiten der Menschheit gebräuchlichen Praktiken als Perversionen verabscheut, der gibt dabei einem deutlichen E k e l g e f ü h l nach, welches ihn vor der Annahme eines solchen

---

1) Ich kann mir nicht versagen, hiebei an die gläubige Gefügigkeit der Hypnotisierten gegen ihren Hypnotiseur zu erinnern, welche mich vermuten läßt, daß das Wesen der Hypnose in die unbewußte Fixierung der Libido auf die Person des Hypnotiseurs (vermittels der masochistischen Komponente des Sexualtriebes) zu verlegen ist. — S. F e r e n c z i hat diesen Charakter der Suggerierbarkeit mit dem „Elternkomplex" verknüpft. (Jahrbuch für psychoanalyt. und psychopathol. Forschungen I, 1909.)

2) Es ist indes zu bemerken, daß die Sexualüberschätzung nicht bei allen Mechanismen der Objektwahl ausgebildet wird und daß wir späterhin eine andere und direktere Erklärung für die sexuelle Rolle der anderen Körperteile kennen lernen werden. Das Moment des „Reizhungers", das von H o c h e uud I. B l o c h zur Erklärung des Übergreifens von sexuellem Interesse auf andere Körperteile als die Genitalien herangezogen wird, scheint mir diese Bedeutung nicht zu verdienen. Die verschiedenen Wege, auf denen die Libido wandelt, verhalten sich zueinander von Anfang an wie kommunizierende Röhren, und man muß dem Phänomen der Kollateralströmung Rechnung tragen.

3) Das Weib läßt in typischen Fällen eine „Sexualüberschätzung" des Mannes vermissen, versäumt dieselbe aber fast niemals gegen das von ihr geborene Kind.

Sexualzieles schützt. Die Grenze dieses Ekels ist aber häufig rein konventionell; wer etwa mit Inbrunst die Lippen eines schönen Mädchens küßt, wird vielleicht das Zahnbürstchen desselben nur mit Ekel gebrauchen können, wenngleich kein Grund zur Annahme vorliegt, daß seine eigene Mundhöhle, vor der ihm nicht ekelt, reinlicher sei als die des Mädchens. Man wird hier auf das Moment des Ekels aufmerksam, welches der libidinösen Überschätzung des Sexualobjekts in den Weg tritt, seinerseits aber durch die Libido überwunden werden kann. In dem Ekel möchte man eine der Mächte erblicken, welche die Einschränkung des Sexualzieles zustande gebracht haben. In der Regel machen diese vor den Genitalien selbst Halt. Es ist aber kein Zweifel, daß auch die Genitalien des anderen Geschlechts an und für sich Gegenstand des Ekels sein können, und daß dieses Verhalten zur Charakteristik aller Hysterischen (zumal der weiblichen) gehört. Die Stärke des Sexualtriebes liebt es, sich in der Überwindung dieses Ekels zu betätigen. (S. u.)

Klarer noch als im früheren Falle erkennt man bei der Inanspruchnahme des Afters, daß es der Ekel ist, welcher dieses Sexualziel zur Perversion stempelt. Man lege mir aber die Bemerkung nicht als Parteinahme aus, daß die Begründung dieses Ekels, diese Körperpartie diene der Exkretion und komme mit dem Ekelhaften an sich — den Exkrementen — in Berührung, nicht viel stichhältiger ist als etwa die Begründung, welche hysterische Mädchen für ihren Ekel vor dem männlichen Genitale abgeben: es diene der Harnentleerung.

Sexuelle Verwendung der Afteröffnung

Die sexuelle Rolle der Afterschleimhaut ist keineswegs auf den Verkehr zwischen Männern beschränkt, ihre Bevorzugung hat nichts für das invertierte Fühlen Charakteristisches. Es scheint im Gegenteil, daß die Pädikatio des Mannes ihre Rolle der Analogie mit dem Akt beim Weibe verdankt, während gegenseitige Masturbation das Sexualziel ist, welches sich beim Verkehr Invertierter am ehesten ergibt.

Bedeutung anderer Körperstellen

Das sexuelle Übergreifen auf andere Körperstellen bietet in all seinen Variationen nichts prinzipiell Neues, fügt nichts zur Kenntnis des Sexualtriebes hinzu, der hierin nur seine Absicht verkündet, sich des Sexualobjekts nach allen Richtungen zu bemächtigen. Neben der Sexualüberschätzung meldet sich aber bei den anatomischen Überschreitungen ein zweites, der populären Kenntnis fremdartiges Moment. Gewisse Körperstellen, wie die Mund- und Afterschleimhaut, die immer wieder in diesen Praktiken auftreten, erheben gleichsam den Anspruch, selbst als Genitalien betrachtet und behandelt zu werden. Wir werden hören, wie dieser Anspruch durch die Entwicklung des Sexualtriebes gerechtfertigt und wie er in der Symptomatologie gewisser Krankheitszustände erfüllt wird.

Ungeeigneter Ersatz des Sexualobjektes — Fetischismus

Einen ganz besonderen Eindruck ergeben jene Fälle, in denen das normale Sexualobjekt ersetzt wird durch ein anderes, das zu ihm in Beziehung steht, dabei aber völlig ungeeignet ist, dem normalen Sexualziel zu dienen. Wir hätten nach den Gesichtspunkten der Einteilung wohl besser getan, diese höchst interessante Gruppe von Abirrungen des Sexualtriebes schon bei den Abweichungen in Bezug auf das Sexualobjekt zu erwähnen, verschoben es aber, bis wir das Moment der Sexualüberschätzung kennen gelernt hatten, von welchem diese Erscheinungen abhängen, mit denen ein Aufgeben des Sexualzieles verbunden ist.

Der Ersatz für das Sexualobjekt ist ein im allgemeinen für sexuelle Zwecke sehr wenig geeigneter Körperteil (Fuß, Haar) oder ein unbelebtes Objekt, welches in nachweisbarer Relation mit der Sexualperson, am besten mit der Sexualität derselben, steht. (Stücke der Kleidung, weiße Wäsche.) Dieser Ersatz wird nicht mit Unrecht mit dem Fetisch verglichen, in dem der Wilde seinen Gott verkörpert sieht.

Den Übergang zu den Fällen von Fetischismus mit Verzicht auf ein normales oder perverses Sexualziel bilden Fälle, in denen eine fetischistische Bedingung am Sexualobjekt erfordert wird, wenn das Sexualziel erreicht werden soll. (Bestimmte Haarfarbe, Kleidung, selbst Körperfehler.) Keine andere ans Pathologische streifende Variation des Sexualtriebes hat so viel Anspruch auf unser Interesse wie diese durch die Sonderbarkeit der durch sie veranlaßten Erscheinungen. Eine gewisse Herabsetzung des Strebens nach dem normalen Sexualziel scheint für alle Fälle Voraussetzung (exekutive Schwäche des Sexualapparates).¹ Die Anknüpfung ans Normale wird durch die psychologisch notwendige Überschätzung des Sexualobjektes vermittelt, welche unvermeidlich auf alles mit demselben assoziativ Verbundene übergreift. Ein gewisser Grad von solchem Fetischismus ist daher dem normalen Lieben regelmäßig eigen, besonders in jenen Stadien der Verliebtheit, in welchen das normale Sexualziel unerreichbar oder dessen Erfüllung aufgehoben erscheint.

„Schaff' mir ein Halstuch von ihrer Brust,
Ein Strumpfband meiner Liebeslust!"   (Faust)

Der pathologische Fall tritt erst ein, wenn sich das Streben nach dem Fetisch über solche Bedingung hinaus fixiert und sich an die Stelle des normalen Zieles setzt, ferner wenn sich der Fetisch von der bestimmten Person loslöst, zum alleinigen Sexualobjekt wird. Es sind dies die allgemeinen Bedingungen für das Übergehen bloßer Variationen des Geschlechtstriebes in pathologische Verirrungen.

In der Auswahl des Fetisch zeigt sich, wie Binet zuerst behauptet hat und dann später durch zahlreiche Belege erwiesen worden ist, der fortwirkende Einfluß eines zumeist in früher Kindheit empfangenen sexuellen Eindruckes, was man der sprichwörtlichen Haftfähigkeit einer ersten Liebe beim Normalen („*on revient toujours à ses premiers amours*") an die Seite stellen darf.

---

1) Diese Schwäche entspräche der konstitutionellen Voraussetzung. Die Psychoanalyse hat als akzidentelle Bedingung die frühzeitige Sexualeinschüchterung nachgewiesen, welche vom normalen Sexualziel abdrängt und zum Ersatz desselben anregt.

Eine solche Ableitung ist besonders deutlich bei Fällen mit bloß fetischistischer Bedingtheit des Sexualobjektes. Der Bedeutung frühzeitiger sexueller Eindrücke werden wir noch an anderer Stelle begegnen.[1]

In anderen Fällen ist es eine dem Betroffenen meist nicht bewußte symbolische Gedankenverbindung, welche zum Ersatz des Objektes durch den Fetisch geführt hat. Die Wege dieser Verbindungen sind nicht immer mit Sicherheit nachzuweisen (der Fuß ist ein uraltes sexuelles Symbol, schon im Mythus,[2] „Pelz" verdankt seine Fetischrolle wohl der Assoziation mit der Behaarung des mons veneris); doch scheint auch solche Symbolik nicht immer unabhängig von sexuellen Erlebnissen der Kinderzeit.[3]

---

1) Tiefer eindringende psychoanalytische Untersuchung hat zu einer berechtigten Kritik der Binet schen Behauptung geführt. Alle hieher gehörigen Beobachtungen haben ein erstes Zusammentreffen mit dem Fetisch zum Inhalt, in welchem sich dieser bereits im Besitz des sexuellen Interesses zeigt, ohne daß man aus den Begleitumständen verstehen könnte, wie er zu diesem Besitz gekommen ist. Auch fallen alle diese „frühzeitigen" Sexualeindrücke in die Zeit nach dem fünften, sechsten Jahr, während die Psychoanalyse daran zweifeln läßt, ob sich pathologische Fixierungen so spät neubilden können. Der wirkliche Sachverhalt ist der, daß hinter der ersten Erinnerung an das Auftreten des Fetisch eine untergegangene und vergessene Phase der Sexualentwicklung liegt, die durch den Fetisch wie durch eine „Deckerinnerung" vertreten wird, deren Rest und Niederschlag der Fetisch also darstellt. Die Wendung dieser in die ersten Kindheitsjahre fallenden Phase zum Fetischismus sowie die Auswahl des Fetisch selbst sind konstitutionell determiniert.

2) Dementsprechend der Schuh oder Pantoffel Symbol des weiblichen Genitales.

3) Die Psychoanalyse hat eine der noch vorhandenen Lücken im Verständnis des Fetischismus ausgefüllt, indem sie auf die Bedeutung einer durch Verdrängung verloren gegangenen koprophilen Riechlust für die Auswahl des Fetisch hinwies. Fuß und Haar sind stark riechende Objekte, die nach dem Verzicht auf die unlustig gewordene Geruchsempfindung zu Fetischen erhoben werden. In der dem Fußfetischismus entsprechenden Perversion ist demgemäß nur der schmutzige und übelriechende Fuß das Sexualobjekt. Ein anderer Beitrag zur Aufklärung der fetischistischen Bevorzugung des Fußes ergibt sich aus den infantilen Sexualtheorien. (S. u.) Der Fuß ersetzt den schwer vermißten Penis des Weibes. — In manchen Fällen von Fußfetischismus ließ sich zeigen, daß der ursprünglich auf das Genitale gerichtete Schautrieb, der seinem Objekt von unten her nahe kommen wollte, durch Verbot und Verdrängung auf dem Wege aufgehalten wurde, und darum Fuß oder Schuh als Fetisch festhielt. Das weibliche Genitale wurde dabei, der infantilen Erwartung entsprechend, als ein männliches vorgestellt.

b) Fixierungen von vorläufigen Sexualzielen

Alle äußeren und inneren Bedingungen, welche das Erreichen des normalen Sexualzieles erschweren oder in die Ferne rücken (Impotenz, Kostbarkeit des Sexualobjektes, Gefahren des Sexualaktes), unterstützen wie begreiflich die Neigung, bei den vorbereitenden Akten zu verweilen und neue Sexualziele aus ihnen zu gestalten, die an die Stelle des normalen treten können. Bei näherer Prüfung zeigt sich stets, daß die anscheinend fremdartigsten dieser neuen Absichten doch bereits beim normalen Sexualvorgang angedeutet sind. *Auftreten neuer Absichten*

Ein gewisses Maß von Tasten ist wenigstens für den Menschen zur Erreichung des normalen Sexualzieles unerläßlich. Auch ist es allgemein bekannt, welche Lustquelle einerseits, welcher Zufluß neuer Erregung andererseits durch die Berührungsempfindungen von der Haut des Sexualobjektes gewonnen wird. Somit kann das Verweilen beim Betasten, falls der Sexualakt überhaupt nur weiter geht, kaum zu den Perversionen gezählt werden. *Betasten und Beschauen*

Ähnlich ist es mit dem in letzter Linie vom Tasten abgeleiteten Sehen. Der optische Eindruck bleibt der Weg, auf dem die libidinöse Erregung am häufigsten geweckt wird, und auf dessen Gangbarkeit — wenn diese teleologische Betrachtungsweise zulässig ist — die Zuchtwahl rechnet, indem sie das Sexualobjekt sich zur Schönheit entwickeln läßt. Die mit der Kultur fortschreitende Verhüllung des Körpers hält die sexuelle Neugierde wach, welche danach strebt, sich das Sexualobjekt durch Enthüllung der verborgenen Teile zu ergänzen, die aber ins Künstlerische abgelenkt („sublimiert") werden kann, wenn man ihr Interesse von den Genitalien weg auf die Körperbildung im ganzen zu lenken vermag.[1] Ein Verweilen bei diesem intermediären Sexualziel des

---

[1] Es scheint mir unzweifelhaft, daß der Begriff des „Schönen" auf dem Boden der Sexualerregung wurzelt und ursprünglich das sexuell Reizende („die Reize") bedeutet. Es steht im Zusammenhange damit, daß wir die Genitalien selbst, deren Anblick die stärkste sexuelle Erregung hervorruft, eigentlich niemals „schön" finden können.

sexuell betonten Schauens kommt in gewissem Grade den meisten Normalen zu, ja es gibt ihnen die Möglichkeit, einen gewissen Betrag ihrer Libido auf höhere künstlerische Ziele zu richten. Zur Perversion wird die Schaulust im Gegenteil, *a)* wenn sie sich ausschließlich auf die Genitalien einschränkt, *b)* wenn sie sich mit der Überwindung des Ekels verbindet (Voyeurs: Zuschauer bei den Exkretionsfunktionen), *c)* wenn sie das normale Sexualziel, anstatt es vorzubereiten, verdrängt. Letzteres ist in ausgeprägter Weise bei den Exhibitionisten der Fall, die, wenn ich nach mehreren Analysen schließen darf, ihre Genitalien zeigen, um als Gegenleistung die Genitalien des anderen Teiles zu Gesicht zu bekommen.[1]

Bei der Perversion, deren Streben das Schauen und Beschautwerden ist, tritt ein sehr merkwürdiger Charakter hervor, der uns bei der nächstfolgenden Abirrung noch intensiver beschäftigen wird. Das Sexualziel ist hiebei nämlich in zweifacher Ausbildung vorhanden, in a k t i v e r und in p a s s i v e r Form.

Die Macht, welche der Schaulust entgegensteht und eventuell durch sie aufgehoben wird, ist die S c h a m (wie vorhin der Ekel).

Sadismus und Masochismus Die Neigung, dem Sexualobjekt Schmerz zuzufügen und ihr Gegenstück, diese häufigste und bedeutsamste aller Perversionen, ist in ihren beiden Gestaltungen, der aktiven und der passiven, von v. K r a f f t - E b i n g als S a d i s m u s und M a s o c h i s m u s (passiv) benannt worden. Andere Autoren ziehen die engere Bezeichnung A l g o l a g n i e vor, welche die Lust am Schmerz, die Grausamkeit, betont, während bei den Namen, die v. K r a f f t - E b i n g gewählt hat, die Lust an jeder Art von Demütigung und Unterwerfung in den Vordergrund gestellt wird.

---

[1] Der Analyse enthüllt diese Perversion — sowie die meisten anderen — eine unerwartete Vielfältigkeit ihrer Motive und Bedeutungen. Der Exhibitionszwang zum Beispiel ist auch stark abhängig vom Kastrationskomplex; er betont immer wieder die Integrität des eigenen (männlichen) Genitales und wiederholt die infantile Befriedigung über das Fehlen des Gliedes im weiblichen.

Für die aktive Algolagnie, den Sadismus, sind die Wurzeln im Normalen leicht nachzuweisen. Die Sexualität der meisten Männer zeigt eine Beimengung von **Aggression**, von Neigung zur Überwältigung, deren biologische Bedeutung in der Notwendigkeit liegen dürfte, den Widerstand des Sexualobjektes noch anders als durch die Akte der **Werbung** zu überwinden. Der Sadismus entspräche dann einer selbständig gewordenen, übertriebenen, durch Verschiebung an die Hauptstelle gerückten aggressiven Komponente des Sexualtriebes.

Der Begriff des Sadismus schwankt im Sprachgebrauch von einer bloß aktiven, sodann gewalttätigen, Einstellung gegen das Sexualobjekt bis zur ausschließlichen Bindung der Befriedigung an die Unterwerfung und Mißhandlung desselben. Strenge genommen hat nur der letztere extreme Fall Anspruch auf den Namen einer Perversion.

In ähnlicher Weise umfaßt die Bezeichnung Masochismus alle passiven Einstellungen zum Sexualleben und Sexualobjekt, als deren äußerste die Bindung der Befriedigung an das Erleiden von physischem oder seelischem Schmerz von seiten des Sexualobjektes erscheint. Der Masochismus als Perversion scheint sich vom normalen Sexualziel weiter zu entfernen als sein Gegenstück; es darf zunächst bezweifelt werden, ob er jemals primär auftritt oder nicht vielmehr regelmäßig durch Umbildung aus dem Sadismus entsteht.[1] Häufig läßt sich erkennen, daß der Masochismus nichts anderes ist als eine Fortsetzung des Sadismus in Wendung gegen die eigene Person, welche dabei zunächst die Stelle des Sexualobjekts

---

1) Spätere Überlegungen, die sich auf bestimmte Annahmen über die Struktur des seelischen Apparates und über die in ihm wirksamen Triebarten stützen konnten, haben mein Urteil über den Masochismus weitgehend verändert. Ich wurde dazu geführt, einen **primären — erogenen —** Masochismus anzuerkennen, aus dem sich zwei spätere Formen, der **feminine** und der **moralische** Masochismus entwickeln. Durch Rückwendung des im Leben unverbrauchten Sadismus gegen die eigene Person entsteht ein **sekundärer** Masochismus, der sich zum primären hinzuaddiert. (S. „Das ökonomische Problem des Masochismus" Internat. Zeitschrift für Psychoanalyse X, 1924 [Ges. Werke, Bd. XIII]).

vertritt. Die klinische Analyse extremer Fälle von masochistischer Perversion führt auf das Zusammenwirken einer großen Reihe von Momenten, welche die ursprüngliche passive Sexualeinstellung übertreiben und fixieren. (Kastrationskomplex, Schuldbewußtsein.)

Der Schmerz, der hiebei überwunden wird, reiht sich dem Ekel und der Scham an, die sich der Libido als Widerstände entgegengestellt hatten.

Sadismus und Masochismus nehmen unter den Perversionen eine besondere Stellung ein, da der ihnen zugrunde liegende Gegensatz von Aktivität und Passivität zu den allgemeinen Charakteren des Sexuallebens gehört.

Daß Grausamkeit und Sexualtrieb innigst zusammengehören, lehrt die Kulturgeschichte der Menschheit über jeden Zweifel, aber in der Aufklärung dieses Zusammenhanges ist man über die Betonung des aggressiven Moments der Libido nicht hinausgekommen. Nach einigen Autoren ist diese dem Sexualtrieb beigemengte Aggression eigentlich ein Rest kannibalischer Gelüste, also eine Mitbeteiligung des Bemächtigungsapparates, welcher der Befriedigung des anderen, ontogenetisch älteren, großen Bedürfnisses dient.[1] Es ist auch behauptet worden, daß jeder Schmerz an und für sich die Möglichkeit einer Lustempfindung enthalte. Wir wollen uns mit dem Eindruck begnügen, daß die Aufklärung dieser Perversion keineswegs befriedigend gegeben ist, und daß möglicherweise hiebei mehrere seelische Strebungen sich zu einem Effekt vereinigen.[2]

Die auffälligste Eigentümlichkeit dieser Perversion liegt aber darin, daß ihre aktive und ihre passive Form regelmäßig bei der nämlichen Person mitsammen angetroffen werden. Wer Lust daran empfindet, anderen Schmerz in sexueller Relation zu

---

[1] Vgl. hiezu die spätere Mitteilung über die prägenitalen Phasen der Sexualentwicklung, in welcher diese Ansicht bestätigt wird.

[2] Aus der zuletzt zitierten Untersuchung leitet sich für das Gegensatzpaar Sadismus—Masochismus eine auf den Triebursprung begründete Sonderstellung ab, durch welche es aus der Reihe der anderen „Perversionen" herausgehoben wird.

erzeugen, der ist auch befähigt, den Schmerz als Lust zu genießen, der ihm aus sexuellen Beziehungen erwachsen kann. Ein Sadist ist immer auch gleichzeitig ein Masochist, wenngleich die aktive oder die passive Seite der Perversion bei ihm stärker ausgebildet sein und seine vorwiegend sexuelle Betätigung darstellen kann.[1]

Wir sehen so gewisse der Perversionsneigungen regelmäßig als Gegensatzpaare auftreten, was mit Hinblick auf später beizubringendes Material eine hohe theoretische Bedeutung beanspruchen darf.[2] Es ist ferner einleuchtend, daß die Existenz des Gegensatzpaares Sadismus — Masochismus aus der Aggressionsbeimengung nicht ohneweiters ableitbar ist. Dagegen wäre man versucht, solche gleichzeitig vorhandene Gegensätze mit dem in der Bisexualität vereinten Gegensatz von männlich und weiblich in Beziehung zu setzen, für welchen in der Psychoanalyse häufig der von aktiv und passiv einzusetzen ist.

3) Allgemeines über alle Perversionen

Die Ärzte, welche die Perversionen zuerst an ausgeprägten Beispielen und unter besonderen Bedingungen studiert haben, sind natürlich geneigt gewesen, ihnen den Charakter eines Krankheits- oder Degenerationszeichens zuzusprechen, ganz ähnlich wie bei der Inversion. Indes ist es hier leichter als dort, diese Auffassung abzulehnen. Die alltägliche Erfahrung hat gezeigt, daß die meisten dieser Überschreitungen, wenigstens die minder argen unter ihnen, einen selten fehlenden Bestandteil des Sexuallebens der Gesunden bilden und von ihnen wie andere Intimitäten auch beurteilt werden. Wo die Verhältnisse es begünstigen, kann

Variation und Krankheit

---

[1] Anstatt vieler Belege für diese Behauptung zitiere ich nur die eine Stelle aus Havelock Ellis (Das Geschlechtsgefühl, 1903): „Alle bekannten Fälle von Sadismus und Masochismus, selbst die von v. Krafft-Ebing zitierten, zeigen beständig (wie schon Colin, Scott und Féré nachgewiesen) Spuren beider Gruppen von Erscheinungen an ein und demselben Individuum."
[2] Vgl. die spätere Erwähnung der „Ambivalenz".

auch der Normale eine solche Perversion eine ganze Zeitlang an die Stelle des normalen Sexualzieles setzen oder ihr einen Platz neben diesem einräumen. Bei keinem Gesunden dürfte irgendein pervers zu nennender Zusatz zum normalen Sexualziel fehlen und diese Allgemeinheit genügt für sich allein, um die Unzweckmäßigkeit einer vorwurfsvollen Verwendung des Namens Perversion darzutun. Gerade auf dem Gebiete des Sexuallebens stößt man auf besondere, eigentlich derzeit unlösbare Schwierigkeiten, wenn man eine scharfe Grenze zwischen bloßer Variation innerhalb der physiologischen Breite und krankhaften Symptomen ziehen will.

Bei manchen dieser Perversionen ist immerhin die Qualität des neuen Sexualzieles eine solche, daß sie nach besonderer Würdigung verlangt. Gewisse der Perversionen entfernen sich inhaltlich so weit vom Normalen, daß wir nicht umhin können, sie für „krankhaft" zu erklären, insbesondere jene, in denen der Sexualtrieb in der Überwindung der Widerstände (Scham, Ekel, Grauen, Schmerz) erstaunliche Leistungen vollführt (Kotlecken, Leichenmißbrauch). Doch darf man auch in diesen Fällen sich nicht der sicheren Erwartung hingeben, in den Tätern regelmäßig Personen mit andersartigen schweren Abnormitäten oder Geisteskranke zu entdecken. Man kommt auch hier nicht über die Tatsache hinaus, daß Personen, die sich sonst normal verhalten, auf dem Gebiete des Sexuallebens allein, unter der Herrschaft des ungezügeltsten aller Triebe, sich als Kranke dokumentieren. Manifeste Abnormität in anderen Lebensrelationen pflegt hingegen jedesmal einen Hintergrund von abnormem sexuellen Verhalten zu zeigen.

In der Mehrzahl der Fälle können wir den Charakter des Krankhaften bei der Perversion nicht im Inhalt des neuen Sexualzieles, sondern in dessen Verhältnis zum Normalen finden. Wenn die Perversion nicht **neben** dem Normalen (Sexualziel und Objekt) auftritt, wo günstige Umstände dieselbe fördern und ungünstige das Normale verhindern, sondern wenn sie das Normale unter allen Umständen verdrängt und ersetzt hat; — in der **Ausschließlichkeit** und in der **Fixierung** also der Perversion sehen wir zu allermeist die Berechtigung, sie als ein krankhaftes Symptom zu beurteilen.

Vielleicht gerade bei den abscheulichsten Perversionen muß man die ausgiebigste psychische Beteiligung zur Umwandlung des Sexualtriebes anerkennen. Es ist hier ein Stück seelischer Arbeit geleistet, dem man trotz seines greulichen Erfolges den Wert einer Idealisierung des Triebes nicht absprechen kann. Die Allgewalt der Liebe zeigt sich vielleicht nirgends stärker als in diesen ihren Verirrungen. Das Höchste und das Niedrigste hängen in der Sexualität überall am innigsten aneinander („vom Himmel durch die Welt zur Hölle"). Die seelische Beteiligung bei den Perversionen

Bei dem Studium der Perversionen hat sich uns die Einsicht ergeben, daß der Sexualtrieb gegen gewisse seelische Mächte als Widerstände anzukämpfen hat, unter denen Scham und Ekel am deutlichsten hervorgetreten sind. Es ist die Vermutung gestattet, daß diese Mächte daran beteiligt sind, den Trieb innerhalb der als normal geltenden Schranken zu bannen, und wenn sie sich im Individuum früher entwickelt haben, ehe der Sexualtrieb seine volle Stärke erlangte, so waren sie es wohl, die ihm die Richtung seiner Entwicklung angewiesen haben.[1] Zwei Ergebnisse

Wir haben ferner die Bemerkung gemacht, daß einige der untersuchten Perversionen nur durch das Zusammentreten von mehreren Motiven verständlich werden. Wenn sie eine Analyse — Zersetzung — zulassen, müssen sie zusammengesetzter Natur sein. Hieraus können wir einen Wink entnehmen, daß vielleicht

---

[1] Man muß diese die Sexualentwicklung eindämmenden Mächte — Ekel, Scham und Moralität — andererseits auch als historische Niederschläge der äußeren Hemmungen ansehen, welche der Sexualtrieb in der Psychogenese der Menschheit erfahren hat. Man macht die Beobachtung, daß sie in der Entwicklung des Einzelnen zu ihrer Zeit wie spontan auf die Winke der Erziehung und Beeinflussung hin auftreten.

der Sexualtrieb selbst nichts Einfaches, sondern aus Komponenten zusammengesetzt ist, die sich in den Perversionen wieder von ihm ablösen. Die Klinik hätte uns so auf **Verschmelzungen** aufmerksam gemacht, die in dem gleichförmigen normalen Verhalten ihren Ausdruck eingebüßt haben.[1]

4) Der Sexualtrieb bei den Neurotikern

Die Psycho-analyse

Einen wichtigen Beitrag zur Kenntnis des Sexualtriebes bei Personen, die den Normalen mindestens nahe stehen, gewinnt man aus einer Quelle, die nur auf einem bestimmten Wege zugänglich ist. Es gibt nur ein Mittel, über das Geschlechtsleben der sogenannten Psychoneurotiker (Hysterie, Zwangsneurose, fälschlich sogenannte Neurasthenie, sicherlich auch Dementia praecox, Paranoia) gründliche und nicht irre leitende Aufschlüsse zu erhalten, nämlich wenn man sie der psychoanalytischen Erforschung unterwirft, deren sich das von J. Breuer und mir 1893 eingesetzte, damals „kathartisch" genannte Heilverfahren bedient.

Ich muß vorausschicken, respektive aus anderen Veröffentlichungen wiederholen, daß diese Psychoneurosen, soweit meine Erfahrungen reichen, auf sexuellen Triebkräften beruhen. Ich meine dies nicht etwa so, daß die Energie des Sexualtriebes einen Beitrag zu den Kräften liefert, welche die krankhaften Erscheinungen (Symptome) unterhalten, sondern ich will ausdrücklich behaupten, daß dieser Anteil der einzig konstante und die wichtigste Energiequelle der Neurose ist, so daß das Sexualleben der betreffenden Personen sich entweder ausschließlich oder

---

[1] Ich bemerke vorgreifend über die Entstehung der Perversionen, daß man Grund hat anzunehmen, es sei vor der Fixierung derselben, ganz ähnlich wie beim Fetischismus, ein Ansatz normaler Sexualentwicklung vorhanden gewesen. Die analytische Untersuchung hat bisher in einzelnen Fällen zeigen können, daß auch die Perversion der Rückstand einer Entwicklung zum Ödipuskomplex ist, nach dessen Verdrängung die der Anlage nach stärkste Komponente des Sexualtriebes wieder hervorgetreten ist.

vorwiegend oder nur teilweise in diesen Symptomen äußert. Die Symptome sind, wie ich es an anderer Stelle ausgedrückt habe, die Sexualbetätigung der Kranken. Den Beweis für diese Behauptung hat mir eine seit fünfundzwanzig Jahren sich mehrende Anzahl von Psychoanalysen hysterischer und anderer Nervöser geliefert, über deren Ergebnisse im einzelnen ich an anderen Orten ausführliche Rechenschaft gegeben habe und noch weiter geben werde.[1]

Die Psychoanalyse beseitigt die Symptome Hysterischer unter der Voraussetzung, daß dieselben der Ersatz — die Transkription gleichsam — für eine Reihe von affektbesetzten seelischen Vorgängen, Wünschen und Strebungen sind, denen durch einen besonderen psychischen Prozeß (die Verdrängung) der Zugang zur Erledigung durch bewußtseinsfähige psychische Tätigkeit versagt worden ist. Diese also im Zustande des Unbewußten zurückgehaltenen Gedankenbildungen streben nach einem ihrem Affektwert gemäßen Ausdruck, einer Abfuhr, und finden eine solche bei der Hysterie durch den Vorgang der Konversion in somatischen Phänomenen — eben den hysterischen Symptomen. Bei der kunstgerechten, mit Hilfe einer besonderen Technik durchgeführten Rückverwandlung der Symptome in nun bewußt gewordene, affektbesetzte Vorstellungen ist man also imstande, über die Natur und die Abkunft dieser früher unbewußten psychischen Bildungen das Genaueste zu erfahren.

Es ist auf diese Weise in Erfahrung gebracht worden, daß die Symptome einen Ersatz für Strebungen darstellen, die ihre Kraft der Quelle des Sexualtriebes entnehmen. Im vollen Einklange damit steht, was wir über den Charakter der hier zum Muster für alle Psychoneurotiker genommenen Hysteriker vor ihrer

Ergebnisse der Psychoanalyse

---

[1] Es ist nur eine Vervollständigung und nicht eine Verringerung dieser Aussage, wenn ich sie dahin abändere: Die nervösen Symptome beruhen einerseits auf dem Anspruch der libidinösen Triebe, andererseits auf dem Einspruch des Ichs, der Reaktion gegen dieselben.

Erkrankung und über die Anlässe zur Erkrankung wissen. Der hysterische Charakter läßt ein Stück S e x u a l v e r d r ä n g u n g erkennen, welches über das normale Maß hinausgeht, eine Steigerung der Widerstände gegen den Sexualtrieb, die uns als Scham, Ekel und Moral bekannt geworden sind, eine wie instinktive Flucht vor der intellektuellen Beschäftigung mit dem Sexualproblem, welche in ausgeprägten Fällen den Erfolg hat, die volle sexuelle Unwissenheit noch bis in die Jahre der erlangten Geschlechtsreife zu bewahren.[1]

Dieser für die Hysterie wesentliche Charakterzug wird für die grobe Beobachtung nicht selten durch das Vorhandensein des zweiten konstitutionellen Faktors der Hysterie, durch die übermächtige Ausbildung des Sexualtriebes verdeckt, allein die psychologische Analyse weiß ihn jedesmal aufzudecken und die widerspruchsvolle Rätselhaftigkeit der Hysterie durch die Feststellung des Gegensatzpaares von übergroßem sexuellen Bedürfnis und zu weit getriebener Sexualablehnung zu lösen.

Der Anlaß zur Erkrankung ergibt sich für die hysterisch disponierte Person, wenn infolge der fortschreitenden eigenen Reifung oder äußerer Lebensverhältnisse die reale Sexualforderung ernsthaft an sie herantritt. Zwischen dem Drängen des Triebes und dem Widerstreben der Sexualablehnung stellt sich dann der Ausweg der Krankheit her, der den Konflikt nicht löst, sondern ihm durch die Verwandlung der libidinösen Strebungen in Symptome zu entgehen sucht. Es ist nur eine scheinbare Ausnahme, wenn eine hysterische Person, ein Mann etwa, an einer banalen Gemütsbewegung, an einem Konflikt, in dessen Mittelpunkt nicht das sexuelle Interesse steht, erkrankt. Die Psychoanalyse kann dann regelmäßig nachweisen, daß es die sexuelle Komponente des Konflikts ist, welche die Erkrankung

---

[1] Studien über Hysterie. 1895. [Bd. I der Ges. Werke.) J. B r e u e r sagt von seiner Patientin, an der er die kathartische Methode zuerst geübt hat: „Das sexuelle Moment war erstaunlich unentwickelt."

ermöglicht hat, indem sie die seelischen Vorgänge der normalen Erledigung entzog.

Ein guter Teil des Widerspruches gegen diese meine Aufstellungen erklärt sich wohl daraus, daß man die Sexualität, von welcher ich die psychoneurotischen Symptome ableite, mit dem normalen Sexualtrieb zusammenfallen ließ. Allein die Psychoanalyse lehrt noch mehr. Sie zeigt, daß die Symptome keineswegs allein auf Kosten des sogenannten normalen Sexualtriebes entstehen (wenigstens nicht ausschließlich oder vorwiegend), sondern den konvertierten Ausdruck von Trieben darstellen, welche man als perverse (im weitesten Sinne) bezeichnen würde, wenn sie sich ohne Ablenkung vom Bewußtsein direkt in Phantasievorsätzen und Taten äußern könnten. Die Symptome bilden sich also zum Teil auf Kosten abnormer Sexualität; **die Neurose ist sozusagen das Negativ der Perversion.**[1]

Der Sexualtrieb der Psychoneurotiker läßt alle die Abirrungen erkennen, die wir als Variationen des normalen und als Äußerungen des krankhaften Sexuallebens studiert haben.

a) Bei allen Neurotikern (ohne Ausnahme) finden sich im unbewußten Seelenleben Regungen von Inversion, Fixierung von Libido auf Personen des gleichen Geschlechts. Ohne tief eindringende Erörterung ist es nicht möglich, die Bedeutung dieses Moments für die Gestaltung des Krankheitsbildes entsprechend zu würdigen; ich kann nur versichern, daß die unbewußte Inversionsneigung niemals fehlt und insbesondere zur Aufklärung der männlichen Hysterie die größten Dienste leistet.[2]

---

1) Die klar bewußten Phantasien der Perversen, die unter günstigen Umständen in Veranstaltungen umgesetzt werden, die in feindlichem Sinne auf andere projizierten Wahnbefürchtungen der Paranoiker und die unbewußten Phantasien der Hysteriker, die man durch Psychoanalyse hinter ihren Symptomen aufdeckt, fallen inhaltlich bis in einzelne Details zusammen.

2) Psychoneurose vergesellschaftet sich auch sehr oft mit manifester Inversion, wobei die heterosexuelle Strömung der vollen Unterdrückung zum Opfer gefallen ist. — Ich lasse nur einer mir zuteil gewordenen Anregung Recht widerfahren, wenn ich mitteile, daß erst private Äußerungen von W. Fließ in Berlin mich auf die notwendige Allgemeinheit der Inversionsneigung bei den Psychoneurotikern aufmerksam

b) Es sind bei den Psychoneurotikern alle Neigungen zu den anatomischen Überschreitungen im Unbewußten und als Symptombildner nachweisbar, unter ihnen mit besonderer Häufigkeit und Intensität diejenigen, welche für Mund- und Afterschleimhaut die Rolle von Genitalien in Anspruch nehmen.

c) Eine ganz hervorragende Rolle unter den Symptombildnern der Psychoneurosen spielen die zumeist in Gegensatzpaaren auftretenden Partialtriebe, die wir als Bringer neuer Sexualziele kennen gelernt haben, der Trieb der Schaulust und der Exhibition und der aktiv und passiv ausgebildete Trieb zur Grausamkeit. Der Beitrag des letzteren ist zum Verständnis der Leidensnatur der Symptome unentbehrlich und beherrscht fast regelmäßig ein Stück des sozialen Verhaltens der Kranken. Vermittels dieser Grausamkeitsverknüpfung der Libido geht auch die Verwandlung von Liebe in Haß, von zärtlichen in feindselige Regungen vor sich, die für eine große Reihe von neurotischen Fällen, ja, wie es scheint, für die Paranoia im ganzen charakteristisch ist.

Das Interesse an diesen Ergebnissen wird noch durch einige Besonderheiten des Tatbestandes erhöht.

α) Wo ein solcher Trieb im Unbewußten aufgefunden wird, welcher der Paarung mit einem Gegensatze fähig ist, da läßt sich regelmäßig auch dieser letztere als wirksam nachweisen. Jede „aktive" Perversion wird also hier von ihrem passiven Widerpart begleitet; wer im Unbewußten Exhibitionist ist, der ist auch gleichzeitig Voyeur, wer an den Folgen der Verdrängung sadistischer Regungen leidet, bei dem findet sich ein anderer Zuzug zu den Symptomen aus den Quellen masochistischer Neigung. Die volle Übereinstimmung mit dem Verhalten der entsprechenden „positiven" Perversionen ist gewiß sehr beachtens-

---

gemacht haben, nachdem ich diese in einzelnen Fällen aufgedeckt hatte. — Diese nicht genug gewürdigte Tatsache müßte alle Theorien der Homosexualität entscheidend beeinflüssen.

wert. Im Krankheitsbilde spielt aber die eine oder die andere der gegensätzlichen Neigungen die überwiegende Rolle.

β) In einem ausgeprägteren Falle von Psychoneurose findet man nur selten einen einzigen dieser perversen Triebe entwickelt, meist eine größere Anzahl derselben und in der Regel Spuren von allen; der einzelne Trieb ist aber in seiner Intensität unabhängig von der Ausbildung der anderen. Auch dazu ergibt uns das Studium der positiven Perversionen das genaue Gegenstück.

5) Partialtriebe und erogene Zonen

Halten wir zusammen, was wir aus der Untersuchung der positiven und der negativen Perversionen erfahren haben, so liegt es nahe, dieselben auf eine Reihe von „Partialtrieben" zurückzuführen, die aber nichts Primäres sind, sondern eine weitere Zerlegung zulassen. Unter einem „Trieb" können wir zunächst nichts anderes verstehen als die psychische Repräsentanz einer kontinuierlich fließenden, innersomatischen Reizquelle, zum Unterschiede vom „Reiz", der durch vereinzelte und von außen kommende Erregungen hergestellt wird. Trieb ist so einer der Begriffe der Abgrenzung des Seelischen vom Körperlichen. Die einfachste und nächstliegende Annahme über die Natur der Triebe wäre, daß sie an sich keine Qualität besitzen, sondern nur als Maße von Arbeitsanforderung für das Seelenleben in Betracht kommen. Was die Triebe voneinander unterscheidet und mit spezifischen Eigenschaften ausstattet, ist deren Beziehung zu ihren somatischen Quellen und ihren Zielen. Die Quelle des Triebes ist ein erregender Vorgang in einem Organ und das nächste Ziel des Triebes liegt in der Aufhebung dieses Organreizes.[1]

---

[1] Die Trieblehre ist das bedeutsamste, aber auch das unfertigste Stück der psychoanalytischen Theorie. In meinen späteren Arbeiten („Jenseits des Lustprinzips", 1921, „Das Ich und das Es", 1920 [Bd. XIII der Ges. Werke] habe ich weitere Beiträge zur Trieblehre entwickelt.

Eine weitere vorläufige Annahme in der Trieblehre, welcher wir uns nicht entziehen können, besagt, daß von den Körperorganen Erregungen von zweierlei Art geliefert werden, die in Differenzen chemischer Natur begründet sind. Die eine dieser Arten von Erregung bezeichnen wir als die spezifisch sexuelle und das betreffende Organ als die „erogene Zone" des von ihm ausgehenden sexuellen Partialtriebes.[1]

Bei den Perversionsneigungen, die für Mundhöhle und Afteröffnung sexuelle Bedeutung in Anspruch nehmen, ist die Rolle der erogenen Zone ohneweiters ersichtlich. Dieselbe benimmt sich in jeder Hinsicht wie ein Stück des Geschlechtsapparates. Bei der Hysterie werden diese Körperstellen und die von ihnen ausgehenden Schleimhauttrakte in ganz ähnlicher Weise der Sitz von neuen Sensationen und Innervationsänderungen — ja von Vorgängen, die man der Erektion vergleichen kann — wie die eigentlichen Genitalien unter den Erregungen der normalen Geschlechtsvorgänge.

Die Bedeutung der erogenen Zonen als Nebenapparate und Surrogate der Genitalien tritt unter den Psychoneurosen bei der Hysterie am deutlichsten hervor, womit aber nicht behauptet werden soll, daß sie für die anderen Erkrankungsformen geringer einzuschätzen ist. Sie ist hier nur unkenntlicher, weil sich bei diesen (Zwangsneurose, Paranoia) die Symptombildung in Regionen des seelischen Apparates vollzieht, die weiter ab von den einzelnen Zentralstellen für die Körperbeherrschung liegen. Bei der Zwangsneurose ist die Bedeutung der Impulse, welche neue Sexualziele schaffen und von erogenen Zonen unabhängig erscheinen, das Auffälligere. Doch entspricht bei der Schau- und Exhibitionslust das Auge einer

---

[1] Es ist nicht leicht, diese Annahmen, die aus dem Studium einer bestimmten Klasse von neurotischen Erkrankungen geschöpft sind, hier zu rechtfertigen. Andererseits wird es aber unmöglich, etwas Stichhältiges über die Triebe auszusagen, wenn man sich die Erwähnung dieser Voraussetzungen erspart.

erogenen Zone, bei der Schmerz- und Grausamkeitskomponente des Sexualtriebes ist es die Haut, welche die gleiche Rolle übernimmt, die Haut, die sich an besonderen Körperstellen zu Sinnesorganen differenziert und zur Schleimhaut modifiziert hat, also die erogene Zone κατ' ἐξοχήν.[1]

6) Erklärung des scheinbaren Überwiegens perverser Sexualität bei den Psychoneurosen

Durch die vorstehenden Erörterungen ist die Sexualität der Psychoneurotiker in ein möglicherweise falsches Licht gerückt worden. Es hat den Anschein bekommen, als näherten sich die Psychoneurotiker in ihrem sexuellen Verhalten der Anlage nach sehr den Perversen und entfernten sich dafür um ebensoviel von den Normalen. Nun ist sehr wohl möglich, daß die konstitutionelle Disposition dieser Kranken außer einem übergroßen Maß von Sexualverdrängung und einer übermächtigen Stärke des Sexualtriebes eine ungewöhnliche Neigung zur Perversion im weitesten Sinne mitenthält, allein die Untersuchung leichterer Fälle zeigt, daß letztere Annahme nicht unbedingt erforderlich ist, oder daß zum mindesten bei der Beurteilung der krankhaften Effekte die Wirkung eines Faktors in Abzug gebracht werden muß. Bei den meisten Psychoneurotikern tritt die Erkrankung erst nach der Pubertätszeit auf unter der Anforderung des normalen Sexuallebens. Gegen dieses richtet sich vor allem die Verdrängung. Oder spätere Erkrankungen stellen sich her, indem der Libido auf normalem Wege die Befriedigung versagt wird. In beiden Fällen verhält sich die Libido wie ein Strom, dessen Hauptbett verlegt wird; sie füllt die kollateralen Wege aus, die bisher vielleicht

---

[1] Man muß hier der Aufstellung von M o l l gedenken, welche den Sexualtrieb in Kontrektations- und Detumeszenztrieb zerlegt. Kontrektation bedeutet ein Bedürfnis nach Hautberührung.

leer geblieben waren. Somit kann auch die scheinbar so große (allerdings negative) Perversionsneigung der Psychoneurotiker eine kollateral bedingte, muß jedenfalls eine kollateral erhöhte sein. Die Tatsache ist eben, daß man die Sexualverdrängung als inneres Moment jenen äußeren anreihen muß, welche wie Freiheitseinschränkung, Unzugänglichkeit des normalen Sexualobjekts, Gefahren des normalen Sexualaktes usw. Perversionen bei Individuen entstehen lassen, welche sonst vielleicht normal geblieben wären.

In den einzelnen Fällen von Neurose mag es sich hierin verschieden verhalten, das einemal die angeborene Höhe der Perversionsneigung, das anderemal die kollaterale Hebung derselben durch die Abdrängung der Libido vom normalen Sexualziel und Sexualobjekt das Maßgebendere sein. Es wäre unrecht, eine Gegensätzlichkeit zu konstruieren, wo ein Kooperationsverhältnis vorliegt. Ihre größten Leistungen wird die Neurose jedesmal zustande bringen, wenn Konstitution und Erleben in demselben Sinne zusammenwirken. Eine ausgesprochene Konstitution wird etwa der Unterstützung durch die Lebenseindrücke entbehren können, eine ausgiebige Erschütterung im Leben etwa die Neurose auch bei durchschnittlicher Konstitution zustande bringen. Diese Gesichtspunkte gelten übrigens in gleicher Weise für die ätiologische Bedeutung von Angeborenem und akzidentell Erlebtem auch auf anderen Gebieten.

Bevorzugt man die Annahme, daß eine besonders ausgebildete Neigung zu Perversionen doch zu den Eigentümlichkeiten der psychoneurotischen Konstitution gehört, so eröffnet sich die Aussicht, je nach dem angeborenen Vorwiegen dieser oder jener erogenen Zone, dieses oder jenes Partialtriebes, eine Mannigfaltigkeit solcher Konstitutionen unterscheiden zu können. Ob der perversen Veranlagung eine besondere Beziehung zur Auswahl der Erkrankungsform zukommt, dies ist wie so vieles auf diesem Gebiete noch nicht untersucht.

7) Verweis auf den Infantilismus der Sexualität

Durch den Nachweis der perversen Regungen als Symptombildner bei den Psychoneurosen haben wir die Anzahl der Menschen, die man den Perversen zurechnen könnte, in ganz außerordentlicher Weise gesteigert. Nicht nur, daß die Neurotiker selbst eine sehr zahlreiche Menschenklasse darstellen, es ist auch in Betracht zu ziehen, daß die Neurosen von allen ihren Ausbildungen her in lückenlosen Reihen zur Gesundheit abklingen; hat doch Moebius mit guter Berechtigung sagen können: wir sind alle ein wenig hysterisch. Somit werden wir durch die außerordentliche Verbreitung der Perversionen zu der Annahme gedrängt, daß auch die Anlage zu den Perversionen keine seltene Besonderheit, sondern ein Stück der für normal geltenden Konstitution sein müsse.

Wir haben gehört, daß es strittig ist, ob die Perversionen auf angeborene Bedingungen zurückgehen oder durch zufällige Erlebnisse entstehen, wie es Binet für den Fetischismus angenommen hat. Nun bietet sich uns die Entscheidung, daß den Perversionen allerdings etwas Angeborenes zugrunde liegt, aber etwas, was allen Menschen angeboren ist, als Anlage in seiner Intensität schwanken mag und der Hervorhebung durch Lebenseinflüsse wartet. Es handelt sich um angeborene, in der Konstitution gegebene Wurzeln des Sexualtriebes, die sich in der einen Reihe von Fällen zu den wirklichen Trägern der Sexualtätigkeit entwickeln (Perverse), andere Male eine ungenügende Unterdrückung (Verdrängung) erfahren, so daß sie auf einem Umweg als Krankheitssymptome einen beträchtlichen Teil der sexuellen Energie an sich ziehen können, während sie in den günstigsten Fällen zwischen beiden Extremen durch wirksame Einschränkung und sonstige Verarbeitung das sogenannte normale Sexualleben entstehen lassen.

Wir werden uns aber ferner sagen, daß die angenommene Konstitution, welche die Keime zu allen Perversionen aufweist, nur beim Kinde aufzeigbar sein wird, wenngleich bei ihm alle Triebe nur in bescheidenen Intensitäten auftreten können. Ahnt uns so die Formel, daß die Neurotiker den infantilen Zustand ihrer Sexualität beibehalten haben oder auf ihn zurückversetzt worden sind, so wird sich unser Interesse dem Sexualleben des Kindes zuwenden und wir werden das Spiel der Einflüsse verfolgen wollen, die den Entwicklungsprozeß der kindlichen Sexualität bis zum Ausgang in Perversion, Neurose oder normales Geschlechtsleben beherrschen.

II

DIE INFANTILE SEXUALITÄT

Es ist ein Stück der populären Meinung über den Geschlechts- *Vernachlässigung des Infantilen* trieb, daß er der Kindheit fehle und erst in der als Pubertät bezeichneten Lebensperiode erwache. Allein dies ist nicht nur ein einfacher, sondern sogar ein folgenschwerer Irrtum, da er hauptsächlich unsere gegenwärtige Unkenntnis der grundlegenden Verhältnisse des Sexuallebens verschuldet. Ein gründliches Studium der Sexualäußerungen in der Kindheit würde uns wahrscheinlich die wesentlichen Züge des Geschlechtstriebes aufdecken, seine Entwicklung verraten und seine Zusammensetzung aus verschiedenen Quellen zeigen.

Es ist bemerkenswert, daß die Autoren, welche sich mit der Erklärung der Eigenschaften und Reaktionen des erwachsenen Individuums beschäftigen, jener Vorzeit, welche durch die Lebensdauer der Ahnen gegeben ist, so viel mehr Aufmerksamkeit geschenkt, also der Erblichkeit so viel mehr Einfluß zugesprochen haben, als der anderen Vorzeit, welche bereits in die individuelle Existenz der Person fällt, der Kindheit nämlich. Man sollte doch meinen, der Einfluß dieser Lebensperiode wäre leichter zu verstehen und hätte ein Anrecht, vor dem der Erblichkeit berücksichtigt zu werden.[1] Man findet zwar in der Literatur gelegentliche Notizen über frühzeitige Sexualbetätigung bei kleinen

---

[1] Es ist ja auch nicht möglich, den der Erblichkeit gebührenden Anteil richtig zu erkennen, ehe man den der Kindheit zugehörigen gewürdigt hat.

Kindern, über Erektionen, Masturbation und selbst koitusähnliche Vornahmen, aber immer nur als ausnahmsweise Vorgänge, als Kuriosa oder als abschreckende Beispiele voreiliger Verderbtheit angeführt. Kein Autor hat meines Wissens die Gesetzmäßigkeit eines Sexualtriebes in der Kindheit klar erkannt und in den zahlreich gewordenen Schriften über die Entwicklung des Kindes wird das Kapitel „Sexuelle Entwicklung" meist übergangen.[1]

---

[1] Die hier niedergeschriebene Behauptung erschien mir selbst nachträglich als so gewagt, daß ich mir vorsetzte, sie durch nochmalige Durchsicht der Literatur zu prüfen. Das Ergebnis dieser Überprüfung war, daß ich sie unverändert stehen ließ. Die wissenschaftliche Bearbeitung der leiblichen wie der seelischen Phänomene der Sexualität im Kindesalter befindet sich in den ersten Anfängen. Ein Autor, S. Bell (A preliminary study of the emotion of love between the sexes. American Journal of Psychology, XIII, 1902), äußert: *I know of no scientist, who has given a careful analysis of the emotion as it is seen in the adolescent.* — Somatische Sexualäußerungen aus der Zeit vor der Pubertät haben nur im Zusammenhange mit Entartungserscheinungen und als Zeichen von Entartung Aufmerksamkeit gewonnen. — Ein Kapitel über das Liebesleben der Kinder fehlt in allen Darstellungen der Psychologie dieses Alters, die ich gelesen habe, so in den bekannten Werken von Preyer, Baldwin (Die Entwicklung des Geistes beim Kinde und bei der Rasse, 1898), Pérez (L'enfant de 3—7 ans, 1894), Strümpell (Die pädagogische Pathologie, 1899), Karl Groos (Das Seelenleben des Kindes, 1904), Th. Heller (Grundriß der Heilpädagogik, 1904), Sully (Untersuchungen über die Kindheit, 1897) und anderen. Den besten Eindruck von dem heutigen Stande auf diesem Gebiet holt man sich aus der Zeitschrift „Die Kinderfehler" (von 1896 an). — Doch gewinnt man die Überzeugung, daß die Existenz der Liebe im Kindesalter nicht mehr entdeckt zu werden braucht. Pérez (l. c.) tritt für sie ein; bei K. Groos (Die Spiele der Menschen, 1899) findet sich als allgemein bekannt erwähnt, „daß manche Kinder schon sehr früh für sexuelle Regungen zugänglich sind und dem anderen Geschlecht gegenüber einen Drang nach Berührungen empfinden" (S. 336); der früheste Fall von Auftreten geschlechtlicher Liebesregungen *(sex-love)* in der Beobachtungsreihe von S. Bell betraf ein Kind in der Mitte des dritten Jahres. — Vergleiche hiezu noch Havelock Ellis, Das Geschlechtsgefühl (übersetzt von Kurella), 1903, Appendix, II.

Das obenstehende Urteil über die Literatur der infantilen Sexualität braucht seit dem Erscheinen des groß angelegten Werkes von Stanley Hall (Adolescence, its psychology and its relations to physiology, anthropology, sociology, sex, crime, religion and education. Two volumes, New York, 1908) nicht mehr aufrecht erhalten zu werden. — Das rezente Buch von A. Moll, Das Sexualleben des Kindes, Berlin 1909, bietet keinen Anlaß zu einer solchen Modifikation. Siehe dagegen: Bleuler, Sexuelle Abnormitäten der Kinder. (Jahrbuch der schweizerischen Gesellschaft für Schulgesundheitspflege, IX, 1908.) — Ein Buch von Frau Dr. H. v. Hug-Hellmuth, Aus dem Seelenleben des Kindes, 1913, hat seither dem vernachlässigten sexuellen Faktor vollauf Rechnung getragen.

Den Grund für diese merkwürdige Vernachlässigung suche ich zum Teil in den konventionellen Rücksichten, denen die Autoren infolge ihrer eigenen Erziehung Rechnung tragen, zum anderen Teil in einem psychischen Phänomen, welches sich bis jetzt selbst der Erklärung entzogen hat. Ich meine hiemit die eigentümliche Amnesie, welche den meisten Menschen (nicht allen!) die ersten Jahre ihrer Kindheit bis zum 6. oder 8. Lebensjahre verhüllt. Es ist uns bisher noch nicht eingefallen, uns über die Tatsache dieser Amnesie zu verwundern; aber wir hätten guten Grund dazu. Denn man berichtet uns, daß wir in diesen Jahren, von denen wir später nichts im Gedächtnis behalten haben als einige unverständliche Erinnerungsbrocken, lebhaft auf Eindrücke reagiert hätten, daß wir Schmerz und Freude in menschlicher Weise zu äußern verstanden, Liebe, Eifersucht und andere Leidenschaften gezeigt, die uns damals heftig bewegten, ja daß wir Aussprüche getan, die von den Erwachsenen als gute Beweise für Einsicht und beginnende Urteilsfähigkeit gemerkt wurden. Und von alledem wissen wir als Erwachsene aus eigenem nichts. Warum bleibt unser Gedächtnis so sehr hinter unseren anderen seelischen Tätigkeiten zurück? Wir haben doch Grund zu glauben, daß es zu keiner anderen Lebenszeit aufnahms- und reproduktionsfähiger ist als gerade in den Jahren der Kindheit.[1]

Auf der anderen Seite müssen wir annehmen oder können uns durch psychologische Untersuchung an anderen davon überzeugen, daß die nämlichen Eindrücke, die wir vergessen haben, nichtsdestoweniger die tiefsten Spuren in unserem Seelenleben hinterlassen haben und bestimmend für unsere ganze spätere Entwicklung geworden sind. Es kann sich also um gar keinen wirklichen Untergang der Kindheitseindrücke handeln, sondern

---

[1] Eines der mit den frühesten Kindheitserinnerungen verknüpften Probleme habe ich in einem Aufsatze „Über Deckerinnerungen" (Monatsschrift für Psychiatrie und Neurologie, VI, 1899) zu lösen versucht. [Vgl. „Zur Psychopathologie des Alltagslebens", IV. Kap. Bd. IV der Ges. Werke.]

um eine Amnesie ähnlich jener, die wir bei den Neurotikern für spätere Erlebnisse beobachten, und deren Wesen in einer bloßen Abhaltung vom Bewußtsein (Verdrängung) besteht. Aber welche Kräfte bringen diese Verdrängung der Kindheitseindrücke zustande? Wer dieses Rätsel löste, hätte wohl auch die hysterische Amnesie aufgeklärt.

Immerhin wollen wir nicht versäumen hervorzuheben, daß die Existenz der infantilen Amnesie einen neuen Vergleichspunkt zwischen dem Seelenzustand des Kindes und dem des Psychoneurotikers schafft. Einem anderen sind wir schon früher begegnet, als sich uns die Formel aufdrängte, daß die Sexualität der Psychoneurotiker den kindlichen Standpunkt bewahrt hat oder auf ihn zurückgeführt worden ist. Wenn nicht am Ende die infantile Amnesie selbst wieder mit den sexuellen Regungen der Kindheit in Beziehung zu bringen ist!

Es ist übrigens mehr als ein bloßes Spiel des Witzes, die infantile Amnesie mit der hysterischen zu verknüpfen. Die hysterische Amnesie, die der Verdrängung dient, wird nur durch den Umstand erklärlich, daß das Individuum bereits einen Schatz von Erinnerungsspuren besitzt, welche der bewußten Verfügung entzogen sind und die nun mit assoziativer Bindung das an sich reißen, worauf vom Bewußten her die abstoßenden Kräfte der Verdrängung wirken.[1] Ohne infantile Amnesie, kann man sagen, gäbe es keine hysterische Amnesie.

Ich meine nun, daß die infantile Amnesie, die für jeden einzelnen seine Kindheit zu einer gleichsam **prähistorischen** Vorzeit macht und ihm die Anfänge seines eigenen Geschlechtslebens verdeckt, die Schuld daran trägt, wenn man der kindlichen Lebensperiode einen Wert für die Entwicklung des Sexuallebens im allgemeinen nicht zutraut. Ein einzelner Beobachter kann

---

[1] Man kann den Mechanismus der Verdrängung nicht verstehen, wenn man nur einen dieser beiden zusammenwirkenden Vorgänge berücksichtigt. Zum Vergleich möge die Art dienen, wie der Tourist auf die Spitze der großen Pyramide von Gizeh befördert wird; er wird von der einen Seite gestoßen, von der anderen Seite gezogen.

die so entstandene Lücke in unserem Wissen nicht ausfüllen. Ich habe bereits 1896 die Bedeutung der Kinderjahre für die Entstehung gewisser wichtiger, vom Geschlechtsleben abhängiger Phänomene betont und seither nicht aufgehört, das infantile Moment für die Sexualität in den Vordergrund zu rücken.

Die sexuelle Latenzperiode der Kindheit und ihre Durchbrechungen

Die außerordentlich häufigen Befunde von angeblich regelwidrigen und ausnahmsartigen sexuellen Regungen in der Kindheit sowie die Aufdeckung der bis dahin unbewußten Kindheitserinnerungen der Neurotiker gestatten etwa folgendes Bild von dem sexuellen Verhalten der Kinderzeit zu entwerfen:[1]

Es scheint gewiß, daß das Neugeborene Keime von sexuellen Regungen mitbringt, die sich eine Zeitlang weiter entwickeln, dann aber einer fortschreitenden Unterdrückung unterliegen, welche selbst wieder durch regelrechte Vorstöße der Sexualentwicklung durchbrochen und durch individuelle Eigenheiten aufgehalten werden kann. Über die Gesetzmäßigkeit und die Periodizität dieses oszillierenden Entwicklungsganges ist nichts Gesichertes bekannt. Es scheint aber, daß das Sexualleben der Kinder sich zumeist um das dritte oder vierte Lebensjahr in einer der Beobachtung zugänglichen Form zum Ausdruck bringt.[2]

---

1) Letzteres Material wird durch die berechtigte Erwartung verwertbar, daß die Kinderjahre der späteren Neurotiker hierin nicht wesentlich, nur in Hinsicht der Intensität und Deutlichkeit, von denen später Gesunder abweichen dürften.

2) Eine mögliche anatomische Analogie zu dem von mir behaupteten Verhalten der infantilen Sexualfunktion wäre durch den Fund von B a y e r (Deutsches Archiv für klinische Medizin, Bd. 73) gegeben, daß die inneren Geschlechtsorgane (Uterus) Neugeborener in der Regel größer sind als die älterer Kinder. Indes ist die Auffassung dieser durch H a l b a n auch für andere Teile des Genitalapparates festgestellten Involution nach der Geburt nicht sichergestellt. Nach H a l b a n (Zeitschrift für Geburtshilfe und Gynäkologie, LIII, 1904) ist dieser Rückbildungsvorgang nach wenigen Wochen des Extrauterinlebens abgelaufen. — Die Autoren, welche den interstitiellen Anteil der Keimdrüse als das geschlechtsbestimmende Organ betrachten, sind durch

Die Sexual- Während dieser Periode totaler oder bloß partieller Latenz
hemmungen werden die seelischen Mächte aufgebaut, die später dem Sexualtrieb als Hemmnisse in den Weg treten und gleichwie Dämme seine Richtung beengen werden (der Ekel, das Schamgefühl, die ästhetischen und moralischen Idealanforderungen). Man gewinnt beim Kulturkinde den Eindruck, daß der Aufbau dieser Dämme ein Werk der Erziehung ist, und sicherlich tut die Erziehung viel dazu. In Wirklichkeit ist diese Entwicklung eine organisch bedingte, hereditär fixierte und kann sich gelegentlich ganz ohne Mithilfe der Erziehung herstellen. Die Erziehung verbleibt durchaus in dem ihr angewiesenen Machtbereich, wenn sie sich darauf einschränkt, das organisch Vorgezeichnete nachzuziehen und es etwas sauberer und tiefer auszuprägen.

Reaktions- Mit welchen Mitteln werden diese, für die spätere persönliche
bildung und
Sublimierung Kultur und Normalität so bedeutsamen Konstruktionen aufgeführt? Wahrscheinlich auf Kosten der infantilen Sexualregungen selbst, deren Zufluß also auch in dieser Latenzperiode nicht aufgehört

anatomische Untersuchungen dazu geführt worden, ihrerseits von infantiler Sexualität und sexueller Latenzzeit zu reden. Ich zitiere aus dem S. 46 erwähnten Buche von Lipschütz über die Pubertätsdrüse: „Man wird den Tatsachen viel eher gerecht, wenn man sagt, daß die Ausreifung der Geschlechtsmerkmale, wie sie sich in der Pubertät vollzieht, nur auf einem um diese Zeit stark beschleunigten Ablauf von Vorgängen beruht, die schon viel früher begonnen haben — unserer Auffassung nach schon im embryonalen Leben." (S. 169.) — „Was man bisher als Pubertät schlechtweg bezeichnet hat, ist wahrscheinlich nur eine zweite große Phase der Pubertät, die um die Mitte des zweiten Jahrzehntes einsetzt... Das Kindesalter, von der Geburt bis zu Beginn der zweiten großen Phase gerechnet, könnte man als die ‚intermediäre Phase der Pubertät' bezeichnen." (S. 170.) — Diese in einem Referat von Ferenczi (Int. Zeitschr. f. Psychoanalyse VI, 1920) hervorgehobene Übereinstimmung anatomischer Befunde mit der psychologischen Beobachtung wird durch die eine Angabe gestört, daß der „erste Gipfelpunkt" der Entwicklung des Sexualorgans in die frühe Embryonalzeit fällt, während die kindliche Frühblüte des Sexuallebens in das dritte und vierte Lebensjahr zu verlegen ist. Die volle Gleichzeitigkeit der anatomischen Ausbildung mit der psychischen Entwicklung ist natürlich nicht erforderlich. Die betreffenden Untersuchungen sind an der Keimdrüse des Menschen gemacht worden. Da den Tieren eine Latenzzeit im psychologischen Sinne nicht zukommt, läge viel daran zu wissen, ob die anatomischen Befunde, auf deren Grund die Autoren zwei Gipfelpunkte der Sexualentwicklung annehmen, auch an anderen höheren Tieren nachweisbar sind.

hat, deren Energie aber — ganz oder zum größten Teil — von der sexuellen Verwendung abgeleitet und anderen Zwecken zugeführt wird. Die Kulturhistoriker scheinen einig in der Annahme, daß durch solche Ablenkung sexueller Triebkräfte von sexuellen Zielen und Hinlenkung auf neue Ziele, ein Prozeß, der den Namen Sublimierung verdient, mächtige Komponenten für alle kulturellen Leistungen gewonnen werden. Wir würden also hinzufügen, daß der nämliche Prozeß in der Entwicklung des einzelnen Individuums spielt und seinen Beginn in die sexuelle Latenzperiode der Kindheit verlegen.[1]

Auch über den Mechanismus einer solchen Sublimierung kann man eine Vermutung wagen. Die sexuellen Regungen dieser Kinderjahre wären einerseits unverwendbar, da die Fortpflanzungsfunktionen aufgeschoben sind, was den Hauptcharakter der Latenzperiode ausmacht, andererseits wären sie an sich pervers, das heißt von erogenen Zonen ausgehend und von Trieben getragen, welche bei der Entwicklungsrichtung des Individuums nur Unlustempfindungen hervorrufen könnten. Sie rufen daher seelische Gegenkräfte (Reaktionsregungen) wach, die zur wirksamen Unterdrückung solcher Unlust die erwähnten psychischen Dämme: Ekel, Scham und Moral, aufbauen.[2]

Ohne uns über die hypothetische Natur und die mangelhafte Klarheit unserer Einsichten in die Vorgänge der kindlichen Latenz- oder Aufschubsperiode zu täuschen, wollen wir zur Wirklichkeit zurückkehren, um anzugeben, daß solche Verwendung der infantilen Sexualität ein Erziehungsideal darstellt, von dem die Entwicklung der einzelnen meist an irgendeiner Stelle und oft in erheblichem Maße abweicht. Es bricht zeitweise ein Stück Sexualäußerung

Durchbrüche der Latenzzeit

---

[1] Die Bezeichnung „sexuelle Latenzperiode" entlehne ich ebenfalls von W. Fließ.
[2] In dem hier besprochenen Falle geht die Sublimierung sexueller Triebkräfte auf dem Wege der Reaktionsbildung vor sich. Im allgemeinen darf man aber Sublimierung und Reaktionsbildung als zwei verschiedene Prozesse begrifflich voneinander scheiden. Es kann auch Sublimierungen durch andere und einfachere Mechanismen geben.

durch, das sich der Sublimierung entzogen hat, oder es erhält sich eine sexuelle Betätigung durch die ganze Dauer der Latenzperiode bis zum verstärkten Hervorbrechen des Sexualtriebes in der Pubertät. Die Erzieher benehmen sich, insofern sie überhaupt der Kindersexualität Aufmerksamkeit schenken, genau so, als teilten sie unsere Ansichten über die Bildung der moralischen Abwehrmächte auf Kosten der Sexualität und als wüßten sie, daß sexuelle Betätigung das Kind unerziehbar macht, denn sie verfolgen alle sexuellen Äußerungen des Kindes als „Laster", ohne viel gegen sie ausrichten zu können. Wir aber haben allen Grund, diesen von der Erziehung gefürchteten Phänomenen Interesse zuzuwenden, denn wir erwarten von ihnen den Aufschluß über die ursprüngliche Gestaltung des Geschlechtstriebs.

Die Äußerungen der infantilen Sexualität

Das Lutschen   Aus später zu ersehenden Motiven wollen wir unter den infantilen Sexualäußerungen das Ludeln (Wonnesaugen) zum Muster nehmen, dem der ungarische Kinderarzt Lindner eine ausgezeichnete Studie gewidmet hat.[1]

Das Ludeln oder Lutschen, das schon beim Säugling auftritt und bis in die Jahre der Reife fortgesetzt werden oder sich durchs ganze Leben erhalten kann, besteht in einer rhythmisch wiederholten saugenden Berührung mit dem Munde (den Lippen), wobei der Zweck der Nahrungsaufnahme ausgeschlossen ist. Ein Teil der Lippe selbst, die Zunge, eine beliebige andere erreichbare Hautstelle, — selbst die große Zehe, — werden zum Objekt genommen, an dem das Saugen ausgeführt wird. Ein dabei auftretender Greiftrieb äußert sich etwa durch gleichzeitiges rhythmisches Zupfen am Ohrläppchen und kann sich eines Teiles einer anderen Person (meist ihres Ohres) zu gleichem Zwecke bemächtigen. Das Wonnesaugen ist mit voller Aufzehrung der Aufmerksamkeit verbunden, führt entweder zum Einschlafen oder selbst

---

[1] Im Jahrbuch für Kinderheilkunde, N. F., XIV. 1879.

zu einer motorischen Reaktion in einer Art von Orgasmus.¹ Nicht selten kombiniert sich mit dem Wonnesaugen die reibende Berührung gewisser empfindlicher Körperstellen, der Brust, der äußeren Genitalien. Auf diesem Wege gelangen viele Kinder vom Ludeln zur Masturbation.

L i n d n e r selbst hat die sexuelle Natur dieses Tuns klar erkannt und rückhaltlos betont. In der Kinderstube wird das Ludeln häufig den anderen sexuellen „Unarten" des Kindes gleichgestellt. Von seiten zahlreicher Kinder- und Nervenärzte ist ein sehr energischer Einspruch gegen diese Auffassung erhoben worden, der zum Teil gewiß auf der Verwechslung von „sexuell" und „genital" beruht. Dieser Widerspruch wirft die schwierige und nicht abzuweisende Frage auf, an welchem allgemeinen Charakter wir die sexuellen Äußerungen des Kindes erkennen wollen. Ich meine, daß der Zusammenhang der Erscheinungen, in welchen wir durch die psychoanalytische Untersuchung Einsicht gewonnen haben, uns berechtigt, das Ludeln als eine sexuelle Äußerung in Anspruch zu nehmen und gerade an ihm die wesentlichen Züge der infantilen Sexualbetätigung zu studieren.²

Wir haben die Verpflichtung, dieses Beispiel eingehend zu würdigen. Heben wir als den auffälligsten Charakter dieser Sexualbetätigung hervor, daß der Trieb nicht auf andere Personen gerichtet ist; er befriedigt sich am eigenen Körper, er ist a u t o -

Auto-
erotismus

---

1) Hier erweist sich bereits, was fürs ganze Leben Gültigkeit hat, daß sexuelle Befriedigung das beste Schlafmittel ist. Die meisten Fälle von nervöser Schlaflosigkeit gehen auf sexuelle Unbefriedigung zurück. Es ist bekannt, daß gewissenlose Kinderfrauen die schreienden Kinder durch Streichen an den Genitalien einschläfern.

2) Ein Dr. G a l a n t hat 1919 im Neurol. Zentralbl. Nr. 20 unter dem Titel „Das Lutscherli" das Bekenntnis eines erwachsenen Mädchens veröffentlicht, welches diese kindliche Sexualbetätigung nicht aufgegeben hat und die Befriedigung durch das Lutschen als völlig analog einer sexuellen Befriedigung, insbesondere durch den Kuß des Geliebten, schildert. „Nicht alle Küsse gleichen einem Lutscherli: nein, nein, lange nicht alle! Man kann nicht schreiben, wie wohlig es einem durch den ganzen Körper beim Lutschen geht; man ist einfach weg von dieser Welt, man ist ganz zufrieden und wunschlos glücklich. Es ist ein wunderbares Gefühl; man verlangt nichts als Ruhe, Ruhe, die gar nicht unterbrochen werden soll. Es ist einfach unsagbar schön: man spürt keinen Schmerz, kein Weh und ach, man ist entrückt in eine andere Welt."

erotisch, um es mit einem glücklichen, von Havelock Ellis eingeführten Namen zu sagen.[1]

Es ist ferner deutlich, daß die Handlung des lutschenden Kindes durch das Suchen nach einer — bereits erlebten und nun erinnerten — Lust bestimmt wird. Durch das rhythmische Saugen an einer Haut- oder Schleimhautstelle findet es dann im einfachsten Falle die Befriedigung. Es ist auch leicht zu erraten, bei welchen Anlässen das Kind die ersten Erfahrungen dieser Lust gemacht hat, die es nun zu erneuern strebt. Die erste und lebenswichtigste Tätigkeit des Kindes, das Saugen an der Mutterbrust (oder an ihren Surrogaten), muß es bereits mit dieser Lust vertraut gemacht haben. Wir würden sagen, die Lippen des Kindes haben sich benommen wie eine **erogene Zone**, und die Reizung durch den warmen Milchstrom war wohl die Ursache der Lustempfindung. Anfangs war wohl die Befriedigung der erogenen Zone mit der Befriedigung des Nahrungsbedürfnisses vergesellschaftet. Die Sexualbetätigung lehnt sich zunächst an eine der zur Lebenserhaltung dienenden Funktionen an und macht sich erst später von ihr selbständig. Wer ein Kind gesättigt von der Brust zurücksinken sieht, mit geröteten Wangen und seligem Lächeln in Schlaf verfallen, der wird sich sagen müssen, daß dieses Bild auch für den Ausdruck der sexuellen Befriedigung im späteren Leben maßgebend bleibt. Nun wird das Bedürfnis nach Wiederholung der sexuellen Befriedigung von dem Bedürfnis nach Nahrungsaufnahme getrennt, eine Trennung, die unvermeidlich ist, wenn die Zähne erscheinen und die Nahrung nicht mehr ausschließlich eingesogen, sondern gekaut wird. Eines fremden Objektes bedient sich das Kind zum Saugen nicht, sondern lieber einer eigenen Hautstelle, weil diese ihm bequemer ist, weil es sich so von der

---

[1] H. Ellis hat den Terminus „autoerotisch" allerdings etwas anders bestimmt, im Sinne einer Erregung, die nicht von außen hervorgerufen wird, sondern im Innern selbst entspringt. Für die Psychoanalyse ist nicht die Genese, sondern die Beziehung zu einem Objekt das Wesentliche.

Außenwelt unabhängig macht, die es zu beherrschen noch nicht vermag, und weil es sich solcherart gleichsam eine zweite, wenngleich minderwertige, erogene Zone schafft. Die Minderwertigkeit dieser zweiten Stelle wird es später mit dazu veranlassen, die gleichartigen Teile, die Lippen, einer anderen Person zu suchen. („Schade, daß ich mich nicht küssen kann," möchte man ihm unterlegen.)

Nicht alle Kinder lutschen. Es ist anzunehmen, daß jene Kinder dazu gelangen, bei denen die erogene Bedeutung der Lippenzone konstitutionell verstärkt ist. Bleibt diese erhalten, so werden diese Kinder als Erwachsene Kußfeinschmecker werden, zu perversen Küssen neigen oder als Männer ein kräftiges Motiv zum Trinken und Rauchen mitbringen. Kommt aber die Verdrängung hinzu, so werden sie Ekel vor dem Essen empfinden und hysterisches Erbrechen produzieren. Kraft der Gemeinsamkeit der Lippenzone wird die Verdrängung auf den Nahrungstrieb übergreifen. Viele meiner Patientinnen mit Eßstörungen, hysterischem Globus, Schnüren im Hals und Erbrechen waren in den Kinderjahren energische Ludlerinnen gewesen.

Am Lutschen oder Wonnesaugen haben wir bereits die drei wesentlichen Charaktere einer infantilen Sexualäußerung bemerken können. Dieselbe entsteht in **Anlehnung** an eine der lebenswichtigen Körperfunktionen, sie kennt noch kein **Sexualobjekt**, ist **autoerotisch**, und ihr Sexualziel steht unter der Herrschaft einer **erogenen Zone**. Nehmen wir vorweg, daß diese Charaktere auch für die meisten anderen Betätigungen der infantilen Sexualtriebe gelten.

Das Sexualziel der infantilen Sexualität

Aus dem Beispiel des Ludelns ist zur Kennzeichnung einer erogenen Zone noch mancherlei zu entnehmen. Es ist eine Haut- oder Schleimhautstelle, an der Reizungen von gewisser Art eine

<small>Charaktere erogener Zonen</small>

Lustempfindung von bestimmter Qualität hervorrufen. Es ist kein Zweifel, daß die lusterzeugenden Reize an besondere Bedingungen gebunden sind; wir kennen dieselben nicht. Der rhythmische Charakter muß unter ihnen eine Rolle spielen, die Analogie mit dem Kitzelreiz drängt sich auf. Minder ausgemacht scheint es, ob man den Charakter der durch den Reiz hervorgerufenen Lustempfindung als einen „besonderen" bezeichnen darf, wo in dieser Besonderheit eben das sexuelle Moment enthalten wäre. In Sachen der Lust und Unlust tappt die Psychologie noch so sehr im Dunkeln, daß die vorsichtigste Annahme die empfehlenswerteste sein wird. Wir werden später vielleicht auf Gründe stoßen, welche die Besonderheitsqualität der Lustempfindung zu unterstützen scheinen.

Die erogene Eigenschaft kann einzelnen Körperstellen in ausgezeichneter Weise anhaften. Es gibt prädestinierte erogene Zonen, wie das Beispiel des Ludelns zeigt. Dasselbe Beispiel lehrt aber auch, daß jede beliebige andere Haut- und Schleimhautstelle die Dienste einer erogenen Zone auf sich nehmen kann, also eine gewisse Eignung dazu mitbringen muß. Die Qualität des Reizes hat also mit der Erzeugung der Lustempfindung mehr zu tun als die Beschaffenheit der Körperstelle. Das ludelnde Kind sucht an seinem Körper herum und wählt sich irgendeine Stelle zum Wonnesaugen aus, die ihm dann durch Gewöhnung die bevorzugte wird; wenn es zufällig dabei auf eine der prädestinierten Stellen stößt (Brustwarze, Genitalien), so verbleibt freilich dieser der Vorzug. Die ganz analoge Verschiebbarkeit kehrt dann in der Symptomatologie der Hysterie wieder. Bei dieser Neurose betrifft die Verdrängung die eigentlichen Genitalzonen am allermeisten, und diese geben ihre Reizbarkeit an die übrigen, sonst im reifen Leben zurückgesetzten, erogenen Zonen ab, die sich dann ganz wie Genitalien gebärden. Aber außerdem kann ganz wie beim Ludeln jede beliebige andere Körperstelle mit der Erregbarkeit der Genitalien ausgestattet und zur erogenen Zone erhoben werden. Erogene und hysterogene Zonen zeigen die nämlichen Charaktere.[1]

Das Sexualziel des infantilen Triebes besteht darin, die Befriedigung durch die geeignete Reizung der so oder so gewählten erogenen Zone hervorzurufen. Diese Befriedigung muß vorher erlebt worden sein, um ein Bedürfnis nach ihrer Wiederholung zurückzulassen, und wir dürfen darauf vorbereitet sein, daß die Natur sichere Vorrichtungen getroffen hat, um dieses Erleben der Befriedigung nicht dem Zufalle zu überlassen.[2] Die Veranstaltung, welche diesen Zweck für die Lippenzone erfüllt, haben wir bereits kennen gelernt, es ist die gleichzeitige Verknüpfung dieser Körperstelle mit der Nahrungsaufnahme. Andere ähnliche Vorrichtungen werden uns noch als Quellen der Sexualität begegnen. Der Zustand des Bedürfnisses nach Wiederholung der Befriedigung verrät sich durch zweierlei: durch ein eigentümliches Spannungsgefühl, welches an sich mehr den Charakter der Unlust hat, und durch eine zentral bedingte, in die peripherische erogene Zone projizierte Juck- oder Reizempfindung. Man kann das Sexualziel darum auch so formulieren, es käme darauf an, die projizierte Reizempfindung an der erogenen Zone durch denjenigen äußeren Reiz zu ersetzen, welcher die Reizempfindung aufhebt, indem er die Empfindung der Befriedigung hervorruft. Dieser äußere Reiz wird zumeist in einer Manipulation bestehen, die analog dem Saugen ist.

Es ist nur im vollen Einklang mit unserem physiologischen Wissen, wenn es vorkommt, daß das Bedürfnis auch peripherisch, durch eine wirkliche Veränderung an der erogenen Zone geweckt

---

1) Weitere Überlegungen und die Verwertung anderer Beobachtungen führen dazu, die Eigenschaft der Erogeneität allen Körperstellen und inneren Organen zuzusprechen. Vgl. hiezu weiter unten über den Narzißmus.

2) Man kann es in biologischen Erörterungen kaum vermeiden, sich der teleologischen Denkweise zu bedienen, obwohl man weiß, daß man im einzelnen Falle gegen den Irrtum nicht gesichert ist.

wird. Es wirkt nur einigermaßen befremdend, da der eine Reiz zu seiner Aufhebung nach einem zweiten, an derselben Stelle angebrachten, zu verlangen scheint.

Die masturbatorischen Sexualäußerungen[1]

Es kann uns nur höchst erfreulich sein zu finden, daß wir von der Sexualbetätigung des Kindes nicht mehr viel Wichtiges zu lernen haben, nachdem uns der Trieb von einer einzigen erogenen Zone her verständlich geworden ist. Die deutlichsten Unterschiede beziehen sich auf die zur Befriedigung notwendige Vornahme, die für die Lippenzone im Saugen bestand und die je nach Lage und Beschaffenheit der anderen Zonen durch andere Muskelaktionen ersetzt werden muß.

Betätigung der Afterzone — Die Afterzone ist ähnlich wie die Lippenzone durch ihre Lage geeignet, eine Anlehnung der Sexualität an andere Körperfunktionen zu vermitteln. Man muß sich die erogene Bedeutung dieser Körperstelle als ursprünglich sehr groß vorstellen. Durch die Psychoanalyse erfährt man dann nicht ohne Verwunderung, welche Umwandlungen mit den von hier ausgehenden sexuellen Erregungen normalerweise vorgenommen werden, und wie häufig der Zone noch ein beträchtliches Stück genitaler Reizbarkeit fürs Leben verbleibt.[2] Die so häufigen Darmstörungen der Kinderjahre sorgen dafür, daß es der Zone an intensiven Erregungen nicht fehle. Darmkatarrhe im zartesten Alter machen „nervös", wie man sich ausdrückt; bei späterer neurotischer Erkrankung nehmen sie einen bestimmenden Einfluß auf den symptomatischen Ausdruck der Neurose, welcher sie die ganze Summe von Darmstörungen zur Verfügung stellen. Mit Hinblick auf die wenigstens

---

[1] Vgl. hiezu die sehr reichhaltige, aber meist in den Gesichtspunkten unorientierte Literatur über Onanie, z. B. R o h l e d e r, Die Masturbation, 1899, ferner das II. Heft der „Diskussionen der Wiener Psychoanalytischen Vereinigung", „Die Onanie", Wiesbaden 1912.

[2] Vgl. die Aufsätze „Charakter und Analerotik" und „Über Triebumsetzungen insbesondere der Analerotik" [Ges. Werke, Bd. VII und X].

in Umwandlung erhalten gebliebene erogene Bedeutung der Darmausgangszone darf man auch die hämorrhoidalen Einflüsse nicht verlachen, denen die ältere Medizin für die Erklärung neurotischer Zustände soviel Gewicht beigelegt hat.

Kinder, welche die erogene Reizbarkeit der Afterzone ausnützen, verraten sich dadurch, daß sie die Stuhlmassen zurückhalten, bis dieselben durch ihre Anhäufung heftige Muskelkontraktionen anregen und beim Durchgang durch den After einen starken Reiz auf die Schleimhaut ausüben können. Dabei muß wohl neben der schmerzhaften die Wollustempfindung zustande kommen. Es ist eines der besten Vorzeichen späterer Absonderlichkeit oder Nervosität, wenn ein Säugling sich hartnäckig weigert, den Darm zu entleeren, wenn er auf den Topf gesetzt wird, also wenn es dem Pfleger beliebt, sondern diese Funktion seinem eigenen Belieben vorbehält. Es kommt ihm natürlich nicht darauf an, sein Lager schmutzig zu machen; er sorgt nur, daß ihm der Lustnebengewinn bei der Defäkation nicht entgehe. Die Erzieher ahnen wiederum das Richtige, wenn sie solche Kinder, die sich diese Verrichtungen „aufheben", schlimm nennen.

Der Darminhalt, der als Reizkörper für eine sexuell empfindliche Schleimhautfläche sich wie der Vorläufer eines anderen Organs benimmt, welches erst nach der Kindheitsphase in Aktion treten soll, hat für den Säugling noch andere wichtige Bedeutungen. Er wird offenbar wie ein zugehöriger Körperteil behandelt, stellt das erste „Geschenk" dar, durch dessen Entäußerung die Gefügigkeit, durch dessen Verweigerung der Trotz des kleinen Wesens gegen seine Umgebung ausgedrückt werden kann. Vom „Geschenk" aus gewinnt er dann später die Bedeutung des „Kindes", das nach einer der infantilen Sexualtheorien durch Essen erworben und durch den Darm geboren wird.

Die Zurückhaltung der Fäkalmassen, die also anfangs eine absichtliche ist, um sie zur gleichsam masturbatorischen Reizung der Afterzone zu benützen, oder in der Relation zu den Pflegepersonen zu verwenden, ist übrigens eine der Wurzeln der bei den Neuropathen so häufigen Obstipation. Die ganze Bedeutung der Afterzone spiegelt sich dann in der Tatsache, daß man nur wenige Neurotiker findet, die nicht ihre besonderen skatologischen Gebräuche, Zeremonien und dergleichen hätten, die von ihnen sorgfältig geheim gehalten werden.[1]

Echte masturbatorische Reizung der Afterzone mit Hilfe des Fingers, durch zentral bedingtes oder peripherisch unterhaltenes Jucken hervorgerufen, ist bei älteren Kindern keineswegs selten.

Betätigung der Genitalzonen Unter den erogenen Zonen des kindlichen Körpers befindet sich eine, die gewiß nicht die erste Rolle spielt, auch nicht die Trägerin der ältesten sexuellen Regungen sein kann, die aber zu großen Dingen in der Zukunft bestimmt ist. Sie ist beim männlichen wie beim weiblichen Kind in Beziehung zur Harnentleerung gebracht (Eichel, Klitoris) und beim ersteren in einen Schleimhautsack einbezogen, so daß es ihr an Reizungen durch Sekrete, welche die sexuelle Erregung frühzeitig anfachen können, nicht fehlen kann. Die sexuellen Betätigungen dieser erogenen Zone, die den wirklichen Geschlechtsteilen angehört, sind ja der Beginn des später „normalen" Geschlechtslebens.

Durch die anatomische Lage, die Überströmung mit Sekreten, durch die Waschungen und Reibungen der Körperpflege und durch gewisse akzidentelle Erregungen (wie die Wanderungen von Eingeweidewürmern bei Mädchen) wird es unvermeidlich,

---

1) In einer Arbeit, welche unser Verständnis für die Bedeutung der Analerotik außerordentlich vertieft („Anal" und „Sexual", Imago IV, 1916), hat Lou Andreas-Salomé ausgeführt, daß die Geschichte des ersten Verbotes, welches an das Kind herantritt, des Verbotes aus der Analtätigkeit und ihren Produkten Lust zu gewinnen, für seine ganze Entwicklung maßgebend wird. Das kleine Wesen muß bei diesem Anlasse zuerst die seinen Triebregungen feindliche Umwelt ahnen, sein eigenes Wesen von diesem Fremden sondern lernen, und dann die erste „Verdrängung" an seinen Lustmöglichkeiten vollziehen. Das „Anale" bleibt von da an das Symbol für alles zu Verwerfende, vom Leben Abzuscheidende. Der später geforderten reinlichen Scheidung von Anal- und Genitalvorgängen widersetzen sich die nahen anatomischen und funktionellen Analogien und Beziehungen zwischen beiden. Der Genitalapparat bleibt der Kloake benachbart, „ist ihr beim Weibe sogar nur abgemietet".

daß die Lustempfindung, welche diese Körperstelle zu ergeben fähig ist, sich dem Kinde schon im Säuglingsalter bemerkbar mache und ein Bedürfnis nach ihrer Wiederholung erwecke Überblickt man die Summe der vorliegenden Einrichtungen und bedenkt, daß die Maßregeln zur Reinhaltung kaum anders wirken können als die Verunreinigung, so wird man sich kaum der Auffassung entziehen können, daß durch die Säuglingsonanie, der kaum ein Individuum entgeht, das künftige Primat dieser erogenen Zone für die Geschlechtstätigkeit festgelegt wird. Die den Reiz beseitigende und die Befriedigung auslösende Aktion besteht in einer reibenden Berührung mit der Hand oder in einem gewiß reflektorisch vorgebildeten Druck durch die Hand oder die zusammenschließenden Oberschenkel. Letztere Vornahme ist die beim Mädchen weitaus häufigere. Beim Knaben weist die Bevorzugung der Hand bereits darauf hin, welchen wichtigen Beitrag zur männlichen Sexualtätigkeit der Bemächtigungstrieb einst leisten wird.[1]

Es wird der Klarheit nur förderlich sein, wenn ich angebe, daß man drei Phasen der infantilen Masturbation zu unterscheiden hat. Die erste von ihnen gehört der Säuglingszeit an, die zweite der kurzen Blütezeit der Sexualbetätigung um das vierte Lebensjahr, erst die dritte entspricht der oft ausschließlich gewürdigten Pubertätsonanie.

Die Säuglingsonanie scheint nach kurzer Zeit zu schwinden, doch kann mit der ununterbrochenen Fortsetzung derselben bis zur Pubertät bereits die erste große Abweichung von der für den Kulturmenschen anzustrebenden Entwicklung gegeben sein. Irgend einmal in den Kinderjahren nach der Säuglingszeit, gewöhnlich vor dem vierten Jahr, pflegt der Sexualtrieb dieser Genitalzone wieder zu erwachen und dann wiederum eine Zeitlang bis zu einer neuen Unterdrückung anzuhalten oder sich ohne Unterbrechung fortzusetzen. Die möglichen Verhältnisse

Die zweite Phase der kindlichen Masturbation

---

[1] Ungewöhnliche Techniken bei der Ausführung der Onanie in späteren Jahren scheinen auf den Einfluß eines überwundenen Onanieverbotes hinzuweisen.

sind sehr mannigfaltig und können nur durch genauere Zergliederung einzelner Fälle erörtert werden. Aber alle Einzelheiten dieser **zweiten** infantilen Sexualbetätigung hinterlassen die tiefsten (unbewußten) Eindrucksspuren im Gedächtnis der Person, bestimmen die Entwicklung ihres Charakters, wenn sie gesund bleibt, und die Symptomatik ihrer Neurose, wenn sie nach der Pubertät erkrankt.[1] Im letzteren Falle findet man diese Sexualperiode vergessen, die für sie zeugenden bewußten Erinnerungen verschoben; — ich habe schon erwähnt, daß ich auch die normale infantile Amnesie mit dieser infantilen Sexualbetätigung in Zusammenhang bringen möchte. Durch psychoanalytische Erforschung gelingt es, das Vergessene bewußt zu machen und damit einen Zwang zu beseitigen, der vom unbewußten psychischen Material ausgeht.

Wiederkehr der Säuglingsmasturbation
Die Sexualerregung der Säuglingszeit kehrt in den bezeichneten Kinderjahren entweder als zentral bedingter Kitzelreiz wieder, der zur onanistischen Befriedigung auffordert, oder als pollutionsartiger Vorgang, der analog der Pollution der Reifezeit die Befriedigung ohne Mithilfe einer Aktion erreicht. Letzterer Fall ist der bei Mädchen und in der zweiten Hälfte der Kindheit häufigere, in seiner Bedingtheit nicht ganz verständlich und scheint oft — nicht regelmäßig — eine Periode früherer aktiver Onanie zur Voraussetzung zu haben. Die Symptomatik dieser Sexualäußerungen ist armselig; für den noch unentwickelten Geschlechtsapparat gibt meist der Harnapparat, gleichsam als sein Vormund, Zeichen. Die meisten sogenannten Blasenleiden dieser Zeit sind sexuelle Störungen; die Enuresis nocturna entspricht, wo sie nicht einen epileptischen Anfall darstellt, einer Pollution.

---

1) Warum das Schuldbewußtsein der Neurotiker regelmäßig, wie noch kürzlich Bleuler anerkannt hat, an die erinnerte onanistische Betätigung, meist der Pubertätszeit, anknüpft, harrt noch einer erschöpfenden analytischen Aufklärung. Der gröbste und wichtigste Faktor dieser Bedingtheit dürfte wohl die Tatsache sein, daß die Onanie ja die Exekutive der ganzen infantilen Sexualität darstellt und darum befähigt ist, das dieser anhaftende Schuldgefühl zu übernehmen.

Für das Wiederauftreten der sexuellen Tätigkeit sind innere Ursachen und äußere Anlässe maßgebend, die beide in neurotischen Erkrankungsfällen aus der Gestaltung der Symptome zu erraten und durch die psychoanalytische Forschung mit Sicherheit aufzudecken sind. Von den inneren Ursachen wird später die Rede sein; die zufälligen äußeren Anlässe gewinnen um diese Zeit eine große und nachhaltige Bedeutung. Voran steht der Einfluß der Verführung, die das Kind vorzeitig als Sexualobjekt behandelt und es unter eindrucksvollen Umständen die Befriedigung von den Genitalzonen kennen lehrt, welche sich onanistisch zu erneuern es dann meist gezwungen bleibt. Solche Beeinflussung kann von Erwachsenen oder anderen Kindern ausgehen; ich kann nicht zugestehen, daß ich in meiner Abhandlung 1896 „Über die Ätiologie der Hysterie" die Häufigkeit oder die Bedeutung derselben überschätzt habe, wenngleich ich damals noch nicht wußte, daß normal gebliebene Individuen in ihren Kinderjahren die nämlichen Erlebnisse gehabt haben können, und darum die Verführung höher wertete als die in der sexuellen Konstitution und Entwicklung gegebenen Faktoren.[1] Es ist selbstverständlich, daß es der Verführung nicht bedarf, um das Sexualleben des Kindes zu wecken, daß solche Erweckung auch spontan aus inneren Ursachen vor sich gehen kann.

Es ist lehrreich, daß das Kind unter dem Einfluß der Verführung polymorph pervers werden, zu allen möglichen Überschreitungen verleitet werden kann. Dies zeigt, daß es die Eignung dazu in seiner Anlage mitbringt; die Ausführung findet darum

Polymorph perverse Anlage

---

1) Havelock Ellis bringt in einem Anhang zu seiner Studie über das „Geschlechtsgefühl" (1903) eine Anzahl autobiographischer Berichte von später vorwiegend normal gebliebenen Personen über ihre ersten geschlechtlichen Regungen in der Kindheit und die Anlässe derselben. Diese Berichte leiden natürlich an dem Mangel, daß sie die durch die infantile Amnesie verdeckte, prähistorische Vorzeit des Geschlechtslebens nicht enthalten, welche nur durch Psychoanalyse bei einem neurotisch gewordenen Individuum ergänzt werden kann. Dieselben sind aber trotzdem in mehr als einer Hinsicht wertvoll und Erkundigungen der gleichen Art haben mich zu der im Text erwähnten Modifikation meiner ätiologischen Annahmen bestimmt.

geringe Widerstände, weil die seelischen Dämme gegen sexuelle Ausschreitungen, Scham, Ekel und Moral, je nach dem Alter des Kindes noch nicht aufgeführt oder erst in Bildung begriffen sind. Das Kind verhält sich hierin nicht anders als etwa das unkultivierte Durchschnittsweib, bei dem die nämliche polymorph perverse Veranlagung erhalten bleibt. Dieses kann unter den gewöhnlichen Bedingungen etwa sexuell normal bleiben, unter der Leitung eines geschickten Verführers wird es an allen Perversionen Geschmack finden und dieselben für seine Sexualbetätigung festhalten. Die nämliche polymorphe, also infantile, Anlage beutet dann die Dirne für ihre Berufstätigkeit aus, und bei der riesigen Anzahl der prostituierten Frauen und solcher, denen man die Eignung zur Prostitution zusprechen muß, obwohl sie dem Berufe entgangen sind, wird es endgültig unmöglich, in der gleichmäßigen Anlage zu allen Perversionen nicht das allgemein Menschliche und Ursprüngliche zu erkennen.

Partialtriebe Im übrigen hilft der Einfluß der Verführung nicht dazu, die anfänglichen Verhältnisse des Geschlechtstriebes zu enthüllen, sondern verwirrt unsere Einsicht in dieselben, indem er dem Kinde vorzeitig das Sexualobjekt zuführt, nach dem der infantile Sexualtrieb zunächst kein Bedürfnis zeigt. Indes müssen wir zugestehen, daß auch das kindliche Sexualleben, bei allem Überwiegen der Herrschaft erogener Zonen, Komponenten zeigt, für welche andere Personen als Sexualobjekte von Anfang an in Betracht kommen. Solcher Art sind die in gewisser Unabhängigkeit von erogenen Zonen auftretenden Triebe der Schau- und Zeigelust und der Grausamkeit, die in ihre innigen Beziehungen zum Genitalleben erst später eintreten, aber schon in den Kinderjahren als zunächst von der erogenen Sexualtätigkeit gesonderte, selbständige Strebungen bemerkbar werden. Das kleine Kind ist vor allem schamlos und zeigt in gewissen frühen Jahren ein unzweideutiges Vergnügen an der Entblößung seines Körpers mit besonderer Hervorhebung der Geschlechtsteile. Das Gegenstück dieser als pervers geltenden Neigung, die Neugierde, Genitalien anderer Personen zu sehen, wird wahrscheinlich erst in etwas späteren Kinderjahren offenkundig, wenn das Hindernis des Schamgefühles bereits eine gewisse Entwicklung erreicht hat. Unter dem Einfluß der Verführung kann die Schauperversion eine große Bedeutung für das Sexualleben des Kindes erreichen. Doch muß ich aus meinen Erforschungen der Kinderjahre Gesunder wie neurotisch Kranker den Schluß ziehen, daß der Schautrieb beim Kinde als spontane Sexualäußerung aufzutreten vermag. Kleine Kinder, deren Aufmerksamkeit einmal auf die eigenen Genitalien — meist masturbatorisch — gelenkt ist, pflegen den weiteren Fortschritt ohne fremdes Dazutun zu treffen und lebhaftes Interesse für die Genitalien ihrer Gespielen zu entwickeln. Da sich die Gelegenheit, solche Neugierde zu befriedigen, meist nur bei der Befriedigung der beiden exkrementellen Bedürfnisse ergibt, werden solche Kinder zu Voyeurs, eifrigen Zuschauern bei der Harn- und Kotentleerung anderer. Nach eingetretener Verdrängung dieser Neigungen bleibt die Neugierde, fremde Genitalien (des eigenen oder des anderen Geschlechtes) zu sehen, als quälender Drang bestehen, der bei manchen neurotischen Fällen dann die stärkste Triebkraft für die Symptombildung abgibt.

In noch größerer Unabhängigkeit von der sonstigen, an erogene Zonen gebundenen Sexualbetätigung entwickelt sich beim Kinde die Grausamkeitskomponente des Sexualtriebes. Grausamkeit liegt dem kindlichen Charakter überhaupt nahe, da das Hemmnis, welches den Bemächtigungstrieb vor dem Schmerz des anderen haltmachen läßt, die Fähigkeit zum Mitleiden, sich verhältnismäßig spät ausbildet. Die gründliche psychologische Analyse dieses Triebes ist bekanntlich noch nicht geglückt; wir dürfen annehmen, daß die grausame Regung vom Bemächtigungstrieb herstammt und zu einer Zeit im Sexualleben auftritt, da die Genitalien noch nicht ihre spätere Rolle aufgenommen haben. Sie beherrscht dann eine Phase des Sexuallebens, die wir später als prägenitale Organisation beschreiben werden. Kinder, die sich durch besondere Grausamkeit gegen Tiere und Gespielen auszeichnen, erwecken gewöhnlich mit Recht den Verdacht auf intensive und vorzeitige Sexualbetätigung von erogenen Zonen her, und bei gleichzeitiger Frühreife aller sexuellen Triebe scheint die erogene Sexualbetätigung doch die primäre zu sein. Der Wegfall der Mitleidsschranke bringt die Gefahr mit sich, daß diese in der Kindheit erfolgte Verknüpfung der grausamen mit den erogenen Trieben sich späterhin im Leben als unlösbar erweise.

Als eine erogene Wurzel des passiven Triebes zur Grausamkeit (des Masochismus) ist die schmerzhafte Reizung der Gesäßhaut allen Erziehern seit dem Selbstbekenntnis Jean Jacques Rousseaus bekannt. Sie haben hieraus mit Recht die Forderung abgeleitet, daß die körperliche Züchtigung, die zumeist diese Körperpartie trifft, bei all den Kindern zu unterbleiben habe, bei denen durch die späteren Anforderungen der Kulturerziehung die Libido auf die kollateralen Wege gedrängt werden mag.[1]

---

1) Zu den obenstehenden Behauptungen über die infantile Sexualität war ich im Jahre 1905 wesentlich durch die Resultate psychoanalytischer Erforschung von Erwachsenen berechtigt. Die direkte Beobachtung am Kinde konnte damals nicht im vollen Ausmaß benützt werden und hatte nur vereinzelte Winke und wertvolle Bestätigungen ergeben. Seither ist es gelungen, durch die Analyse einzelner Fälle von nervöser Erkrankung im zarten Kindesalter einen direkten Einblick in die infantile Psychosexualität zu gewinnen. Ich kann mit Befriedigung darauf verweisen, daß die direkte Beobachtung die Schlüsse aus der Psychoanalyse voll bekräftigt und somit ein gutes Zeugnis für die Verläßlichkeit dieser letzteren Forschungsmethode abgegeben hat. — Die „Analyse der Phobie eines fünfjährigen Knaben" [Bd. VII der Ges. Werke] hat überdies manches Neue gelehrt, worauf man von der Psychoanalyse her nicht vorbereitet war, z. B. das Hinaufreichen einer sexuellen Symbolik, einer Darstellung des Sexuellen durch nicht sexuelle Objekte und Relationen bis in diese ersten Jahre der Sprachbeherrschung. Ferner wurde ich auf einen Mangel der obenstehenden Darstellung aufmerksam gemacht, welche im Interesse der Übersichtlichkeit die begriffliche Scheidung der beiden Phasen von Autoerotismus und Objektliebe auch als eine zeitliche Trennung beschreibt. Man erfährt aber aus den zitierten Analysen (sowie aus den Mitteilungen von Bell, s. o.), daß Kinder im Alter von drei bis fünf Jahren einer sehr deutlichen, von starken Affekten begleiteten Objektwahl fähig sind.

Die infantile Sexualforschung

Um dieselbe Zeit, da das Sexualleben des Kindes seine erste Blüte erreicht, vom dritten bis zum fünften Jahr, stellen sich bei ihm auch die Anfänge jener Tätigkeit ein, die man dem Wiß- oder Forschertrieb zuschreibt. Der Wißtrieb kann weder zu den elementaren Triebkomponenten gerechnet noch ausschließlich der Sexualität untergeordnet werden. Sein Tun entspricht einerseits einer sublimierten Weise der Bemächtigung, anderseits arbeitet er mit der Energie der Schaulust. Seine Beziehungen zum Sexualleben sind aber besonders bedeutsame, denn wir haben aus der Psychoanalyse erfahren, daß der Wißtrieb der Kinder unvermutet früh und in unerwartet intensiver Weise von den sexuellen Problemen angezogen, ja vielleicht erst durch sie geweckt wird.

<small>Der Wißtrieb</small>

Nicht theoretische, sondern praktische Interessen sind es, die das Werk der Forschertätigkeit beim Kinde in Gang bringen. Die Bedrohung seiner Existenzbedingungen durch die erfahrene oder vermutete Ankunft eines neuen Kindes, die Furcht vor dem mit diesem Ereignis verbundenen Verlust an Fürsorge und Liebe machen das Kind nachdenklich und scharfsinnig. Das erste Problem, mit dem es sich beschäftigt, ist entsprechend dieser Erweckungsgeschichte auch nicht die Frage des Geschlechtsunterschiedes, sondern das Rätsel: Woher kommen die Kinder? In einer Entstellung, die man leicht rückgängig machen kann, ist dies auch das Rätsel, welches die thebaische Sphinx aufzugeben hat. Die Tatsache der beiden Geschlechter nimmt das Kind vielmehr zunächst ohne Sträuben und Bedenken hin. Es ist dem männlichen Kinde selbstverständlich, ein Genitale wie das seinige bei allen Personen, die es kennt, vorauszusetzen, und unmöglich, den Mangel eines solchen mit seiner Vorstellung dieser anderen zu vereinen. Diese Überzeugung wird vom Knaben energisch festgehalten, gegen die sich bald ergebenden

<small>Das Rätsel der Sphinx</small>

Kastrations-komplex und Penisneid

Widersprüche der Beobachtung hartnäckig verteidigt und erst nach schweren inneren Kämpfen (Kastrationskomplex) aufgegeben. Die Ersatzbildungen dieses verloren gegangenen Penis des Weibes spielen in der Gestaltung mannigfacher Perversionen eine große Rolle.[1]

Die Annahme des nämlichen (männlichen) Genitales bei allen Menschen ist die erste der merkwürdigen und folgenschweren infantilen Sexualtheorien. Es nützt dem Kinde wenig, wenn die biologische Wissenschaft seinem Vorurteile recht geben und die weibliche Klitoris als einen richtigen Penisersatz anerkennen muß. Das kleine Mädchen verfällt nicht in ähnliche Abweisungen, wenn es das anders gestaltete Genitale des Knaben erblickt. Es ist sofort bereit, es anzuerkennen, und es unterliegt dem Penisneide, der in dem für die Folge wichtigen Wunsch, auch ein Bub zu sein, gipfelt.

Geburts-theorien

Viele Menschen wissen deutlich zu erinnern, wie intensiv sie sich in der Vorpubertätszeit für die Frage interessiert haben, woher die Kinder kommen. Die anatomischen Lösungen lauteten damals ganz verschiedenartig; sie kommen aus der Brust oder werden aus dem Leib geschnitten oder der Nabel öffnet sich, um sie durchzulassen.[2] An die entsprechende Forschung der frühen Kinderjahre erinnert man sich nur selten außerhalb der Analyse; sie ist längst der Verdrängung verfallen, aber ihre Ergebnisse waren durchaus einheitliche. Man bekommt die Kinder, indem man etwas Bestimmtes ißt (wie im Märchen), und sie werden durch den Darm wie ein Stuhlabgang geboren. Diese kindlichen Theorien mahnen an Einrichtungen im Tierreiche, speziell an die Kloake der Typen, die niedriger stehen als die Säugetiere.

---

1) Man hat das Recht, auch von einem Kastrationskomplex bei Frauen zu sprechen. Männliche wie weibliche Kinder bilden die Theorie, daß auch das Weib ursprünglich einen Penis hatte, der durch Kastration verloren gegangen ist. Die endlich gewonnene Überzeugung, daß das Weib keinen Penis besitzt, hinterläßt beim männlichen Individuum oft eine dauernde Geringschätzung des anderen Geschlechts.

2) Der Reichtum an Sexualtheorien ist in diesen späteren Kinderjahren ein sehr großer. Im Text sind hievon nur wenige Beispiele angeführt.

Die infantile Sexualität

Werden Kinder in so zartem Alter Zuschauer des sexuellen Verkehres zwischen Erwachsenen, wozu die Überzeugung der Großen, das kleine Kind könne noch nichts Sexuelles verstehen, die Anlässe schafft, so können sie nicht umhin, den Sexualakt als eine Art von Mißhandlung oder Überwältigung, also im sadistischen Sinne aufzufassen. Die Psychoanalyse läßt uns auch erfahren, daß ein solcher frühkindlicher Eindruck viel zur Disposition für eine spätere sadistische Verschiebung des Sexualzieles beiträgt. Des weiteren beschäftigen sich Kinder viel mit dem Problem, worin der Geschlechtsverkehr oder, wie sie es erfassen, das Verheiratetsein bestehen mag, und suchen die Lösung des Geheimnisses meist in einer Gemeinschaft, die durch die Harn- oder Kotfunktion vermittelt wird. *Sadistische Auffassung des Sexualverkehrs*

Im allgemeinen kann man von den kindlichen Sexualtheorien aussagen, daß sie Abbilder der eigenen sexuellen Konstitution des Kindes sind und trotz ihrer grotesken Irrtümer von mehr Verständnis für die Sexualvorgänge zeugen, als man ihren Schöpfern zugemutet hätte. Die Kinder nehmen auch die Schwangerschaftsveränderungen der Mutter wahr und wissen sie richtig zu deuten; die Storchfabel wird sehr oft vor Hörern erzählt, die ihr ein tiefes, aber meist stummes Mißtrauen entgegenbringen. Aber da der kindlichen Sexualforschung zwei Elemente unbekannt bleiben, die Rolle des befruchtenden Samens und die Existenz der weiblichen Geschlechtsöffnung, — die nämlichen Punkte übrigens, in denen die infantile Organisation noch rückständig ist —, bleibt das Bemühen der infantilen Forscher doch regelmäßig unfruchtbar und endet in einem Verzicht, der nicht selten eine dauernde Schädigung des Wißtriebes zurückläßt. Die Sexualforschung dieser frühen Kinderjahre wird immer einsam betrieben; sie bedeutet einen ersten Schritt zur selbständigen Orientierung in der Welt und setzt eine starke Entfremdung des Kindes von den Personen seiner Umgebung, die vorher sein volles Vertrauen genossen hatten. *Das typische Mißlingen der kindlichen Sexualforschung*

Entwicklungsphasen der sexuellen Organisation

Wir haben bisher als Charaktere des infantilen Sexuallebens hervorgehoben, daß es wesentlich autoerotisch ist (sein Objekt am eigenen Leibe findet), und daß seine einzelnen Partialtriebe im ganzen unverknüpft und unabhängig voneinander dem Lusterwerb nachstreben. Den Ausgang der Entwicklung bildet das sogenannte normale Sexualleben des Erwachsenen, in welchem der Lusterwerb in den Dienst der Fortpflanzungsfunktion getreten ist, und die Partialtriebe unter dem Primat einer einzigen erogenen Zone eine feste Organisation zur Erreichung des Sexualzieles an einem fremden Sexualobjekt gebildet haben.

Prägenitale Organisationen
Das Studium der Hemmungen und Störungen in diesem Entwicklungsgange mit Hilfe der Psychoanalyse gestattet uns nun Ansätze und Vorstufen einer solchen Organisation der Partialtriebe zu erkennen, die gleichfalls eine Art von sexuellem Regime ergeben. Diese Phasen der Sexualorganisation werden normalerweise glatt durchlaufen, ohne sich durch mehr als Andeutungen zu verraten. Nur in pathologischen Fällen werden sie aktiviert und für grobe Beobachtung kenntlich.

Organisationen des Sexuallebens, in denen die Genitalzonen noch nicht in ihre vorherrschende Rolle eingetreten sind, wollen wir **prägenitale** heißen. Wir haben bisher zwei derselben kennen gelernt, die wie Rückfälle auf frühtierische Zustände anmuten.

Eine erste solche prägenitale Sexualorganisation ist die **orale** oder, wenn wir wollen, **kannibalische**. Die Sexualtätigkeit ist hier von der Nahrungsaufnahme noch nicht gesondert, Gegensätze innerhalb derselben nicht differenziert. Das Objekt der einen Tätigkeit ist auch das der anderen, das Sexualziel besteht in der **Einverleibung** des Objektes, dem Vorbild dessen, was späterhin als **Identifizierung** eine so bedeutsame psychische Rolle spielen wird. Als Rest dieser fiktiven, uns durch die Pathologie aufgenötigten Organisationsphase kann das Lutschen angesehen werden, in dem die Sexualtätigkeit, von der Ernährungstätigkeit abgelöst, das fremde Objekt gegen eines am eigenen Körper aufgegeben hat.[1]

Eine zweite prägenitale Phase ist die der **sadistisch-analen** Organisation. Hier ist die Gegensätzlichkeit, welche das Sexualleben durchzieht, bereits ausgebildet; sie kann aber noch nicht **männlich** und **weiblich**, sondern muß **aktiv** und **passiv** benannt werden. Die Aktivität wird durch den Bemächtigungstrieb von seiten der Körpermuskulatur hergestellt, als Organ mit passivem Sexualziel macht sich vor allem die erogene Darmschleimhaut geltend; für beide Strebungen sind Objekte vorhanden, die aber nicht zusammenfallen. Daneben betätigen sich andere Partialtriebe in autoerotischer Weise. In dieser Phase sind also die sexuelle Polarität und das fremde Objekt bereits nachweisbar. Die Organisation und die Unterordnung unter die Fortpflanzungsfunktion stehen noch aus.[2]

Diese Form der Sexualorganisation kann sich bereits durchs Leben erhalten und ein großes Stück der Sexualbetätigung dauernd an sich reißen. Die Vorherrschaft des Sadismus und die Kloakenrolle der analen Zone geben ihr ein exquisit archaisches Gepräge. Als weiterer Charakter gehört ihr an, daß die Triebgegensatzpaare in annähernd gleicher Weise ausgebildet sind, welches Verhalten mit dem glücklichen, von **Bleuler** eingeführten Namen **Ambivalenz** bezeichnet wird.

Ambivalenz

Die Annahme der prägenitalen Organisationen des Sexuallebens ruht auf der Analyse der Neurosen und ist unabhängig von

---

1) Vgl. über Reste dieser Phase bei erwachsenen Neurotikern die Arbeit von **Abraham**, Untersuchungen über die früheste prägenitale Entwicklungsstufe der Libido (Intern. Zeitschr. f. Psychoanalyse IV, 1916). In einer späteren Arbeit (Versuch einer Entwicklungsgeschichte der Libido 1924) hat Abraham sowohl diese orale als auch die spätere sadistisch-anale Phase in zwei Unterabteilungen zerlegt, für welche das verschiedene Verhalten zum Objekt charakteristisch ist.

2) **Abraham** macht (im letzterwähnten Aufsatze) darauf aufmerksam, daß der After aus dem **Urmund** der embryonalen Anlagen hervorgeht, was wie ein biologisches Vorbild der psychosexuellen Entwicklung erscheint.

deren Kenntnis kaum zu würdigen. Wir dürfen erwarten, daß die fortgesetzte analytische Bemühung uns noch weit mehr Aufschlüsse über Aufbau und Entwicklung der normalen Sexualfunktion vorbereitet.

Um das Bild des infantilen Sexuallebens zu vervollständigen, muß man hinzunehmen, daß häufig oder regelmäßig bereits in den Kinderjahren eine Objektwahl vollzogen wird, wie wir sie als charakteristisch für die Entwicklungsphase der Pubertät hingestellt haben, in der Weise, daß sämtliche Sexualbestrebungen die Richtung auf eine einzige Person nehmen, an der sie ihre Ziele erreichen wollen. Dies ist dann die größte Annäherung an die definitive Gestaltung des Sexuallebens nach der Pubertät, die in den Kinderjahren möglich ist. Der Unterschied von letzterer liegt nur noch darin, daß die Zusammenfassung der Partialtriebe und deren Unterordnung unter das Primat der Genitalien in der Kindheit nicht oder nur sehr unvollkommen durchgesetzt wird. Die Herstellung dieses Primats im Dienste der Fortpflanzung ist also die letzte Phase, welche die Sexualorganisation durchläuft.[1]

Zweizeitige Objektwahl
Man kann es als ein typisches Vorkommnis ansprechen, daß die Objektwahl zweizeitig, in zwei Schüben erfolgt. Der erste Schub nimmt in den Jahren zwischen zwei und fünf seinen Anfang und wird durch die Latenzzeit zum Stillstand oder zur Rückbildung gebracht; er ist durch die infantile Natur seiner Sexualziele ausgezeichnet. Der zweite setzt mit der Pubertät ein und bestimmt die definitive Gestaltung des Sexuallebens.

---

[1] Diese Darstellung habe ich später (1923) selbst dahin verändert, daß ich nach den beiden prägenitalen Organisationen in die Kindheitsentwicklung eine dritte Phase einschaltete, welche bereits den Namen einer genitalen verdient, ein Sexualobjekt und ein Maß von Konvergenz der Sexualstrebungen auf dies Objekt zeigt, sich aber in einem wesentlichen Punkt von der definitiven Organisation der Geschlechtsreife unterscheidet. Sie kennt nämlich nur eine Art von Genitale, das männliche. Ich habe sie darum die **phallische** Organisationsstufe genannt [Die infantile Genitalorganisation. Intern. Zeitschr. f. Psychoanalyse, IX, 1923; Ges. Werke, Bd. XIII]. Ihr biologisches Vorbild ist nach Abraham die indifferente für beide Geschlechter gleichartige Genitalanlage des Embryos.

Die Tatsache der zweizeitigen Objektwahl, die sich im wesentlichen auf die Wirkung der Latenzzeit reduziert, wird aber höchst bedeutungsvoll für die Störung dieses Endzustandes. Die Ergebnisse der infantilen Objektwahl ragen in die spätere Zeit hinein; sie sind entweder als solche erhalten geblieben oder sie erfahren zur Zeit der Pubertät selbst eine Auffrischung. Infolge der Verdrängungsentwicklung, welche zwischen beiden Phasen liegt, erweisen sie sich aber als unverwendbar. Ihre Sexualziele haben eine Milderung erfahren, und sie stellen nun das dar, was wir als die zärtliche Strömung des Sexuallebens bezeichnen können. Erst die psychoanalytische Untersuchung kann nachweisen, daß sich hinter dieser Zärtlichkeit, Verehrung und Hochachtung die alten, jetzt unbrauchbar gewordenen Sexualstrebungen der infantilen Partialtriebe verbergen. Die Objektwahl der Pubertätszeit muß auf die infantilen Objekte verzichten und als sinnliche Strömung von neuem beginnen. Das Nichtzusammentreffen der beiden Strömungen hat oft genug die Folge, daß eines der Ideale des Sexuallebens, die Vereinigung aller Begehrungen in einem Objekt, nicht erreicht werden kann.

Quellen der infantilen Sexualität

In dem Bemühen, die Ursprünge des Sexualtriebes zu verfolgen, haben wir bisher gefunden, daß die sexuelle Erregung entsteht *a)* als Nachbildung einer im Anschluß an andere organische Vorgänge erlebten Befriedigung, *b)* durch geeignete peripherische Reizung erogener Zonen, *c)* als Ausdruck einiger uns in ihrer Herkunft noch nicht voll verständlicher „Triebe" wie der Schautrieb und der Trieb zur Grausamkeit. Die aus späterer Zeit auf die Kindheit zurückgreifende psychoanalytische Forschung und die gleichzeitige Beobachtung des Kindes wirken nun zusammen, um uns noch andere regelmäßig fließende Quellen für die sexuelle Erregung aufzuzeigen. Die Kindheitsbeobachtung hat den Nachteil, daß sie leicht mißzuverstehende Objekte bearbeitet, die

Psychoanalyse wird dadurch erschwert, daß sie zu ihren Objekten wie zu ihren Schlüssen nur auf großen Umwegen gelangen kann; in ihrem Zusammenwirken erzielen aber beide Methoden einen genügenden Grad von Sicherheit der Erkenntnis.

Bei der Untersuchung der erogenen Zonen haben wir bereits gefunden, daß diese Hautstellen bloß eine besondere Steigerung einer Art von Reizbarkeit zeigen, welche in gewissem Grade der ganzen Hautoberfläche zukommt. Wir werden also nicht erstaunt sein zu erfahren, daß gewissen Arten allgemeiner Hautreizung sehr deutliche erogene Wirkungen zuzuschreiben sind. Unter diesen heben wir vor allem die Temperaturreize hervor; vielleicht wird so auch unser Verständnis für die therapeutische Wirkung warmer Bäder vorbereitet.

Mechanische Erregungen Ferner müssen wir hier die Erzeugung sexueller Erregung durch rhythmische mechanische Erschütterungen des Körpers anreihen, an denen wir dreierlei Reizeinwirkungen zu sondern haben, die auf den Sinnesapparat der Vestibularnerven, die auf die Haut und auf die tiefen Teile (Muskeln, Gelenkapparate). Wegen der dabei entstehenden Lustempfindungen — es ist der Hervorhebung wert, daß wir hier eine ganze Strecke weit „sexuelle Erregung" und „Befriedigung" unterschiedslos gebrauchen dürfen, und legt uns die Pflicht auf, später nach einer Erklärung zu suchen; — es ist also ein Beweis für die durch gewisse mechanische Körpererschütterungen erzeugte Lust, daß Kinder passive Bewegungsspiele, wie Schaukeln und Fliegenlassen, so sehr lieben und unaufhörlich nach Wiederholung davon verlangen.[1] Das Wiegen wird bekanntlich zur Einschläferung unruhiger Kinder regelmäßig angewendet. Die Erschütterungen der Wagenfahrt und später der Eisenbahnfahrt üben eine so faszinierende Wirkung auf ältere Kinder aus, daß wenigstens alle Knaben irgend einmal im Leben Kondukteure und Kutscher werden

---

[1] Manche Personen wissen sich zu erinnern, daß sie beim Schaukeln den Anprall der bewegten Luft an den Genitalien direkt als sexuelle Lust verspürt haben.

wollen. Den Vorgängen auf der Eisenbahn pflegen sie ein rätselhaftes Interesse von außerordentlicher Höhe zuzuwenden und dieselben im Alter der Phantasietätigkeit (kurz vor der Pubertät) zum Kern einer exquisit sexuellen Symbolik zu machen. Der Zwang zu solcher Verknüpfung des Eisenbahnfahrens mit der Sexualität geht offenbar von dem Lustcharakter der Bewegungsempfindungen aus. Kommt dann die Verdrängung hinzu, die so vieles von den kindlichen Bevorzugungen ins Gegenteil umschlagen läßt, so werden dieselben Personen als Heranwachsende oder Erwachsene auf Wiegen und Schaukeln mit Übelkeit reagieren, durch eine Eisenbahnfahrt furchtbar erschöpft werden oder zu Angstanfällen auf der Fahrt neigen und sich durch E i s e n b a h n a n g s t vor der Wiederholung der peinlichen Erfahrung schützen.

Hier reiht sich dann — noch unverstanden — die Tatsache an, daß durch Zusammentreffen von Schreck und mechanischer Erschütterung die schwere hysteriforme traumatische Neurose erzeugt wird. Man darf wenigstens annehmen, daß diese Einflüsse, die in geringen Intensitäten zu Quellen sexueller Erregung werden, in übergroßem Maße einwirkend eine tiefe Zerrüttung des sexuellen Mechanismus oder Chemismus hervorrufen.

Daß ausgiebige aktive Muskelbetätigung für das Kind ein Bedürfnis ist, aus dessen Befriedigung es außerordentliche Lust schöpft, ist bekannt. Ob diese Lust etwas mit der Sexualität zu tun hat, ob sie selbst sexuelle Befriedigung einschließt oder Anlaß zu sexueller Erregung werden kann, das mag kritischen Erwägungen unterliegen, die sich ja auch wohl gegen die im vorigen enthaltene Aufstellung richten werden, daß die Lust durch die Empfindungen passiver Bewegung sexueller Art ist oder sexuell erregend wirkt. Tatsache ist aber, daß eine Reihe von Personen berichten, sie hätten die ersten Zeichen der Erregtheit an ihren Genitalien während des Raufens oder Ringens mit ihren Gespielen erlebt, in welcher Situation außer der

Muskeltätigkeit

allgemeinen Muskelanstrengung noch die ausgiebige Hautberührung mit dem Gegner wirksam wird. Die Neigung zum Muskelstreit mit einer bestimmten Person, wie in späteren Jahren zum Wortstreit („Was sich liebt, das neckt sich"), gehört zu den guten Vorzeichen der auf diese Person gerichteten Objektwahl. In der Beförderung der sexuellen Erregung durch Muskeltätigkeit wäre eine der Wurzeln des sadistischen Triebes zu erkennen. Für viele Individuen wird die infantile Verknüpfung zwischen Raufen und sexueller Erregung mitbestimmend für die später bevorzugte Richtung ihres Geschlechtstriebes.[1]

Affekt-vorgänge

Minderem Zweifel unterliegen die weiteren Quellen sexueller Erregung beim Kinde. Es ist leicht, durch gleichzeitige Beobachtung wie durch spätere Erforschung festzustellen, daß alle intensiveren Affektvorgänge, selbst die schreckhaften Erregungen auf die Sexualität übergreifen, was übrigens einen Beitrag zum Verständnis der pathogenen Wirkung solcher Gemütsbewegungen liefern kann. Beim Schulkinde kann die Angst, geprüft zu werden, die Spannung einer sich schwer lösenden Aufgabe, für den Durchbruch sexueller Äußerungen wie für das Verhältnis zur Schule bedeutsam werden, indem unter solchen Umständen häufig genug ein Reizgefühl auftritt, welches zur Berührung der Genitalien auffordert, oder ein pollutionsartiger Vorgang mit all seinen verwirrenden Folgen. Das Benehmen der Kinder in der Schule, welches den Lehrern Rätsel genug aufgibt, verdient überhaupt in Beziehung zur keimenden Sexualität derselben gesetzt zu werden. Die sexuell erregende Wirkung mancher an sich unlustigen Affekte, des Ängstigens, Schauderns, Grausens erhält sich bei einer großen Anzahl Menschen auch durchs reife Leben und ist wohl die

---

[1] Die Analyse der Fälle von neurotischer Gehstörung und Raumangst hebt den Zweifel an der sexuellen Natur der Bewegungslust auf. Die moderne Kulturerziehung bedient sich bekanntlich des Sports im großen Umfang, um die Jugend von der Sexualbetätigung abzulenken; richtiger wäre es zu sagen, sie ersetzt ihr den Sexualgenuß durch die Bewegungslust und drängt die Sexualbetätigung auf eine ihrer autoerotischen Komponenten zurück.

Erklärung dafür, daß soviel Personen der Gelegenheit zu solchen Sensationen nachjagen, wenn nur gewisse Nebenumstände (die Angehörigkeit zu einer Scheinwelt, Lektüre, Theater) den Ernst der Unlustempfindung dämpfen.

Ließe sich annehmen, daß auch intensiven schmerzhaften Empfindungen die gleiche erogene Wirkung zukommt, zumal wenn der Schmerz durch eine Nebenbedingung abgetönt oder ferner gehalten wird, so läge in diesem Verhältnis eine der Hauptwurzeln für den masochistisch-sadistischen Trieb, in dessen vielfältige Zusammengesetztheit wir so allmählich Einblick gewinnen.[1]

Endlich ist es unverkennbar, daß die Konzentration der Aufmerksamkeit auf eine intellektuelle Leistung und geistige Anspannung überhaupt bei vielen jugendlichen wie reiferen Personen eine sexuelle Miterregung zur Folge hat, die wohl als die einzig berechtigte Grundlage für die sonst so zweifelhafte Ableitung nervöser Störungen von geistiger „Überarbeitung" zu gelten hat.   *Intellektuelle Arbeit*

Überblicken wir nun nach diesen weder vollständig noch vollzählig mitgeteilten Proben und Andeutungen die Quellen der kindlichen Sexualerregung, so lassen sich folgende Allgemeinheiten ahnen oder erkennen: Es scheint auf die ausgiebigste Weise dafür gesorgt, daß der Prozeß der Sexualerregung — dessen Wesen uns nun freilich recht rätselhaft geworden ist — in Gang gebracht werde. Es sorgen dafür vor allem in mehr oder minder direkter Weise die Erregungen der sensiblen Oberflächen — Haut und Sinnesorgane —, am unmittelbarsten die Reizeinwirkungen auf gewisse als erogene Zonen zu bezeichnende Stellen. Bei diesen Quellen der Sexualerregung ist wohl die Qualität der Reize das Maßgebende, wenngleich das Moment der Intensität (beim Schmerz) nicht völlig gleichgültig ist. Aber überdies sind Veranstaltungen im Organismus vorhanden, welche

---

[1] (Der sogenannte „erogene" Masochismus).

zur Folge haben, daß die Sexualerregung als Nebenwirkung bei einer großen Reihe innerer Vorgänge entsteht, sobald die Intensität dieser Vorgänge nur gewisse quantitative Grenzen überstiegen hat. Was wir die Partialtriebe der Sexualität genannt haben, leitet sich entweder direkt aus diesen inneren Quellen der Sexualerregung ab oder setzt sich aus Beiträgen von solchen Quellen und von erogenen Zonen zusammen. Es ist möglich, daß nichts Bedeutsameres im Organismus vorfällt, was nicht seine Komponente zur Erregung des Sexualtriebes abzugeben hätte.

Es scheint mir derzeit nicht möglich, diese allgemeinen Sätze zu größerer Klarheit und Sicherheit zu bringen, und ich mache dafür zwei Momente verantwortlich, erstens die Neuheit der ganzen Betrachtungsweise und zweitens den Umstand, daß uns das Wesen der Sexualerregung völlig unbekannt ist. Doch möchte ich auf zwei Bemerkungen nicht verzichten, welche Ausblicke ins Weite zu eröffnen versprechen:

Verschiedene Sexualkonstitutionen
a) So wie wir vorhin einmal die Möglichkeit sahen, eine Mannigfaltigkeit der angeborenen sexuellen Konstitutionen durch die verschiedenartige Ausbildung der erogenen Zonen zu begründen, so können wir nun das gleiche mit Einbeziehung der indirekten Quellen der Sexualerregung versuchen. Wir dürfen annehmen, daß diese Quellen zwar bei allen Individuen Zuflüsse liefern, aber nicht alle bei allen Personen gleich starke, und daß in der bevorzugten Ausbildung der einzelnen Quellen zur Sexualerregung ein weiterer Beitrag zur Differenzierung der verschiedenen Sexualkonstitutionen gelegen sein wird.[1]

Wege wechselseitiger Beeinflussung
b) Indem wir die solange festgehaltene figürliche Ausdrucksweise fallen lassen, in der wir von „Quellen" der Sexualerregung

---

[1] Als unabweisbare Folgerung aus den obigen Ausführungen ergibt sich, daß jedem Individuum eine Oral-, Anal-, Harnerotik usw. zugesprochen werden muß, und daß die Konstatierung der diesen entsprechenden seelischen Komplexe kein Urteil auf Abnormität oder Neurose bedeutet. Die Unterschiede, die das Normale vom Abnormen trennen, können nur in der relativen Stärke der einzelnen Komponenten des Sexualtriebes und in der Verwendung liegen, die sie im Laufe der Entwicklung erfahren.

sprachen, können wir auf die Vermutung gelangen, daß alle die Verbindungswege, die von anderen Funktionen her zur Sexualität führen, auch in umgekehrter Richtung gangbar sein müssen. Ist wie zum Beispiel der beiden Funktionen gemeinsame Besitz der Lippenzone der Grund dafür, daß bei der Nahrungsaufnahme Sexualbefriedigung entsteht, so vermittelt uns dasselbe Moment auch das Verständnis der Störungen in der Nahrungsaufnahme, wenn die erogenen Funktionen der gemeinsamen Zone gestört sind. Wissen wir einmal, daß Konzentration der Aufmerksamkeit Sexualerregung hervorzurufen vermag, so wird uns die Annahme nahegelegt, daß durch Einwirkung auf demselben Wege, nur in umgekehrter Richtung, der Zustand der Sexualerregung die Verfügbarkeit über die lenkbare Aufmerksamkeit beeinflußt. Ein gutes Stück der Symptomatologie der Neurosen, die ich von Störungen der Sexualvorgänge ableite, äußert sich in Störungen der anderen nicht sexuellen Körperfunktionen, und diese bisher unverständliche Einwirkung wird minder rätselhaft, wenn sie nur das Gegenstück zu den Beeinflussungen darstellt, unter denen die Produktion der Sexualerregung steht.

Die nämlichen Wege aber, auf denen Sexualstörungen auf die übrigen Körperfunktionen übergreifen, müßten auch in der Gesundheit einer anderen wichtigen Leistung dienen. Auf ihnen müßte sich die Heranziehung der sexuellen Triebkräfte zu anderen als sexuellen Zielen, also die Sublimierung der Sexualität vollziehen. Wir müssen mit dem Eingeständnis schließen, daß über diese gewiß vorhandenen, wahrscheinlich nach beiden Richtungen gangbaren Wege noch sehr wenig Sicheres bekannt ist.

III

DIE UMGESTALTUNGEN DER PUBERTÄT

Mit dem Eintritt der Pubertät setzen die Wandlungen ein, welche das infantile Sexualleben in seine endgültige normale Gestaltung überführen sollen. Der Sexualtrieb war bisher vorwiegend autoerotisch, er findet nun das Sexualobjekt. Er betätigte sich bisher von einzelnen Trieben und erogenen Zonen aus, die unabhängig voneinander eine gewisse Lust als einziges Sexualziel suchten. Nun wird ein neues Sexualziel gegeben, zu dessen Erreichung alle Partialtriebe zusammenwirken, während die erogenen Zonen sich dem Primat der Genitalzone unterordnen.[1] Da das neue Sexualziel den beiden Geschlechtern sehr verschiedene Funktionen anweist, geht deren Sexualentwicklung nun weit auseinander. Die des Mannes ist die konsequentere, auch unserem Verständnis leichter zugängliche, während beim Weibe sogar eine Art Rückbildung auftritt. Die Normalität des Geschlechtslebens wird nur durch das exakte Zusammentreffen der beiden auf Sexualobjekt und Sexualziel gerichteten Strömungen, der zärtlichen und der sinnlichen, gewährleistet, von denen die erstere in sich faßt, was von der infantilen Frühblüte der Sexualität erübrigt. Es ist wie der Durchschlag eines Tunnels von beiden Seiten her.

---

[1] Die im Text gegebene schematische Darstellung will die Differenzen hervorheben. Inwieweit sich die infantile Sexualität durch ihre Objektwahl und die Ausbildung der phallischen Phase der definitiven Sexualorganisation annähert, ist vorhin S. 100 ausgeführt worden.

Das neue Sexualziel besteht beim Manne in der Entladung der Geschlechtsprodukte; es ist dem früheren, der Erreichung von Lust keineswegs fremd, vielmehr ist der höchste Betrag von Lust an diesen Endakt des Sexualvorganges geknüpft. Der Sexualtrieb stellt sich jetzt in den Dienst der Fortpflanzungsfunktion; er wird sozusagen altruistisch. Soll diese Umwandlung gelingen, so muß beim Vorgang derselben mit den ursprünglichen Anlagen und allen Eigentümlichkeiten der Triebe gerechnet werden.

Wie bei jeder anderen Gelegenheit, wo im Organismus neue Verknüpfungen und Zusammensetzungen zu komplizierten Mechanismen stattfinden sollen, ist auch hier die Gelegenheit zu krankhaften Störungen durch Unterbleiben dieser Neuordnungen gegeben. Alle krankhaften Störungen des Geschlechtslebens sind mit gutem Rechte als Entwicklungshemmungen zu betrachten.

Das Primat der Genitalzonen und die Vorlust

Von dem beschriebenen Entwicklungsgang liegen Ausgang und Endziel klar vor unseren Augen. Die vermittelnden Übergänge sind uns noch vielfach dunkel; wir werden an ihnen mehr als ein Rätsel bestehen lassen müssen.

Man hat das Auffälligste an den Pubertätsvorgängen zum Wesentlichen derselben gewählt, das manifeste Wachstum der äußeren Genitalien, an denen sich die Latenzperiode der Kindheit durch relative Wachstumshemmung geäußert hatte. Gleichzeitig ist die Entwicklung der inneren Genitalien so weit vorgeschritten, daß sie Geschlechtsprodukte zu liefern, respektive zur Gestaltung eines neuen Lebewesens aufzunehmen vermögen. Ein höchst komplizierter Apparat ist so fertig geworden, der seiner Inanspruchnahme harrt.

Dieser Apparat soll durch Reize in Gang gebracht werden und nun läßt uns die Beobachtung erkennen, daß Reize ihn auf dreierlei Wegen angreifen können, von der Außenwelt her durch

Erregung der uns schon bekannten erogenen Zonen, von dem organischen Innern her auf noch zu erforschenden Wegen und von dem Seelenleben aus, welches selbst eine Aufbewahrungsstätte äußerer Eindrücke und eine Aufnahmsstelle innerer Erregungen darstellt. Auf allen drei Wegen wird das nämliche hervorgerufen, ein Zustand, der als „sexuelle Erregtheit" bezeichnet wird und sich durch zweierlei Zeichen kundgibt, seelische und somatische. Das seelische Anzeichen besteht in einem eigentümlichen Spannungsgefühl von höchst drängendem Charakter; unter den mannigfaltigen körperlichen steht an erster Stelle eine Reihe von Veränderungen an den Genitalien, die einen unzweifelhaften Sinn haben, den der Bereitschaft, der Vorbereitung zum Sexualakt. (Die Erektion des männliches Gliedes, das Feuchtwerden der Scheide.)

Die Sexualspannung An den Spannungscharakter der sexuellen Erregtheit knüpft ein Problem an, dessen Lösung ebenso schwierig wie für die Auffassung der Sexualvorgänge bedeutsam wäre. Trotz aller in der Psychologie darüber herrschenden Meinungsverschiedenheiten muß ich daran festhalten, daß ein Spannungsgefühl den Unlustcharakter an sich tragen muß. Für mich ist entscheidend, daß ein solches Gefühl den Drang nach Veränderung der psychischen Situation mit sich bringt, treibend wirkt, was dem Wesen der empfundenen Lust völlig fremd ist. Rechnet man aber die Spannung der sexuellen Erregtheit zu den Unlustgefühlen, so stößt man sich an der Tatsache, daß dieselbe unzweifelhaft lustvoll empfunden wird. Überall ist bei der durch die Sexualvorgänge erzeugten Spannung Lust dabei; selbst bei den Vorbereitungsveränderungen der Genitalien ist eine Art von Befriedigungsgefühl deutlich. Wie hängen nun diese Unlustspannung und dieses Lustgefühl zusammen?

Alles, was mit dem Lust- und Unlustproblem zusammenhängt, rührt an eine der wundesten Stellen der heutigen Psychologie. Wir wollen versuchen, möglichst aus den Bedingungen des uns vorliegenden Falles zu lernen und es vermeiden, dem Problem in seiner Gänze näher zu treten.¹ Werfen wir zunächst einen Blick auf die Art, wie die erogenen Zonen sich der neuen Ordnung einfügen. Ihnen fällt eine wichtige Rolle bei der Einleitung der sexuellen Erregung zu. Die dem Sexualobjekt vielleicht entlegenste, das Auge, kommt unter den Verhältnissen der Objektwerbung am häufigsten in die Lage, durch jene besondere Qualität der Erregung, deren Anlaß wir am Sexualobjekt als Schönheit bezeichnen, gereizt zu werden. Die Vorzüge des Sexualobjektes werden darum auch „Reize" geheißen. Mit dieser Reizung ist einerseits bereits Lust verbunden, andererseits ist eine Steigerung der sexuellen Erregtheit oder ein Hervorrufen derselben, wo sie noch fehlt, ihre Folge. Kommt die Erregung einer anderen erogenen Zone, zum Beispiel der tastenden Hand, hinzu, so ist der Effekt der gleiche, Lustempfindung einerseits, die sich bald durch die Lust aus den Bereitschaftsveränderungen verstärkt, weitere Steigerung der Sexualspannung andererseits, die bald in deutlichste Unlust übergeht, wenn ihr nicht gestattet wird, weitere Lust herbeizuführen. Durchsichtiger ist vielleicht noch ein anderer Fall, wenn zum Beispiel bei einer sexuell nicht erregten Person eine erogene Zone, etwa die Brusthaut eines Weibes, durch Berührung gereizt wird. Diese Berührung ruft bereits ein Lustgefühl hervor, ist aber gleichzeitig wie nichts anderes geeignet, die sexuelle Erregung zu wecken, die nach einem Mehr von Lust verlangt. Wie es zugeht, daß die empfundene Lust das Bedürfnis nach größerer Lust hervorruft, das ist eben das Problem.

Die Rolle aber, die dabei den erogenen Zonen zufällt, ist klar. Was für eine galt, gilt für alle. Sie werden sämtlich dazu verwendet, durch ihre geeignete Reizung einen gewissen Betrag von Lust zu liefern, von dem die Steigerung der Spannung ausgeht, welche ihrerseits die nötige motorische Energie aufzubringen

Vorlustmechanismus

---

1) Vgl. einen Versuch zur Lösung dieses Problems in den einleitenden Bemerkungen meines Aufsatzes „Das ökonomische Problem des Masochismus" 1924. [Intern. Zeitschr. f. PsA., X; Ges. Werke, Bd. XIII].

hat, um den Sexualakt zu Ende zu führen. Das vorletzte Stück desselben ist wiederum die geeignete Reizung einer erogenen Zone, der Genitalzone selbst an der Glans Penis, durch das dazu geeignetste Objekt, die Schleimhaut der Scheide, und unter der Lust, welche diese Erregung gewährt, wird diesmal auf reflektorischem Wege die motorische Energie gewonnen, welche die Herausbeförderung der Geschlechtsstoffe besorgt. Diese letzte Lust ist ihrer Intensität nach die höchste, in ihrem Mechanismus von der früheren verschieden. Sie wird ganz durch Entlastung hervorgerufen, ist ganz Befriedigungslust und mit ihr erlischt zeitweilig die Spannung der Libido.

Es scheint mir nicht unberechtigt, diesen Unterschied in dem Wesen der Lust durch Erregung erogener Zonen und der anderen bei Entleerung der Sexualstoffe durch eine Namengebung zu fixieren. Die erstere kann passend als Vorlust bezeichnet werden im Gegensatz zur Endlust oder Befriedigungslust der Sexualtätigkeit. Die Vorlust ist dann dasselbe, was bereits der infantile Sexualtrieb, wenngleich in verjüngtem Maße, ergeben konnte; die Endlust ist neu, also wahrscheinlich an Bedingungen geknüpft, die erst mit der Pubertät eingetreten sind. Die Formel für die neue Funktion der erogenen Zonen lautete nun: Sie werden dazu verwendet, um mittels der von ihnen wie im infantilen Leben zu gewinnenden Vorlust die Herbeiführung der größeren Befriedigungslust zu ermöglichen.

Ich habe vor kurzem ein anderes Beispiel, aus einem ganz verschiedenen Gebiet des seelischen Geschehens erläutern können, in welchem gleichfalls ein größerer Lusteffekt vermöge einer geringfügigeren Lustempfindung, die dabei wie eine Verlockungsprämie wirkt, erzielt wird. Dort ergab sich auch die Gelegenheit, auf das Wesen der Lust näher einzugehen.[1]

---

[1] Siehe meine 1905 erschienene Studie „Der Witz und seine Beziehung zum Unbewußten", (Band VI der Ges. Werke). Die durch die Witztechnik gewonnene „Vorlust" wird dazu verwendet, eine größere Lust durch die Aufhebung innerer Hemmungen frei zu machen.

Die Umgestaltungen der Pubertät 113

Der Zusammenhang der Vorlust aber mit dem infantilen **Gefahren der Vorlust** Sexualleben wird durch die pathogene Rolle, die ihr zufallen kann, bekräftigt. Aus dem Mechanismus, in dem die Vorlust aufgenommen ist, ergibt sich für die Erreichung des normalen Sexualzieles offenbar eine Gefahr, die dann eintritt, wenn an irgendeiner Stelle der vorbereitenden Sexualvorgänge die Vorlust zu groß, ihr Spannungsanteil zu gering ausfallen sollte. Dann entfällt die Triebkraft, um den Sexualvorgang weiter fortzusetzen, der ganze Weg verkürzt sich, die betreffende vorbereitende Aktion tritt an Stelle des normalen Sexualziels. Dieser schädliche Fall hat erfahrungsgemäß zur Bedingung, daß die betreffende erogene Zone oder der entsprechende Partialtrieb schon im infantilen Leben in ungewöhnlichem Maße zur Lustgewinnung beigetragen hatte. Kommen noch Momente hinzu, welche auf die Fixierung hinwirken, so entsteht leicht fürs spätere Leben ein Zwang, welcher sich der Einordnung dieser einen Vorlust in einen neuen Zusammenhang widersetzt. Solcherart ist in der Tat der Mechanismus vieler Perversionen, die ein Verweilen bei vorbereitenden Akten des Sexualvorganges darstellen.

Das Fehlschlagen der Funktion des Sexualmechanismus durch die Schuld der Vorlust wird am ehesten vermieden, wenn das Primat der Genitalzonen gleichfalls bereits im infantilen Leben vorgezeichnet ist. Dazu scheinen die Anstalten wirklich in der zweiten Hälfte der Kinderzeit (von acht Jahren bis zur Pubertät) getroffen zu sein. Die Genitalzonen benehmen sich in diesen Jahren bereits in ähnlicher Weise wie zur Zeit der Reife, sie werden der Sitz von Erregungssensationen und Bereitschaftsveränderungen, wenn irgendwelche Lust durch Befriedigung anderer erogener Zonen empfunden wird, obwohl dieser Effekt noch zwecklos bleibt, das heißt nichts dazu beiträgt, den Sexualvorgang fortzusetzen. Es entsteht also bereits in den Kinderjahren neben der Befriedigungslust ein gewisser Betrag von Sexualspannung, obwohl minder konstant und weniger ausgiebig, und nun können wir verstehen, warum wir bei der Erörterung der Quellen der Sexualität mit ebenso gutem Recht sagen konnten, der betreffende Vorgang wirke sexuell befriedigend, wie er wirke sexuell erregend. Wir merken, daß wir auf dem Wege zur Erkenntnis uns die Unterschiede des infantilen und des reifen Sexuallebens zunächst übertrieben groß vorgestellt haben, und tragen nun die Korrektur nach. Nicht nur die Abweichungen vom normalen Sexualleben, sondern auch die normale Gestaltung desselben wird durch die infantilen Äußerungen der Sexualität bestimmt.

Das Problem der Sexualerregung

Es ist uns durchaus unaufgeklärt geblieben, woher die Sexualspannung rührt, die bei der Befriedigung erogener Zonen gleichzeitig mit der Lust entsteht, und welches das Wesen derselben ist.[1] Die nächste Vermutung, diese Spannung ergebe sich irgendwie aus der Lust selbst, ist nicht nur an sich sehr unwahrscheinlich, sie wird auch hinfällig, da bei der größten Lust, die an die Entleerung der Geschlechtsprodukte geknüpft ist, keine Spannung erzeugt, sondern alle Spannung aufgehoben wird. Lust und Sexualspannung können also nur in indirekter Weise zusammenhängen.

Rolle der Sexualstoffe
Außer der Tatsache, daß normalerweise allein die Entlastung von den Sexualstoffen der Sexualerregung ein Ende macht, hat man noch andere Anhaltspunkte, die Sexualspannung in Beziehung zu den Sexualprodukten zu bringen. Bei enthaltsamem Leben pflegt der Geschlechtsapparat in wechselnden, aber nicht regellosen Perioden nächtlicherweise sich unter Lustempfindung und während der Traumhalluzination eines sexuellen Aktes der Sexualstoffe zu entledigen, und für diesen Vorgang — die nächtliche Pollution —

---

[1] Es ist überaus lehrreich, daß die deutsche Sprache der im Text erwähnten Rolle der vorbereitenden sexuellen Erregungen, welche gleichzeitig einen Anteil Befriedigung und einen Beitrag zur Sexualspannung liefern, im Gebrauche des Wortes „Lust" Rechnung trägt. „Lust" ist doppelsinnig und bezeichnet ebensowohl die Empfindung der Sexualspannung (Ich habe Lust = ich möchte, ich verspüre den Drang) als auch die der Befriedigung.

ist die Auffassung schwer abzuweisen, daß die Sexualspannung, die den kurzen halluzinatorischen Weg zum Ersatz des Aktes zu finden weiß, eine Funktion der Samenanhäufung in den Reservoirs für die Geschlechtsprodukte sei. Im gleichen Sinne sprechen die Erfahrungen, die man über die Erschöpfbarkeit des sexuellen Mechanismus macht. Bei entleertem Samenvorrat ist nicht nur die Ausführung des Sexualaktes unmöglich, es versagt auch die Reizbarkeit der erogenen Zonen, deren geeignete Erregung dann keine Lust hervorrufen kann. Wir erfahren so nebenbei, daß ein gewisses Maß sexueller Spannung selbst für die Erregbarkeit der erogenen Zonen erforderlich ist.

Man würde so zur Annahme gedrängt, die, wenn ich nicht irre, ziemlich allgemein verbreitet ist, daß die Anhäufung der Sexualstoffe die Sexualspannung schafft und unterhält, etwa indem der Druck dieser Produkte auf die Wandung ihrer Behälter als Reiz auf ein spinales Zentrum wirkt, dessen Zustand von höheren Zentren wahrgenommen wird und dann für das Bewußtsein die bekannte Spannungsempfindung ergibt. Wenn die Erregung erogener Zonen die Sexualspannung steigert, so könnte dies nur so zugehen, daß die erogenen Zonen in vorgebildeter anatomischer Verbindung mit diesen Zentren stehen, den Tonus der Erregung daselbst erhöhen, bei genügender Sexualspannung den sexuellen Akt in Gang bringen und bei ungenügender die Produktion der Geschlechtsstoffe anregen.

Die Schwäche dieser Lehre, die man z. B. in v. Krafft-Ebings Darstellung der Sexualvorgänge angenommen findet, liegt darin, daß sie, für die Geschlechtstätigkeit des reifen Mannes geschaffen, auf dreierlei Verhältnisse wenig Rücksicht nimmt, deren Aufklärung sie gleichfalls liefern sollte. Es sind dies die Verhältnisse beim Kinde, beim Weibe und beim männlichen Kastraten. In allen drei Fällen ist von einer Anhäufung von Geschlechtsprodukten im gleichen Sinne wie beim Manne nicht die Rede, was die glatte Anwendung des Schemas erschwert;

doch ist ohneweiters zuzugeben, daß sich Auskünfte finden ließen, welche die Unterordnung auch dieser Fälle ermöglichen würden. Auf jeden Fall bleibt die Warnung bestehen, dem Faktor der Anhäufung der Geschlechtsprodukte nicht Leistungen aufzubürden, deren er unfähig scheint.

Einschätzung der inneren Geschlechtsteile

Daß die Sexualerregung in beachtenswertem Grade unabhängig von der Produktion der Geschlechtsstoffe sein kann, scheinen die Beobachtungen an männlichen Kastraten zu ergeben, bei denen gelegentlich die Libido der Beeinträchtigung durch die Operation entgeht, wenngleich das entgegengesetzte Verhalten, das ja die Operation motiviert, die Regel ist. Überdies weiß man ja längst, daß Krankheiten, welche die Produktion der männlichen Geschlechtszellen vernichtet haben, die Libido und Potenz des nun sterilen Individuums ungeschädigt lassen. Es ist dann keineswegs so verwunderlich, wie C. Rieger es hinstellt, daß der Verlust der männlichen Keimdrüsen im reiferen Alter ohne weiteren Einfluß auf das seelische Verhalten des Individuums bleiben kann. Die im zarten Alter vor der Pubertät vorgenommene Kastration nähert sich zwar in ihrer Wirkung dem Ziel einer Aufhebung der Geschlechtscharaktere, allein auch dabei könnte außer dem Verlust der Geschlechtsdrüsen an sich eine mit deren Wegfall verknüpfte Entwicklungshemmung anderer Faktoren in Betracht kommen.

Chemische Theorie

Tierversuche mit Entfernung der Keimdrüsen (Hoden und Ovarien) und entsprechend variierter Einpflanzung neuer solcher Organe bei Wirbeltieren (s. das zitierte Werk von Lipschütz, S. 13) haben endlich ein partielles Licht auf die Herkunft der Sexualerregung geworfen und dabei die Bedeutung einer etwaigen Anhäufung der zelligen Geschlechtsprodukte noch weiter zurückgedrängt. Es ist dem Experiment möglich geworden (E. Steinach), ein Männchen in ein Weibchen und umgekehrt ein Weibchen in ein Männchen zu verwandeln, wobei sich das psychosexuelle Verhalten des Tieres entsprechend den somatischen Geschlechtscharakteren und gleichzeitig mit ihnen änderte. Dieser geschlechtsbestimmende Einfluß soll aber nicht dem Anteil der Keimdrüse zukommen, welcher die spezifischen Geschlechtszellen (Samenfäden und Ei) erzeugt, sondern dem interstitiellen Gewebe derselben, welches darum von den Autoren als „Pubertätsdrüse" hervorgehoben wird. Es ist sehr wohl möglich, daß weitere Untersuchungen ergeben, die Pubertätsdrüse sei normalerweise zwittrig angelegt, wodurch die Lehre von der Bisexualität der höheren Tiere anatomisch begründet würde, und es ist schon jetzt wahrscheinlich, daß sie nicht das einzige Organ ist, welches mit der Produktion der Sexualerregung und der Geschlechtscharaktere zu tun hat. Jedenfalls schließt dieser neue biologische Fund an das an, was wir schon vorher über die Rolle der Schilddrüse für die Sexualität erfahren haben. Wir dürfen nun glauben, daß im interstitiellen Anteil der Keimdrüsen besondere chemische Stoffe erzeugt werden, die vom Blutstrom aufgenommen die Ladung bestimmter Anteile des Zentralnervensystems mit sexueller Spannung zustande kommen lassen, wie wir ja solche Umsetzung eines toxischen Reizes in einen besonderen Organreiz von anderen dem Körper als fremd eingeführten Giftstoffen kennen. Wie die Sexualerregung durch Reizung erogener Zonen bei vorheriger Ladung der zentralen Apparate entsteht, und welche Verwicklungen von rein toxischen und physiologischen Reizwirkungen sich bei diesen Sexualvorgängen ergeben, das auch nur hypothetisch zu behandeln, kann keine zeitgemäße Aufgabe sein. Es genüge uns als wesentlich an dieser Auffassung der Sexualvorgänge, die Annahme besonderer, dem Sexualstoffwechsel entstammender Stoffe festzuhalten. Denn diese anscheinend willkürliche Aufstellung wird durch eine wenig beachtete, aber höchst beachtenswerte Einsicht unterstützt. Die Neurosen, welche sich nur auf Störungen des Sexuallebens zurückführen lassen, zeigen die größte klinische Ähnlichkeit mit den Phänomenen der Intoxikation und Abstinenz, welche sich durch die habituelle Einführung Lust erzeugender Giftstoffe (Alkaloide) ergeben.

Die Libidotheorie

Mit diesen Vermutungen über die chemische Grundlage der Sexualerregung stehen in guter Übereinstimmung die Hilfsvorstellungen, die wir uns zur Bewältigung der psychischen Äußerungen des Sexuallebens geschaffen haben. Wir haben uns den Begriff der **Libido** festgelegt als einer quantitativ veränderlichen Kraft, welche Vorgänge und Umsetzungen auf dem Gebiete der Sexualerregung messen könnte. Diese Libido sondern wir von der Energie, die den seelischen Prozessen allgemein unterzulegen ist, mit Beziehung auf ihren besonderen Ursprung und verleihen ihr so auch einen qualitativen Charakter. In der Sonderung von libidinöser und anderer psychischer Energie drücken wir die Voraussetzung aus, daß sich die Sexualvorgänge des Organismus durch einen besonderen Chemismus von den Ernährungsvorgängen unterscheiden. Die Analyse der Perversionen und Psychoneurosen hat uns zur Einsicht gebracht, daß diese Sexualerregung nicht von den sogenannten Geschlechtsteilen allein, sondern von allen Körperorganen geliefert wird. Wir bilden uns also die Vorstellung eines Libidoquantums, dessen psychische Vertretung wir die **Ichlibido** heißen, dessen Produktion, Vergrößerung oder Verminderung, Verteilung und Verschiebung uns die Erklärungsmöglichkeiten für die beobachteten psychosexuellen Phänomene bieten soll.

Dem analytischen Studium bequem zugänglich wird diese Ichlibido aber nur, wenn sie die psychische Verwendung zur Besetzung von Sexualobjekten gefunden hat, also zur **Objektlibido** geworden ist. Wir sehen sie dann sich auf Objekte konzentrieren, an ihnen fixieren oder aber diese Objekte verlassen, von ihnen auf andere übergehen und von diesen Positionen aus die Sexualbetätigung des Individuums lenken, die zur Befriedigung, das heißt zum partiellen und zeitweisen Erlöschen der Libido führt. Die Psychoanalyse der sogenannten Übertragungsneurosen

(Hysterie und Zwangsneurose) gestattet uns hier einen sicheren Einblick.

Von den Schicksalen der Objektlibido können wir noch erkennen, daß sie von den Objekten abgezogen, in besonderen Spannungszuständen schwebend erhalten und endlich ins Ich zurückgeholt wird, so daß sie wieder zur Ichlibido geworden ist. Die Ichlibido heißen wir im Gegensatz zur Objektlibido auch narzißtische Libido. Von der Psychoanalyse aus schauen wir wie über eine Grenze, deren Überschreitung uns nicht gestattet ist, in das Getriebe der narzißtischen Libido hinein und bilden uns eine Vorstellung von dem Verhältnis der beiden.[1] Die narzißtische oder Ichlibido erscheint uns als das große Reservoir, aus welchem die Objektbesetzungen ausgeschickt und in welches sie wieder einbezogen werden, die narzißtische Libidobesetzung des Ichs als der in der ersten Kindheit realisierte Urzustand, welcher durch die späteren Aussendungen der Libido nur verdeckt wird, im Grunde hinter denselben erhalten geblieben ist.

Die Aufgabe einer Libidotheorie der neurotischen und psychotischen Störungen müßte sein, alle beobachteten Phänomene und erschlossenen Vorgänge in den Terminis der Libidoökonomie auszudrücken. Es ist leicht zu erraten, daß den Schicksalen der Ichlibido dabei die größere Bedeutung zufallen wird, besonders wo es sich um die Erklärung der tieferen psychotischen Störungen handelt. Die Schwierigkeit liegt dann darin, daß das Mittel unserer Untersuchung, die Psychoanalyse, uns vorläufig nur über die Wandlungen an der Objektlibido sichere Auskunft bringt,[2] die Ichlibido aber von den anderen im Ich wirkenden Energien nicht ohneweiters zu scheiden vermag.[3] Eine Fortführung der

---

1) Diese Beschränkung hat nicht mehr ihre frühere Giltigkeit, seitdem auch andere als die „Übertragungsneurosen" der Psychoanalyse in größerem Ausmaße zugänglich geworden sind.
2) Siehe obige Anmerkung.
3) S. Zur Einführung des Narzißmus, Jahrbuch der Psychoanalyse VI, 1913, [Bd. X der Ges. Werke.] — Der Terminus „Narzißmus" ist nicht, wie dort irrtümlich angegeben, von Naecke, sondern von H. Ellis geschaffen worden.

Libidotheorie ist deshalb vorläufig nur auf dem Wege der Spekulation möglich. Man verzichtet aber auf allen Gewinn aus der bisherigen psychoanalytischen Beobachtung, wenn man nach dem Vorgang von C. G. Jung den Begriff der Libido selbst verflüchtigt, indem man sie mit der psychischen Triebkraft überhaupt zusammenfallen läßt.

Die Sonderung der sexuellen Triebregungen von den anderen und somit die Einschränkung des Begriffes Libido auf diese ersteren findet eine starke Unterstützung in der vorhin erörterten Annahme eines besonderen Chemismus der Sexualfunktion.

Differenzierung von Mann und Weib

Es ist bekannt, daß erst mit der Pubertät sich die scharfe Sonderung des männlichen und weiblichen Charakters herstellt, ein Gegensatz, der dann wie kein anderer die Lebensgestaltung der Menschen entscheidend beeinflußt. Männliche und weibliche Anlage sind allerdings schon im Kindesalter gut kenntlich; die Entwicklung der Sexualitätshemmungen (Scham, Ekel, Mitleid usw.) erfolgt beim kleinen Mädchen frühzeitiger und gegen geringeren Widerstand als beim Knaben; die Neigung zur Sexualverdrängung erscheint überhaupt größer; wo sich Partialtriebe der Sexualität bemerkbar machen, bevorzugen sie die passive Form. Die autoerotische Betätigung der erogenen Zonen ist aber bei beiden Geschlechtern die nämliche und durch diese Übereinstimmung ist die Möglichkeit eines Geschlechtsunterschiedes, wie er sich nach der Pubertät herstellt, für die Kindheit aufgehoben. Mit Rücksicht auf die autoerotischen und masturbatorischen Sexualäußerungen könnte man den Satz aufstellen, die Sexualität der kleinen Mädchen habe durchaus männlichen Charakter. Ja, wüßte man den Begriffen „männlich und weiblich" einen bestimmteren Inhalt zu geben, so ließe sich auch die Behauptung vertreten, die Libido sei regelmäßig und gesetzmäßig männlicher Natur, ob sie nun beim Manne oder beim Weibe vorkomme und abgesehen von ihrem Objekt, mag dies der Mann oder das Weib sein.[1]

Seitdem ich mit dem Gesichtspunkte der Bisexualität bekannt geworden bin, halte ich dieses Moment für das hier maßgebende und meine, ohne der Bisexualität Rechnung zu tragen, wird man kaum zum Verständnis der tatsächlich zu beobachtenden Sexualäußerungen von Mann und Weib gelangen können.

Von diesem abgesehen, kann ich nur noch folgendes hinzufügen: Die leitende erogene Zone ist auch beim weiblichen Kinde an der Klitoris gelegen, der männlichen Genitalzone an der Eichel also homolog. Alles, was ich über Masturbation bei kleinen Mädchen in Erfahrung bringen konnte, betraf die Klitoris und nicht die für die späteren Geschlechtsfunktionen bedeutsamen Partien des äußeren Genitales. Ich zweifle selbst daran, daß das weibliche Kind unter dem Einflusse der Verführung zu etwas anderem als zur Klitorismasturbation gelangen kann, es sei denn ganz ausnahmsweise. Die gerade bei kleinen Mädchen so häufigen Spontanentladungen der sexuellen Erregtheit äußern

<small>Leitzonen bei Mann und Weib</small>

<small>1) Es ist unerläßlich, sich klar zu machen, daß die Begriffe „männlich" und „weiblich", deren Inhalt der gewöhnlichen Meinung so unzweideutig erscheint, in der Wissenschaft zu den verworrensten gehören und nach mindestens drei Richtungen zu zerlegen sind. Man gebraucht männlich und weiblich bald im Sinne von Aktivität und Passivität, bald im biologischen und dann auch im soziologischen Sinne. Die erste dieser drei Bedeutungen ist die wesentliche und die in der Psychoanalyse zumeist verwertbare. Ihr entspricht es, wenn die Libido oben im Text als männlich bezeichnet wird, denn der Trieb ist immer aktiv, auch wo er sich ein passives Ziel gesetzt hat. Die zweite, biologische Bedeutung von männlich und weiblich ist die, welche die klarste Bestimmung zuläßt. Männlich und weiblich sind hier durch die Anwesenheit der Samen-, respektive Eizelle und durch die von ihnen ausgehenden Funktionen charakterisiert. Die Aktivität und ihre Nebenäußerungen, stärkere Muskelentwicklung, Aggression, größere Intensität der Libido, sind in der Regel mit der biologischen Männlichkeit verlötet, aber nicht notwendigerweise verknüpft, denn es gibt Tiergattungen, bei denen diese Eigenschaften vielmehr dem Weibchen zugeteilt sind. Die dritte, soziologische Bedeutung erhält ihren Inhalt durch die Beobachtung der wirklich existierenden männlichen und weiblichen Individuen. Diese ergibt für den Menschen, daß weder im psychologischen noch im biologischen Sinne eine reine Männlichkeit oder Weiblichkeit gefunden wird. Jede Einzelperson weist vielmehr eine Vermengung ihres biologischen Geschlechtscharakters mit biologischen Zügen des anderen Geschlechts und eine Vereinigung von Aktivität und Passivität auf, sowohl insofern diese psychischen Charakterzüge von den biologischen abhängen als auch insoweit sie unabhängig von ihnen sind.</small>

sich in Zuckungen der Klitoris, und die häufigen Erektionen derselben ermöglichen es den Mädchen, die Sexualäußerungen des anderen Geschlechts auch ohne Unterweisung richtig zu beurteilen, indem sie einfach die Empfindungen der eigenen Sexualvorgänge auf die Knaben übertragen.

Will man das Weibwerden des kleinen Mädchens verstehen, so muß man die weiteren Schicksale dieser Klitoriserregbarkeit verfolgen. Die Pubertät, welche dem Knaben jenen großen Vorstoß der Libido bringt, kennzeichnet sich für das Mädchen durch eine neuerliche Verdrängungswelle, von der gerade die Klitorissexualität betroffen wird. Es ist ein Stück männlichen Sexuallebens, was dabei der Verdrängung verfällt. Die bei dieser Pubertätsverdrängung des Weibes geschaffene Verstärkung der Sexualhemmnisse ergibt dann einen Reiz für die Libido des Mannes und nötigt dieselbe zur Steigerung ihrer Leistungen: mit der Höhe der Libido steigt dann auch die Sexualüberschätzung, die nur für das sich weigernde, seine Sexualität verleugnende Weib im vollen Maße zu haben ist. Die Klitoris behält dann die Rolle, wenn sie beim endlich zugelassenen Sexualakt selbst erregt wird, diese Erregung an die benachbarten weiblichen Teile weiter zu leiten, etwa wie ein Span Kienholz dazu benützt werden kann, das härtere Brennholz in Brand zu setzen. Es nimmt oft eine gewisse Zeit in Anspruch, bis sich diese Übertragung vollzogen hat, während welcher dann das junge Weib anästhetisch ist. Diese Anästhesie kann eine dauernde werden, wenn die Klitoriszone ihre Erregbarkeit abzugeben sich weigert, was gerade durch ausgiebige Betätigung im Kinderleben vorbereitet wird. Es ist bekannt, daß die Anästhesie der Frauen häufig nur eine scheinbare, eine lokale ist. Sie sind anästhetisch am Scheideneingang, aber keineswegs unerregbar von der Klitoris oder selbst von anderen Zonen aus. Zu diesen erogenen Anlässen der Anästhesie gesellen sich dann noch die psychischen, gleichfalls durch Verdrängung bedingten.

Ist die Übertragung der erogenen Reizbarkeit von der Klitoris auf den Scheideneingang gelungen, so hat damit das Weib seine für die spätere Sexualbetätigung leitende Zone gewechselt, während der Mann die seinige von der Kindheit an beibehalten hat. In diesem Wechsel der leitenden erogenen Zone sowie in dem Verdrängungsschub der Pubertät, der gleichsam die infantile Männlichkeit beiseite schafft, liegen die Hauptbedingungen für die Bevorzugung des Weibes zur Neurose, insbesondere zur Hysterie. Diese Bedingungen hängen also mit dem Wesen der Weiblichkeit innigst zusammen.

Die Objektfindung

Während durch die Pubertätsvorgänge das Primat der Genitalzonen festgelegt wird und das Vordrängen des erigiert gewordenen Gliedes beim Manne gebieterisch auf das neue Sexualziel hinweist, auf das Eindringen in eine die Genitalzone erregende Körperhöhle, vollzieht sich von psychischer Seite her die Objektfindung, für welche von der frühesten Kindheit an vorgearbeitet worden ist. Als die anfänglichste Sexualbefriedigung noch mit der Nahrungsaufnahme verbunden war, hatte der Sexualtrieb ein Sexualobjekt außerhalb des eigenen Körpers in der Mutterbrust. Er verlor es nur später, vielleicht gerade zur Zeit, als es dem Kinde möglich wurde, die Gesamtvorstellung der Person, welcher das ihm Befriedigung spendende Organ angehörte, zu bilden. Der Geschlechtstrieb wird dann in der Regel autoerotisch und erst nach Überwindung der Latenzzeit stellt sich das ursprüngliche Verhältnis wieder her. Nicht ohne guten Grund ist das Saugen des Kindes an der Brust der Mutter vorbildlich für jede Liebesbeziehung geworden. Die Objektfindung ist eigentlich eine Wiederfindung.[1]

---

[1] Die Psychoanalyse lehrt, daß es zwei Wege der Objektfindung gibt, erstens die im Text besprochene, die in A n l e h n u n g an die frühinfantilen Vorbilder vor sich geht, und zweitens die n a r z i ß t i s c h e, die das eigene Ich sucht und im

Sexualobjekt der Säuglingszeit

Aber von dieser ersten und wichtigsten aller sexuellen Beziehungen bleibt auch nach der Abtrennung der Sexualtätigkeit von der Nahrungsaufnahme ein wichtiges Stück übrig, welches die Objektwahl vorbereiten, das verlorene Glück also wiederherstellen hilft. Die ganze Latenzzeit über lernt das Kind andere Personen, die seiner Hilflosigkeit abhelfen und seine Bedürfnisse befriedigen, l i e b e n, durchaus nach dem Muster und in Fortsetzung seines Säuglingsverhältnisses zur Amme. Man wird sich vielleicht sträuben wollen, die zärtlichen Gefühle und die Wertschätzung des Kindes für seine Pflegepersonen mit der geschlechtlichen Liebe zu identifizieren, allein ich meine, eine genauere psychologische Untersuchung wird diese Identität über jeden Zweifel hinaus feststellen können. Der Verkehr des Kindes mit seiner Pflegeperson ist für dasselbe eine unaufhörlich fließende Quelle sexueller Erregung und Befriedigung von erogenen Zonen aus, zumal da letztere — in der Regel doch die Mutter — das Kind selbst mit Gefühlen bedenkt, die aus ihrem Sexualleben stammen, es streichelt, küßt und wiegt und ganz deutlich zum Ersatz für ein vollgültiges Sexualobjekt nimmt.[1] Die Mutter würde wahrscheinlich erschrecken, wenn man ihr die Aufklärung gäbe, daß sie mit all ihren Zärtlichkeiten den Sexualtrieb ihres Kindes weckt und dessen spätere Intensität vorbereitet. Sie hält ihr Tun für asexuelle „reine" Liebe, da sie es doch sorgsam vermeidet, den Genitalien des Kindes mehr Erregungen zuzuführen, als bei der Körperpflege unumgänglich ist. Aber der Geschlechtstrieb wird nicht nur durch Erregung der Genitalzone geweckt, wie wir ja wissen; was wir Zärtlichkeit heißen, wird unfehlbar eines Tages seine Wirkung auch auf die Genitalzonen äußern.

---

anderen wiederfindet. Diese letztere hat eine besonders große Bedeutung für die pathologischen Ausgänge, fügt sich aber nicht in den hier behandelten Zusammenhang.

1) Wem diese Auffassung „frevelhaft" dünkt, der lese die fast gleichsinnige Behandlung des Verhältnisses zwischen Mutter und Kind bei H a v e l o c k E l l i s nach. (Das Geschlechtsgefühl, S. 16.)

Verstünde die Mutter mehr von der hohen Bedeutung der Triebe für das gesamte Seelenleben, für alle ethischen und psychischen Leistungen, so würde sie sich übrigens auch nach der Aufklärung alle Selbstvorwürfe ersparen. Sie erfüllt nur ihre Aufgabe, wenn sie das Kind lieben lehrt; es soll ja ein tüchtiger Mensch mit energischem Sexualbedürfnis werden und in seinem Leben all das vollbringen, wozu der Trieb den Menschen drängt. Ein Zuviel von elterlicher Zärtlichkeit wird freilich schädlich werden, indem es die sexuelle Reifung beschleunigt, auch dadurch, daß es das Kind „verwöhnt", es unfähig macht, im späteren Leben auf Liebe zeitweilig zu verzichten oder sich mit einem geringeren Maß davon zu begnügen. Es ist eines der besten Vorzeichen späterer Nervosität, wenn das Kind sich unersättlich in seinem Verlangen nach Zärtlichkeit der Eltern erweist, und anderseits werden gerade neuropathische Eltern, die ja meist zur maßlosen Zärtlichkeit neigen, durch ihre Liebkosungen die Disposition des Kindes zur neurotischen Erkrankung am ehesten erwecken. Man ersieht übrigens aus diesem Beispiel, daß es für neurotische Eltern direktere Wege als den der Vererbung gibt, ihre Störung auf die Kinder zu übertragen.

Die Kinder selbst benehmen sich von frühen Jahren an, als sei ihre Anhänglichkeit an ihre Pflegepersonen von der Natur der sexuellen Liebe. Die Angst der Kinder ist ursprünglich nichts anderes als der Ausdruck dafür, daß sie die geliebte Person vermissen; sie kommen darum jedem Fremden mit Angst entgegen; sie fürchten sich in der Dunkelheit, weil man in dieser die geliebte Person nicht sieht, und lassen sich beruhigen, wenn sie dieselbe in der Dunkelheit bei der Hand fassen können. Man überschätzt die Wirkung aller Kinderschrecken und gruseligen Erzählungen der Kinderfrauen, wenn man diesen Schuld gibt, daß sie die Ängstlichkeit der Kinder erzeugen. Kinder, die zur Ängstlichkeit neigen, nehmen nur solche Erzählungen auf, die an anderen durchaus nicht haften wollen; und zur Ängstlichkeit

Infantile Angst

neigen nur Kinder mit übergroßem oder vorzeitig entwickeltem
oder durch Verzärtelung anspruchsvoll gewordenem Sexualtrieb.
Das Kind benimmt sich hiebei wie der Erwachsene, indem es
seine Libido in Angst verwandelt, sowie es sie nicht zur
Befriedigung zu bringen vermag, und der Erwachsene wird sich
dafür, wenn er durch unbefriedigte Libido neurotisch geworden
ist, in seiner Angst wie ein Kind benehmen, sich zu fürchten
beginnen, sowie er allein, das heißt ohne eine Person ist, deren
Liebe er sicher zu sein glaubt, und diese seine Angst durch die
kindischesten Maßregeln beschwichtigen wollen.[1]

Wenn die Zärtlichkeit der Eltern zum Kinde es glücklich
vermieden hat, den Sexualtrieb desselben vorzeitig, das heißt ehe
die körperlichen Bedingungen der Pubertät gegeben sind, in
solcher Stärke zu wecken, daß die seelische Erregung in unverkennbarer Weise zum Genitalsystem durchbricht, so kann sie ihre
Aufgabe erfüllen, dieses Kind im Alter der Reife bei der Wahl
des Sexualobjekts zu leiten. Gewiß läge es dem Kinde am
nächsten, diejenigen Personen selbst zu Sexualobjekten zu wählen,
die es mit einer sozusagen abgedämpften Libido seit seiner Kindheit
liebt.[2] Aber durch den Aufschub der sexuellen Reifung ist die
Zeit gewonnen worden, neben anderen Sexualhemmnissen die
Inzestschranke aufzurichten, jene moralischen Vorschriften in sich
aufzunehmen, welche die geliebten Personen der Kindheit als

---

1) Die Aufklärung über die Herkunft der kindlichen Angst verdanke ich einem
dreijährigen Knaben, den ich einmal aus einem dunklen Zimmer bitten hörte:
„Tante, sprich mit mir; ich fürchte mich, weil es so dunkel ist." Die Tante rief
ihn an: „Was hast du denn davon? Du siehst mich ja nicht." „Das macht nichts,"
antwortete das Kind, „wenn jemand spricht, wird es hell." — Er fürchtete sich also
nicht vor der Dunkelheit, sondern weil er eine geliebte Person vermißte, und konnte
versprechen sich zu beruhigen, sobald er einen Beweis von deren Anwesenheit
empfangen hatte. — Daß die neurotische Angst aus der Libido entsteht, ein Um-
wandlungsprodukt derselben darstellt, sich also etwa so zu ihr verhält, wie der Essig
zum Wein, ist eines der bedeutsamsten Resultate der psychoanalytischen Forschung.
Eine weitere Diskussion dieses Problems siehe in meinen „Vorlesungen zur Einführung in die Psychoanalyse" 1917 [Bd. XI der Ges. Werke], woselbst wohl
auch nicht die endgültige Aufklärung erreicht worden ist.

2) Vgl. hiezu das auf S. 101 über die Objektwahl des Kindes Gesagte: die
„zärtliche Strömung".

Blutsverwandte ausdrücklich von der Objektwahl ausschließen. Die Beachtung dieser Schranke ist vor allem eine Kulturforderung der Gesellschaft, welche sich gegen die Aufzehrung von Interessen durch die Familie wehren muß, die sie für die Herstellung höherer sozialer Einheiten braucht, und darum mit allen Mitteln dahin wirkt, bei jedem einzelnen, speziell beim Jüngling, den in der Kindheit allein maßgebenden Zusammenhang mit seiner Familie zu lockern.[1]

Die Objektwahl wird aber zunächst in der Vorstellung vollzogen und das Geschlechtsleben der eben reifenden Jugend hat kaum einen anderen Spielraum, als sich in Phantasien, das heißt in nicht zur Ausführung bestimmten Vorstellungen zu ergehen.[2] In diesen Phantasien treten bei allen Menschen die infantilen

---

[1] Die Inzestschranke gehört wahrscheinlich zu den historischen Erwerbungen der Menschheit und dürfte wie andere Moraltabu bereits bei vielen Individuen durch organische Vererbung fixiert sein. [Vgl. meine Schrift: Totem und Tabu 1913, Bd. IX der Ges. Werke.] Doch zeigt die psychoanalytische Untersuchung, wie intensiv noch der einzelne in seinen Entwicklungszeiten mit der Inzestversuchung ringt, und wie häufig er sie in Phantasien und selbst in der Realität übertritt.

[2] Die Phantasien der Pubertätszeit knüpfen an die in der Kindheit verlassene infantile Sexualforschung an, reichen wohl auch ein Stück in die Latenzzeit zurück. Sie können ganz oder zum großen Teil unbewußt gehalten werden, entziehen sich darum häufig einer genauen Datierung. Sie haben große Bedeutung für die Entstehung mannigfaltiger Symptome, indem sie geradezu die Vorstufen derselben abgeben, also die Formen herstellen, in denen die verdrängten Libidokomponenten ihre Befriedigung finden. Ebenso sind sie die Vorlagen der nächtlichen Phantasien, die als Träume bewußt werden. Träume sind häufig nichts anderes als Wiederbelebungen solcher Phantasien unter dem Einfluß und in Anlehnung an einen aus dem Wachleben erübrigten Tagesreiz („Tagesreste"). — Unter den sexuellen Phantasien der Pubertätszeit ragen einige hervor, welche durch allgemeinstes Vorkommen und weitgehende Unabhängigkeit vom Erleben des Einzelnen ausgezeichnet sind. So die Phantasien von der Belauschung des elterlichen Geschlechtsverkehrs, von der frühen Verführung durch geliebte Personen, von der Kastrationsdrohung, die Mutterleibsphantasien, deren Inhalt Verweilen und selbst Erlebnisse im Mutterleib sind, und der sogenannte „Familienroman", in welchem der Heranwachsende auf den Unterschied seiner Einstellung zu den Eltern jetzt und in der Kindheit reagiert. Die nahen Beziehungen dieser Phantasien zum Mythus hat für das letzte Beispiel O. Rank in seiner Schrift „Der Mythus von der Geburt des Helden" 1909 aufgezeigt.

Man sagt mit Recht, daß der Ödipuskomplex der Kernkomplex der Neurosen ist, das wesentliche Stück im Inhalt der Neurose darstellt. In ihm gipfelt die infantile Sexualität, welche durch ihre Nachwirkungen die Sexualität des Erwachsenen entscheidend beeinflußt. Jedem menschlichen Neuankömmling ist die Aufgabe gestellt, den Ödipuskomplex zu bewältigen; wer es nicht zustande bringt, ist der Neurose verfallen. Der Fortschritt der psychoanalytischen Arbeit hat diese Bedeutung des

Neigungen, nun durch den somatischen Nachdruck verstärkt, wieder auf, und unter ihnen in gesetzmäßiger Häufigkeit und an erster Stelle die meist bereits durch die Geschlechtsanziehung differenzierte Sexualregung des Kindes für die Eltern, des Sohnes für die Mutter und der Tochter für den Vater.[1] Gleichzeitig mit der Überwindung und Verwerfung dieser deutlich inzestuösen Phantasien wird eine der bedeutsamsten, aber auch schmerzhaftesten, psychischen Leistungen der Pubertätszeit vollzogen, die Ablösung von der Autorität der Eltern, durch welche erst der für den Kulturfortschritt so wichtige Gegensatz der neuen Generation zur alten geschaffen wird. Auf jeder der Stationen des Entwicklungsganges, den die Individuen durchmachen sollen, wird eine Anzahl derselben zurückgehalten, und so gibt es auch Personen, welche die Autorität der Eltern nie überwunden und ihre Zärtlichkeit von denselben nicht oder nur sehr unvollständig zurückgezogen haben. Es sind zumeist Mädchen, die so zur Freude der Eltern weit über die Pubertät hinaus bei der vollen Kinderliebe verbleiben, und da wird es dann sehr lehrreich zu finden, daß es diesen Mädchen in ihrer späteren Ehe an dem Vermögen gebricht, ihren Männern das Gebührende zu schenken. Sie werden kühle Ehefrauen und bleiben sexuell anästhetisch. Man lernt daraus, daß die anscheinend nicht sexuelle Liebe zu den Eltern und die geschlechtliche Liebe aus denselben Quellen gespeist werden, das heißt, daß die erstere nur einer infantilen Fixierung der Libido entspricht.

Je mehr man sich den tieferen Störungen der psychosexuellen Entwicklung nähert, desto unverkennbarer tritt die Bedeutung

---

Ödipuskomplexes immer schärfer gezeichnet; seine Anerkennung ist das Schiboleth geworden, welches die Anhänger der Psychoanalyse von ihren Gegnern scheidet.

In einer anderen Schrift (Das Trauma der Geburt, 1924) hat Rank die Mutterbindung auf die embryonale Vorzeit zurückgeführt und so die biologische Grundlage des Ödipuskomplexes aufgezeigt. Die Inzestschranke leitet er abweichend vom Vorstehenden von dem traumatischen Eindruck der Geburtsangst ab.

[1] Vergleiche die Ausführungen über das unvermeidliche Verhängnis in der Ödipusfabel [„Traumdeutung", 8. Auflage, S. 181, Bd. II/III der Ges Werke].

der inzestuösen Objektwahl hervor. Bei den Psychoneurotikern verbleibt infolge von Sexualablehnung ein großes Stück oder das Ganze der psychosexuellen Tätigkeit zur Objektfindung im Unbewußten. Für die Mädchen mit übergroßem Zärtlichkeitsbedürfnis und ebensolchem Grausen vor den realen Anforderungen des Sexuallebens wird es zu einer unwiderstehlichen Versuchung, sich einerseits das Ideal der asexuellen Liebe im Leben zu verwirklichen und andererseits ihre Libido hinter einer Zärtlichkeit, die sie ohne Selbstvorwurf äußern dürfen, zu verbergen, indem sie die infantile, in der Pubertät aufgefrischte Neigung zu Eltern oder Geschwistern fürs Leben festhalten. Die Psychoanalyse kann solchen Personen mühelos nachweisen, daß sie in diese ihre Blutsverwandten im gemeinverständlichen Sinne des Wortes verliebt sind, indem sie mit Hilfe der Symptome und anderen Krankheitsäußerungen ihre unbewußten Gedanken aufspürt und in bewußte übersetzt. Auch wo ein vorerst Gesunder nach einer unglücklichen Liebeserfahrung erkrankt ist, kann man als den Mechanismus solcher Erkrankung die Rückwendung seiner Libido auf die infantil bevorzugten Personen mit Sicherheit aufdecken.

Auch wer die inzestuöse Fixierung seiner Libido glücklich vermieden hat, ist dem Einfluß derselben nicht völlig entzogen. Es ist ein deutlicher Nachklang dieser Entwicklungsphase, wenn die erste ernsthafte Verliebtheit des jungen Mannes, wie so häufig, einem reifen Weibe, die des Mädchens einem älteren, mit Autorität ausgestatteten Manne gilt, die ihnen das Bild der Mutter und des Vaters beleben können.¹ In freierer Anlehnung an diese Vorbilder geht wohl die Objektwahl überhaupt vor sich. Vor allem sucht der Mann nach dem Erinnerungsbild der Mutter, wie es ihn seit den Anfängen der Kindheit beherrscht; im vollen Einklang steht es damit, wenn sich die noch lebende Mutter gegen diese ihre Erneuerung sträubt und ihr mit Feindseligkeit begegnet.

Nachwirkung der infantilen Objektwahl

---

1) Siehe meinen Aufsatz „Über einen besonderen Typus der Objektwahl beim Manne", 1910 [Bd. VIII der Ges. Werke].

Bei solcher Bedeutung der kindlichen Beziehungen zu den Eltern für die spätere Wahl des Sexualobjekts ist es leicht zu verstehen, daß jede Störung dieser Kindheitsbeziehungen die schwersten Folgen für das Sexualleben nach der Reife zeitigt; auch die Eifersucht des Liebenden ermangelt nie der infantilen Wurzel oder wenigstens der infantilen Verstärkung. Zwistigkeiten zwischen den Eltern selbst, unglückliche Ehe derselben, bedingen die schwerste Prädisposition für gestörte Sexualentwicklung oder neurotische Erkrankung der Kinder.

Die infantile Neigung zu den Eltern ist wohl die wichtigste, aber nicht die einzige der Spuren, die, in der Pubertät aufgefrischt, dann der Objektwahl den Weg weisen. Andere Ansätze derselben Herkunft gestatten dem Manne noch immer in Anlehnung an seine Kindheit mehr als eine einzige Sexualreihe zu entwickeln, ganz verschiedene Bedingungen für die Objektwahl auszubilden.[1]

Verhütung der Inversion

Eine bei der Objektwahl sich ergebende Aufgabe liegt darin, das entgegengesetzte Geschlecht nicht zu verfehlen. Sie wird, wie bekannt, nicht ohne einiges Tasten gelöst. Die ersten Regungen nach der Pubertät gehen häufig genug — ohne dauernden Schaden — irre. Dessoir hat mit Recht darauf aufmerksam gemacht, welche Gesetzmäßigkeit sich in den schwärmerischen Freundschaften von Jünglingen und Mädchen für ihresgleichen verrät. Die größte Macht, welche eine dauernde Inversion des Sexualobjektes abwehrt, ist gewiß die Anziehung, welche die entgegengesetzten Geschlechtscharaktere für einander äußern; zur Erklärung derselben kann im Zusammenhange dieser Erörterungen nichts gegeben werden.[2] Aber dieser Faktor reicht für sich allein

---

1) Ungezählte Eigentümlichkeiten des menschlichen Liebeslebens sowie das Zwanghafte der Verliebtheit selbst sind überhaupt nur durch die Rückbeziehung auf die Kindheit und als Wirkungsreste derselben zu verstehen.

2) Es ist hier der Ort, auf eine gewiß phantastische, aber überaus geistreiche Schrift von Ferenczi (Versuch einer Genitaltheorie, 1924) hinzuweisen, in der das Geschlechtsleben der höheren Tiere aus ihrer biologischen Entwicklungsgeschichte abgeleitet wird.

nicht hin, die Inversion auszuschließen; es kommen wohl allerlei unterstützende Momente hinzu. Vor allem die Autoritätshemmung der Gesellschaft; wo die Inversion nicht als Verbrechen betrachtet wird, da kann man die Erfahrung machen, daß sie den sexuellen Neigungen nicht weniger Individuen voll entspricht. Ferner darf man für den Mann annehmen, daß die Kindererinnerung an die Zärtlichkeit der Mutter und anderer weiblicher Personen, denen er als Kind überantwortet war, energisch mithilft, seine Wahl auf das Weib zu lenken, während die von seiten des Vaters erfahrene frühzeitige Sexualeinschüchterung und die Konkurrenzeinstellung zu ihm vom gleichen Geschlechte ablenkt. Beide Momente gelten aber auch für das Mädchen, dessen Sexualbetätigung unter der besonderen Obhut der Mutter steht. Es ergibt sich so eine feindliche Beziehung zum eigenen Geschlecht, welche die Objektwahl entscheidend in dem für normal geltenden Sinn beeinflußt. Die Erziehung der Knaben durch männliche Personen (Sklaven in der antiken Welt) scheint die Homosexualität zu begünstigen; beim heutigen Adel wird die Häufigkeit der Inversion wohl durch die Verwendung männlicher Dienerschaft wie durch die geringere persönliche Fürsorge der Mütter für ihre Kinder um etwas verständlicher. Bei manchen Hysterischen ergibt sich, daß der frühzeitige Wegfall einer Person des Elternpaares (durch Tod, Ehescheidung, Entfremdung), worauf dann die übrigbleibende die ganze Liebe des Kindes an sich gezogen hatte, die Bedingung für das Geschlecht der später zum Sexualobjekt gewählten Person festgestellt und damit auch die dauernde Inversion ermöglicht hat.

ZUSAMMENFASSUNG

Es ist an der Zeit, eine Zusammenfassung zu versuchen. Wir sind von den Abirrungen des Geschlechtstriebes in Bezug auf sein Objekt und sein Ziel ausgegangen, haben die Fragestellung vorgefunden, ob diese aus angeborener Anlage entspringen oder infolge der Einflüsse des Lebens erworben werden. Die Beantwortung dieser Frage ergab sich uns aus der Einsicht in die Verhältnisse des Geschlechtstriebes bei den Psychoneurotikern, einer zahlreichen und den Gesunden nicht ferne stehenden. Menschengruppe, welche Einsicht wir durch psychoanalytische Untersuchung gewonnen hatten. Wir fanden so, daß bei diesen Personen die Neigungen zu allen Perversionen als unbewußte Mächte nachweisbar sind und sich als Symptombildner verraten, und konnten sagen, die Neurose sei gleichsam ein Negativ der Perversion. Angesichts der nun erkannten großen Verbreitung der Perversionsneigungen drängte sich uns der Gesichtspunkt auf, daß die Anlage zu den Perversionen die ursprüngliche allgemeine Anlage des menschlichen Geschlechtstriebes sei, aus welcher das normale Sexualverhalten infolge organischer Veränderungen und psychischer Hemmungen im Laufe der Reifung entwickelt werde. Die ursprüngliche Anlage hofften wir im Kindesalter aufzeigen zu können; unter den die Richtung des Sexualtriebes einschränkenden Mächten hoben wir Scham, Ekel, Mitleid und die sozialen Konstruktionen der Moral und Autorität hervor. So mußten wir in jeder fixierten Abirrung vom normalen Geschlechtsleben ein Stück Entwicklungshemmung und Infantilismus erblicken.

Die Bedeutung der Variationen der ursprünglichen Anlage mußten wir in den Vordergrund stellen, zwischen ihnen und den Einflüssen des Lebens aber ein Verhältnis von Kooperation und nicht von Gegensätzlichkeit annehmen. Anderseits erschien uns, da die ursprüngliche Anlage eine komplexe sein mußte, der Geschlechtstrieb selbst als etwas aus vielen Faktoren Zusammengesetztes, das in den Perversionen gleichsam in seine Komponenten zerfällt. Somit erwiesen sich die Perversionen einerseits als Hemmungen, andererseits als Dissoziationen der normalen Entwicklung. Beide Auffassungen vereinigten sich in der Annahme, daß der Geschlechtstrieb des Erwachsenen durch die Zusammenfassung vielfacher Regungen des Kinderlebens zu einer Einheit, einer Strebung mit einem einzigen Ziel entstehe.

Wir fügten noch die Aufklärung für das Überwiegen der perversen Neigungen bei den Psychoneurotikern bei, indem wir dieses als kollaterale Füllung von Nebenbahnen bei Verlegung des Hauptstrombettes durch die „Verdrängung" erkannten, und wandten uns dann der Betrachtung des Sexuallebens im Kindesalter zu.[1] Wir fanden es bedauerlich, daß man dem Kindesalter den Sexualtrieb abgesprochen und die nicht selten zu beobachtenden Sexualäußerungen des Kindes als regelwidrige Vorkommnisse beschrieben hat. Es schien uns vielmehr, daß das Kind Keime von Sexualtätigkeit mit zur Welt bringt und schon bei der Nahrungsaufnahme sexuelle Befriedigung mitgenießt, die es sich dann in der gut gekannten Tätigkeit des „Ludelns" immer wieder zu verschaffen sucht. Die Sexualbetätigung des Kindes entwickle sich aber nicht im gleichen Schritt wie seine sonstigen Funktionen, sondern trete nach einer kurzen Blüteperiode vom zweiten bis zum fünften Jahre in die sogenannte Latenzperiode ein. In der-

---

[1] Dies gilt nicht nur für die in der Neurose „negativ" auftretenden Perversionsneigungen, sondern ebenso für die positiven, eigentlich so benannten Perversionen. Diese letzteren sind also nicht bloß auf die Fixierung der infantilen Neigungen zurückzuführen, sondern auch auf die Regression zu denselben infolge der Verlegung anderer Bahnen der Sexualströmung. Darum sind auch die positiven Perversionen der psychoanalytischen Therapie zugänglich.

selben würde die Produktion sexueller Erregung keineswegs eingestellt, sondern halte an und liefere einen Vorrat von Energie, der großenteils zu anderen als sexuellen Zwecken verwendet werde, nämlich einerseits zur Abgabe der sexuellen Komponenten für soziale Gefühle, anderseits (vermittels Verdrängung und Reaktionsbildung) zum Aufbau der späteren Sexualschranken. Demnach würden die Mächte, die dazu bestimmt sind, den Sexualtrieb in gewissen Bahnen zu erhalten, im Kindesalter auf Kosten der großenteils perversen Sexualregungen und unter Mithilfe der Erziehung aufgebaut. Ein anderer Teil der infantilen Sexualregungen entgehe diesen Verwendungen und könne sich als Sexualbetätigung äußern. Man könne dann erfahren, daß die Sexualerregung des Kindes aus vielerlei Quellen fließe. Vor allem entstehe Befriedigung durch die geeignete sensible Erregung sogenannter erogener Zonen, als welche wahrscheinlich jede Hautstelle und jedes Sinnesorgan, wahrscheinlich jedes Organ, fungieren könne, während gewisse ausgezeichnete erogene Zonen existieren, deren Erregung durch gewisse organische Vorrichtungen von Anfang an gesichert sei. Ferner entstehe sexuelle Erregung gleichsam als Nebenprodukt bei einer großen Reihe von Vorgängen im Organismus, sobald dieselben nur eine gewisse Intensität erreichen, ganz besonders bei allen stärkeren Gemütsbewegungen, seien sie auch peinlicher Natur. Die Erregungen aus all diesen Quellen setzten sich noch nicht zusammen, sondern verfolgten jede vereinzelt ihr Ziel, welches bloß der Gewinn einer gewissen Lust ist. Der Geschlechtstrieb sei also im Kindesalter **nicht zentriert** und zunächst objektlos, **autoerotisch**.

Noch während der Kinderjahre beginne die erogene Zone der Genitalien sich bemerkbar zu machen, entweder in der Art, daß sie wie jede andere erogene Zone auf geeignete sensible Reizung Befriedigung ergebe, oder indem auf nicht ganz verständliche Weise mit der Befriedigung von anderen Quellen her gleichzeitig eine Sexualerregung erzeugt werde, die zu der Genitalzone eine besondere Beziehung erhalte. Wir haben es bedauern müssen, daß eine genügende Aufklärung des Verhältnisses zwischen Sexualbefriedigung und Sexualerregung sowie zwischen der Tätigkeit der Genitalzone und der übrigen Quellen der Sexualität nicht zu erreichen war.

Durch das Studium der neurotischen Störungen haben wir gemerkt, daß sich im kindlichen Sexualleben von allem Anfang an Ansätze zu einer Organisation der sexuellen Triebkomponenten erkennen lassen. In einer ersten, sehr frühen Phase steht die Oralerotik im Vordergrunde; eine zweite dieser „prägenitalen" Organisationen wird durch die Vorherrschaft des Sadismus und der Analerotik charakterisiert, erst in einer dritten Phase (die sich beim Kind nur bis zum Primat des Phallus entwickelt) wird das Sexualleben durch den Anteil der eigentlichen Genitalzonen mitbestimmt.

Wir haben dann als eine der überraschendsten Ermittlungen feststellen müssen, daß diese Frühblüte des infantilen Sexuallebens (zwei bis fünf Jahre) auch eine Objektwahl mit all den reichen, seelischen Leistungen zeitigt, so daß die daran geknüpfte, ihr entsprechende Phase trotz der mangelnden Zusammenfassung der einzelnen Triebkomponenten und der Unsicherheit des Sexualzieles als bedeutsamer Vorläufer der späteren endgültigen Sexualorganisation einzuschätzen ist.

Die Tatsache des zweizeitigen Ansatzes der Sexualentwicklung beim Menschen, also die Unterbrechung dieser Entwicklung durch die Latenzzeit, erschien uns besonderer Beachtung würdig. Sie scheint eine der Bedingungen für die Eignung des Menschen zur Entwicklung einer höheren Kultur, aber auch für seine Neigung zur Neurose zu enthalten. Bei der tierischen Verwandtschaft des Menschen ist unseres Wissens etwas Analoges nicht nachweisbar. Die Ableitung der Herkunft dieser menschlichen Eigenschaft müßte man in der Urgeschichte der Menschenart suchen.

Welches Maß von sexuellen Betätigungen im Kindesalter noch als normal, der weiteren Entwicklung nicht abträglich, bezeichnet werden darf, konnten wir nicht sagen. Der Charakter der Sexualäußerungen erwies sich als vorwiegend masturbatorisch. Wir stellten ferner durch Erfahrungen fest, daß die äußeren Einflüsse der Verführung vorzeitige Durchbrüche der Latenzzeit bis zur Aufhebung derselben hervorrufen können, und daß sich dabei der Geschlechtstrieb des Kindes in der Tat als polymorph pervers bewährt; ferner, daß jede solche frühzeitige Sexualtätigkeit die Erziehbarkeit des Kindes beeinträchtigt.

Trotz der Lückenhaftigkeit unserer Einsichten in das infantile Sexualleben mußten wir dann den Versuch machen, die durch das Auftreten der Pubertät gesetzten Veränderungen desselben zu studieren. Wir griffen zwei derselben als die maßgebenden heraus, die Unterordnung aller sonstigen Ursprünge der Sexualerregung unter das Primat der Genitalzonen und den Prozeß der Objektfindung. Beide sind im Kinderleben bereits vorgebildet. Die erstere vollzieht sich durch den Mechanismus der Ausnützung der Vorlust, wobei die sonst selbständigen sexuellen Akte, die mit Lust und Erregung verbunden sind, zu vorbereitenden Akten für das neue Sexualziel, die Entleerung der Geschlechtsprodukte werden, dessen Erreichung unter riesiger Lust der Sexualerregung ein Ende macht. Wir hatten dabei die Differenzierung des geschlechtlichen Wesens zu Mann und Weib zu berücksichtigen und fanden, daß zum Weibwerden eine neuerliche Verdrängung erforderlich ist, welche ein Stück infantiler Männlichkeit aufhebt und das Weib für den Wechsel der leitenden Genitalzone vorbereitet. Die Objektwahl endlich fanden wir geleitet durch die infantilen, zur Pubertät aufgefrischten Andeutungen sexueller Neigung des Kindes zu seinen Eltern und Pflegepersonen und durch die mittlerweile aufgerichtete Inzestschranke von diesen Personen weg auf ihnen ähnliche gelenkt. Fügen wir endlich noch hinzu, daß während der Übergangszeit der Pubertät die

somatischen und die psychischen Entwicklungsvorgänge eine Weile
unverknüpft nebeneinander hergehen, bis mit dem Durchbruch
einer intensiven seelischen Liebesregung zur Innervation der
Genitalien die normalerweise erforderte Einheit der Liebesfunktion
hergestellt wird.

Jeder Schritt auf diesem langen Entwicklungswege kann zur **Entwicklungs-**
Fixierungsstelle, jede Fuge dieser verwickelten Zusammensetzung **störende**
zum Anlaß der Dissoziation des Geschlechtstriebes werden, wie **Momente**
wir bereits an verschiedenen Beispielen erörtert haben. Es erübrigt
uns noch, eine Übersicht der verschiedenen, die Entwicklung
störenden, inneren und äußeren Momente zu geben und beizufügen,
an welcher Stelle des Mechanismus die von ihnen ausgehende
Störung angreift. Was wir da in einer Reihe anführen, kann
freilich unter sich nicht gleichwertig sein, und wir müssen auf
Schwierigkeiten rechnen, den einzelnen Momenten die ihnen
gebührende Abschätzung zuzuteilen.

An erster Stelle ist hier die angeborene Verschiedenheit **Konstitution**
der sexuellen Konstitution zu nennen, auf die wahr- **und Heredität**
scheinlich das Hauptgewicht entfällt, die aber, wie begreiflich, nur
aus ihren späteren Äußerungen und dann nicht immer mit
großer Sicherheit zu erschließen ist. Wir stellen uns unter ihr
ein Überwiegen dieser oder jener der mannigfachen Quellen der
Sexualerregung vor und glauben, daß solche Verschiedenheit der
Anlagen in dem Endergebnis jedenfalls zum Ausdruck kommen
muß, auch wenn dies sich innerhalb der Grenzen des Normalen
zu halten vermag. Gewiß sind auch solche Variationen der
ursprünglichen Anlage denkbar, welche notwendigerweise und
ohne weitere Mithilfe zur Ausbildung eines abnormen Sexuallebens führen müssen. Man kann dieselben dann „degenerative"
heißen und als Ausdruck ererbter Verschlechterung betrachten.
Ich habe in diesem Zusammenhange eine merkwürdige Tatsache
zu berichten. Bei mehr als der Hälfte meiner psychotherapeutisch
behandelten schweren Fälle von Hysterie, Zwangsneurose usw.

ist mir der Nachweis der vor der Ehe überstandenen Syphilis der Väter sicher gelungen, sei es, daß diese an Tabes oder progressiver Paralyse gelitten hatten, sei es, daß deren luetische Erkrankung sich anderswie anamnestisch feststellen ließ. Ich bemerke ausdrücklich, daß die später neurotischen Kinder keine körperlichen Zeichen von hereditärer Lues an sich trugen, so daß eben die abnorme sexuelle Konstitution als der letzte Ausläufer der luetischen Erbschaft zu betrachten war. So fern es mir nun liegt, die Abkunft von syphilitischen Eltern als regelmäßige oder unentbehrliche ätiologische Bedingung der neuropathischen Konstitution hinzustellen, so halte ich doch das von mir beobachtete Zusammentreffen für nicht zufällig und nicht bedeutungslos.

Die hereditären Verhältnisse der positiv Perversen sind minder gut bekannt, weil dieselben sich der Erkundung zu entziehen wissen. Doch hat man Grund anzunehmen, daß bei den Perversionen ähnliches wie bei den Neurosen gilt. Nicht selten findet man nämlich Perversion und Psychoneurose in denselben Familien auf die verschiedenen Geschlechter so verteilt, daß die männlichen Mitglieder oder eines derselben positiv pervers, die weiblichen aber der Verdrängungsneigung ihres Geschlechts entsprechend negativ pervers, hysterisch sind, ein guter Beleg für die von uns gefundenen Wesensbeziehungen zwischen den beiden Störungen.

Weitere Verarbeitung Man kann indes den Standpunkt nicht vertreten, als ob mit dem Ansatz der verschiedenen Komponenten in der sexuellen Konstitution die Entscheidung über die Gestaltung des Sexuallebens eindeutig bestimmt wäre. Die Bedingtheit setzt sich vielmehr fort und weitere Möglichkeiten ergeben sich je nach dem Schicksal, welches die aus den einzelnen Quellen stammenden Sexualitätszuflüsse erfahren. Diese weitere Verarbeitung ist offenbar das endgültig Entscheidende, während die der Beschreibung nach gleiche Konstitution zu drei verschiedenen

Endausgängen führen kann Wenn sich alle die Anlagen in ihrem, als abnorm angenommenen, relativen Verhältnis erhalten und mit der Reifung verstärken, so kann nur ein perverses Sexualleben das Endergebnis sein. Die Analyse solcher abnormer konstitutioneller Anlagen ist noch nicht ordentlich in Angriff genommen worden, doch kennen wir bereits Fälle, die in solchen Annahmen mit Leichtigkeit ihre Erklärung finden. Die Autoren meinen zum Beispiel von einer ganzen Reihe von Fixationsperversionen, dieselben hätten eine angeborene Schwäche des Sexualtriebes zur notwendigen Voraussetzung. In dieser Form scheint mir die Aufstellung unhaltbar; sie wird aber sinnreich, wenn eine konstitutionelle Schwäche des einen Faktors des Sexualtriebes, der genitalen Zone, gemeint ist, welche Zone späterhin die Zusammenfassung der einzelnen Sexualbetätigungen zum Ziel der Fortpflanzung als Funktion übernimmt. Diese in der Pubertät geforderte Zusammenfassung muß dann mißlingen und die stärkste der anderen Sexualitätskomponenten wird ihre Betätigung als Perversion durchsetzen.¹

Ein anderer Ausgang ergibt sich, wenn im Laufe der Entwicklung einzelne der überstark angelegten Komponenten den Prozeß der **Verdrängung** erfahren, von dem man festhalten muß, daß er einer Aufhebung nicht gleichkommt. Die betreffenden Erregungen werden dabei wie sonst erzeugt, aber durch psychische Verhinderung von der Erreichung ihres Zieles abgehalten und auf mannigfache andere Wege gedrängt, bis sie sich als Symptome zum Ausdruck gebracht haben. Das Ergebnis kann ein annähernd normales Sexualleben sein, — meist ein eingeschränktes, — aber ergänzt durch psychoneurotische Krankheit. Gerade diese Fälle sind uns durch die psychoanalytische Erforschung Neurotischer gut bekannt geworden. Das Sexualleben solcher Personen hat wie das der

Verdrängung

---

1) Man sieht dabei häufig, daß in der Pubertätszeit zunächst eine normale Sexualströmung einsetzt, welche aber infolge ihrer inneren Schwäche vor den ersten äußeren Hindernissen zusammenbricht und dann von der Regression auf die perverse Fixierung abgelöst wird.

Perversen begonnen, ein ganzes Stück ihrer Kindheit ist mit perverser Sexualtätigkeit ausgefüllt, die sich gelegentlich weit über die Reifezeit erstreckt; dann erfolgt aus inneren Ursachen — meist noch vor der Pubertät, aber hie und da sogar spät nachher — ein Verdrängungsumschlag, und von nun an tritt, ohne daß die alten Regungen erlöschen, Neurose an die Stelle der Perversion. Man wird an das Sprichwort „Junge Hure, alte Betschwester" erinnert, nur daß die Jugend hier allzu kurz ausgefallen ist. Diese Ablösung der Perversion durch die Neurose im Leben derselben Person muß man ebenso wie die vorhin angeführte Verteilung von Perversion und Neurose auf verschiedene Personen derselben Familie mit der Einsicht, daß die Neurose das Negativ der Perversion ist, zusammenhalten.

Sublimierung   Der dritte Ausgang bei abnormer konstitutioneller Anlage wird durch den Prozeß der „Sublimierung" ermöglicht, bei welchem den überstarken Erregungen aus einzelnen Sexualitätsquellen Abfluß und Verwendung auf andere Gebiete eröffnet wird, so daß eine nicht unerhebliche Steigerung der psychischen Leistungsfähigkeit aus der an sich gefährlichen Veranlagung resultiert. Eine der Quellen der Kunstbetätigung ist hier zu finden und, je nachdem solche Sublimierung eine vollständige oder unvollständige ist, wird die Charakteranalyse hochbegabter, insbesondere künstlerisch veranlagter Personen jedes Mengungsverhältnis zwischen Leistungsfähigkeit, Perversion und Neurose ergeben. Eine Uhterart der Sublimierung ist wohl die Unterdrückung durch Reaktionsbildung, die, wie wir gefunden haben, bereits in der Latenzzeit des Kindes beginnt, um sich im günstigen Falle durchs ganze Leben fortzusetzen. Was wir den „Charakter" eines Menschen heißen, ist zum guten Teil mit dem Material sexueller Erregungen aufgebaut und setzt sich aus seit der Kindheit fixierten Trieben, aus durch Sublimierung gewonnenen und aus solchen Konstruktionen zusammen, die zur wirksamen Niederhaltung perverser, als unverwendbar erkannter

Regungen bestimmt sind.¹ Somit kann die allgemein perverse Sexualanlage der Kindheit als die Quelle einer Reihe unserer Tugenden geschätzt werden, insofern sie durch Reaktionsbildung zur Schaffung derselben Anstoß gibt.²

Gegenüber den Sexualentbindungen, Verdrängungsschüben und Sublimierungen, letztere beide Vorgänge, deren innere Bedingungen uns völlig unbekannt sind, treten alle anderen Einflüsse weit an Bedeutung zurück. Wer Verdrängungen und Sublimierungen mit zur konstitutionellen Anlage rechnet, als die Lebensäußerungen derselben betrachtet, der hat allerdings das Recht zu behaupten, daß die Endgestaltung des Sexuallebens vor allem das Ergebnis der angeborenen Konstitution ist. Indes wird kein Einsichtiger bestreiten, daß in solchem Zusammenwirken von Faktoren auch Raum für die modifizierenden Einflüsse des akzidentell in der Kindheit und späterhin Erlebten bleibt. Es ist nicht leicht, die Wirksamkeit der konstitutionellen und der akzidentellen Faktoren in ihrem Verhältnis zueinander abzuschätzen. In der Theorie neigt man immer zur Überschätzung der ersteren; die therapeutische Praxis hebt die Bedeutsamkeit der letzteren hervor. Man sollte auf keinen Fall vergessen, daß zwischen den beiden ein Verhältnis von Kooperation und nicht von Ausschließung besteht. Das konstitutionelle Moment muß auf Erlebnisse warten, die es zur Geltung bringen, das akzidentelle bedarf einer Anlehnung an die Konstitution, um zur Wirkung zu kommen. Man kann sich für die Mehrzahl der Fälle eine sogenannte „Ergänzungsreihe" vorstellen, in welcher die fallenden Intensitäten des einen Faktors

Akzidentell Erlebtes

---

1) Bei einigen Charakterzügen ist selbst ein Zusammenhang mit bestimmten erogenen Komponenten erkannt worden. So leiten sich Trotz, Sparsamkeit und Ordentlichkeit aus der Verwendung der Analerotik ab. Der Ehrgeiz wird durch eine starke urethralerotische Anlage bestimmt.

2) Ein Menschenkenner wie E. Zola schildert in „La Joie de vivre" ein Mädchen, das in heiterer Selbstentäußerung alles, was es besitzt und beanspruchen könnte, sein Vermögen und seine Lebenswünsche geliebten Personen ohne Entlohnung zum Opfer bringt. Die Kindheit dieses Mädchens ist von einem unersättlichen Zärtlichkeitsbedürfnis beherrscht, das sie bei einer Gelegenheit von Zurücksetzung gegen eine andere in Grausamkeit verfallen läßt.

durch die steigenden des anderen ausgeglichen werden, hat aber keinen Grund, die Existenz extremer Fälle an den Enden der Reihe zu leugnen.

Der psychoanalytischen Forschung entspricht es noch besser, wenn man den Erlebnissen der frühen Kindheit unter den akzidentellen Momenten eine Vorzugsstellung einräumt. Die eine ätiologische Reihe zerlegt sich dann in zwei, die man die **dispositionelle** und die **definitive** heißen kann. In der ersteren wirken Konstitution und akzidentelle Kindheitserlebnisse ebenso zusammen, wie in der zweiten Disposition und spätere traumatische Erlebnisse. Alle die Sexualentwicklung schädigenden Momente äußern ihre Wirkung in der Weise, daß sie eine **Regression**, eine Rückkehr zu einer früheren Entwicklungsphase hervorrufen.

Wir setzen hier unsere Aufgabe fort, die uns als einflußreich für die Sexualentwicklung bekannt gewordenen Momente aufzuzählen, sei es, daß diese wirksame Mächte oder bloß Äußerungen solcher darstellen.

Frühreife   Ein solches Moment ist die spontane sexuelle **Frühreife**, die wenigstens in der Ätiologie der Neurosen mit Sicherheit nachweisbar ist, wenngleich sie so wenig wie andere Momente für sich allein zur Verursachung hinreicht. Sie äußert sich in Durchbrechung, Verkürzung oder Aufhebung der infantilen Latenzzeit und wird zur Ursache von Störungen, indem sie Sexualäußerungen veranlaßt, die einerseits wegen des unfertigen Zustandes der Sexualhemmungen, andererseits infolge des unentwickelten Genitalsystems nur den Charakter von Perversionen an sich tragen können. Diese Perversionsneigungen mögen sich nun als solche erhalten oder nach eingetretenen Verdrängungen zu Triebkräften neurotischer Symptome werden; auf alle Fälle erschwert die sexuelle Frühreife die wünschenswerte spätere Beherrschung des Sexualtriebes durch die höheren seelischen Instanzen und steigert den zwangartigen Charakter, den die psychischen Vertretungen des Triebes ohnedies in Anspruch nehmen. Die sexuelle Frühreife geht häufig vorzeitiger intellektueller Entwicklung parallel; als solche findet sie sich in der Kindheitsgeschichte der bedeutendsten und leistungsfähigsten Individuen; sie scheint dann nicht ebenso pathogen zu wirken, wie wenn sie isoliert auftritt.

Ebenso wie die Frühreife fordern andere Momente Berücksichtigung, die man als „zeitliche" mit der Frühreife zusammenfassen kann. Es scheint phylogenetisch festgelegt, in welcher Reihenfolge die einzelnen Triebregungen aktiviert werden, und wie lange sie sich äußern können, bis sie dem Einfluß einer neu auftretenden Triebregung oder einer typischen Verdrängung unterliegen. Allein sowohl in dieser zeitlichen Aufeinanderfolge wie in der Zeitdauer derselben scheinen Variationen vorzukommen, die auf das Endergebnis einen bestimmenden Einfluß üben müssen. Es kann nicht gleichgültig sein, ob eine gewisse Strömung früher oder später auftritt als ihre Gegenströmung, denn die Wirkung einer Verdrängung ist nicht rückgängig zu machen: eine zeitliche Abweichung in der Zusammensetzung der Komponenten ergibt regelmäßig eine Änderung des Resultats. Andererseits nehmen besonders intensiv auftretende Triebregungen oft einen überraschend schnellen Ablauf, z. B. die heterosexuelle Bindung der später manifest Homosexuellen. Die am heftigsten einsetzenden Strebungen der Kinderjahre rechtfertigen nicht die Befürchtung, daß sie den Charakter des Erwachsenen dauernd beherrschen werden; man darf ebensowohl erwarten, daß sie verschwinden werden, um ihrem Gegenteil Platz zu machen. (Gestrenge Herren regieren nicht lange.) Worauf solche zeitliche Verwirrungen der Entwicklungsvorgänge rückführbar sind, vermögen wir auch nicht in Andeutungen anzugeben. Es eröffnet sich hier ein Ausblick auf eine tiefere Phalanx von biologischen, vielleicht auch historischen Problemen, denen wir uns noch nicht auf Kampfesweite angenähert haben.

Zeitliche Momente

Haftbarkeit Die Bedeutung aller frühzeitigen Sexualäußerungen wird durch einen psychischen Faktor unbekannter Herkunft gesteigert, den man derzeit freilich nur als eine psychologische Vorläufigkeit hinstellen kann. Ich meine die erhöhte Haftbarkeit oder Fixierbarkeit dieser Eindrücke des Sexuallebens, die man bei späteren Neurotikern wie bei Perversen zur Ergänzung des Tatbestandes hinzunehmen muß, da die gleichen vorzeitigen Sexualäußerungen bei anderen Personen sich nicht so tief einprägen können, daß sie zwangartig auf Wiederholung hinwirken und dem Sexualtrieb für alle Lebenszeit seine Wege vorzuschreiben vermögen. Vielleicht liegt ein Stück der Aufklärung für diese Haftbarkeit in einem anderen psychischen Moment, welches wir in der Verursachung der Neurosen nicht missen können, nämlich in dem Übergewicht, welches im Seelenleben den Erinnerungsspuren im Vergleich mit den rezenten Eindrücken zufällt. Dieses Moment ist offenbar von der intellektuellen Ausbildung abhängig und wächst mit der Höhe der persönlichen Kultur. Im Gegensatz hiezu ist der Wilde als das „unglückselige Kind des Augenblickes" charakterisiert worden.[1] Wegen der gegensätzlichen Beziehung zwischen Kultur und freier Sexualitätsentwicklung, deren Folgen weit in die Gestaltung unseres Lebens verfolgt werden können, ist es auf niedriger Kultur- oder Gesellschaftsstufe so wenig, auf höherer so sehr fürs spätere Leben bedeutsam, wie das sexuelle Leben des Kindes verlaufen ist.

Fixierung Die Begünstigung durch die eben erwähnten psychischen Momente kommt nun den akzidentell erlebten Anregungen der kindlichen Sexualität zugute. Die letzteren (Verführung durch andere Kinder oder Erwachsene in erster Linie) bringen das Material bei, welches mit Hilfe der ersteren zur dauernden Störung fixiert werden kann. Ein guter Teil der später beobachteten Abweichungen vom normalen Sexualleben ist so bei Neurotikern wie bei

---

1) Möglicherweise ist die Erhöhung der Haftbarkeit auch der Erfolg einer esonders intensiven somatischen Sexualäußerung früherer Jahre.

Perversen durch die Eindrücke der angeblich sexualfreien Kindheitsperiode von Anfang an festgelegt. In die Verursachung teilen sich das Entgegenkommen der Konstitution, die Frühreife, die Eigenschaft der erhöhten Haftbarkeit und die zufällige Anregung des Sexualtriebes durch fremden Einfluß.

Der unbefriedigende Schluß aber, der sich aus diesen Untersuchungen über die Störungen des Sexuallebens ergibt, geht dahin, daß wir von den biologischen Vorgängen, in denen das Wesen der Sexualität besteht, lange nicht genug wissen, um aus unseren vereinzelten Einsichten eine zum Verständnis des Normalen wie des Pathologischen genügende Theorie zu gestalten.

MEINE ANSICHTEN ÜBER DIE ROLLE DER SEXUALITÄT IN DER ÄTIOLOGIE DER NEUROSEN

MEINE ANSICHTEN ÜBER DIE ROLLE DER SEXUALITÄT IN DER ÄTIOLOGIE DER NEUROSEN

Ich bin der Meinung, daß man meine Theorie über die ätiologische Bedeutung des sexuellen Momentes für die Neurosen am besten würdigt, wenn man ihrer Entwicklung nachgeht. Ich habe nämlich keineswegs das Bestreben abzuleugnen, daß sie eine Entwicklung durchgemacht und sich während derselben verändert hat. Die Fachgenossen könnten in diesem Zugeständnis die Gewähr finden, daß diese Theorie nichts anderes ist als der Niederschlag fortgesetzter und vertiefter Erfahrungen. Was im Gegensatze hierzu der Spekulation entsprungen ist, das kann allerdings leicht mit einem Schlage vollständig und dann unveränderlich auftreten.

Die Theorie bezog sich ursprünglich bloß auf die als „Neurasthenie" zusammengefaßten Krankheitsbilder, unter denen mir zwei, gelegentlich auch rein auftretende Typen auffielen, die ich als „eigentliche Neurasthenie" und als „Angstneurose" beschrieben habe. Es war ja immer bekannt, daß sexuelle Momente in der Verursachung dieser Formen eine Rolle spielen können, aber man fand dieselben weder regelmäßig wirksam, noch dachte man daran, ihnen einen Vorrang vor anderen ätiologischen Einflüssen einzuräumen. Ich wurde zunächst von der Häufigkeit grober Störungen in der Vita sexualis der Nervösen überrascht; je mehr ich darauf ausging, solche Störungen zu suchen, wobei ich mir vorhielt, daß die Menschen alle in sexuellen Dingen die Wahrheit verhehlen, und je geschickter ich wurde, das Examen trotz einer anfänglichen Verneinung fortzusetzen, desto regelmäßiger ließen sich solche krankmachende Momente aus dem Sexualleben auffinden, bis mir zu deren Allgemeinheit wenig zu fehlen schien. Man mußte aber von vornherein auf ein ähnlich häufiges Vorkommen sexueller Unregelmäßigkeiten unter dem Drucke der sozialen Verhältnisse in unserer Gesellschaft gefaßt sein, und konnte im Zweifel bleiben, welches Maß von Abweichung von der normalen Sexualfunktion als Krankheitsursache betrachtet werden dürfe. Ich konnte daher auf den regelmäßigen Nachweis sexueller Noxen nur weniger Wert legen als auf eine zweite Erfahrung, die mir eindeutiger erschien. Es ergab sich, daß die Form der Erkrankung, ob Neurasthenie oder Angstneurose, eine konstante Beziehung zur Art der sexuellen Schädlichkeit zeige. In den typischen Fällen der Neurasthenie war regelmäßig Masturbation oder gehäufte Pollutionen, bei der Angstneurose waren Faktoren wie der Coitus interruptus, die „frustrane Erregung" und andere nachweisbar, an denen das Moment der ungenügenden Abfuhr der erzeugten Libido das Gemeinsame schien. Erst seit dieser leicht zu machenden und beliebig oft zu bestätigenden Erfahrung hatte ich den Mut, für die sexuellen Einflüsse eine bevorzugte Stellung in der Ätiologie der Neurosen zu beanspruchen. Es kam hinzu, daß bei den so häufigen Mischformen von Neurasthenie und Angstneurose auch die Vermengung der für die beiden Formen angenommenen Ätiologien aufzuzeigen war und daß eine solche Zweiteilung in der Erscheinungsform der Neurose zu dem polaren Charakter der Sexualität (männlich und weiblich) gut zu stimmen schien.

Zur gleichen Zeit, während ich der Sexualität diese Bedeutung für die Entstehung der einfachen Neurosen zuwies,[1] huldigte ich noch in betreff der Psychoneurosen (Hysterie und Zwangsvorstellungen) einer rein psychologischen Theorie, in welcher das sexuelle Moment nicht anders als andere emotionelle Quellen in Betracht kam. Ich hatte im Verein mit J. Breuer und im Anschluß an Beobachtungen, die er gut ein Dezennium vorher an einer hysterischen Kranken gemacht hatte, den Mechanismus der Entstehung hysterischer Symptome mittels des Erweckens von Erinnerungen im hypnotischen Zustande studiert, und wir waren zu Aufschlüssen gelangt, welche gestatteten, die Brücke von der traumatischen Hysterie Charcots zur gemeinen, nicht traumatischen, zu schlagen.[2] Wir waren zur Auffassung gelangt, daß die hysterischen Symptome Dauerwirkungen von psychischen Traumen sind, deren zugehörige Affektgröße durch besondere Bedingungen von bewußter Bearbeitung abgedrängt worden ist und sich darum einen abnormen Weg in die Körperinnervation gebahnt hat. Die Termini „eingeklemmter Affekt", „Konversion" und „Abreagieren" fassen das Kennzeichnende dieser Anschauung zusammen.

Bei den nahen Beziehungen der Psychoneurosen zu den einfachen Neurosen, die ja so weit gehen, daß dem Ungeübten die diagnostische Unterscheidung nicht immer leicht fällt, konnte es aber nicht ausbleiben, daß die für das eine Gebiet gewonnene Erkenntnis auch für das andere Platz griff. Überdies führte, von solcher Beeinflussung abgesehen, auch die Vertiefung in den psychischen Mechanismus der hysterischen Symptome zu dem gleichen Ergebnis. Wenn man nämlich bei dem von Breuer und mir eingesetzten „kathartischen" Verfahren den psychischen Traumen, von denen sich die hysterischen Symptome ableiteten,

---

[1] Über die Berechtigung, von der Neurasthenie einen bestimmten Symptomenkomplex als „Angstneurose" abzutrennen. Neurol. Zentralblatt, 1895. [Band I dieser Gesamtausgabe.]

[2] Studien über Hysterie, 1905. [Band I dieser Gesamtausgabe.]

immer weiter nachspürte, gelangte man endlich zu Erlebnissen, welche der Kindheit des Kranken angehörten und sein Sexualleben betrafen, und zwar auch in solchen Fällen, in denen eine banale Emotion nicht sexueller Natur den Ausbruch der Krankheit veranlaßt hatte. Ohne diese sexuellen Traumen der Kinderzeit in Betracht zu ziehen, konnte man weder die Symptome aufklären, deren Determinierung verständlich finden, noch deren Wiederkehr verhüten. Somit schien die unvergleichliche Bedeutung sexueller Erlebnisse für die Ätiologie der Psychoneurosen als unzweifelhaft festgestellt, und diese Tatsache ist auch bis heute einer der Grundpfeiler der Theorie geblieben.

Wenn man diese Theorie so darstellt, die Ursache der lebenslangen hysterischen Neurose liege in den meist an sich geringfügigen sexuellen Erlebnissen der frühen Kinderzeit, so mag sie allerdings befremdend genug klingen. Nimmt man aber auf die historische Entwicklung der Lehre Rücksicht, verlegt den Hauptinhalt derselben in den Satz, die Hysterie sei der Ausdruck eines besonderen Verhaltens der Sexualfunktion des Individuums, und dieses Verhalten werde bereits durch die ersten in der Kindheit einwirkenden Einflüsse und Erlebnisse maßgebend bestimmt, so sind wir zwar um ein Paradoxon ärmer, aber um ein Motiv bereichert worden, den bisher arg vernachlässigten, höchst bedeutsamen Nachwirkungen der Kindheitseindrücke überhaupt unsere Aufmerksamkeit zu schenken.

Indem ich mir vorbehalte, die Frage, ob man in den sexuellen Kindererlebnissen die Ätiologie der Hysterie (und Zwangsneurose) sehen dürfe, weiter unten gründlicher zu behandeln, kehre ich zu der Gestaltung der Theorie zurück, welche diese in einigen kleinen, vorläufigen Publikationen der Jahre 1895 und 1896 angenommen hat.[1] Die Hervorhebung der angenommenen ätio-

---

1) Weitere Bemerkungen über die Abwehr-Neuropsychosen, Neurol. Zentralblatt, 1896. — Zur Ätiologie der Hysterie, Wiener klinische Rundschau, 1896 [Beide Arbeiten in Bd. I dieser Gesamtausgabe.]

logischen Momente gestattete damals, die gemeinen Neurosen als Erkrankungen mit aktueller Ätiologie den Psychoneurosen gegenüberzustellen, deren Ätiologie vor allem in den sexuellen Erlebnissen der Vorzeit zu suchen war. Die Lehre gipfelte in dem Satze: Bei normaler Vita sexualis ist eine Neurose unmöglich.

Wenn ich auch diese Sätze noch heute nicht für unrichtig halte, so ist es doch nicht zu verwundern, daß ich in zehn Jahren fortgesetzter Bemühung um die Erkenntnis dieser Verhältnisse über meinen damaligen Standpunkt ein gutes Stück weit hinausgekommen bin und mich heute in der Lage glaube, die Unvollständigkeit, die Verschiebungen und die Mißverständnisse, an denen die Lehre damals litt, durch eingehendere Erfahrung zu korrigieren. Ein Zufall des damals noch spärlichen Materials hatte mir eine unverhältnismäßig große Anzahl von Fällen zugeführt, in deren Kindergeschichte die sexuelle Verführung durch Erwachsene oder andere ältere Kinder die Hauptrolle spielte. Ich überschätzte die Häufigkeit dieser (sonst nicht anzuzweifelnden) Vorkommnisse, da ich überdies zu jener Zeit nicht imstande war, die Erinnerungstäuschungen der Hysterischen über ihre Kindheit von den Spuren der wirklichen Vorgänge sicher zu unterscheiden, während ich seitdem gelernt habe, so manche Verführungsphantasie als Abwehrversuch gegen die Erinnerung der eigenen sexuellen Betätigung (Kindermasturbation) aufzulösen. Mit dieser Aufklärung entfiel die Betonung des „traumatischen" Elementes an den sexuellen Kindererlebnissen, und es blieb die Einsicht übrig, daß die infantile Sexualbetätigung (ob spontan oder provoziert) dem späteren Sexualleben nach der Reife die Richtung vorschreibt. Dieselbe Aufklärung, die ja den bedeutsamsten meiner anfänglichen Irrtümer korrigierte, mußte auch die Auffassung vom Mechanismus der hysterischen Symptome verändern. Dieselben erschienen nun nicht mehr als direkte Abkömmlinge der verdrängten Erinnerungen an sexuelle Kindheitserlebnisse, sondern zwischen die Symptome und die infantilen Eindrücke schoben sich nun die (meist in den Pubertätsjahren produzierten) Phantasien (Erinnerungsdichtungen) der Kranken ein, die auf der einen Seite sich aus und über den Kindheitserinnerungen aufbauten, auf der anderen sich unmittelbar in die Symptome umsetzten. Erst mit der Einführung des Elements der hysterischen Phantasien wurde das Gefüge der Neurose und deren Beziehung zum Leben der Kranken durchsichtig; auch ergab sich eine wirklich überraschende Analogie zwischen diesen unbewußten Phantasien der Hysteriker und den als Wahn bewußt gewordenen Dichtungen bei der Paranoia.

Nach dieser Korrektur waren die „infantilen Sexualtraumen" in gewissem Sinne durch den „Infantilismus der Sexualität" ersetzt. Eine zweite Abänderung der ursprünglichen Theorie lag nicht ferne. Mit der angenommenen Häufigkeit der Verführung in der Kindheit entfiel auch die übergroße Betonung der akzidentellen Beeinflussung der Sexualität, welcher ich bei der Verursachung des Krankseins die Hauptrolle zuschieben wollte, ohne darum konstitutionelle und hereditäre Momente zu leugnen. Ich hatte sogar gehofft, das Problem der Neurosenwahl, die Entscheidung darüber, welcher Form von Psychoneurose der Kranke verfallen solle, durch die Einzelheiten der sexuellen Kindererlebnisse zu lösen, und damals — wenn auch mit Zurückhaltung — gemeint, daß passives Verhalten bei diesen Szenen die spezifische Disposition zur Hysterie, aktives dagegen die für die Zwangsneurose ergebe. Auf diese Auffassung mußte ich später völlig Verzicht leisten, wenngleich manches Tatsächliche den geahnten Zusammenhang zwischen Passivität und Hysterie, Aktivität und Zwangsneurose in irgendeiner Weise aufrecht zu halten gebietet. Mit dem Rücktritt der akzidentellen Einflüsse des Erlebens mußten die Momente der Konstitution und Heredität wieder die Oberhand behaupten, aber mit dem Unterschiede gegen die sonst herrschende Anschauung, daß bei mir die

„sexuelle Konstitution" an die Stelle der allgemeinen neuropathischen Disposition trat. In meinen jüngst erschienenen „Drei Abhandlungen zur Sexualtheorie" (1905) habe ich den Versuch gemacht, die Mannigfaltigkeiten dieser sexuellen Konstitution sowie die Zusammengesetztheit des Sexualtriebes überhaupt und dessen Herkunft aus verschiedenen Beitragsquellen im Organismus zu schildern.

Immer noch im Zusammenhange mit der veränderten Auffassung der „sexuellen Kindertraumen" entwickelte sich nun die Theorie nach einer Richtung weiter, die schon in den Veröffentlichungen der Jahre 1894 bis 1896 angezeigt worden war. Ich hatte bereits damals, und noch ehe die Sexualität in die ihr gebührende Stellung in der Ätiologie eingesetzt war, als Bedingung für die pathogene Wirksamkeit eines Erlebnisses angegeben, daß dieses dem Ich unerträglich erscheinen und ein Bestreben zur Abwehr hervorrufen müsse.[1] Auf diese Abwehr hatte ich die psychische Spaltung — oder wie man damals sagte: die Bewußtseinsspaltung — der Hysterie zurückgeführt. Gelang die Abwehr, so war das unerträgliche Erlebnis mit seinen Affektfolgen aus dem Bewußtsein und der Erinnerung des Ichs vertrieben; unter gewissen Verhältnissen entfaltete aber das Vertriebene als ein nun Unbewußtes seine Wirksamkeit und kehrte mittels der Symptome und der an ihnen haftenden Affekte ins Bewußtsein zurück, so daß die Erkrankung einem Mißglücken der Abwehr entsprach. Diese Auffassung hatte das Verdienst, auf das Spiel der psychischen Kräfte einzugehen und somit die seelischen Vorgänge der Hysterie den normalen anzunähern, anstatt die Charakteristik der Neurose in eine rätselhafte und weiter nicht analysierbare Störung zu verlegen.

Als nun weitere Erkundigungen bei normal gebliebenen Personen das unerwartete Ergebnis lieferten, daß deren sexuelle

---

[1] Die Abwehr-Neuropsychosen. Versuch einer psychologischen Theorie der akquirierten Hysterie, vieler Phobien und Zwangsvorstellungen und gewisser halluzinatorischer Psychosen. Neurol. Zentralblatt, 1894. [Bd. I dieser Gesamtausgabe.]

Kindergeschichte sich nicht wesentlich von dem Kinderleben der Neurotiker zu unterscheiden brauche, daß speziell die Rolle der Verführung bei ersteren die gleiche sei, traten die akzidentellen Einflüsse noch mehr gegen den der „Ver.drängung" (wie ich anstatt „Abwehr" zu sagen begann) zurück. Es kam also nicht darauf an, was ein Individuum in seiner Kindheit an sexuellen Erregungen erfahren hatte, sondern vor allem auf seine Reaktion gegen diese Erlebnisse, ob es diese Eindrücke mit der „Verdrängung" beantwortet habe oder nicht. Bei spontaner infantiler Sexualbetätigung ließ sich zeigen, daß dieselbe häufig im Laufe der Entwicklung durch einen Akt der Verdrängung abgebrochen wurde. Das geschlechtsreife neurotische Individuum brachte so ein Stück „Sexualverdrängung" regelmäßig aus seiner Kindheit mit, das bei den Anforderungen des realen Lebens zur Äußerung kam, und die Psychoanalysen Hysterischer zeigten, daß ihre Erkrankung ein Erfolg des Konflikts zwischen der Libido und der Sexualverdrängung sei und daß ihre Symptome den Wert von Kompromissen zwischen beiden seelischen Strömungen haben.

Ohne eine ausführliche Erörterung meiner Vorstellungen von der Verdrängung könnte ich diesen Teil der Theorie nicht weiter aufklären. Es genüge, hier auf meine „Drei Abhandlungen zur Sexualtheorie" (1905) hinzuweisen, wo ich auf die somatischen Vorgänge, in denen das Wesen der Sexualität zu suchen ist, ein allerdings erst spärliches Licht zu werfen versucht habe. Ich habe dort ausgeführt, daß die konstitutionelle sexuelle Anlage des Kindes eine ungleich buntere ist, als man erwarten konnte, daß sie „polymorph pervers" genannt zu werden verdient, und daß aus dieser Anlage durch Verdrängung gewisser Komponenten das sogenannte normale Verhalten der Sexualfunktion hervorgeht. Ich konnte durch den Hinweis auf die infantilen Charaktere der Sexualität eine einfache Verknüpfung zwischen Gesundheit, Perversion und Neurose herstellen. Die Norm ergab sich aus der

Verdrängung gewisser Partialtriebe und Komponenten der infantilen Anlagen und der Unterordnung der übrigen unter das Primat der Genitalzonen im Dienste der Fortpflanzungsfunktion; die Perversionen entsprachen Störungen dieser Zusammenfassung durch die übermächtige zwangsartige Entwicklung einzelner dieser Partialtriebe, und die Neurose führte sich auf eine zu weitgehende Verdrängung der libidinösen Strebungen zurück. Da fast alle perversen Triebe der infantilen Anlage als symptombildende Kräfte bei der Neurose nachweisbar sind, sich aber bei ihr im Zustande der Verdrängung befinden, konnte ich die Neurose als das „Negativ" der Perversion bezeichnen.

Ich halte es der Hervorhebung wert, daß meine Anschauungen über die Ätiologie der Psychoneurosen bei allen Wandlungen doch zwei Gesichtspunkte nie verleugnet oder verlassen haben, die Schätzung der **Sexualität** und des **Infantilismus**. Sonst sind an die Stelle akzidenteller Einflüsse konstitutionelle Momente, für die rein psychologisch gemeinte „Abwehr" ist die organische „Sexualverdrängung" eingetreten. Sollte nun jemand fragen, wo ein zwingender Beweis für die behauptete ätiologische Bedeutung sexueller Faktoren bei den Psychoneurosen zu finden sei, da man doch diese Erkrankungen auf die banalsten Gemütsbewegungen und selbst auf somatische Anlässe hin ausbrechen sieht, auf eine spezifische Ätiologie in Gestalt besonderer Kindererlebnisse verzichten muß, so nenne ich die psychoanalytische Erforschung der Neurotiker als die Quelle, aus welcher die bestrittene Überzeugung zufließt. Man erfährt, wenn man sich dieser unersetzlichen Untersuchungsmethode bedient, **daß die Symptome die Sexualbetätigung der Kranken darstellen**, die ganze oder eine partielle, aus den Quellen normaler oder perverser Partialtriebe der Sexualität. Nicht nur, daß ein guter Teil der hysterischen Symptomatologie direkt aus den Äußerungen der sexuellen Erregtheit herstammt, nicht nur, daß eine Reihe von erogenen Zonen in der Neurose in Verstärkung infantiler Eigenschaften sich zur Bedeutung von Genitalien erhebt; die kompliziertesten Symptome selbst enthüllen sich als die konvertierten Darstellungen von Phantasien, welche eine sexuelle Situation zum Inhalte haben. Wer die Sprache der Hysterie zu deuten versteht, kann vernehmen, daß die Neurose nur von der verdrängten Sexualität der Kranken handelt. Man wolle nur die Sexualfunktion in ihrem richtigen, durch die infantile Anlage umschriebenen Umfange verstehen. Wo eine banale Emotion zur Verursachung der Erkrankung gerechnet werden muß, weist die Analyse regelmäßig nach, daß die nicht fehlende sexuelle Komponente des traumatischen Erlebnisses die pathogene Wirkung ausgeübt hat.

Wir sind unversehens von der Frage nach der Verursachung der Psychoneurosen zum Problem ihres Wesens vorgedrungen. Will man dem Rechnung tragen, was man durch die Psychoanalyse erfahren hat, so kann man nur sagen, das Wesen dieser Erkrankungen liege in Störungen der Sexualvorgänge, jener Vorgänge im Organismus, welche die Bildung und Verwendung der geschlechtlichen Libido bestimmen. Es ist kaum zu vermeiden, daß man sich diese Vorgänge in letzter Linie als chemische vorstelle, so daß man in den sogenannten aktuellen Neurosen die somatischen, in den Psychoneurosen außerdem noch die psychischen Wirkungen der Störungen im Sexualstoffwechsel erkennen dürfte. Die Ähnlichkeit der Neurosen mit den Intoxikations- und Abstinenzerscheinungen nach gewissen Alkaloiden, mit dem Morbus Basedowi und Morbus Addisoni drängt sich ohne weiteres klinisch auf, und so wie man diese beiden letzteren Erkrankungen nicht mehr als „Nervenkrankheiten" beschreiben darf, so werden wohl auch bald die echten „Neurosen" ihrer Namengebung zum Trotze aus dieser Klasse entfernt werden müssen.

Zur Ätiologie der Neurosen gehört dann alles, was schädigend auf die der Sexualfunktion dienenden Vorgänge einwirken kann.

In erster Linie also die Noxen, welche die Sexualfunktion selbst betreffen, insoferne diese von der mit Kultur und Erziehung veränderlichen Sexualkonstitution als Schädlichkeiten angenommen werden. In zweiter Linie stehen alle andersartigen Noxen und Traumen, welche sekundär durch Allgemeinschädigung des Organismus die Sexualvorgänge in demselben zu schädigen vermögen. Man vergesse aber nicht, daß das ätiologische Problem bei den Neurosen mindestens ebenso kompliziert ist wie sonst bei der Krankheitsverursachung. Eine einzige pathogene Einwirkung ist fast niemals hinreichend; zu allermeist wird eine Mehrheit von ätiologischen Momenten erfordert, die einander unterstützen, die man also nicht in Gegensatz zu einander bringen darf. Dafür ist auch der Zustand des neurotischen Krankseins von dem der Gesundheit nicht scharf geschieden. Die Erkrankung ist das Ergebnis einer Summation, und das Maß der ätiologischen Bedingungen kann von irgendeiner Seite her voll gemacht werden. Die Ätiologie der Neurosen ausschließlich in der Heredität oder in der Konstitution zu suchen, wäre keine geringere Einseitigkeit, als wenn man einzig die akzidentellen Beeinflussungen der Sexualität im Leben zur Ätiologie erheben wollte, wenn sich doch die Aufklärung ergibt, daß das Wesen dieser Erkrankungen nur in einer Störung der Sexualvorgänge im Organismus gelegen ist.

BRUCHSTÜCK EINER
HYSTERIE-ANALYSE

VORWORT

Wenn ich nach längerer Pause daran gehe, meine in den Jahren 1895 und 1896 aufgestellten Behauptungen über die Pathogenese hysterischer Symptome und die psychischen Vorgänge bei der Hysterie durch ausführliche Mitteilung einer Kranken- und Behandlungsgeschichte zu erhärten, so kann ich mir dieses Vorwort nicht ersparen, welches mein Tun einerseits nach verschiedenen Richtungen rechtfertigen, anderseits die Erwartungen, die es empfangen werden, auf ein billiges Maß zurückführen soll.

Es war sicherlich mißlich, daß ich Forschungsergebnisse, und zwar solche von überraschender und wenig einschmeichelnder Art, veröffentlichen mußte, denen die Nachprüfung von seiten der Fachgenossen notwendigerweise versagt blieb. Es ist aber kaum weniger mißlich, wenn ich jetzt beginne, etwas von dem Material dem allgemeinen Urteil zugänglich zu machen, aus dem ich jene Ergebnisse gewonnen hatte. Ich werde dem Vorwurfe nicht entgehen. Hatte er damals gelautet, daß ich nichts von meinen Kranken mitgeteilt, so wird er nun lauten, daß ich von meinen Kranken mitgeteilt, was man nicht mitteilen soll. Ich hoffe, es werden die nämlichen Personen sein, welche in solcher Art den Vorwand für ihren Vorwurf wechseln werden, und gebe es von vornherein auf, diesen Kritikern jemals ihren Vorwurf zu entreißen.

Die Veröffentlichung meiner Krankengeschichten bleibt für mich eine schwer zu lösende Aufgabe, auch wenn ich mich um jene einsichtslosen Übelwollenden weiter nicht bekümmere. Die Schwierigkeiten sind zum Teil technischer Natur, zum andern Teil gehen sie aus dem Wesen der Verhältnisse selbst hervor. Wenn es richtig ist, daß die Verursachung der hysterischen Erkrankungen in den Intimitäten des psycho-sexuellen Lebens der Kranken gefunden wird, und daß die hysterischen Symptome der Ausdruck ihrer geheimsten verdrängten Wünsche sind, so kann die Klarlegung eines Falles von Hysterie nicht anders, als diese Intimitäten aufdecken und diese Geheimnisse verraten. Es ist gewiß, daß die Kranken nie gesprochen hätten, wenn ihnen die Möglichkeit einer wissenschaftlichen Verwertung ihrer Geständnisse in den Sinn gekommen wäre, und ebenso gewiß, daß es ganz vergeblich bliebe, wollte man die Erlaubnis zur Veröffentlichung von ihnen selbst erbitten. Zartfühlende, wohl auch zaghafte Personen würden unter diesen Umständen die Pflicht der ärztlichen Diskretion in den Vordergrund stellen und bedauern, der Wissenschaft hierin keine Aufklärungsdienste leisten zu können. Allein ich meine, der Arzt hat nicht nur Pflichten gegen den einzelnen Kranken, sondern auch gegen die Wissenschaft auf sich genommen. Gegen die Wissenschaft, das heißt im Grunde nichts anderes als gegen die vielen anderen Kranken, die an dem Gleichen leiden oder noch leiden werden. Die öffentliche Mitteilung dessen, was man über die Verursachung und das Gefüge der Hysterie zu wissen glaubt, wird zur Pflicht, die Unterlassung zur schimpflichen Feigheit, wenn man nur die direkte persönliche Schädigung des einen Kranken vermeiden kann.' Ich glaube, ich habe alles getan, um eine solche Schädigung für meine Patientin auszuschließen. Ich habe eine Person ausgesucht, deren Schicksale nicht in Wien, sondern in einer fernab gelegenen Kleinstadt spielten, deren persönliche Verhältnisse in Wien also so gut wie unbekannt sein müssen; ich habe das Geheimnis der Behandlung so sorgfältig von Anfang an gehütet, daß nur ein einziger vollkommen vertrauenswürdiger Kollege darum wissen kann, das Mädchen sei

meine Patientin gewesen; ich habe nach Abschluß der Behandlung
noch vier Jahre lang mit der Publikation gewartet, bis ich von
einer Änderung in dem Leben der Patientin hörte, die mich annehmen ließ, ihr eigenes Interesse an den hier erzählten Begebenheiten und seelischen Vorgängen könnte nun verblaßt sein. Es ist
selbstverständlich, daß kein Name stehen geblieben ist, der einen
Leser aus Laienkreisen auf die Spur führen könnte; die Publikation in einem streng wissenschaftlichen Fachjournal sollte übrigens
ein Schutz gegen solche unbefugte Leser sein. Ich kann es natürlich nicht verhindern, daß die Patientin selbst eine peinliche
Empfindung verspüre, wenn ihr die eigene Krankengeschichte
durch einen Zufall in die Hände gespielt wird. Sie erfährt aber
nichts aus ihr, was sie nicht schon weiß, und mag sich die Frage
vorlegen, wer anders daraus erfahren kann, daß es sich um ihre
Person handelt.

Ich weiß, daß es — in dieser Stadt wenigstens — viele Ärzte
gibt, die — ekelhaft genug — eine solche Krankengeschichte
nicht als einen Beitrag zur Psychopathologie der Neurose, sondern
als einen zu ihrer Belustigung bestimmten Schlüsselroman lesen
wollen. Dieser Gattung von Lesern gebe ich die Versicherung,
daß alle meine etwa später mitzuteilenden Krankengeschichten
durch ähnliche Garantien des Geheimnisses vor ihrem Scharfsinn
behütet sein werden, obwohl meine Verfügung über mein Material
durch diesen Vorsatz eine ganz außerordentliche Einschränkung
erfahren muß.

In dieser einen Krankengeschichte, die ich bisher den Einschränkungen der ärztlichen Diskretion und der Ungunst der
Verhältnisse abringen konnte, werden nun sexuelle Beziehungen
mit aller Freimütigkeit erörtert, die Organe und Funktionen des
Geschlechtslebens bei ihren richtigen Namen genannt, und der
keusche Leser kann sich aus meiner Darstellung die Überzeugung
holen, daß ich mich nicht gescheut habe, mit einer jugendlichen
weiblichen Person über solche Themata in solcher Sprache zu

verhandeln. Ich soll mich nun wohl auch gegen diesen Vorwurf verteidigen? Ich nehme einfach die Rechte des Gynäkologen — oder vielmehr sehr viel bescheidenere als diese — für mich in Anspruch und erkläre es als ein Anzeichen einer perversen und fremdartigen Lüsternheit, wenn jemand vermuten sollte, solche Gespräche seien ein gutes Mittel zur Aufreizung oder zur Befriedigung sexueller Gelüste. Im übrigen verspüre ich die Neigung, meinem Urteil hierüber in einigen entlehnten Worten Ausdruck zu geben.

„Es ist jämmerlich, solchen Verwahrungen und Beteuerungen einen Platz in einem wissenschaftlichen Werke einräumen zu müssen, aber man mache mir darob keine Vorwürfe, sondern klage den Zeitgeist an, durch den wir glücklich dahin gekommen sind, daß kein ernstes Buch mehr seines Lebens sicher ist."[1]

Ich werde nun mitteilen, auf welche Weise ich für diese Krankengeschichte die technischen Schwierigkeiten der Berichterstattung überwunden habe. Diese Schwierigkeiten sind sehr erhebliche für den Arzt, der sechs oder acht solcher psycho-therapeutischer Behandlungen täglich durchzuführen hat und während der Sitzung mit dem Kranken selbst Notizen nicht machen darf, weil er das Mißtrauen des Kranken erwecken und sich in der Erfassung des aufzunehmenden Materials stören würde. Es ist auch ein für mich noch ungelöstes Problem, wie ich eine Behandlungsgeschichte von langer Dauer für die Mitteilung fixieren könnte. In dem hier vorliegenden Falle kamen mir zwei Umstände zu Hilfe: erstens, daß die Dauer der Behandlung sich nicht über drei Monate erstreckte, zweitens, daß die Aufklärungen sich um zwei — in der Mitte und am Schlusse der Kur erzählte — Träume gruppierten, deren Wortlaut unmittelbar nach der Sitzung festgelegt wurde, und die einen sicheren Anhalt für das anschließende Gespinst von Deutungen und Erinnerungen abgeben konnten. Die Krankengeschichte

---

[1] Richard Schmidt, Beiträge zur indischen Erotik. 1902. (Im Vorwort.)

selbst habe ich erst nach Abschluß der Kur aus meinem Gedächtnisse niedergeschrieben, so lange meine Erinnerung noch frisch und durch das Interesse an der Publikation gehoben war. Die Niederschrift ist demnach nicht absolut — phonographisch — getreu, aber sie darf auf einen hohen Grad von Verläßlichkeit Anspruch machen. Es ist nichts anderes, was wesentlich wäre, in ihr verändert, als etwa an manchen Stellen die Reihenfolge der Aufklärungen, was ich dem Zusammenhange zuliebe tat.

Ich gehe daran, hervorzuheben, was man in diesem Berichte finden und was man in ihm vermissen wird. Die Arbeit führte ursprünglich den Namen „Traum und Hysterie", weil sie mir ganz besonders geeignet schien, zu zeigen, wie sich die Traumdeutung in die Behandlungsgeschichte einflicht und wie mit deren Hilfe die Ausfüllung der Amnesien und die Aufklärung der Symptome gewonnen werden kann. Ich habe nicht ohne gute Gründe im Jahre 1900 eine mühselige und tief eindringende Studie über den Traum meinen beabsichtigten Publikationen zur Psychologie der Neurosen vorausgeschickt[1], allerdings auch aus deren Aufnahme ersehen können, ein wie unzureichendes Verständnis derzeit noch die Fachgenossen solchen Bemühungen entgegenbringen. In diesem Falle war auch der Einwand nicht stichhaltig, daß meine Aufstellungen wegen Zurückhaltung des Materials eine auf Nachprüfung gegründete Überzeugung nicht gewinnen lassen, denn seine eigenen Träume kann jedermann zur analytischen Untersuchung heranziehen, und die Technik der Traumdeutung ist nach den von mir gegebenen Anweisungen und Beispielen leicht zu erlernen. Ich muß heute wie damals behaupten, daß die Vertiefung in die Probleme des Traumes eine unerläßliche Vorbedingung für das Verständnis der psychischen Vorgänge bei der Hysterie und den anderen Psychoneurosen

---

1) Die Traumdeutung. Wien, 1900. Ges. Werke, Bd. II/III.

ist, und daß niemand Aussicht hat, auf diesem Gebiete auch nur einige Schritte weit vorzudringen, der sich jene vorbereitende Arbeit ersparen will. Da also diese Krankengeschichte die Kenntnis der Traumdeutung voraussetzt, wird ihre Lektüre für jedermann höchst unbefriedigend ausfallen, bei dem solche Voraussetzung nicht zutrifft. Er wird nur Befremden anstatt der gesuchten Aufklärung in ihr finden und gewiß geneigt sein, die Ursache dieses Befremdens auf den für phantastisch erklärten Autor zu projizieren. In Wirklichkeit haftet solches Befremden an den Erscheinungen der Neurose selbst; es wird dort nur durch unsere ärztliche Gewöhnung verdeckt und kommt beim Erklärungsversuch wieder zum Vorschein. Gänzlich zu bannen wäre es ja nur, wenn es gelänge, die Neurose restlos von Momenten, die uns bereits bekannt geworden sind, abzuleiten. Aber alle Wahrscheinlichkeit spricht dafür, daß wir im Gegenteil aus dem Studium der Neurose den Antrieb empfangen werden, sehr vieles Neue anzunehmen, was dann allmählich Gegenstand sicherer Erkenntnis werden kann. Das Neue hat aber immer Befremden und Widerstand erregt.

Irrtümlich wäre es, wenn jemand glauben würde, daß Träume und deren Deutung in allen Psychoanalysen eine so hervorragende Stellung einnehmen wie in diesem Beispiel.

Erscheint die vorliegende Krankengeschichte betreffs der Verwertung der Träume bevorzugt, so ist sie dafür in anderen Punkten armseliger ausgefallen, als ich es gewünscht hätte. Ihre Mängel hängen aber gerade mit jenen Verhältnissen zusammen, denen die Möglichkeit, sie zu publizieren, zu verdanken ist. Ich sagte schon, daß ich das Material einer Behandlungsgeschichte, die sich etwa über ein Jahr erstreckt, nicht zu bewältigen wüßte. Diese bloß dreimonatige Geschichte ließ sich übersehen und erinnern; ihre Ergebnisse sind aber in mehr als einer Hinsicht unvollständig geblieben. Die Behandlung wurde nicht bis zum vorgesetzten Ziele fortgeführt, sondern durch den

Willen der Patientin unterbrochen, als ein gewisser Punkt erreicht war. Zu dieser Zeit waren einige Rätsel des Krankheitsfalles noch gar nicht in Angriff genommen, andere erst unvollkommen aufgehellt, während die Fortsetzung der Arbeit gewiß an allen Punkten bis zur letzten möglichen Aufklärung vorgedrungen wäre. Ich kann also hier nur ein Fragment einer Analyse bieten.

Vielleicht wird ein Leser, der mit der in den „Studien über Hysterie" dargelegten Technik der Analyse vertraut ist, sich darüber verwundern, daß sich in drei Monaten nicht die Möglichkeit fand, wenigstens die in Angriff genommenen Symptome zu ihrer letzten Lösung zu bringen. Dies wird aber verständlich, wenn ich mitteile, daß seit den „Studien" die psychoanalytische Technik eine gründliche Umwälzung erfahren hat. Damals ging die Arbeit von den Symptomen aus und setzte sich die Auflösung derselben der Reihe nach zum Ziel. Ich habe diese Technik seither aufgegeben, weil ich sie der feineren Struktur der Neurose völlig unangemessen fand. Ich lasse nun den Kranken selbst das Thema der täglichen Arbeit bestimmen und gehe also von der jeweiligen Oberfläche aus, welche das Unbewußte in ihm seiner Aufmerksamkeit entgegenbringt. Dann erhalte ich aber, was zu einer Symptomlösung zusammengehört, zerstückelt, in verschiedene Zusammenhänge verflochten und auf weit auseinanderliegende Zeiten verteilt. Trotz dieses scheinbaren Nachteils ist die neue Technik der alten weit überlegen, ohne Widerspruch die einzig mögliche.

Angesichts der Unvollständigkeit meiner analytischen Ergebnisse blieb mir nichts übrig, als dem Beispiel jener Forscher zu folgen, welche so glücklich sind, die unschätzbaren wenn auch verstümmelten Reste des Altertums aus langer Begrabenheit an den Tag zu bringen. Ich habe das Unvollständige nach den besten mir von anderen Analysen her bekannten Mustern ergänzt, aber ebensowenig wie ein gewissenhafter Archäologe in jedem Falle anzugeben versäumt, wo meine Konstruktion an das Authentische ansetzt.

Eine andere Art von Unvollständigkeit habe ich selbst mit Absicht herbeigeführt. Ich habe nämlich die Deutungsarbeit, die an den Einfällen und Mitteilungen der Kranken zu vollziehen war, im allgemeinen nicht dargestellt, sondern bloß die Ergebnisse derselben. Die Technik der analytischen Arbeit ist also, abgesehen von den Träumen, nur an einigen wenigen Stellen enthüllt worden. Es lag mir in dieser Krankengeschichte daran, die Determinierung der Symptome und den intimen Aufbau der neurotischen Erkrankung aufzuzeigen; es hätte nur unauflösbare Verwirrung erzeugt, wenn ich gleichzeitig versucht hätte, auch die andere Aufgabe zu erfüllen. Zur Begründung der technischen, zumeist empirisch gefundenen Regeln müßte man wohl das Material aus vielen Behandlungsgeschichten zusammentragen. Indes möge man sich die Verkürzung durch die Zurückhaltung der Technik für diesen Fall nicht besonders groß vorstellen. Gerade das schwierigste Stück der technischen Arbeit ist bei der Kranken nicht in Frage gekommen, da das Moment der „Übertragung", von dem zu Ende der Krankengeschichte die Rede ist, während der kurzen Behandlung nicht zur Sprache kam.

An einer dritten Art von Unvollständigkeit dieses Berichtes tragen weder die Kranke noch der Autor die Schuld. Es ist vielmehr selbstverständlich, daß eine einzige Krankengeschichte, selbst wenn sie vollständig und keiner Anzweiflung ausgesetzt wäre, nicht Antwort auf alle Fragen geben kann, die sich aus dem Hysterieproblem erheben. Sie kann nicht alle Typen der Erkrankung, nicht alle Gestaltungen der inneren Struktur der Neurose, nicht alle bei der Hysterie möglichen Arten des Zusammenhanges zwischen Psychischem und Somatischem kennen lehren. Man darf billigerweise von dem einen Fall nicht mehr fordern, als er zu gewähren vermag. Auch wird, wer bisher nicht an die allgemeine und ausnahmslose Gültigkeit der psychosexuellen

Ätiologie für die Hysterie glauben wollte, diese Überzeugung durch die Kenntnisnahme einer Krankengeschichte kaum gewinnen, sondern am besten sein Urteil aufschieben, bis er sich durch eigene Arbeit ein Recht auf eine Überzeugung erworben hat[1].

---

[1] [*Zusatz 1923:*] Die hier mitgeteilte Behandlung wurde am 31. Dezember 1899 unterbrochen, der Bericht über sie in den nächstfolgenden zwei Wochen niedergeschrieben, aber erst 1905 publiziert. Es ist nicht zu erwarten, daß mehr als zwei Dezennien fortgesetzter Arbeit nichts an der Auffassung und Darstellung eines solchen Krankheitsfalles geändert haben sollten, aber es wäre offenbar unsinnig, diese Krankengeschichte durch Korrekturen und Erweiterungen „*up to date*" zu bringen, sie dem heutigen Stande unseres Wissens anzupassen. Ich habe sie also im Wesentlichen unberührt gelassen und in ihrem Text nur Flüchtigkeiten und Ungenauigkeiten verbessert, auf die meine ausgezeichneten englischen Übersetzer, Mr. und Mrs. James Strachey, meine Aufmerksamkeit gelenkt hatten. Was mir an kritischen Zusätzen zulässig schien, habe ich in diesen Zusätzen zur Krankengeschichte untergebracht, so daß der Leser zur Annahme berechtigt ist, ich hielte noch heute an den im Text vertretenen Meinungen fest, wenn er in den Zusätzen keinen Widerspruch dagegen findet. Das Problem der ärztlichen Diskretion, das mich in dieser Vorrede beschäftigt, fällt für die anderen Krankengeschichten dieses Bandes* außer Betracht, denn drei derselben sind mit ausdrücklicher Zustimmung der Behandelten, beim kleinen Hans mit der des Vaters, veröffentlicht worden und in einem Falle (Schreber) ist das Objekt der Analyse nicht eigentlich eine Person, sondern ein von ihr ausgehendes Buch. Im Falle Dora ist das Geheimnis bis zu diesem Jahr gehütet worden. Ich habe kürzlich gehört, daß die mir längst entschwundene, jetzt neuerlich über andere Anlässe erkrankte Frau ihrem Arzt eröffnet hat, sie sei als Mädchen Objekt meiner Analyse gewesen und diese Mitteilung machte es dem kundigen Kollegen leicht, in ihr die Dora aus dem Jahre 1899 zu erkennen. Daß die drei Monate der damaligen Behandlung nicht mehr leisteten als die Erledigung des damaligen Konflikts, daß sie nicht auch einen Schutz gegen spätere Erkrankungen hinterlassen konnten, wird kein billig Denkender der analytischen Therapie zum Vorwurf machen.

* Anm. d. Herausg.: Die hier erwähnten Krankengeschichten finden sich in dieser Ausgabe in den Bänden VII, VIII, XII.

I
DER KRANKHEITSZUSTAND

Nachdem ich in meiner 1900 veröffentlichten „Traumdeutung" nachgewiesen habe, daß Träume im allgemeinen deutbar sind, und daß sie nach vollendeter Deutungsarbeit sich durch tadellos gebildete, an bekannter Stelle in den seelischen Zusammenhang einfügbare Gedanken ersetzen lassen, möchte ich auf den nachfolgenden Seiten ein Beispiel von jener einzigen praktischen Verwendung geben, welche die Kunst des Traumdeutens zuzulassen scheint. Ich habe schon in meinem Buche[1] erwähnt, auf welche Weise ich an die Traumprobleme geraten bin. Ich fand sie auf meinem Wege, während ich Psychoneurosen durch ein besonderes Verfahren der Psychotherapie zu heilen bemüht war, indem mir die Kranken unter anderen Vorfällen aus ihrem Seelenleben auch Träume berichteten, welche nach Einreihung in den lange ausgesponnenen Zusammenhang zwischen Leidenssymptom und pathogener Idee zu verlangen schienen. Ich erlernte damals, wie man aus der Sprache des Traumes in die ohne weitere Nachhilfe verständliche Ausdrucksweise unserer Denksprache übersetzen muß. Diese Kenntnis, darf ich behaupten, ist für den Psychoanalytiker unentbehrlich, denn der Traum stellt einen der Wege dar, wie dasjenige psychische Material zum Bewußtsein gelangen kann, welches kraft des Widerstrebens, das sein Inhalt rege macht, vom

---

[1] Die Traumdeutung. 1900, p. 68. — 8. Aufl., 1930, S. 70.

Bewußtsein abgesperrt, verdrängt und somit pathogen geworden ist. Der Traum ist, kürzer gesagt, einer der Umwege zur Umgehung der Verdrängung, eines der Hauptmittel der sogenannten indirekten Darstellungsweise im Psychischen. Wie die Traumdeutung in die Arbeit der Analyse eingreift, soll nun das vorliegende Bruchstück aus der Behandlungsgeschichte eines hysterischen Mädchens dartun. Es soll mir gleichzeitig Anlaß bieten, von meinen Ansichten über die psychischen Vorgänge und über die organischen Bedingungen der Hysterie zum ersten Male in nicht mehr mißverständlicher Breite einen Anteil öffentlich zu vertreten. Der Breite wegen brauche ich mich wohl nicht mehr zu entschuldigen, seitdem es zugegeben wird, daß man nur durch liebevollste Vertiefung, aber nicht durch vornehmtuende Geringschätzung den großen Ansprüchen nachkommen kann, welche die Hysterie an den Arzt und Forscher stellt. Freilich:

> „Nicht Kunst und Wissenschaft allein,
> Geduld will bei dem Werke sein!"

Eine lückenlose und abgerundete Krankengeschichte voranschicken, hieße den Leser von vornherein unter ganz andere Bedingungen versetzen, als die des ärztlichen Beobachters waren. Was die Angehörigen des Kranken — in diesem Falle der Vater des 18jährigen Mädchens — berichten, gibt zumeist ein sehr unkenntliches Bild des Krankheitsverlaufs. Ich beginne dann zwar die Behandlung mit der Aufforderung, mir die ganze Lebens- und Krankheitsgeschichte zu erzählen, aber was ich darauf zu hören bekomme, ist zur Orientierung noch immer nicht genügend. Diese erste Erzählung ist einem nicht schiffbaren Strom vergleichbar, dessen Bett bald durch Felsmassen verlegt, bald durch Sandbänke zerteilt und untief gemacht wird. Ich kann mich nur verwundern, wie die glatten und exakten Krankengeschichten Hysterischer bei den Autoren entstanden sind. In Wirklichkeit sind die Kranken unfähig, derartige Berichte über sich zu geben. Sie können zwar über diese oder jene Lebenszeit den Arzt ausreichend und zusammenhängend informieren, dann folgt aber eine andere Periode, in der ihre Auskünfte seicht werden, Lücken und Rätsel lassen, und ein andermal steht man wieder vor ganz dunkeln, durch keine brauchbare Mitteilung erhellten Zeiten. Die Zusammenhänge, auch die scheinbaren, sind meist zerrissen, die Aufeinanderfolge verschiedener Begebenheiten unsicher; während der Erzählung selbst korrigiert die Kranke wiederholt eine Angabe, ein Datum, um dann nach längerem Schwanken etwa wieder auf die erste Aussage zurückzugreifen. Die Unfähigkeit der Kranken zur geordneten Darstellung ihrer Lebensgeschichte, soweit sie mit der Krankheitsgeschichte zusammenfällt, ist nicht nur charakteristisch für die Neurose[1], sie entbehrt auch nicht einer großen theoretischen Bedeutsamkeit. Dieser Mangel hat nämlich folgende Begründungen: Erstens hält die Kranke einen Teil dessen, was ihr wohlbekannt ist und was sie erzählen sollte, bewußt und absichtlich aus den noch nicht überwundenen Motiven der Scheu und Scham (Diskretion, wenn andere Personen in Betracht kommen) zurück; dies wäre der Anteil der bewußten Unaufrichtigkeit. Zweitens bleibt ein Teil ihres anamnestischen Wissens, über welchen die Kranke sonst verfügt, während dieser Erzählung aus, ohne daß die Kranke einen Vorsatz auf diese Zurückhaltung verwendet: Anteil der unbewußten Unaufrichtigkeit. Drittens fehlt es nie an wirklichen Amnesien, Gedächtnislücken, in welche nicht nur alte, sondern selbst ganz rezente Erinnerungen hineingeraten sind, und an Erinnerungstäuschungen, welche sekundär zur Aus-

---

[1] Einst übergab mir ein Kollege seine Schwester zur psychotherapeutischen Behandlung, die, wie er sagte, seit Jahren erfolglos wegen Hysterie (Schmerzen und Gangstörung) behandelt worden sei. Die kurze Information schien mit der Diagnose gut vereinbar; ich' ließ mir in einer ersten Stunde von der Kranken selbst ihre Geschichte erzählen. Als diese Erzählung trotz der merkwürdigen Begebenheiten, auf die sie anspielte, vollkommen klar und ordentlich ausfiel, sagte ich mir, der Fall könne keine Hysterie sein, und stellte unmittelbar darauf eine sorgfältige körperliche Untersuchung an. Das Ergebnis war die Diagnose einer mäßig vorgeschrittenen Tabes, die dann auch durch Hg-Injektionen (Ol. cinereum, von Prof. Lang ausgeführt) eine erhebliche Besserung erfuhr.

füllung dieser Lücken gebildet wurden[1]. Wo die Begebenheiten selbst dem Gedächtnis erhalten geblieben, da wird die den Amnesien zugrunde liegende Absicht ebenso sicher durch Aufhebung eines Zusammenhanges erreicht, und der Zusammenhang wird am sichersten zerrissen, wenn die Zeitfolge der Begebenheiten verändert wird. Letztere erweist sich auch stets als der vulnerabelste, der Verdrängung am ehesten unterliegende Bestandteil des Erinnerungsschatzes. Manche Erinnerungen trifft man sozusagen in einem ersten Stadium der Verdrängung, sie zeigen sich mit Zweifel behaftet. Eine gewisse Zeit später wäre dieser Zweifel durch Vergessen oder Fehlerinnern ersetzt[2].

Ein solcher Zustand der auf die Krankheitsgeschichte bezüglichen Erinnerungen ist das notwendige, theoretisch geforderte Korrelat der Krankheitssymptome. Im Verlaufe der Behandlung trägt dann der Kranke nach, was er zurückgehalten oder was ihm nicht eingefallen ist, obwohl er es immer gewußt hat. Die Erinnerungstäuschungen erweisen sich als unhaltbar, die Lücken der Erinnerung werden ausgefüllt. Gegen Ende der Behandlung erst kann man eine in sich konsequente, verständliche und lückenlose Krankengeschichte überblicken. Wenn das praktische Ziel der Behandlung dahin geht, alle möglichen Symptome aufzuheben und durch bewußte Gedanken zu ersetzen, so kann man als ein anderes, theoretisches Ziel die Aufgabe aufstellen, alle Gedächtnisschäden des Kranken zu heilen. Die beiden Ziele fallen zusammen; wenn das eine erreicht ist, ist auch das andere gewonnen; der nämliche Weg führt zu beiden.

---

1) Amnesien und Erinnerungstäuschungen stehen im komplementären Verhältnis zueinander. Wo sich große Erinnerungslücken ergeben, wird man auf wenig Erinnerungstäuschungen stoßen. Umgekehrt können letztere das Vorhandensein von Amnesien für den ersten Anschein völlig verdecken.

2) Bei zweifelnder Darstellung, lehrt eine durch Erfahrung gewonnene Regel, sehe man von dieser Urteilsäußerung des Erzählers völlig ab. Bei zwischen zwei Gestaltungen schwankender Darstellung halte man eher die erst geäußerte für richtig, die zweite für ein Produkt der Verdrängung.

Aus der Natur der Dinge, welche das Material der Psychoanalyse bilden, folgt, daß wir in unseren Krankengeschichten den rein menschlichen und sozialen Verhältnissen der Kranken ebensoviel Aufmerksamkeit schuldig sind wie den somatischen Daten und den Krankheitssymptomen. Vor allem anderen wird sich unser Interesse den Familienverhältnissen der Kranken zuwenden, und zwar, wie sich ergeben wird, auch anderer Beziehungen wegen als nur mit Rücksicht auf die zu erforschende Heredität.

Der Familienkreis der 18jährigen Patientin umfaßte außer ihrer Person das Elternpaar und einen um $1^1/_2$ Jahre älteren Bruder. Die dominierende Person war der Vater, sowohl durch seine Intelligenz und Charaktereigenschaften wie durch seine Lebensumstände, welche das Gerüst für die Kindheits- und Krankengeschichte der Patientin abgeben. Er war zur Zeit, als ich das Mädchen in Behandlung nahm, ein Mann in der zweiten Hälfte der Vierzigerjahre, von nicht ganz gewöhnlicher Rührigkeit und Begabung, - Großindustrieller in sehr behäbiger materieller Situation. Die Tochter hing an ihm mit besonderer Zärtlichkeit und ihre frühzeitig erwachte Kritik nahm umso stärkeren Anstoß an manchen seiner Handlungen und Eigentümlichkeiten.

Diese Zärtlichkeit war überdies durch die vielen und schweren Erkrankungen gesteigert worden, denen der Vater seit ihrem sechsten Lebensjahr unterlegen war. Damals wurde seine Erkrankung an Tuberkulose der Anlaß zur Übersiedlung der Familie in eine kleine, klimatisch begünstigte Stadt unserer südlichen Provinzen; das Lungenleiden besserte sich daselbst rasch, doch blieb der für nötig gehaltenen Schonung zuliebe dieser Ort, den ich mit B. bezeichnen werde, für die nächsten zehn Jahre ungefähr der vorwiegende Aufenthalt sowohl der Eltern wie auch der Kinder. Der Vater war, wenn es ihm gut ging, zeitweilig abwesend, um seine Fabriken zu besuchen; im Hochsommer wurde ein Höhenkurort aufgesucht.

Als das Mädchen etwa zehn Jahre alt war, machte eine Netzhautablösung beim Vater eine Dunkelkur notwendig. Bleibende Einschränkung des Sehvermögens war die Folge dieses Krankheitszufalles. Die ernsteste Erkrankung ereignete sich etwa zwei Jahre später; sie bestand in einem Anfalle von Verworrenheit, an den sich Lähmungserscheinungen und leichte psychische Störungen anschlossen. Ein Freund des Kranken, dessen Rolle uns noch später beschäftigen wird, bewog damals den nur wenig Gebesserten, mit seinem Arzte nach Wien zu reisen, um meinen Rat einzuholen. Ich schwankte eine Weile, ob ich nicht bei ihm eine Taboparalyse annehmen sollte, entschloß mich aber dann zur Diagnose diffuser vaskulärer Affektion und ließ, nachdem eine spezifische Infektion vor der Ehe vom Kranken zugestanden war, eine energische antiluetische Kur vornehmen, infolge deren sich alle noch vorhandenen Störungen zurückbildeten. Diesem glücklichen Eingreifen verdankte ich wohl, daß mir der Vater vier Jahre später seine deutlich neurotisch gewordene Tochter vorstellte und nach weiteren zwei Jahren zur psychotherapeutischen Behandlung übergab.

Ich hatte unterdes auch eine wenig ältere Schwester des Patienten in Wien kennen gelernt, bei der man eine schwere Form von Psychoneurose ohne charakteristisch-hysterische Symptome anerkennen mußte. Diese Frau starb nach einem von einer unglücklichen Ehe erfüllten Leben unter den eigentlich nicht voll aufgeklärten Erscheinungen eines rapid fortschreitenden Marasmus.

Ein älterer Bruder des Patienten, den ich gelegentlich zu Gesichte bekam, war ein hypochondrischer Junggeselle.

Das Mädchen, das im Alter von 18 Jahren meine Patientin wurde, hatte von jeher mit seinen Sympathien auf Seite der väterlichen Familie gestanden und, seitdem sie erkrankt war, ihr Vorbild in der erwähnten Tante gesehen. Es war auch mir nicht zweifelhaft, daß sie sowohl mit ihrer Begabung und intellektuellen Frühreife als auch mit ihrer Krankheitsveranlagung dieser Familie angehörte. Die Mutter habe ich nicht kennen gelernt. Nach den Mitteilungen des Vaters und des Mädchens mußte ich mir die Vorstellung machen, sie sei eine wenig gebildete, vor allem aber unkluge Frau, die besonders seit der Erkrankung und der ihr folgenden Entfremdung ihres Mannes alle ihre Interessen auf die Hauswirtschaft konzentriere und so das Bild dessen biete, was man die „Hausfrauenpsychose" nennen kann. Ohne Verständnis für die regeren Interessen ihrer Kinder, war sie den ganzen Tag mit Reinmachen und Reinhalten der Wohnung, Möbel und Gerätschaften in einem Maße beschäftigt, welches Gebrauch und Genuß derselben fast unmöglich machte. Man kann nicht umhin, diesen Zustand, von dem sich Andeutungen häufig genug bei normalen Hausfrauen finden, den Formen von Wasch- und anderem Reinlichkeitszwang an die Seite zu stellen; doch fehlt es bei solchen Frauen, wie auch bei der Mutter unserer Patientin, völlig an der Krankheitserkenntnis und somit an einem wesentlichen Merkmal der „Zwangsneurose". Das Verhältnis zwischen Mutter und Tochter war seit Jahren ein sehr unfreundliches. Die Tochter übersah die Mutter, kritisierte sie hart und hatte sich ihrem Einfluß völlig entzogen[1].

---

[1] Ich stehe zwar nicht auf dem Standpunkte, die einzige Ätiologie der Hysterie sei die Heredität, möchte aber gerade mit Hinblick auf frühere Publikationen (L'hérédité et l'étiologie des névroses. Revue neurologique, 1896. Enthalten in Bd. I dieser Gesamtausgabe), in denen ich den obigen Satz bekämpfe, nicht den Anschein erwecken, als unterschätze ich die Heredität in der Ätiologie der Hysterie oder hielte sie überhaupt für entbehrlich. Für den Fall unserer Patientin ergibt sich eine genügende Krankheitsbelastung aus dem über den Vater und dessen Geschwister Mitgeteilten; ja, wer der Anschauung ist, daß auch Krankheitszustände wie der der Mutter ohne hereditäre Disposition unmöglich sind, wird die Heredität dieses Falles für eine konvergente erklären können. Mir erscheint für die hereditäre oder besser konstitutionelle Disposition des Mädchens ein anderes Moment bedeutsamer. Ich habe erwähnt, daß der Vater vor der Ehe Syphilis überstanden hatte. Nun stammt ein auffällig großer Prozentsatz meiner psychoanalytisch behandelten Kranken von Vätern ab, die an Tabes oder an Paralyse gelitten haben. Infolge der Neuheit meines therapeutischen Verfahrens fallen mir nur die schwersten Fälle zu, die bereits jahrelang ohne jeglichen Erfolg behandelt worden sind. Tabes oder Paralyse des Erzeugers darf man als Anhänger der Erb-Fournierschen Lehre als Hinweise auf eine stattgehabte luetische Infektion aufnehmen, welche in einer Anzahl von Fällen bei diesen Vätern auch von mir direkt festgestellt worden ist. In der

Der einzige, um 1½ Jahre ältere Bruder des Mädchens war ihr in früheren Jahren das Vorbild gewesen, dem ihr Ehrgeiz nachgestrebt hatte. Die Beziehungen der beiden Geschwister hatten sich in den letzten Jahren gelockert. Der junge Mann suchte sich den Familienwirren möglichst zu entziehen; wo er Partei nehmen mußte, stand er auf seiten der Mutter. So hatte die gewöhnliche sexuelle Attraktion Vater und Tochter einerseits, Mutter und Sohn anderseits einander näher gebracht.

Unsere Patientin, der ich fortan ihren Namen Dora geben will, zeigte schon im Alter von acht Jahren nervöse Symptome. Sie erkrankte damals an permanenter, anfallsweise sehr gesteigerter Atemnot, die zuerst nach einer kleinen Bergpartie auftrat und darum auf Überanstrengung bezogen wurde. Der Zustand klang im Laufe eines halben Jahres langsam unter der ihr aufgenötigten Ruhe und Schonung ab. Der Hausarzt der Familie scheint bei der Diagnose einer rein nervösen Störung und beim Ausschluß einer organischen Verursachung der Dyspnoe keinen Moment geschwankt zu haben, aber er hielt offenbar solche Diagnose für vereinbar mit der Ätiologie der Überanstrengung[1].

Die Kleine machte die gewöhnlichen Kinderinfektionskrankheiten ohne bleibende Schädigung durch. Wie sie (in symbolisierender Absicht!) erzählte, machte gewöhnlich der Bruder den Anfang mit der Erkrankung, die er im leichten Grade hatte, worauf sie mit schweren Erscheinungen nachfolgte. Gegen das Alter von 12 Jahren traten migräneartige halbseitige Kopfschmerzen und Anfälle von nervösem Husten bei ihr auf, anfangs jedesmal miteinander, bis sich die beiden Symptome voneinander lösten, um eine verschiedene Entwicklung zu erfahren. Die Migräne wurde

---

letzten Diskussion über die Nachkommenschaft Syphilitischer (XIII. Internat. Medizin. Kongreß zu Paris, 2.—9. August 1900, Referate von Finger, Tarnowsky, Jullien u. a.) vermisse ich die Erwähnung der Tatsache, zu deren Anerkennung mich meine Erfahrung als Neuropathologe drängt, daß Syphilis der Erzeuger als Ätiologie für die neuropathische Konstitution der Kinder sehr wohl in Betracht kommt.

[1] Über den wahrscheinlichen Anlaß dieser ersten Erkrankung siehe weiter unten.

seltener und war mit 16 Jahren überwunden. Die Anfälle von
Tussis nervosa, zu denen ein gemeiner Katarrh wohl den Anstoß
gegeben hatte, hielten die ganze Zeit über an. Als sie mit
18 Jahren in meine Behandlung kam, hustete sie neuerdings in
charakteristischer Weise. Die Anzahl dieser Anfälle war nicht
festzustellen, die Dauer derselben betrug drei bis fünf Wochen,
einmal auch mehrere Monate. In der ersten Hälfte eines solchen
Anfalles war wenigstens in den letzten Jahren komplette Stimmlosigkeit das lästigste Symptom gewesen. Die Diagnose, daß es
sich wieder um Nervosität handle, stand längst fest; die mannigfachen gebräuchlichen Behandlungen, auch Hydrotherapie und
lokale Elektrisierung, blieben ohne Erfolg. Das unter diesen Zuständen zum reifen, im Urteil sehr selbständigen Mädchen heran-
gewachsene Kind gewöhnte sich daran, der Bemühungen der
Ärzte zu spotten und zuletzt auf ärztliche Hilfe zu verzichten.
Sie hatte sich übrigens von jeher gesträubt, den Arzt zu Rate zu
ziehen, obwohl sie gegen die Person ihres Hausarztes keine Abneigung hatte. Jeder Vorschlag, einen neuen Arzt zu konsultieren,
erregte ihren Widerstand, und auch zu mir trieb sie erst das
Machtwort des Vaters.

Ich sah sie zuerst im Frühsommer ihres 16. Jahres mit Husten
und Heiserkeit behaftet und schlug schon damals eine psychische
Kur vor, von der dann Abstand genommen wurde, als auch dieser
länger dauernde Anfall spontan verging. Im Winter des nächsten
Jahres war sie nach dem Tode ihrer geliebten Tante in Wien
im Hause des Onkels und seiner Töchter und erkrankte hier
fieberhaft an einem Zustand, der damals als Blinddarmentzündung
diagnostiziert wurde[1]. In dem darauffolgenden Herbst verließ die
Familie endgültig den Kurort B., da die Gesundheit des Vaters
dies zu gestatten schien, nahm zuerst in dem Orte, wo sich die
Fabrik des Vaters befand, und kaum ein Jahr später in Wien
dauernden Aufenthalt.

---

1) Vgl. über denselben die Analyse des zweiten Traumes.

Dora war unterdes zu einem blühenden Mädchen von intelligenten und gefälligen Gesichtszügen herangewachsen, das ihren Eltern aber schwere Sorge bereitete. Das Hauptzeichen ihres Krankseins war Verstimmung und Charakterveränderung geworden. Sie war offenbar weder mit sich noch mit den Ihrigen zufrieden, begegnete ihrem Vater unfreundlich und vertrug sich gar nicht mehr mit ihrer Mutter, die sie durchaus zur Teilnahme an der Wirtschaft heranziehen wollte. Verkehr suchte sie zu vermeiden; soweit die Müdigkeit und Zerstreutheit, über die sie klagte, es zuließen, beschäftigte sie sich mit dem Anhören von Vorträgen für Damen und trieb ernstere Studien. Eines Tages wurden die Eltern in Schreck versetzt durch einen Brief, den sie auf oder in dem Schreibtisch des Mädchens fanden, in dem sie Abschied von ihnen nahm, weil sie das Leben nicht mehr ertragen könne[1]. Die nicht geringe Einsicht des Vaters ließ ihn zwar annehmen, daß kein ernsthafter Selbstmordvorsatz das Mädchen beherrsche, aber er blieb erschüttert, und als sich eines Tages nach einem geringfügigen Wortwechsel zwischen Vater und Tochter bei letzterer ein erster Anfall von Bewußtlosigkeit[2] einstellte, für den dann auch Amnesie bestand, wurde trotz ihres Sträubens bestimmt, daß sie in meine Behandlung treten solle.

Die Krankengeschichte, die ich bisher skizziert, erscheint wohl im ganzen nicht mitteilenswert. „*Petite hystérie*" mit den allergewöhnlichsten somatischen und psychischen Symptomen: Dyspnoe, Tussis nervosa, Aphonie, etwa noch Migränen, dazu Verstimmung,

---

[1] Diese Kur und somit meine Einsicht in die Verkettungen der Krankengeschichte ist, wie ich bereits mitgeteilt habe, ein Bruchstück geblieben. Ich kann darum über manche Punkte keinen Aufschluß geben oder nur Andeutungen und Vermutungen verwerten. Als dieser Brief in einer Sitzung zur Sprache kam, fragte das Mädchen wie erstaunt: „Wie haben sie den Brief nur gefunden? Er war doch in meinem Schreibtische eingeschlossen." Da sie aber wußte, daß die Eltern diesen Entwurf zu einem Abschiedsbrief gelesen hatten, so schließe ich, daß sie ihnen denselben selbst in die Hände gespielt.

[2] Ich glaube, daß in diesem Anfalle auch Krämpfe und Delirien zu beobachten waren. Da aber die Analyse auch zu diesem Ereignis nicht vorgedrungen ist, verfüge ich über keine gesicherte Erinnerung hierüber.

hysterische Unverträglichkeit und ein wahrscheinlich nicht ernst gemeintes Taedium vitae. Es sind gewiß interessantere Krankengeschichten von Hysterischen veröffentlicht worden und sehr oft sorgfältiger aufgenommene, denn auch von Stigmen der Hautempfindlichkeit, Gesichtsfeldeinschränkung u. dgl. wird man in der Fortsetzung nichts finden. Ich gestatte mir bloß die Bemerkung, daß uns alle Sammlungen von seltsamen und erstaunlichen Phänomenen bei Hysterie in der Erkenntnis dieser noch immer rätselhaften Erkrankung um nicht vieles gefördert haben. Was uns not tut, ist gerade die Aufklärung der allergewöhnlichsten Fälle und der allerhäufigsten, der typischen Symptome bei ihnen. Ich wäre zufrieden, wenn mir die Verhältnisse gestattet hätten, für diesen Fall kleiner Hysterie die Aufklärung vollständig zu geben. Nach meinen Erfahrungen an anderen Kranken zweifle ich nicht daran, daß meine analytischen Mittel dafür ausgereicht hätten.

Im Jahre 1896, kurz nach der Veröffentlichung meiner „Studien über Hysterie" mit Dr. J. Breuer bat ich einen hervorragenden Fachgenossen um sein Urteil über die darin vertretene psychologische Theorie der Hysterie. Er antwortete unumwunden, er halte sie für eine unberechtigte Verallgemeinerung von Schlüssen, die für einige wenige Fälle richtig sein mögen. Seither habe ich reichlich Fälle von Hysterie gesehen, habe mich einige Tage, Wochen oder Jahre mit jedem Falle beschäftigt und in keinem einzigen Falle habe ich jene psychischen Bedingungen vermißt, welche die „Studien" postulieren, das psychische Trauma, den Konflikt der Affekte und, wie ich in späteren Publikationen hinzugefügt habe, die Ergriffenheit der Sexualsphäre. Man darf bei Dingen, welche durch ihr Bestreben, sich zu verbergen, pathogen geworden sind, freilich nicht erwarten, daß die Kranken sie dem Arzt entgegentragen werden, oder darf sich nicht bei dem ersten „Nein", das sich der Forschung entgegensetzt, bescheiden[1].

---

1) Hier ein Beispiel fürs letztere. Einer meiner Wiener Kollegen, dessen Überzeugung von der Belanglosigkeit sexueller Momente für die Hysterie durch solche

Bei meiner Patientin Dora dankte ich es dem schon mehrmals
hervorgehobenen Verständnis des Vaters, daß ich nicht selbst nach
der Lebensanknüpfung, wenigstens für die letzte Gestaltung der
Krankheit, zu suchen brauchte. Der Vater berichtete mir, daß er
wie seine Familie in B. intime Freundschaft mit einem Ehepaar
geschlossen hätten, welches seit mehreren Jahren dort ansässig
war. Frau K. habe ihn während seiner großen Krankheit gepflegt
und sich dadurch einen unvergänglichen Anspruch auf seine
Dankbarkeit erworben. Herr K. sei stets sehr liebenswürdig gegen
seine Tochter Dora gewesen, habe Spaziergänge mit ihr unternommen, wenn er in B. anwesend war, ihr kleine Geschenke
gemacht, doch hätte niemand etwas Arges daran gefunden. Dora
habe die zwei kleinen Kinder des Ehepaares K. in der sorgsamsten
Weise betreut, gleichsam Mutterstelle an ihnen vertreten. Als
Vater und Tochter mich im Sommer vor zwei Jahren aufsuchten,
waren sie eben auf der Reise zu Herrn und Frau K. begriffen,
die Sommeraufenthalt an einem unserer Alpenseen genommen
hatten. Dora sollte mehrere Wochen im Hause K. bleiben, der
Vater wollte nach wenigen Tagen zurückreisen. Herr K. war in
diesen Tagen auch zugegen. Als der Vater aber zur Abreise
rüstete, erklärte das Mädchen plötzlich mit größter Entschiedenheit, sie reise mit, und sie hatte es auch so durchgesetzt. Einige
Tage später gab sie erst die Aufklärung für ihr auffälliges Be-

---

Erfahrungen wahrscheinlich sehr gefestigt worden ist, entschloß sich bei einem
14jährigen Mädchen mit bedrohlichem hysterischen Erbrechen zur peinlichen Frage,
ob sie vielleicht gar eine Liebesbeziehung gehabt hätte. Das Kind antwortete: Nein,
wahrscheinlich mit gut gespieltem Erstaunen, und erzählte in seiner respektlosen
Weise der Mutter: Denk' dir, der dumme Kerl hat mich gar gefragt, ob ich verliebt
bin. Es kam dann in meine Behandlung und enthüllte sich — freilich nicht gleich
bei der ersten Unterredung — als eine langjährige Masturbantin mit starkem Fluor
albus (der viel Bezug auf das Erbrechen hatte), die sich endlich selbst entwöhnt hatte,
in der Abstinenz aber von dem heftigsten Schuldgefühl gepeinigt wurde, so daß sie
alle Unfälle, welche die Familie betrafen, als göttliche Strafe für ihre Versündigung
ansah. Außerdem stand sie unter dem Einflusse des Romans ihrer Tante, deren un-
eheliche Gravidität (mit zweiter Determination für das Erbrechen) ihr angeblich
glücklich verheimlicht worden war. Sie galt als ein „ganzes Kind", erwies sich aber
als eingeweiht in alles Wesentliche der sexuellen Beziehungen.

nehmen, indem sie der Mutter zur Weiterbeförderung an den Vater erzählte, Herr K. habe auf einem Spaziergang nach einer Seefahrt gewagt, ihr einen Liebesantrag zu machen. Der Beschuldigte, beim nächsten Zusammentreffen von Vater und Onkel zur Rede gestellt, leugnete aufs Nachdrücklichste jeden Schritt seinerseits, der solche Auslegung verdient hätte, und begann das Mädchen zu verdächtigen, das nach der Mitteilung der Frau K. nur für sexuelle Dinge Interesse zeige und in ihrem Hause am See selbst Mantegazzas „Physiologie der Liebe" und ähnliche Bücher gelesen habe. Wahrscheinlich habe sie, durch solche Lektüre erhitzt, sich die ganze Szene, von der sie erzählt, „eingebildet".

„Ich bezweifle nicht," sagte der Vater, „daß dieser Vorfall die Schuld an Doras Verstimmung, Gereiztheit und Selbstmordideen trägt. Sie verlangt von mir, daß ich den Verkehr mit Herrn und besonders mit Frau K., die sie früher geradezu verehrt hat, abbreche. Ich kann das aber nicht, denn erstens halte ich selbst die Erzählung Doras von der unsittlichen Zumutung des Mannes für eine Phantasie, die sich ihr aufgedrängt hat, zweitens bin ich an Frau K. durch ehrliche Freundschaft gebunden und mag ihr nicht wehe tun. Die arme Frau ist sehr unglücklich mit ihrem Manne, von dem ich übrigens nicht die beste Meinung habe; sie war selbst sehr nervenleidend und hat an mir den einzigen Anhalt. Bei meinem Gesundheitszustand brauche ich Ihnen wohl nicht zu versichern, daß hinter diesem Verhältnis nichts Unerlaubtes steckt. Wir sind zwei arme Menschen, die einander, so gut es geht, durch freundschaftliche Teilnahme trösten. Daß ich nichts an meiner eigenen Frau habe, ist Ihnen bekannt. Dora aber, die meinen harten Kopf hat, ist von ihrem Haß gegen die K. nicht abzubringen. Ihr letzter Anfall war nach einem Gespräch, in dem sie wiederum dieselbe Forderung an mich stellte. Suchen Sie sie jetzt auf bessere Wege zu bringen."

Nicht ganz im Einklang mit diesen Eröffnungen stand es, daß der Vater in anderen Reden die Hauptschuld an dem unerträglichen Wesen seiner Tochter auf die Mutter zu schieben suchte, deren Eigenheiten allen das Haus verleideten. Ich hatte mir aber längst vorgenommen, mein Urteil über den wirklichen Sachverhalt aufzuschieben, bis ich auch den anderen Teil gehört hätte.

In dem Erlebnis mit Herrn K. — in der Liebeswerbung und der darauffolgenden Ehrenkränkung — wäre also für unsere Patientin Dora das psychische Trauma gegeben, welches seinerzeit Breuer und ich als unerläßliche Vorbedingung für die Entstehung eines hysterischen Krankheitszustandes hingestellt haben. Dieser neue Fall zeigt aber auch alle die Schwierigkeiten, die mich seither veranlaßt haben, über diese Theorie hinaus zu gehen[1], vermehrt durch eine neue Schwierigkeit besonderer Art. Das uns bekannte Trauma der Lebensgeschichte ist nämlich, wie so oft in den hysterischen Krankengeschichten, untauglich, um die Eigenart der Symptome zu erklären, sie zu determinieren; wir würden ebensoviel oder ebensowenig vom Zusammenhang erfassen, wenn andere Symptome als Tussis nervosa, Aphonie, Verstimmung und Taedium vitae der Erfolg des Traumas gewesen wären. Nun kommt aber hinzu, daß ein Teil dieser Symptome — der Husten und die Stimmlosigkeit — schon Jahre vor dem Trauma von der Kranken produziert worden sind, und daß die ersten Erscheinungen überhaupt der Kindheit angehören, da sie in das achte Lebensjahr fallen. Wir müssen also, wenn wir die traumatische Theorie nicht aufgeben wollen, bis auf die Kindheit zurückgreifen, um dort nach Einflüssen oder Eindrücken zu suchen, welche analog einem

---

[1] Ich bin über diese Theorie hinausgegangen, ohne sie aufzugeben, d. h. ich erkläre sie heute nicht für unrichtig, sondern für unvollständig. Aufgegeben habe ich bloß die Betonung des sogenannten hypnoiden Zustandes, der aus Anlaß des Traumas bei dem Kranken auftreten und die Begründung für das weitere psychologisch abnorme Geschehen auf sich nehmen soll. Wenn es bei gemeinsamer Arbeit gestattet ist, nachträglich eine Eigentumsscheidung vorzunehmen, so möchte ich hier doch aussagen, daß die Aufstellung der „hypnoiden Zustände", in welcher dann manche Referenten den Kern unserer Arbeit erkennen wollten, der ausschließlichen Initiative Breuers entsprungen ist. Ich halte es für überflüssig und irreleitend, die Kontinuität des Problems, worin der psychische Vorgang bei der hysterischen Symptombildung bestehe, durch diese Namengebung zu unterbrechen.

Trauma wirken können, und dann ist es recht bemerkenswert, daß mich auch die Untersuchung von Fällen, deren erste Symptome nicht bereits in der Kindheit einsetzten, zur Verfolgung der Lebensgeschichte bis in die ersten Kinderjahre angeregt hat[1].

Nachdem die ersten Schwierigkeiten der Kur überwunden waren, machte mir Dora Mitteilung von einem früheren Erlebnisse mit Herrn K., welches sogar besser geeignet war, als sexuelles Trauma zu wirken. Sie war damals 14 Jahre alt. Herr K. hatte mit ihr und seiner Frau verabredet, daß die Damen am Nachmittag in seinen Geschäftsladen auf dem Hauptplatz von B. kommen sollten, um von dort aus eine kirchliche Feierlichkeit mitanzusehen. Er bewog aber seine Frau, zu Hause zu bleiben, entließ die Kommis und war allein, als das Mädchen ins Geschäft trat. Als die Zeit der Prozession herannahte, ersuchte er das Mädchen, ihn bei der Türe, die aus dem Laden zur Treppe ins höhere Stockwerk führte, zu erwarten, während er die Rollbalken herunterließ. Er kam dann zurück, und anstatt durch die offene Türe hinauszugehen, preßte er plötzlich das Mädchen an sich und drückte ihm einen Kuß auf die Lippen. Das war wohl die Situation, um bei einem 14jährigen unberührten Mädchen eine deutliche Empfindung sexueller Erregtheit hervorzurufen. Dora empfand aber in diesem Moment einen heftigen Ekel, riß sich los und eilte an dem Manne vorbei zur Treppe und von dort zum Haustor. Der Verkehr mit Herrn K. dauerte nichtsdestoweniger fort; keiner von ihnen tat dieser kleinen Szene je Erwähnung, auch will sie dieselbe bis zur Beichte in der Kur als Geheimnis bewahrt haben. In der nächsten Zeit vermied sie übrigens die Gelegenheit, mit Herrn K. allein zu sein. Das Ehepaar K. hatte damals einen mehrtägigen Ausflug verabredet, an dem auch Dora teilnehmen

---

1) Vgl. meine Abhandlung: Zur Ätiologie der Hysterie. Wiener klinische Rundschau. 1896. Nr. 22—26. (Sammlung kl. Schriften zur Neurosenlehre, I. Folge, 1906. 5. Aufl. 1920. — Enthalten in Bd. I dieser Gesamtausgabe.)

sollte. Nach dem Kuß im Laden sagte sie ihre Beteiligung ab,
ohne Gründe anzugeben.

In dieser, der Reihe nach zweiten, der Zeit nach früheren
Szene ist das Benehmen des 14jährigen Kindes bereits ganz und
voll hysterisch. Jede Person, bei welcher ein Anlaß zur sexuellen
Erregung überwiegend oder ausschließlich Unlustgefühle hervorruft, würde ich unbedenklich für eine Hysterica halten, ob sie
nun somatische Symptome zu erzeugen fähig sei oder nicht. Den
Mechanismus dieser **Affektverkehrung** aufzuklären, bleibt eine
der bedeutsamsten, gleichzeitig eine der schwierigsten Aufgaben
der Neurosenpsychologie. Nach meinem eigenen Urteil bin ich
noch ein gut Stück Weges von diesem Ziel entfernt; im Rahmen
dieser Mitteilung werde ich aber auch von dem, was ich weiß,
nur einen Teil vorbringen können.

Der Fall unserer Patientin Dora ist durch die Hervorhebung
der Affektverkehrung noch nicht genügend charakterisiert; man
muß außerdem sagen, hier hat eine **Verschiebung** der Empfindung stattgefunden. Anstatt der Genitalsensation, die bei einem
gesunden Mädchen unter solchen Umständen[1] gewiß nicht gefehlt
hätte, stellt sich bei ihr die Unlustempfindung ein, welche dem
Schleimhauttrakt des Einganges in den Verdauungskanal zugehört,
der Ekel. Gewiß hat auf diese Lokalisation die Lippenerregung
durch den Kuß Einfluß genommen; ich glaube aber auch noch
die Wirkung eines anderen Moments zu erkennen[2].

Der damals verspürte Ekel ist bei Dora nicht zum bleibenden
Symptom geworden, auch zur Zeit der Behandlung war er nur
gleichsam potentiell vorhanden. Sie aß schlecht und gestand eine
gelinde Abneigung gegen Speisen zu. Dagegen hatte jene Szene

---

[1] Die Würdigung dieser Umstände wird durch eine spätere Aufklärung erleichtert
werden.

[2] Akzidentelle Ursachen hatte der Ekel Doras bei diesem Kusse sicherlich nicht,
diese wären unfehlbar erinnert und erwähnt worden. Ich kenne zufällig Herrn K.;
es ist dieselbe Person, die den Vater der Patientin zu mir begleitet hat, ein noch
jugendlicher Mann von einnehmendem Äußern.

eine andere Folge zurückgelassen, eine Empfindungshalluzination, die von Zeit zu Zeit auch während ihrer Erzählung wieder auftrat. Sie sagte, sie verspüre jetzt noch den Druck auf den Oberkörper von jener Umarmung. Nach gewissen Regeln der Symptombildung, die mir bekannt geworden sind, im Zusammenhalt mit anderen, sonst unerklärlichen Eigentümlichkeiten der Kranken, die z. B. an keinem Manne vorbeigehen wollte, den sie in eifrigem oder zärtlichem Gespräch mit einer Dame stehen sah, habe ich mir von dem Hergang in jener Szene folgende Rekonstruktion geschaffen. Ich denke, sie verspürte in der stürmischen Umarmung nicht bloß den Kuß auf ihren Lippen, sondern auch das Andrängen des erigierten Gliedes gegen ihren Leib. Diese ihr anstößige Wahrnehmung wurde für die Erinnerung beseitigt, verdrängt und durch die harmlose Sensation des Druckes am Thorax ersetzt, die aus der verdrängten Quelle ihre übergroße Intensität bezieht. Eine neuerliche Verschiebung also vom Unterkörper auf den Oberkörper[1]. Der Zwang in ihrem Benehmen ist hingegen so gebildet, als ginge er von der unveränderten Erinnerung aus. Sie mag an keinem Manne, den sie in sexueller Erregung glaubt, vorbeigehen, weil sie das somatische Zeichen derselben nicht wieder sehen will.

Es ist bemerkenswert, wie hier drei Symptome — der Ekel, die Drucksensation am Oberkörper und die Scheu vor Männern in zärtlichem Gespräch — aus einem Erlebnis hervorgehen, und wie erst die Aufeinanderbeziehung dieser drei Zeichen das Verständnis für den Hergang der Symptombildung ermöglicht. Der Ekel entspricht dem Verdrängungssymptom von der erogenen

---

[1] Solche Verschiebungen werden nicht etwa zum Zwecke dieser einen Erklärung angenommen, sondern ergeben sich für eine große Reihe von Symptomen als unabweisbare Forderung. Ich habe seither von einer früher zärtlich verliebten Braut, die sich wegen plötzlicher Erkaltung gegen ihren Verlobten, die unter schwerer Verstimmung eintrat, an mich wendete, denselben Schreckeffekt einer Umarmung (ohne Kuß) vernommen. Hier gelang die Zurückführung des Schrecks auf die wahrgenommene, aber fürs Bewußtsein beseitigte Erektion des Mannes ohne weitere Schwierigkeit.

(durch infantiles Lutschen, wie wir hören werden, verwöhnten) Lippenzone. Das Andrängen des erigierten Gliedes hat wahrscheinlich die analoge Veränderung an dem entsprechenden weiblichen Organ, der Clitoris, zur Folge gehabt und die Erregung dieser zweiten erogenen Zone ist durch Verschiebung auf die gleichzeitige Drucksensation am Thorax fixiert worden. Die Scheu vor Männern in möglicherweise sexuell erregtem Zustande folgt dem Mechanismus einer Phobie, um sich vor einer neuerlichen Wiederbelebung der verdrängten Wahrnehmung zu sichern.

Um die Möglichkeit dieser Ergänzung darzutun, habe ich in der vorsichtigsten Weise bei der Patientin angefragt, ob ihr von körperlichen Zeichen der Erregtheit am Leibe des Mannes etwas bekannt sei. Die Antwort lautete für heute: ja, für damals: sie glaube nicht. Ich habe bei dieser Patientin von Anfang an die größte Sorgfalt aufgewendet, um ihr keinen neuen Wissensstoff aus dem Gebiete des Geschlechtslebens zuzuführen, und dies nicht aus Gründen der Gewissenhaftigkeit, sondern weil ich meine Voraussetzungen an diesem Falle einer harten Probe unterziehen wollte. Ich nannte ein Ding also erst dann beim Namen, wenn ihre allzu deutlichen Anspielungen die Übersetzung ins Direkte als ein sehr geringfügiges Wagstück erscheinen ließen. Ihre prompte und ehrliche Antwort ging auch regelmäßig dahin, das sei ihr bereits bekannt, aber das Rätsel, woher sie es denn wisse, war durch ihre Erinnerungen nicht zu lösen. Die Herkunft all dieser Kenntnisse hatte sie vergessen[1].

Wenn ich mir die Szene des Kusses im Laden so vorstellen darf, so gelange ich zu folgender Ableitung für den Ekel[2]. Die Ekelempfindung scheint ja ursprünglich die Reaktion auf den Geruch (später auch auf den Anblick) der Exkremente zu sein. An die exkrementellen Funktionen können die Genitalien und speziell das männliche Glied aber erinnern, weil hier das Organ

---

[1] Vgl. den zweiten Traum.
[2] Hier wie an allen ähnlichen Stellen mache man sich nicht auf einfache, sondern auf mehrfache Begründung, auf Überdeterminierung gefaßt.

außer der sexuellen auch der Funktion der Harnentleerung dient. Ja, diese Verrichtung ist die älter bekannte und die in der vorsexuellen Zeit einzig bekannte. So gelangt der Ekel unter die Affektäußerungen des Sexuallebens. Es ist das *inter urinas et faeces nascimur* des Kirchenvaters, welches dem Sexualleben anhaftet und aller idealisierenden Bemühung zum Trotze von ihm nicht abzulösen ist. Ich will es aber ausdrücklich als meinen Standpunkt hervorheben, daß ich das Problem durch den Nachweis dieses Assoziationsweges nicht für gelöst halte. Wenn diese Assoziation wachgerufen werden kann, so ist damit noch nicht erklärt, daß sie auch wachgerufen wird. Sie wird es nicht unter normalen Verhältnissen. Die Kenntnis der Wege macht die Kenntnis der Kräfte nicht überflüssig, welche diese Wege wandeln[1].

Im übrigen fand ich es nicht leicht, die Aufmerksamkeit meiner Patientin auf ihren Verkehr mit Herrn K. zu lenken. Sie behauptete, mit dieser Person abgeschlossen zu haben. Die oberste Schicht all ihrer Einfälle in den Sitzungen, alles was ihr leicht bewußt wurde und was sie als bewußt vom Vortag erinnerte, bezog sich immer auf den Vater. Es war ganz richtig, daß sie dem Vater die Fortsetzung des Verkehres mit Herrn und besonders mit Frau K. nicht verzeihen konnte. Ihre Auffassung dieses Verkehrs war allerdings eine andere, als die der Vater selbst gehegt wissen wollte. Für sie bestand kein Zweifel, daß es ein gewöhnliches Liebesverhältnis sei, das ihren Vater an die junge und schöne Frau knüpfe. Nichts was dazu beitragen konnte, diesen Satz zu erhärten, war ihrer hierin unerbittlich scharfen Wahrnehmung entgangen, hier fand sich keine Lücke

---

[1] An all diesen Erörterungen ist viel Typisches und für Hysterie allgemein Gültiges. Das Thema der Erektion löst einige der interessantesten unter den hysterischen Symptomen. Die weibliche Aufmerksamkeit für die durch die Kleider wahrnehmbaren Umrisse der männlichen Genitalien wird nach ihrer Verdrängung zum Motiv so vieler Fälle von Menschenscheu und Gesellschaftsangst. Die breite Verbindung zwischen dem Sexuellen und dem Exkrementellen, deren pathogene Bedeutung wohl nicht groß genug veranschlagt werden kann, dient einer überaus reichlichen Anzahl von hysterischen Phobien zur Grundlage.

in ihrem Gedächtnisse. Die Bekanntschaft mit den K. hatte schon vor der schweren Erkrankung des Vaters begonnen; sie wurde aber erst intim, als sich während dieser Krankheit die junge Frau förmlich zur Pflegerin aufwarf, während die Mutter sich vom Bette des Kranken ferne hielt. In dem ersten Sommeraufenthalte nach der Genesung ereigneten sich Dinge, die jedermann über die wirkliche Natur dieser „Freundschaft" die Augen öffnen mußten. Die beiden Familien hatten gemeinsam einen Trakt im Hotel gemietet, und da geschah es eines Tages, daß Frau K. erklärte, sie könne das Schlafzimmer nicht beibehalten, welches sie bisher mit einem ihrer Kinder geteilt hatte, und wenige Tage nachher gab ihr Vater sein Schlafzimmer auf und beide bezogen neue Zimmer, die Endzimmer, die nur durch den Korridor getrennt waren, während die aufgegebenen Räume solche Garantie gegen Störung nicht geboten hatten. Wenn sie dem Vater später Vorwürfe wegen der Frau K. machte, so pflegte er zu sagen, er begreife diese Feindschaft nicht, die Kinder hätten vielmehr allen Grund, der Frau K. dankbar zu sein. Die Mama, an welche sie sich dann um Aufklärung dieser dunkeln Rede wandte, teilte ihr mit, der Papa sei damals so unglücklich gewesen, daß er im Walde einen Selbstmord habe verüben wollen; Frau K., die es geahnt, sei ihm aber nachgekommen und habe ihn durch ihr Bitten bestimmt, sich den Seinigen zu erhalten. Sie glaube natürlich nicht daran, man habe wohl die beiden im Walde mitsammen gesehen und da habe der Papa dies Märchen vom Selbstmord erfunden, um das Rendezvous zu rechtfertigen[1]. Als sie dann nach B. zurückkehrten, war der Papa täglich zu bestimmten Stunden bei Frau K., während der Mann im Geschäft war. Alle Leute hätten darüber gesprochen und sie in bezeichnender Weise danach gefragt. Herr K. selbst habe oft gegen ihre Mama bitter geklagt, sie selbst aber mit Anspielungen auf den Gegen-

---

1) Dies die Anknüpfung für ihre eigene Selbstmordkomödie, die also etwa die Sehnsucht nach einer ähnlichen Liebe ausdrückt.

stand verschont, was sie ihm als Zartgefühl anzurechnen schien.
Bei gemeinsamen Spaziergängen wußten Papa und Frau K. es
regelmäßig so einzurichten, daß er mit Frau K. allein blieb. Es
war kein Zweifel, daß sie Geld von ihm nahm, denn sie machte
Ausgaben, die sie unmöglich aus eigenen Mitteln oder aus denen
ihres Mannes bestreiten konnte. Der Papa begann auch, ihr große
Geschenke zu machen; um diese zu verdecken, wurde er gleichzeitig besonders freigiebig gegen die Mutter und gegen sie (Dora)
selbst. Die bis dahin kränkliche Frau, die selbst für Monate
eine Nervenheilanstalt aufsuchen mußte, weil sie nicht gehen
konnte, war seither gesund und lebensfrisch.

Auch nachdem sie B. verlassen hatten, setzte sich der mehrjährige Verkehr fort, indem der Vater von Zeit zu Zeit erklärte,
er vertrage das rauhe Klima nicht, müsse etwas für sich tun, zu
husten und zu klagen begann, bis er plötzlich nach B. abgereist
war, von wo aus er die heitersten Briefe schrieb. All diese Krankheiten waren nur Vorwände, um seine Freundin wiederzusehen.
Dann hieß es eines Tages, sie übersiedelten nach Wien, und sie
fing an, einen Zusammenhang zu vermuten. Wirklich waren sie
kaum drei Wochen in Wien, als sie hörte, K. seien gleichfalls
nach Wien übersiedelt. Sie befänden sich auch gegenwärtig hier
und sie träfe den Papa häufig mit Frau K. auf der Straße. Auch
Herrn K. begegne sie öfters, er blicke ihr immer nach, und als
er sie einmal alleingehend getroffen, sei er ihr ein großes Stück
weit nachgegangen, um sich zu überzeugen, wohin sie gehe, ob
sie nicht etwa ein Rendezvous habe.

Daß der Papa unaufrichtig sei, einen Zug von Falschheit in
seinem Charakter habe, nur an seine eigene Befriedigung denke
und die Gabe besitze, sich die Dinge so zurecht zu legen, wie
es ihm am besten passe, solche Kritik bekam ich besonders in
den Tagen zu hören, als der Vater wieder einmal seinen Zustand
verschlimmert fühlte und für mehrere Wochen nach B. abreiste,
worauf die scharfsichtige Dora bald ausgekundschaftet hatte, daß

auch Frau K. eine Reise nach demselben Ziel zum Besuch ihrer Verwandten unternommen hatte.

Ich konnte die Charakteristik des Vaters im allgemeinen nicht bestreiten; es war auch leicht zu sehen, mit welchem besonderen Vorwurf Dora im Rechte war. Wenn sie in erbitterter Stimmung war, drängte sich ihr die Auffassung auf, daß sie Herrn K. ausgeliefert worden sei als Preis für seine Duldung der Beziehungen zwischen Doras Vater und seiner Frau, und man konnte hinter ihrer Zärtlichkeit für den Vater die Wut über solche Verwendung ahnen. Zu anderen Zeiten wußte sie wohl, daß sie sich mit solchen Reden einer Übertreibung schuldig gemacht hatte. Einen förmlichen Pakt, in dem sie als Tauschobjekt behandelt worden, hatten die beiden Männer natürlich niemals geschlossen; der Vater zumal wäre vor einer solchen Zumutung entsetzt zurückgewichen. Aber er gehörte zu jenen Männern, die einem Konflikt dadurch die Spitze abzubrechen verstehen, daß sie ihr Urteil über das eine der zum Gegensatze gekommenen Themata verfälschen. Auf die Möglichkeit aufmerksam gemacht, daß einem heranwachsenden Mädchen aus dem beständigen und unbeaufsichtigten Verkehr mit dem von seiner Frau unbefriedigten Manne Gefahr erwachsen könne, hätte er sicherlich geantwortet: Auf seine Tochter könne er sich verlassen, der könne ein Mann wie K. nie gefährlich werden, und sein Freund selbst sei solcher Absichten unfähig. Oder: Dora sei noch ein Kind und werde von K. als Kind behandelt. Es war aber in Wirklichkeit so gekommen, daß jeder der beiden Männer es vermied, aus dem Benehmen des andern jene Konsequenz zu ziehen, welche für seine eigenen Begehrungen unbequem war. Herr K. durfte Dora alle Tage seiner Anwesenheit ein Jahr hindurch Blumen schicken, jede Gelegenheit zu kostbaren Geschenken benutzen und alle seine freie Zeit in ihrer Gesellschaft zubringen, ohne daß ihre Eltern in diesem Benehmen den Charakter der Liebeswerbung erkannt hätten.

Wenn in der psychoanalytischen Behandlung eine korrekt begründete und einwandfreie Gedankenreihe auftaucht, so gibt es wohl einen Moment der Verlegenheit für den Arzt, den der Kranke zur Frage ausnutzt: „Das ist doch wohl alles wahr und richtig? Was wollen Sie daran ändern, wenn ich's Ihnen erzählt habe?" Man merkt dann bald, daß solche für die Analyse unangreifbare Gedanken vom Kranken dazu benutzt worden sind, um andere zu verdecken, die sich der Kritik und dem Bewußtsein entziehen wollen. Eine Reihe von Vorwürfen gegen andere Personen läßt eine Reihe von Selbstvorwürfen des gleichen Inhalts vermuten. Man braucht nur jeden einzelnen Vorwurf auf die eigene Person des Redners zurückzuwenden. Diese Art, sich gegen einen Selbstvorwurf zu verteidigen, indem man den gleichen Vorwurf gegen eine andere Person erhebt, hat etwas unleugbar Automatisches. Sie findet ihr Vorbild in den „Retourkutschen" der Kinder, die unbedenklich zur Antwort geben: „Du bist ein Lügner", wenn man sie der Lüge beschuldigt hat. Der Erwachsene würde im Bestreben nach Gegenbeschimpfung nach irgend einer realen Blöße des Gegners ausschauen und nicht den Hauptwert auf die Wiederholung des nämlichen Inhalts legen. In der Paranoia wird diese Projektion des Vorwurfes auf einen anderen ohne Inhaltsveränderung und somit ohne Anlehnung an die Realität als wahnbildender Vorgang manifest.

Auch die Vorwürfe Doras gegen ihren Vater waren mit Selbstvorwürfen durchwegs des nämlichen Inhalts „unterfüttert", „doubliert", wie wir im einzelnen zeigen werden: Sie hatte recht darin, daß der Vater sich Herrn K.s Benehmen gegen seine Tochter nicht klar machen wollte, um nicht in seinem Verhältnis zu Frau K. gestört zu werden. Aber sie hatte genau das nämliche getan. Sie hatte sich zur Mitschuldigen dieses Verhältnisses gemacht und alle Anzeichen abgewiesen, welche sich für die wahre Natur desselben ergaben. Erst seit dem Abenteuer am See datierte ihre Klarheit darüber und ihre strengen Anforderungen an den

Vater. All die Jahre vorher hatte sie dem Verkehr des Vaters mit Frau K. jeden möglichen Vorschub geleistet. Sie ging nie zu Frau K., wenn sie den Vater dort vermutete. Sie wußte, dann würden die Kinder weggeschickt worden sein, richtete ihren Weg so ein, daß sie die Kinder antraf, und ging mit ihnen spazieren. Es hatte eine Person im Hause gegeben, welche ihr frühzeitig die Augen über die Beziehungen des Vaters zur Frau K. öffnen und sie zur Parteinahme gegen diese Frau anreizen wollte. Dies war ihre letzte Gouvernante, ein älteres, sehr belesenes Mädchen von freien Ansichten[1]. Lehrerin und Schülerin standen eine Weile recht gut miteinander, bis Dora sich plötzlich mit ihr verfeindete, und auf ihrer Entlassung bestand. So lange das Fräulein Einfluß besaß, benutzte sie ihn dazu, gegen Frau K. zu hetzen. Sie setzte der Mama auseinander, daß es mit ihrer Würde unvereinbar sei, solche Intimität ihres Mannes mit einer Fremden zu dulden; sie machte auch Dora auf alles aufmerksam, was an diesem Verkehr auffällig war. Ihre Bemühungen waren aber vergebens, Dora blieb Frau K. zärtlich zugetan und wollte von keinem Anlaß wissen, den Verkehr des Vaters mit ihr anstößig zu finden. Sie gab sich anderseits sehr wohl Rechenschaft über die Motive, die ihre Gouvernante bewegten. Blind nach der einen Seite, war sie scharfsichtig genug nach der anderen. Sie merkte, daß das Fräulein in den Papa verliebt sei. Wenn der Papa anwesend war, schien sie eine ganz andere Person, dann konnte sie amüsant und dienstfertig sein. Zur Zeit, als die Familie in der Fabrikstadt weilte und Frau K. außer dem Horizonte war, hetzte sie gegen die Mama als die jetzt in Betracht kommende Nebenbuhlerin. Das alles nahm ihr Dora noch nicht übel. Erbost wurde sie erst, als sie merkte, daß sie selbst der Gouvernante ganz gleichgültig

---

1) Diese Gouvernante, die alle Bücher über Geschlechtsleben u. dgl. las und mit dem Mädchen darüber sprach, sie aber freimütig bat, alles darauf Bezügliche vor den Eltern geheim zu halten, weil man ja nicht wissen könne, auf welchen Standpunkt die sich stellen würden, — in diesem Mädchen suchte ich eine Zeitlang die Quelle für all die geheime Kenntnis Doras, und ich ging vielleicht nicht völlig irre.

sei, und daß die ihr erwiesene Liebe tatsächlich dem Papa gelte. Während der Abwesenheit des Papas von der Fabrikstadt hatte das Fräulein keine Zeit für sie, wollte nicht mit ihr spazieren gehen, interessierte sich nicht für ihre Arbeiten. Kaum daß der Papa von B. zurückgekommen war, zeigte sie sich wieder zu allen Dienst- und Hilfeleistungen bereit. Da ließ sie sie fallen.

Die Arme hatte ihr mit unerwünschter Klarheit ein Stück ihres eigenen Benehmens beleuchtet. So wie das Fräulein zeitweise gegen Dora, so war Dora gegen die Kinder des Herrn K. gewesen. Sie vertrat Mutterstelle an ihnen, unterrichtete sie, ging mit ihnen aus, schuf ihnen einen vollen Ersatz für das geringe Interesse, das die eigene Mutter ihnen zeigte. Zwischen Herrn und Frau K. war oft von Scheidung die Rede gewesen; sie kam nicht zustande, weil Herr K., der ein zärtlicher Vater war, auf keines der beiden Kinder verzichten wollte. Das gemeinsame Interesse an den Kindern war von Anfang an ein Bindemittel des Verkehrs zwischen Herrn K. und Dora gewesen. Die Beschäftigung mit den Kindern war für Dora offenbar der Deckmantel, der ihr selbst und Fremden etwas anderes verbergen sollte.

Aus ihrem Benehmen gegen die Kinder, wie es durch das Benehmen des Fräuleins gegen sie selbst erläutert wurde, ergab sich dieselbe Folgerung wie aus ihrer stillschweigenden Einwilligung in den Verkehr des Vaters mit Frau K., nämlich, daß sie all die Jahre über in Herrn K. verliebt gewesen war. Als ich diese Folgerung aussprach, fand ich keine Zustimmung bei ihr. Sie berichtete zwar sofort, daß auch andere Personen, z. B. eine Cousine, die eine Weile in B. auf Besuch war, ihr gesagt hätten: „Du bist ja ganz vernarrt in den Mann"; sie selbst wollte sich aber an diese Gefühle nicht erinnern. Späterhin, als die Fülle des auftauchenden Materials ein Ableugnen erschwerte, gab sie zu, sie könne Herrn K. in B. geliebt haben, aber seit der Szene am See sei das vorüber[1]. Jedenfalls stand es fest, daß der Vor-

---

[1] Vgl. den zweiten Traum.

wurf, sich gegen unabweisliche Pflichten taub gemacht und sich
die Dinge so zurecht gelegt zu haben, wie es der eigenen verliebten
Regung bequem war, der Vorwurf, den sie gegen den
Vater erhob, auf ihre eigene Person zurückfiel[1].

Der andere Vorwurf, daß er seine Krankheiten als Vorwände
schaffe und als Mittel benütze, deckt wiederum ein ganzes Stück
ihrer eigenen geheimen Geschichte. Sie klagte eines Tages über
ein angeblich neues Symptom, schneidende Magenschmerzen, und
als ich fragte: „Wen kopieren Sie damit?" hatte ich es getroffen.
Sie hatte am Tage vorher ihre Cousinen, die Töchter der verstorbenen
Tante, besucht. Die jüngere war Braut geworden, die ältere
war zu diesem Anlaß an Magenschmerzen erkrankt und sollte
auf den Semmering gebracht werden. Sie meinte, das sei bei der
Älteren nur Neid, die werde immer krank, wenn sie etwas erreichen
wolle, und jetzt wolle sie eben vom Hause weg, um das
Glück der Schwester nicht mit anzusehen[2]. Ihre eigenen Magenschmerzen
sagten aber aus, daß sie sich mit der für eine Simulantin
erklärten Cousine identifiziere, sei es, weil sie gleichfalls
die Glücklichere um ihre Liebe beneidete, oder weil sie im Schicksal
der älteren Schwester, der kurz vorher eine Liebesaffäre unglücklich
ausgegangen war, das eigene gespiegelt sah[3]. Wie nützlich
sich Krankheiten verwenden lassen, hatte sie aber auch durch
die Beobachtung der Frau K. erfahren. Herr K. war einen Teil
des Jahres auf Reisen; so oft er zurückkam, fand er die Frau
leidend, die einen Tag vorher noch, wie Dora wußte, wohlauf
gewesen war. Dora verstand, daß die Gegenwart des Mannes

---

[1] Hier erhebt sich die Frage: Wenn Dora Herrn K. geliebt, wie begründet sich
ihre Abweisung in der Szene am See oder wenigstens die brutale, auf Erbitterung
deutende Form dieser Abweisung? Wie konnte ein verliebtes Mädchen in der — wie
wir später hören werden — keineswegs plump oder anstößig vorgebrachten Werbung
eine Beleidigung sehen?

[2] Ein alltägliches Vorkommnis zwischen Schwestern.

[3] Welchen weiteren Schluß ich aus den Magenschmerzen zog, wird später zur
Sprache kommen.

krankmachend auf die Frau wirkte, und daß dieser das Kranksein willkommen war, um sich den verhaßten ehelichen Pflichten zu entziehen. Eine Bemerkung über ihre eigene Abwechslung von Leiden und Gesundheit während der ersten in B. verbrachten Mädchenjahre, die sich an dieser Stelle plötzlich einfügte, mußte mich auf die Vermutung bringen, daß ihre eigenen Zustände in einer ähnlichen Abhängigkeit wie die der Frau K. zu betrachten seien. In der Technik der Psychoanalyse gilt es nämlich als Regel, daß sich ein innerer, aber noch verborgener Zusammenhang durch die Kontiguität, die zeitliche Nachbarschaft der Einfälle kundtut, genau so wie in der Schrift *a* und *b* nebeneinander gesetzt bedeutet, daß daraus die Silbe *ab* gebildet werden soll. Dora hatte eine Unzahl von Anfällen von Husten mit Stimmlosigkeit gezeigt; sollte die Anwesenheit oder Abwesenheit des Geliebten auf dieses Kommen und Schwinden der Krankheitserscheinungen Einfluß geübt haben? Wenn dies der Fall war, so mußte sich irgendwo eine verräterische Übereinstimmung nachweisen lassen. Ich fragte, welches die mittlere Zeitdauer dieser Anfälle gewesen war. Etwa drei bis sechs Wochen. Wie lange die Abwesenheiten des Herrn K. gedauert hätten? Sie mußte zugeben, gleichfalls zwischen drei und sechs Wochen. Sie demonstrierte also mit ihrem Kranksein ihre Liebe für K. wie dessen Frau ihre Abneigung. Nur durfte man annehmen, daß sie sich umgekehrt wie die Frau benommen hätte, krank gewesen wäre, wenn er abwesend, und gesund, nachdem er zurückgekehrt. Es schien auch wirklich so zu stimmen, wenigstens für eine erste Periode der Anfälle; in späteren Zeiten ergab sich ja wohl eine Nötigung, das Zusammentreffen von Krankheitsanfall und Abwesenheit des heimlich geliebten Mannes zu verwischen, damit das Geheimnis nicht durch die Konstanz desselben verraten würde. Dann blieb die Zeitdauer des Anfalls als Marke seiner ursprünglichen Bedeutung übrig.

Ich erinnerte mich, seinerzeit auf der Charcotschen Klinik gesehen und gehört zu haben, daß bei den Personen mit hysterischem Mutismus das Schreiben vikariierend für das Sprechen eintrat. Sie schrieben geläufiger, rascher und besser als andere und als vorhin. Dasselbe war bei Dora der Fall gewesen. In den ersten Tagen ihrer Aphonie war ihr „das Schreiben immer besonders leicht von der Hand gegangen". Diese Eigentümlichkeit erforderte als der Ausdruck einer physiologischen Ersatzfunktion, welche sich das Bedürfnis schafft, ja eigentlich keine psychologische Aufklärung; es war aber bemerkenswert, daß eine solche doch leicht zu haben war. Herr K. schrieb ihr reichlich von der Reise, schickte Ansichtskarten; es kam vor, daß sie allein von dem Termine seiner Rückkehr unterrichtet war, die Frau von ihm überrascht wurde. Daß man mit dem Abwesenden, den man nicht sprechen kann, korrespondiert, ist übrigens kaum weniger naheliegend, als daß man sich beim Versagen der Stimme durch die Schrift zu verständigen sucht. Die Aphonie Doras ließ also folgende symbolische Deutung zu: Wenn der Geliebte ferne war, verzichtete sie auf das Sprechen; es hatte seinen Wert verloren, da sie mit ihm nicht sprechen konnte. Dafür bekam das Schreiben Bedeutung als das einzige Mittel, sich mit dem Abwesenden in Verkehr zu setzen.

Werde ich nun etwa die Behauptung aufstellen, daß in allen Fällen von periodisch auftretender Aphonie die Diagnose auf die Existenz eines zeitweilig ortsabwesenden Geliebten zu stellen sei? Gewiß ist das nicht meine Absicht. Die Determination des Symptoms im Falle Doras ist allzu spezifiziert, als daß man an eine häufige Wiederkehr der nämlichen akzidentellen Ätiologie denken könnte. Welchen Wert hat aber dann die Aufklärung der Aphonie in unserem Falle? Haben wir uns nicht vielmehr durch ein Spiel des Witzes täuschen lassen? Ich glaube nicht. Man muß sich hierbei an die so häufig gestellte Frage erinnern, ob die Symptome der Hysterie psychischen oder somatischen Ursprunges seien, oder wenn das erstere zugestanden ist, ob sie notwendig alle psychisch bedingt seien. Diese Frage ist, wie so viele andere, an deren

Beantwortung man die Forscher immer wieder sich erfolglos bemühen sieht, eine nicht adäquate. Der wirkliche Sachverhalt ist in ihre Alternative nicht eingeschlossen. Soviel ich sehen kann, bedarf jedes hysterische Symptom des Beitrages von beiden Seiten. Es kann nicht zustande kommen ohne ein gewisses **somatisches Entgegenkommen**, welches von einem normalen oder krankhaften Vorgang in oder an einem Organe des Körpers geleistet wird. Es kommt nicht öfter als einmal zustande, — und zum Charakter des hysterischen Symptoms gehört die Fähigkeit, sich zu wiederholen — wenn es nicht eine psychische Bedeutung, einen **Sinn** hat. Diesen Sinn bringt das hysterische Symptom nicht mit, er wird ihm verliehen, gleichsam mit ihm verlötet, und er kann in jedem Falle ein anderer sein, je nach der Beschaffenheit der nach Ausdruck ringenden unterdrückten Gedanken. Allerdings wirkt eine Reihe von Momenten darauf hin, daß die Beziehungen zwischen den unbewußten Gedanken und den ihnen als Ausdrucksmittel zu Gebote stehenden somatischen Vorgängen sich minder willkürlich gestalten und sich mehreren typischen Verknüpfungen annähern. Für die Therapie sind die im akzidentellen psychischen Material gegebenen Bestimmungen die wichtigeren; man löst die Symptome, indem man nach der psychischen Bedeutung derselben forscht. Hat man dann abgeräumt, was durch Psychoanalyse zu beseitigen ist, so kann man sich allerlei, wahrscheinlich zutreffende Gedanken über die somatischen, in der Regel konstitutionell-organischen Grundlagen der Symptome machen. Auch für die Anfälle von Husten und Aphonie bei Dora werden wir uns nicht auf die psychoanalytische Deutung beschränken, sondern hinter derselben das organische Moment nachweisen, von dem das „somatische Entgegenkommen" für den Ausdruck der Neigung zu einem zeitweilig abwesenden Geliebten ausging. Und wenn uns die Verknüpfung zwischen symptomatischem Ausdruck und unbewußtem Gedankeninhalt in diesem Falle als geschickt und kunstvoll gefertigt imponieren sollte, so werden wir gerne hören, daß sie den gleichen Eindruck in jedem anderen Falle, bei jedem anderen Beispiel, zu erzielen vermag.

Ich bin nun darauf vorbereitet zu hören, daß es einen recht mäßigen Gewinn bedeutet, wenn wir also, dank der Psychoanalyse, das Rätsel der Hysterie nicht mehr in der „besonderen Labilität der Nervenmoleküle" oder in der Möglichkeit hypnoider Zustände, sondern im „somatischen Entgegenkommen" suchen sollen.

Gegen diese Bemerkung will ich doch betonen, daß das Rätsel so nicht nur um ein Stück zurückgeschoben, sondern auch um ein Stück verkleinert ist. Es handelt sich nicht mehr um das ganze Rätsel, sondern um jenes Stück desselben, in dem der besondere Charakter der Hysterie zum Unterschiede von anderen Psychoneurosen enthalten ist. Die psychischen Vorgänge bei allen Psychoneurosen sind eine ganze Strecke weit die gleichen, dann erst kommt das „somatische Entgegenkommen" in Betracht, welches den unbewußten psychischen Vorgängen einen Ausweg ins Körperliche verschafft. Wo dies Moment nicht zu haben ist, wird aus dem ganzen Zustand etwas anderes als ein hysterisches Symptom, aber doch wieder etwas Verwandtes, eine Phobie etwa oder eine Zwangsidee, kurz ein psychisches Symptom.

Ich kehre zu dem Vorwurf der „Simulation" von Krankheiten zurück, den Dora gegen ihren Vater erhob. Wir merkten bald, daß ihm nicht nur Selbstvorwürfe betreffs früherer Krankheitszustände, sondern auch solche, die die Gegenwart meinten, entsprachen. An dieser Stelle hat der Arzt gewöhnlich die Aufgabe, zu erraten und zu ergänzen, was ihm die Analyse nur in Andeutungen liefert. Ich mußte die Patientin aufmerksam machen, daß ihr jetziges Kranksein gerade so motiviert und tendenziös sei wie das von ihr verstandene der Frau K. Es sei kein Zweifel, daß sie einen Zweck im Auge habe, den sie durch ihre Krankheit zu erreichen hoffe. Dieser aber könne kein anderer sein, als den Vater der Frau K. abwendig zu machen. Durch Bitten und Argumente gelänge ihr dies nicht; vielleicht hoffe sie es zu erreichen, wenn sie den Vater in Schreck versetze (siehe den Abschiedsbrief), sein Mitleid wachrufe (durch die Anfälle von Ohnmacht), und wenn dies alles nichts nütze, so räche sie sich wenigstens an ihm. Sie wisse wohl, wie sehr er an ihr hänge, und daß ihm jedesmal die Tränen in die Augen treten, wenn er nach dem Befinden seiner Tochter gefragt werde. Ich sei ganz überzeugt, sie werde sofort gesund sein, wenn ihr der Vater erkläre, er bringe ihrer Gesundheit Frau K. zum Opfer. Ich hoffe, er werde sich dazu nicht bewegen lassen, denn dann habe sie erfahren, welches Machtmittel sie in Händen habe, und werde gewiß nicht versäumen, sich ihrer Krankheitsmöglichkeiten jedes künftige Mal wieder zu bedienen. Wenn aber der Vater ihr nicht nachgebe, sei ich ganz gefaßt darauf, daß sie nicht so leicht auf ihr Kranksein verzichten werde.

Ich übergehe die Einzelheiten, aus denen sich ergab, wie vollkommen richtig dies alles war, und ziehe es vor, einige allgemeine Bemerkungen über die Rolle der Krankheitsmotive bei der Hysterie anzuschließen.. Die Motive zum Kranksein sind begrifflich scharf zu scheiden von den Krankheitsmöglichkeiten, von dem Material, aus dem die Symptome gefertigt werden. Sie haben keinen Anteil an der Symptombildung, sind auch zu Anfang der Krankheit nicht vorhanden; sie treten erst sekundär hinzu, aber erst mit ihrem Auftreten ist die Krankheit voll konstituiert[1]. Man

---

[1] [*Zusatz 1923:*] Hier ist nicht alles richtig. Der Satz, daß die Krankheitsmotive zu Anfang der Krankheit nicht vorhanden sind und erst sekundär hinzutreten, ist nicht aufrecht zu halten. Auf nächster Seite werden denn auch bereits Motive zum Kranksein erwähnt, die vor dem Ausbruch der Krankheit bestehen und an diesem Ausbruch mitschuldig sind. Ich habe später dem Sachverhalt besser Rechnung getragen, indem ich die Unterscheidung zwischen **primärem** und **sekundärem Krankheitsgewinn** einführte. Das Motiv zum Kranksein ist ja allemal die Absicht eines Gewinnes. Für den sekundären Krankheitsgewinn trifft zu, was in den weiteren Sätzen dieses Abschnittes gesagt ist. Ein primärer Krankheitsgewinn ist aber für jede neurotische Erkrankung anzuerkennen. Das Krankwerden erspart zunächst eine psychische Leistung, ergibt sich als die ökonomisch bequemste Lösung im Falle eines psychischen Konflikts (**Flucht in die Krankheit**), wenngleich sich in den meisten Fällen später die Unzweckmäßigkeit eines solchen Ausweges unzweideutig erweist. Dieser Anteil des primären Krankeitsgewinnes kann als der **innere**, psychologische bezeichnet werden;

kann auf ihr Vorhandensein in jedem Falle rechnen, der ein wirkliches Leiden bedeutet und von längerem Bestande ist. Das Symptom ist zuerst dem psychischen Leben ein unwillkommener Gast, es hat alles gegen sich und verschwindet darum auch so leicht von selbst, wie es den Anschein hat, durch den Einfluß der Zeit. Es hat anfangs keine nützliche Verwendung im psychischen Haushalt, aber sehr häufig gelangt es sekundär zu einer solchen; irgend eine psychische Strömung findet es bequem, sich des Symptoms zu bedienen, und damit ist dieses zu einer **Sekundärfunktion** gelangt und im Seelenleben wie verankert. Wer den Kranken gesund machen will, stößt dann zu seinem Erstaunen auf einen großen Widerstand, der ihn belehrt, daß es dem Kranken mit der Absicht, das Leiden aufzugeben, nicht so ganz, so voll ernst ist[1]. Man stelle sich einen Arbeiter, etwa einen Dachdecker vor, der sich zum Krüppel gefallen hat und nun an der Straßenecke bettelnd sein Leben fristet. Man komme nun als Wundertäter und verspreche ihm, das krumme Bein gerade und gehfähig herzustellen. Ich meine, man darf sich nicht auf den Ausdruck besonderer Seligkeit in seiner Miene gefaßt machen. Gewiß fühlte er sich äußerst unglücklich, als er die Verletzung erlitt, merkte, er werde nie wieder arbeiten können und müsse verhungern oder von Almosen leben. Aber seither ist, was ihn zunächst erwerbslos machte, seine Einnahmsquelle geworden; er lebt von seiner Krüppelhaftigkeit. Nimmt man ihm die, so macht man ihn vielleicht ganz hilflos; er hat sein Handwerk unterdessen vergessen, seine Arbeitsgewohnheiten verloren, hat sich an den Müßiggang, vielleicht auch ans Trinken gewöhnt.

Die Motive zum Kranksein beginnen sich häufig schon in der Kindheit zu regen. Das liebeshungrige Kind, welches die Zärt-

---

er ist sozusagen konstant. Überdies können äußere Momente, wie die als Beispiel angeführte Lage der von ihrem Manne unterdrückten Frau, Motive zum Krankwerden abgeben und so den äußerlichen Anteil des primären Krankheitsgewinnes herstellen.

[1]) Ein Dichter, der allerdings auch Arzt ist, Arthur Schnitzler, hat dieser Erkenntnis in seinem „Paracelsus" sehr richtigen Ausdruck gegeben.

lichkeit der Eltern ungern mit seinen Geschwistern teilt, bemerkt, daß diese ihm voll wieder zuströmt, wenn die Eltern durch seine Erkrankung in Sorge versetzt werden. Es kennt jetzt ein Mittel, die Liebe der Eltern hervorzulocken, und wird sich dessen bedienen, sobald ihm das psychische Material zu Gebote steht, um Kranksein zu produzieren. Wenn das Kind dann Frau geworden und ganz im Widerspruche zu den Anforderungen seiner Kinderzeit mit einem wenig rücksichtsvollen Manne verheiratet ist, der ihren Willen unterdrückt, ihre Arbeitskraft schonungslos ausnützt und weder Zärtlichkeit noch Ausgaben an sie wendet, so wird das Kranksein ihre einzige Waffe in der Lebensbehauptung. Es verschafft ihr die ersehnte Schonung, es zwingt den Mann zu Opfern an Geld und Rücksicht, die er der Gesunden nicht gebracht hätte, es nötigt ihn zur vorsichtigen Behandlung im Falle der Genesung, denn sonst ist der Rückfall bereit. Das anscheinend Objektive, Ungewollte des Krankheitszustandes, für das auch der behandelnde Arzt eintreten muß, ermöglicht ihr ohne bewußte Vorwürfe diese zweckmäßige Verwendung eines Mittels, das sie in den Kinderjahren wirksam gefunden hat.

Und doch ist dieses Kranksein Werk der Absicht! Die Krankheitszustände sind in der Regel für eine gewisse Person bestimmt, so daß sie mit deren Entfernung verschwinden. Das roheste und banalste Urteil über das Kranksein der Hysterischen, das man von ungebildeten Angehörigen und von Pflegerinnen hören kann, ist in gewissem Sinne richtig. Es ist wahr, daß die gelähmte Bettlägerige aufspringen würde, wenn im Zimmer Feuer ausbräche, daß die verwöhnte Frau alle Leiden vergessen würde, wenn ein Kind lebensgefährlich erkrankte oder eine Katastrophe die Stellung des Hauses bedrohte. Alle, die so von den Kranken sprechen, haben recht bis auf den einen Punkt, daß sie den psychologischen Unterschied zwischen Bewußtem und Unbewußtem vernachlässigen, was etwa beim Kind noch gestattet ist, beim Erwachsenen aber nicht mehr angeht. Darum können alle diese

Versicherungen, daß es nur am Willen liege, und alle Aufmunterungen und Schmähungen der Kranken nichts nützen. Man muß erst versuchen, sie selbst auf dem Umwege der Analyse von der Existenz ihrer Krankheitsabsicht zu überzeugen.

In der Bekämpfung der Krankheitsmotive liegt bei der Hysterie ganz allgemein die Schwäche einer jeden Therapie, auch der psychoanalytischen. Das Schicksal hat es nierin leichter, es braucht weder die Konstitution noch das pathogene Material des Kranken anzugreifen; es nimmt ein Motiv zum Kranksein weg und der Kranke ist zeitweilig, vielleicht selbst dauernd von der Krankheit befreit. Wieviel weniger Wunderheilungen und spontanes Verschwinden von Symptomen würden wir Ärzte bei der Hysterie gelten lassen, wenn wir häufiger Einsicht in die uns verheimlichten Lebensinteressen der Kranken bekämen! Hier ist ein Termin abgelaufen, die Rücksicht auf eine zweite Person entfallen, eine Situation hat sich durch äußeres Geschehen gründlich verändert und das bisher hartnäckige Leiden ist mit einem Schlage behoben, anscheinend spontan, in Wahrheit, weil ihm das stärkste Motiv, eine seiner Verwendungen im Leben, entzogen worden ist.

Motive, die das Kranksein stützen, wird man wahrscheinlich in allen vollentwickelten Fällen antreffen. Aber es gibt Fälle mit rein innerlichen Motiven, wie z. B. Selbstbestrafung, also Reue und Buße. Man wird dann die therapeutische Aufgabe leichter lösbar finden, als wo die Krankheit in Beziehung zu der Erreichung eines äußeren Zieles gesetzt ist. Dies Ziel war für Dora offenbar, den Vater zu erweichen und ihn der Frau K. abwendig zu machen.

Keine seiner Handlungen schien sie übrigens so erbittert zu haben wie seine Bereitwilligkeit, die Szene am See für ein Produkt ihrer Phantasie zu halten. Sie geriet außer sich, wenn sie daran dachte, sie sollte sich damals etwas eingebildet haben. Ich war lange Zeit in Verlegenheit zu erraten, welcher Selbstvorwurf sich hinter der leidenschaftlichen Abweisung dieser Erklärung

verberge. Man war im Rechte, etwas Verborgenes dahinter zu
vermuten, denn ein Vorwurf, der nicht zutrifft, der beleidigt auch
nicht nachhaltig. Anderseits kam ich zum Schlusse, daß die Erzählung Doras durchaus der Wahrheit entsprechen müsse. Nachdem sie nur Herrn K.s Absicht verstanden, hatte sie ihn nicht
ausreden lassen, hatte ihm einen Schlag ins Gesicht versetzt und
war davongeeilt. Ihr Benehmen erschien dem zurückbleibenden
Manne damals wohl ebenso unverständlich wie uns, denn er
mußte längst aus unzähligen kleinen Anzeichen geschlossen haben,
daß er der Neigung des Mädchens sicher sei. In der Diskussion
über den zweiten Traum werden wir dann sowohl der Lösung
dieses Rätsels als auch dem zunächst vergeblich gesuchten Selbstvorwurf begegnen.

Als die Anklagen gegen den Vater mit ermüdender Monotonie
wiederkehrten und der Husten dabei fortbestand, mußte ich daran
denken, daß dies Symptom eine Bedeutung haben könne, die sich
auf den Vater beziehe. Die Anforderungen, die ich an eine Sym-
ptomerklärung zu stellen gewohnt bin, waren ohnedies lange
nicht erfüllt. Nach einer Regel, die ich immer wieder bestätigt
gefunden, aber allgemein aufzustellen noch nicht den Mut hatte,
bedeutet ein Symptom die Darstellung — Realisierung — einer
Phantasie mit sexuellem Inhalt, also eine sexuelle Situation. Ich
würde besser sagen, wenigstens e i n e der Bedeutungen eines Symptoms entspricht der Darstellung einer sexuellen Phantasie, während
für die anderen Bedeutungen solche Inhaltsbeschränkung nicht
besteht. Daß ein Symptom mehr als eine Bedeutung hat, gleichzeitig
mehreren unbewußten Gedankengängen zur Darstellung dient, erfährt man nämlich sehr bald, wenn man sich in die psychoanalytische Arbeit einläßt. Ich möchte noch hinzufügen, daß nach meiner
Schätzung ein einziger unbewußter Gedankengang oder Phantasie
kaum jemals zur Erzeugung eines Symptoms hinreichen wird.

Die Gelegenheit, dem nervösen Husten eine solche Deutung
durch eine phantasierte sexuelle Situation zuzuweisen, ergab sich

sehr bald. Als sie wieder einmal betonte, Frau K. liebe den Papa nur, weil er ein **vermögender** Mann sei, merkte ich aus gewissen Nebenumständen ihres Ausdrucks, die ich hier wie das meiste rein Technische der Analysenarbeit übergehe, daß sich hinter dem Satze sein Gegenteil verberge: Der Vater sei ein **unvermögender** Mann. Dies konnte nur sexuell gemeint sein, also: Der Vater sei als Mann unvermögend, impotent. Nachdem sie diese Deutung aus bewußter Kenntnis bestätigt, hielt ich ihr vor, in welchen Widerspruch sie verfalle, wenn sie einerseits daran festhalte, das Verhältnis mit Frau K. sei ein gewöhnliches Liebesverhältnis, und anderseits behaupte, der Vater sei impotent, also unfähig, ein solches Verhältnis auszunützen. Ihre Antwort zeigte, daß sie den Widerspruch nicht anzuerkennen brauchte. Es sei ihr wohl bekannt, sagte sie, daß es mehr als eine Art der sexuellen Befriedigung gebe. Die Quelle dieser Kenntnis war ihr allerdings wieder unauffindbar. Als ich weiter fragte, ob sie die Inanspruchnahme anderer Organe als der Genitalien für den sexuellen Verkehr meine, bejahte sie, und ich konnte fortsetzen: dann denke sie gerade an jene Körperteile, die sich bei ihr in gereiztem Zustande befänden (Hals, Mundhöhle). Soweit wollte sie freilich von ihren Gedanken nichts wissen, aber sie durfte es sich auch gar nicht völlig klargemacht haben, wenn das Symptom ermöglicht sein sollte. Die Ergänzung war doch unabweisbar, daß sie sich mit ihrem stoßweise erfolgenden Husten, der wie gewöhnlich einen Kitzel im Halse als Reizanlaß angab, eine Situation von sexueller Befriedigung *per os* zwischen den zwei Personen vorstellte, deren Liebesbeziehung sie unausgesetzt beschäftigte. Daß die kürzeste Zeit nach dieser stillschweigend hingenommenen Aufklärung der Husten verschwunden war, stimmte natürlich recht gut; wir wollten aber nicht zu viel Wert auf diese Veränderung legen, weil sie ja schon so oft spontan eingetreten war.

Wenn dieses Stückchen der Analyse bei dem ärztlichen Leser, außer dem Unglauben, der ihm ja freisteht, Befremden und

Grauen erregt haben sollte, so bin ich bereit, diese beiden Reaktionen an dieser Stelle auf ihre Berechtigung zu prüfen. Das Befremden denke ich mir motiviert durch mein Wagnis, mit einem jungen Mädchen — oder überhaupt einem Weib im Alter der Geschlechtlichkeit — von so heikeln und so abscheulichen Dingen zu reden. Das Grauen gilt wohl der Möglichkeit, daß ein unberührtes Mädchen von derlei Praktiken wissen und seine Phantasie mit ihnen beschäftigen könnte. In beiden Punkten würde ich zur Mäßigung und Besonnenheit raten. Es liegt weder hier noch dort ein Grund zur Entrüstung vor. Man kann mit Mädchen und Frauen von allen sexuellen Dingen sprechen, ohne ihnen zu schaden und ohne sich in Verdacht zu bringen, wenn man erstens eine gewisse Art, es zu tun, annimmt, und zweitens, wenn man bei ihnen die Überzeugung erwecken kann, daß es unvermeidlich ist. Unter denselben Bedingungen erlaubt sich ja auch der Gynäkologe, sie allen möglichen Entblößungen zu unterziehen. Die beste Art, von den Dingen zu reden, ist die trockene und direkte; sie ist gleichzeitig von der Lüsternheit, mit welcher die nämlichen Themata in der „Gesellschaft" behandelt werden und an die Mädchen wie Frauen sehr wohl gewöhnt sind, am weitesten entfernt. Ich gebe Organen wie Vorgängen ihre technischen Namen und teile dieselben mit, wo sie — die Namen — etwa unbekannt sind. *„J'appelle un chat un chat"*. Ich habe wohl von ärztlichen und nichtärztlichen Personen gehört, welche sich über eine Therapie skandalisieren, in der solche Besprechungen vorkommen, und die entweder mich oder die Patienten um den Kitzel zu beneiden scheinen, der sich nach ihrer Erwartung dabei einstellt. Aber ich kenne doch die Wohlanständigkeit dieser Herren zu genau, um mich über sie zu erregen. Ich werde der Versuchung, eine Satire zu schreiben, aus dem Wege gehen. Nur das eine will ich erwähnen, daß ich häufig die Genugtuung erfahre, von einer Patientin, der die Offenheit in sexuellen Dingen anfänglich nicht leicht geworden, späterhin den Ausruf zu hören:

„Nein, Ihre Kur ist doch um vieles anständiger als die Gespräche des Herrn X.!"

Von der Unvermeidlichkeit der Berührung sexueller Themata muß man überzeugt sein, ehe man eine Hysteriebehandlung unternimmt, oder muß bereit sein, sich durch Erfahrungen überzeugen zu lassen. Man sagt sich dann: *pour faire une omelette il faut casser des oeufs.* Die Patienten selbst sind leicht zu überzeugen; der Gelegenheiten dazu gibt es im Laufe der Behandlung allzu viele. Man braucht sich keinen Vorwurf daraus zu machen, daß man Tatsachen des normalen oder abnormen Sexuallebens mit ihnen bespricht. Wenn man einigermaßen vorsichtig ist, übersetzt man ihnen bloß ins Bewußte, was sie im Unbewußten schon wissen, und die ganze Wirkung der Kur ruht ja auf der Einsicht, daß die Affektwirkungen einer unbewußten Idee stärker und, weil unhemmbar, schädlicher sind als die einer bewußten. Man läuft niemals Gefahr, ein unerfahrenes Mädchen zu verderben; wo auch im Unbewußten keine Kenntnis sexueller Vorgänge besteht, da kommt auch kein hysterisches Symptom zustande. Wo man Hysterie findet, kann von „Gedankenunschuld" im Sinne der Eltern und Erzieher keine Rede mehr sein. Bei 10-, 12- und 14jährigen Kindern, Knaben wie Mädchen, habe ich mich von der ausnahmslosen Verläßlichkeit dieses Satzes überzeugt.

Was die zweite Gefühlsreaktion betrifft, die sich nicht mehr gegen mich, sondern gegen die Patientin, im Falle, daß ich recht haben sollte, richtet und den perversen Charakter von deren Phantasien grauenhaft findet, so möchte ich betonen, daß solche Leidenschaftlichkeit im Verurteilen dem Arzte nicht ansteht. Ich finde es auch unter anderem überflüssig, daß ein Arzt, der über die Verirrungen der sexuellen Triebe schreibt, jede Gelegenheit benutze, um in den Text den Ausdruck seines persönlichen Abscheus vor so widrigen Dingen einzuschalten. Hier liegt eine Tatsache vor, an die wir uns, mit Unterdrückung unserer

Geschmacksrichtungen, hoffentlich gewöhnen werden. Was wir die sexuellen Perversionen heißen, die Überschreitungen der Sexualfunktion nach Körpergebiet und Sexualobjekt, davon muß man ohne Entrüstung reden können. Schon die Unbestimmtheit der Grenzen für das normal zu nennende Sexualleben bei verschiedenen Rassen und in verschiedenen Zeitepochen sollte die Eiferer abkühlen. Wir dürfen doch nicht vergessen, daß die uns widrigste dieser Perversionen, die sinnliche Liebe des Mannes für den Mann, bei einem uns so sehr kulturüberlegenen Volke wie den Griechen nicht nur geduldet, sondern selbst mit wichtigen sozialen Funktionen betraut war. Ein Stückchen weit, bald hier, bald dort, überschreitet jeder von uns die fürs Normale gezogenen engen Grenzen in seinem eigenen Sexualleben. Die Perversionen sind weder Bestialitäten noch Entartungen im pathetischen Sinne des Wortes. Es sind Entwicklungen von Keimen, die sämtlich in der indifferenzierten sexuellen Anlage des Kindes enthalten sind, deren Unterdrückung oder Wendung auf höhere, asexuelle Ziele — deren Sublimierung — die Kräfte für eine gute Anzahl unserer Kulturleistungen abzugeben bestimmt ist. Wo also jemand grob und manifest pervers geworden ist, da kann man richtiger sagen, er sei es geblieben, er stellt ein Stadium einer Entwicklungshemmung dar. Die Psychoneurotiker sind sämtlich Personen mit stark ausgebildeten, aber im Laufe der Entwicklung verdrängt und unbewußt gewordenen perversen Neigungen. Ihre unbewußten Phantasien weisen daher genau den nämlichen Inhalt auf wie die aktenmäßig festgestellten Handlungen der Perversen, auch wenn sie die „Psychopathia sexualis" von v. Krafft-Ebing, der naive Menschen soviel Mitschuld an der Entstehung perverser Neigungen zumessen, nicht gelesen haben. Die Psychoneurosen sind sozusagen das Negativ der Perversionen. Die sexuelle Konstitution, in welcher der Ausdruck der Heredität mitenthalten ist, wirkt bei den Neurotikern zusammen mit akzidentellen Lebenseinflüssen, welche die Entfaltung der normalen Sexualität stören. Die Gewässer, die in dem einen Strombett ein Hindernis finden, werden in ältere, zum Verlassen bestimmte Stromläufe zurückgestaut. Die Triebkräfte für die Bildung hysterischer Symptome werden nicht nur von der verdrängten normalen Sexualität, sondern auch von den unbewußten perversen Regungen beigestellt[1].

Die minder abstoßenden unter den sogenannten sexuellen Perversionen erfreuen sich der größten Verbreitung unter unserer Bevölkerung, wie jedermann mit Ausnahme des ärztlichen Autors über diese Gegenstände weiß. Oder vielmehr der Autor weiß es auch; er bemüht sich nur, es zu vergessen in dem Moment, da er die Feder zur Hand nimmt, um darüber zu schreiben. Es ist also nicht wunderbar, wenn unsere bald 19jährige Hysterika, die von dem Vorkommen eines solchen Sexualverkehrs (des Saugens am Gliede) gehört hat, eine solche unbewußte Phantasie entwickelt und durch die Sensation von Reiz im Halse und durch Husten zum Ausdruck bringt. Es wäre auch nicht wunderbar, wenn sie ohne äußere Aufklärung zu solcher Phantasie gekommen wäre, wie ich es bei anderen Patientinnen mit Sicherheit festgestellt habe. Die somatische Vorbedingung für solche selbständige Schöpfung einer Phantasie, die sich dann mit dem Tun der Perversen deckt, war nämlich bei ihr durch eine beachtenswerte Tatsache gegeben. Sie erinnerte sich sehr wohl, daß sie in ihren Kinderjahren eine „Lutscherin" gewesen war. Auch der Vater erinnerte sich, daß er es ihr abgewöhnt hatte, als es sich bis ins vierte oder fünfte Lebensjahr fortsetzte. Dora selbst hatte ein Bild aus ihren Kleinkinderjahren in klarem Gedächtnis, wie sie in einem Winkel auf dem Boden saß, an ihrem linken Daumen lutschend, während sie dabei mit der rechten Hand den ruhig

---

[1] Diese Sätze über sexuelle Perversionen sind mehrere Jahre vor dem ausgezeichneten Buche von I. Bloch (Beiträge zur Ätiologie der Psychopathia sexualis. 1902 und 1903) niedergeschrieben worden. Vgl. auch meine in diesem Jahre (1905) erschienenen „Drei Abhandlungen zur Sexualtheorie". (5. Aufl. 1922. Enthalten in Bd. V dieser Gesamtausgabe).

dasitzenden Bruder am Ohrläppchen zupfte. Es ist dies die vollständige Art der Selbstbefriedigung durch Lutschen, die mir auch andere — später anästhetische und hysterische — Patienten berichtet haben. Von einer derselben habe ich eine Angabe erhalten, die ein helles Licht auf die Herkunft dieser sonderbaren Gewohnheit wirft. Die junge Frau, die sich das Lutschen überhaupt nie abgewöhnt hatte, sah sich in einer Kindererinnerung, angeblich aus der ersten Hälfte des zweiten Lebensjahres, an der Ammenbrust trinken und dabei die Amme rhythmisch am Ohrläppchen ziehen. Ich meine, es wird niemand bestreiten wollen, daß die Lippen- und Mundschleimhaut für eine primäre erogene Zone erklärt werden darf, da sie einen Teil dieser Bedeutung noch für den Kuß, der als normal gilt, beibehalten hat. Die frühzeitige ausgiebige Betätigung dieser erogenen Zone ist also die Bedingung für das spätere somatische Entgegenkommen von seiten des mit den Lippen beginnenden Schleimhauttraktes. Wenn dann zu einer Zeit, wo das eigentliche Sexualobjekt, das männliche Glied, schon bekannt ist, sich Verhältnisse ergeben, welche die Erregung der erhalten gebliebenen erogenen Mundzone wieder steigern, so gehört kein großer Aufwand von schöpferischer Kraft dazu, um an Stelle der ursprünglichen Brustwarze und des für sie vikariierenden Fingers das aktuelle Sexualobjekt, den Penis, in die Befriedigungssituation einzusetzen. So hat diese überaus anstößige perverse Phantasie vom Saugen am Penis den harmlosesten Ursprung; sie ist die Umarbeitung eines prähistorisch zu nennenden Eindruckes vom Saugen an der Mutter- oder Ammenbrust, der gewöhnlich durch den Umgang mit gesäugten Kindern wieder belebt worden ist. Meist hat dabei das Euter der Kuh als passende Mittelvorstellung zwischen Brustwarze und Penis Dienste geleistet.

Die eben besprochene Deutung der Halssymptome Doras kann auch noch zu einer anderen Bemerkung Anlaß geben. Man kann fragen, wie sich diese phantasierte sexuelle Situation mit der anderen Erklärung verträgt, daß das Kommen und Gehen der

Krankheitserscheinungen die Anwesenheit und Abwesenheit des
geliebten Mannes nachahmt, also mit Einbeziehung des Benehmens
der Frau den Gedanken ausdrückt: Wenn ich seine Frau wäre,
würde ich ihn ganz anders lieben, krank sein (vor Sehnsucht
etwa), wenn er verreist, und gesund (vor Seligkeit), wenn er
wieder zu Hause ist. Darauf muß ich nach meinen Erfahrungen
in der Lösung hysterischer Symptome antworten: es ist nicht
notwendig, daß sich die verschiedenen Bedeutungen eines Symptoms miteinander vertragen, d. h. zu einem Zusammenhange
ergänzen. Es genügt, wenn der Zusammenhang durch das Thema
hergestellt ist, welches all den verschiedenen Phantasien den Ursprung gegeben hat. In unserem Falle ist solche Verträglichkeit
übrigens nicht ausgeschlossen; die eine Bedeutung haftet mehr
am Husten, die andere an der Aphonie und an dem Verlauf der
Zustände; eine feinere Analyse hätte wahrscheinlich eine viel
weitergehende Vergeistigung der Krankheitsdetails erkennen lassen.
Wir haben bereits erfahren, daß ein Symptom ganz regelmäßig
mehreren Bedeutungen gleichzeitig entspricht; fügen wir nun
hinzu, daß es auch mehreren Bedeutungen nacheinander Ausdruck geben kann. Das Symptom kann eine seiner Bedeutungen
oder seine Hauptbedeutung im Laufe der Jahre ändern, oder die
leitende Rolle kann von einer Bedeutung auf eine andere übergehen. Es ist wie ein konservativer Zug im Charakter der Neurose, daß das einmal gebildete Symptom womöglich erhalten wird,
mag auch der unbewußte Gedanke, der in ihm seinen Ausdruck
fand, seine Bedeutung eingebüßt haben. Es ist aber auch leicht,
diese Tendenz zur Erhaltung des Symptoms mechanisch zu erklären;
die Herstellung eines solchen Symptoms ist so schwierig, die
Übertragung der rein psychischen Erregung ins Körperliche, was
ich Konversion genannt habe, an soviel begünstigende Bedingungen gebunden, ein somatisches Entgegenkommen, wie man
es zur Konversion bedarf, ist so wenig leicht zu haben, daß der
Drang zur Abfuhr der Erregung aus dem Unbewußten dazu führt,

sich womöglich mit dem bereits gangbaren Abfuhrweg zu begnügen. Viel leichter als die Schöpfung einer neuen Konversion scheint die Herstellung von Assoziationsbeziehungen zwischen einem neuen abfuhrbedürftigen Gedanken und dem alten, der diese Bedürftigkeit verloren hat. Auf dem so gebahnten Wege strömt die Erregung aus der neuen Erregungsquelle zur früheren Ausfuhrstelle hin und das Symptom gleicht, wie das Evangelium es ausdrückt, einem alten Schlauch, der mit neuem Wein gefüllt ist. Erscheint nach diesen Erörterungen auch der somatische Anteil des hysterischen Symptoms als das beständigere, schwerer ersetzbare, der psychische als das veränderliche, leichter zu vertretende Element, so möge man doch aus diesem Verhältnis keine Rangordnung zwischen den beiden ableiten wollen. Für die psychische Therapie ist allemal der psychische Anteil der bedeutsamere.

Die unablässige Wiederholung derselben Gedanken über das Verhältnis ihres Vaters zu Frau K. bot der Analyse bei Dora die Gelegenheit zu noch anderer wichtiger Ausbeute.

Ein solcher Gedankenzug darf ein überstarker, besser ein verstärkter, überwertiger im Sinne Wernickes, genannt werden. Er erweist sich als krankhaft, trotz seines anscheinend korrekten Inhalts, durch die eine Eigentümlichkeit, daß er trotz aller bewußten und willkürlichen Denkbemühungen der Person nicht zersetzt und nicht beseitigt werden kann. Mit einem normalen, noch so intensiven Gedankenzuge wird man endlich fertig. Dora fühlte ganz richtig, daß ihre Gedanken über den Papa eine besondere Beurteilung herausforderten. „Ich kann an nichts anderes denken," klagte sie wiederholt. „Mein Bruder sagt mir wohl, wir Kinder haben kein Recht, diese Handlungen des Papas zu kritisieren. Wir sollen uns darum nicht kümmern und uns vielleicht sogar freuen, daß er eine Frau gefunden hat, an die er sein Herz hängen kann, da ihn die Mama doch so wenig versteht. Ich sehe das ein und möchte auch so denken wie mein Bruder, aber ich kann nicht. Ich kann es ihm nicht verzeihen."[1]

Was tut man nun angesichts eines solchen überwertigen Gedankens, nachdem man dessen bewußte Begründung sowie die erfolglosen Einwendungen gegen ihn mitangehört hat? Man sagt sich, daß dieser überstarke Gedankenzug seine Verstärkung dem Unbewußten verdankt. Er ist unauflösbar für die Denkarbeit, entweder weil er selbst mit seiner Wurzel bis ins unbewußte, verdrängte Material reicht, oder weil sich ein anderer unbewußter Gedanke hinter ihm verbirgt. Letzterer ist dann meist sein direkter Gegensatz. Gegensätze sind immer eng miteinander verknüpft und häufig so gepaart, daß der eine Gedanke überstark bewußt, sein Widerpart aber verdrängt und unbewußt ist. Dieses Verhältnis ist ein Erfolg des Verdrängungsvorganges. Die Verdrängung nämlich ist häufig in der Weise bewerkstelligt worden, daß der Gegensatz des zu verdrängenden Gedankens übermäßig verstärkt wurde. Ich heiße dies Reaktionsverstärkung, und den einen Gedanken, der sich im Bewußten überstark behauptet und nach Art eines Vorurteils unzersetzbar zeigt, den Reaktionsgedanken. Die beiden Gedanken verhalten sich dann zueinander ungefähr wie die beiden Nadeln eines astatischen Nadelpaares. Mit einem gewissen Überschusse an Intensität hält der Reaktionsgedanke den anstößigen in der Verdrängung zurück; er ist aber dadurch selbst „gedämpft" und gegen die bewußte Denkarbeit gefeit. Das Bewußtmachen des verdrängten Gegensatzes ist dann der Weg, um dem überstarken Gedanken seine Verstärkung zu entziehen.

Man darf aus seinen Erwartungen auch den Fall nicht ausschließen, daß nicht eine der beiden Begründungen der Überwertigkeit, sondern eine Konkurrenz von beiden vorliegt. Es

---

[1] Ein solcher überwertiger Gedanke ist nebst tiefer Verstimmung oft das einzige Symptom eines Krankheitszustandes, der gewöhnlich „Melancholie" genannt wird, sich aber durch Psychoanalyse lösen läßt wie eine Hysterie.

können auch noch andere Komplikationen vorkommen, die sich aber leicht einfügen lassen.

Versuchen wir es bei dem Beispiele, das uns Dora bietet, zunächst mit der ersten Annahme, daß die Wurzel ihrer zwangsartigen Bekümmerung um das Verhältnis des Vaters zu Frau K. ihr selbst unbekannt sei, weil sie im Unbewußten liege. Es ist nicht schwierig, diese Wurzel aus den Verhältnissen und Erscheinungen zu erraten. Ihr Benehmen ging offenbar weit über die Anteilsphäre der Tochter hinaus, sie fühlte und handelte vielmehr wie eine eifersüchtige Frau, wie man es bei ihrer Mutter begreiflich gefunden hätte. Mit ihrer Forderung: „Sie oder ich", den Szenen, die sie aufführte, und der Selbstmorddrohung, die sie durchblicken ließ, setzte sie sich offenbar an die Stelle der Mutter. Wenn die ihrem Husten zugrunde liegende Phantasie einer sexuellen Situation richtig erraten ist, so trat sie in derselben an die Stelle der Frau K. Sie identifizierte sich also mit den beiden, jetzt und früher vom Vater geliebten Frauen. Der Schluß liegt nahe, daß ihre Neigung in höherem Maße dem Vater zugewendet war, als sie wußte oder gern zugegeben hätte, daß sie in den Vater verliebt war.

Solche unbewußte, an ihren abnormen Konsequenzen kenntliche Liebesbeziehungen zwischen Vater und Tochter, Mutter und Sohn habe ich als Auffrischung infantiler Empfindungskeime auffassen gelernt. Ich habe an anderer Stelle[1] ausgeführt, wie frühzeitig die sexuelle Attraktion sich zwischen Eltern und Kindern geltend macht, und gezeigt, daß die Ödipusfabel wahrscheinlich als die dichterische Bearbeitung des Typischen an diesen Beziehungen zu verstehen ist. Diese frühzeitige Neigung der Tochter zum Vater, des Sohnes zur Mutter, von der sich wahrscheinlich bei den meisten Menschen eine deutliche Spur findet, muß bei den konstitutionell zur Neurose bestimmten, frühreifen und nach

---

[1] In der „Traumdeutung", p. 178 (8. Aufl., S. 180), und in der dritten der „Abhandlungen zur Sexualtheorie" (5. Aufl., 1922).

Liebe hungrigen Kindern schon anfänglich intensiver angenommen werden. Es kommen dann gewisse hier nicht zu besprechende Einflüsse zur Geltung, welche die rudimentäre Liebesregung fixieren oder so verstärken, daß noch in den Kinderjahren oder erst zur Zeit der Pubertät etwas aus ihr wird, was einer sexuellen Neigung gleichzustellen ist und was, wie diese, die Libido für sich in Anspruch nimmt[1]. Die äußeren Verhältnisse bei unserer Patientin sind einer solchen Annahme nicht gerade ungünstig. Ihre Anlage hatte sie immer zum Vater hingezogen, seine vielen Erkrankungen mußten ihre Zärtlichkeit für ihn steigern; in manchen Krankheiten wurde niemand anders als sie von ihm zu den kleinen Leistungen der Krankenpflege zugelassen; stolz auf ihre frühzeitig entwickelte Intelligenz hatte er sie schon als Kind zur Vertrauten herangezogen. Durch das Auftreten von Frau K. war wirklich nicht die Mutter, sondern sie aus mehr als einer Stellung verdrängt worden.

Als ich Dora mitteilte, ich müßte annehmen, daß ihre Neigung zum Vater schon frühzeitig den Charakter voller Verliebtheit besessen habe, gab sie zwar ihre gewöhnliche Antwort: „Ich erinnere mich nicht daran," berichtete aber sofort etwas Analoges von ihrer 7 jährigen Cousine (von Mutterseite), in der sie häufig wie eine Spiegelung ihrer eigenen Kindheit zu sehen meinte. Die Kleine war wieder einmal Zeugin einer erregten Auseinandersetzung zwischen den Eltern gewesen und hatte Dora, die darauf zu Besuch kam, ins Ohr geflüstert: „Du kannst dir nicht denken, wie ich diese Person (auf die Mutter deutend) hasse! Und wenn sie einmal stirbt, heirate ich den Papa." Ich bin gewohnt, in solchen Einfällen, die etwas zum Inhalte meiner Behauptung Stimmendes vorbringen, eine Bestätigung aus dem Unbewußten zu sehen. Ein anderes „Ja" läßt sich aus dem Unbewußten

---

[1] Das hiefür entscheidende Moment ist wohl das frühzeitige Auftreten echter Genitalsensationen, sei es spontaner oder durch Verführung und Masturbation hervorgerufener. (Siehe unten.)

nicht vernehmen; ein unbewußtes „Nein" gibt es überhaupt
nicht.¹

Diese Verliebtheit in den Vater hatte sich Jahre hindurch nicht
geäußert; vielmehr war sie mit derselben Frau, die sie beim Vater
verdrängt hatte, eine lange Zeit im herzlichsten Einvernehmen
gestanden und hatte deren Verhältnis mit dem Vater, wie wir aus
ihren Selbstvorwürfen wissen, noch begünstigt. Diese Liebe war
also neuerdings aufgefrischt worden, und wenn dies der Fall war,
dürfen wir fragen, zu welchem Zwecke es geschah. Offenbar
als Reaktionssymptom, um etwas anderes zu unterdrücken, was
also im Unbewußten noch mächtig war. Wie die Dinge lagen,
mußte ich in erster Linie daran denken, daß die Liebe zu Herrn
K. dieses Unterdrückte sei. Ich mußte annehmen, ihre Verliebtheit
dauere noch fort, habe aber seit der Szene am See — aus un-
bekannten Motiven — ein heftiges Sträuben gegen sich, und das
Mädchen habe die alte Neigung zum Vater hervorgeholt und
verstärkt, um von der ihr peinlich gewordenen Liebe ihrer ersten
Mädchenjahre in ihrem Bewußtsein nichts mehr merken zu müssen.
Dann bekam ich auch Einsicht in einen Konflikt, der geeignet
war, das Seelenleben des Mädchens zu zerrütten. Sie war wohl
einerseits voll Bedauern, den Antrag des Mannes zurückgewiesen
zu haben, voll Sehnsucht nach seiner Person und den kleinen
Zeichen seiner Zärtlichkeit; anderseits sträubten sich mächtige
Motive, unter denen ihr Stolz leicht zu erraten war, gegen diese
zärtlichen und sehnsüchtigen Regungen. So war sie dazugekommen,
sich einzureden, sie sei mit der Person des Herrn K. fertig —
dies war ihr Gewinn bei diesem typischen Verdrängungsvorgange,
— und doch mußte sie zum Schutze gegen die beständig zum
Bewußtsein andrängende Verliebtheit die infantile Neigung zum

---

¹) [*Zusatz 1923:*] Eine andere, sehr merkwürdige und durchaus zuverlässige Form
der Bestätigung aus dem Unbewußten, die ich damals noch nicht kannte, ist der
Ausruf des Patienten: „Das habe ich nicht gedacht" oder „daran habe ich nicht gedacht". Diese Äußerung kann man geradezu übersetzen: Ja, das war mir unbewußt.

Vater anrufen und übertreiben. Daß sie dann fast unausgesetzt
von eifersüchtiger Erbitterung beherrscht war, schien noch einer
weiteren Determinierung fähig[1].

Es widersprach keineswegs meiner Erwartung, daß ich mit
dieser Darlegung bei Dora den entschiedensten Widerspruch hervorrief. Das „Nein", das man vom Patienten hört, nachdem man
seiner bewußten Wahrnehmung zuerst den verdrängten Gedanken
vorgelegt hat, konstatiert bloß die Verdrängung und deren Entschiedenheit, mißt gleichsam die Stärke derselben. Wenn man
dieses Nein nicht als den Ausdruck eines unparteiischen Urteils,
dessen der Kranke ja nicht fähig ist, auffaßt, sondern darüber
hinweggeht und die Arbeit fortsetzt, so stellen sich bald die ersten
Beweise ein, daß Nein in solchem Falle das gewünschte Ja bedeutet. Sie gab zu, daß sie Herrn K. nicht in dem Maße böse
sein könne, wie er es um sie verdient habe. Sie erzählte, daß
sie eines Tages auf der Straße Herrn K. begegnet sei, während
sie in Begleitung einer Cousine war, die ihn nicht kannte. Die
Cousine rief plötzlich: „Dora, was ist dir denn? Du bist ja
totenbleich geworden!" Sie hatte nichts von dieser Veränderung
an sich gefühlt, mußte aber von mir hören, daß Mienenspiel
und Affektausdruck eher dem Unbewußten gehorchen als dem
Bewußten und für das erstere verräterisch seien[2]. Ein andermal
kam sie nach mehreren Tagen gleichmäßig heiterer Stimmung
in der bösesten Laune zu mir, für die sie eine Erklärung nicht
wußte. Sie sei heute so zuwider, erklärte sie; es sei der Geburtstag des Onkels und sie bringe es nicht über sich, ihm zu gratulieren; sie wisse nicht, warum. Meine Deutungskunst war an dem
Tage stumpf; ich ließ sie weitersprechen und sie erinnerte sich
plötzlich, daß heute ja auch Herr K. Geburtstag habe, was ich
nicht versäumte, gegen sie zu verwerten. Es war dann auch nicht

---

[1] Welcher wir auch begegnen werden.
[2] Vgl.: „Ruhig kann ich Euch erscheinen,
   Ruhig gehen sehen."

schwer zu erklären, warum die reichen Geschenke zu ihrem
eigenen Geburtstage einige Tage vorher ihr keine Freude bereitet
hatten. Es fehlte das eine Geschenk, das von Herrn K., welches
ihr offenbar früher das wertvollste gewesen war.

Indes hielt sie noch längere Zeit an ihrem Widerspruche gegen
meine Behauptung fest, bis gegen Ende der Analyse der entscheidende Beweis für deren Richtigkeit geliefert wurde.

Ich muß nun einer weiteren Komplikation gedenken, der ich
gewiß keinen Raum gönnen würde, sollte ich als Dichter einen
derartigen Seelenzustand für eine Novelle erfinden, anstatt ihn als
Arzt zu zergliedern. Das Element, auf das ich jetzt hinweisen
werde, kann den schönen, poesiegerechten Konflikt, den wir bei
Dora annehmen dürfen, nur trüben und verwischen; es fiele mit
Recht der Zensur des Dichters, der ja auch vereinfacht und ab-
strahiert, wo er als Psychologe auftritt, zum Opfer. In der Wirklichkeit aber, die ich hier zu schildern bemüht bin, ist die
Komplikation der Motive, die Häufung und Zusammensetzung
seelischer Regungen, kurz die Überdeterminierung Regel. Hinter
dem überwertigen Gedankenzug, der sich mit dem Verhältnis des
Vaters zu Frau K. beschäftigte, versteckte sich nämlich auch eine
Eifersuchtsregung, deren Objekt diese Frau war — eine Regung
also, die nur auf der Neigung zum gleichen Geschlecht beruhen
konnte. Es ist längst bekannt und vielfach hervorgehoben, daß
sich bei Knaben und Mädchen in den Pubertätsjahren deutliche
Anzeichen von der Existenz gleichgeschlechtlicher Neigung auch
normalerweise beobachten lassen. Die schwärmerische Freundschaft
für eine Schulkollegin mit Schwüren, Küssen, dem Versprechen
ewiger Korrespondenz und mit aller Empfindlichkeit der Eifersucht
ist der gewöhnliche Vorläufer der ersten intensiveren Verliebtheit
in einen Mann. Unter günstigen Verhältnissen versiegt die homosexuelle Strömung dann oft völlig; wo sich das Glück in der
Liebe zum Mann nicht einstellt, wird sie oft noch in späteren
Jahren von der Libido wieder geweckt und bis zu der oder jener

Intensität gesteigert. Ist soviel bei Gesunden mühelos festzustellen, so werden wir im Anschlusse an frühere Bemerkungen über die bessere Ausbildung der normalen Perversionskeime bei den Neurotikern auch eine stärkere homosexuelle Anlage in deren Konstitution zu finden erwarten. Es muß wohl so sein, denn ich bin noch bei keiner Psychoanalyse eines Mannes oder Weibes durchgekommen, ohne eine solche recht bedeutsame homosexuelle Strömung zu berücksichtigen. Wo bei hysterischen Frauen und Mädchen die dem Manne geltende sexuelle Libido eine energische Unterdrückung erfahren hat, da findet man regelmäßig die dem Weibe geltende durch Vikariieren verstärkt und selbst teilweise bewußt.

Ich werde dieses wichtige und besonders für die Hysterie des Mannes zum Verständnis unentbehrliche Thema hier nicht weiter behandeln, weil die Analyse Doras zu Ende kam, ehe sie über diese Verhältnisse bei ihr Licht verbreiten konnte. Ich erinnere aber an jene Gouvernante, mit der sie anfangs in intimem Gedankenaustausch lebte, bis sie merkte, daß sie von ihr nicht ihrer eigenen Person, sondern des Vaters wegen geschätzt und gut behandelt worden sei. Dann zwang sie dieselbe, das Haus zu verlassen. Sie verweilte auch auffällig häufig und mit besonderer Betonung bei der Erzählung einer anderen Entfremdung, die ihr selbst rätselhaft vorkam. Mit ihrer zweiten Cousine, derselben, die später Braut wurde, hatte sie sich immer besonders gut verstanden und allerlei Geheimnisse mit ihr geteilt. Als nun der Vater zum erstenmal nach dem abgebrochenen Besuch am See wieder nach B. fuhr und Dora es natürlich ablehnte, ihn zu begleiten, wurde diese Cousine aufgefordert, mit dem Vater zu reisen, und nahm es an. Dora fühlte sich von da an erkaltet gegen sie und verwunderte sich selbst, wie gleichgültig sie ihr geworden war, obwohl sie ja zugestand, sie könne ihr keinen großen Vorwurf machen. Diese Empfindlichkeiten veranlaßten mich zu fragen, welches ihr Verhältnis zu Frau K. bis zum

Zerwürfnis gewesen war. Ich erfuhr dann, daß die junge Frau und
das kaum erwachsene Mädchen Jahre hindurch in der größten
Vertraulichkeit gelebt hatten. Wenn Dora bei den K. wohnte,
teilte sie das Schlafzimmer mit der Frau; der Mann wurde aus-
quartiert. Sie war die Vertraute und Beraterin der Frau in allen
Schwierigkeiten ihres ehelichen Lebens gewesen; es gab nichts,
worüber sie nicht gesprochen hatten. Medea war ganz zufrieden
damit, daß Kreusa die beiden Kinder an sich zog; sie tat gewiß
auch nichts dazu, um den Verkehr des Vaters dieser Kinder mit
dem Mädchen zu stören. Wie Dora es zustande brachte, den
Mann zu lieben, über den ihre geliebte Freundin so viel Schlechtes
zu sagen wußte, ist ein interessantes psychologisches Problem, das
wohl lösbar wird durch die Einsicht, daß im Unbewußten die
Gedanken besonders bequem nebeneinander wohnen, auch Gegensätze sich ohne Widerstreit vertragen, was ja oft genug auch noch
im Bewußten so bleibt.

Wenn Dora von Frau K. erzählte, so lobte sie deren „ent-
zückend weißen. Körper" in einem Ton, der eher der Verliebten
als der besiegten Rivalin entsprach. Mehr wehmütig als bitter
teilte sie mir ein andermal mit, sie sei überzeugt, daß die Geschenke, die der Papa ihr gebracht, von Frau K. besorgt worden
seien; sie erkenne deren Geschmack. Ein andermal hob sie hervor,
daß ihr offenbar durch die Vermittlung von Frau K. Schmuck-
gegenstände zum Geschenk gemacht worden seien, ganz ähnlich
wie die, welche sie bei Frau K. gesehen und sich damals laut
gewünscht habe. Ja, ich muß überhaupt sagen, ich hörte nicht
ein hartes oder erbostes Wort von ihr über die Frau, in der sie
doch nach dem Standpunkt ihrer überwertigen Gedanken die
Urheberin ihres Unglücks hätte sehen müssen. Sie benahm sich
wie inkonsequent, aber die scheinbare Inkonsequenz war eben der
Ausdruck einer komplizierenden Gefühlsströmung. Denn wie hatte
sich die schwärmerisch geliebte Freundin gegen sie benommen?
Nachdem Dora ihre Beschuldigung gegen Herrn K. vorgebracht

und dieser vom Vater schriftlich zur Rede gestellt wurde, antwortete er zuerst mit Beteuerungen seiner Hochachtung und erbot sich nach der Fabrikstadt zu kommen, um alle Mißverständnisse aufzuklären. Einige Wochen später, als ihn der Vater in B. sprach, war von Hochachtung nicht mehr die Rede. Er setzte das Mädchen herunter und spielte als Trumpf aus: Ein Mädchen, das solche Bücher liest und sich für solche Dinge interessiert, das hat keinen Anspruch auf die Achtung eines Mannes. Frau K. hatte sie also verraten und angeschwärzt; nur mit ihr hatte sie über Mantegazza und über verfängliche Themata gesprochen. Es war wieder derselbe Fall wie mit der Gouvernante; auch Frau K. hatte sie nicht um ihrer eigenen Person willen geliebt, sondern wegen des Vaters. Frau K. hatte sie unbedenklich geopfert, um in ihrem Verhältnis mit dem Vater nicht gestört zu werden. Vielleicht, daß diese Kränkung ihr näher ging, pathogen wirksamer war als die andere, mit der sie jene verdecken wollte, daß der Vater sie geopfert. Wies nicht die eine so hartnäckig festgehaltene Amnesie in betreff der Quellen ihrer verfänglichen Kenntnis direkt auf den Gefühlswert der Beschuldigung und demnach auf den Verrat durch die Freundin hin?

Ich glaube also mit der Annahme nicht irre zu gehen, daß der überwertige Gedankenzug Doras, der sich mit dem Verhältnis des Vaters zur Frau K. beschäftigte, bestimmt war nicht nur zur Unterdrückung der einst bewußt gewesenen Liebe zu Herrn K., sondern auch die in tieferem Sinne unbewußte Liebe zu Frau K. zu verdecken hatte. Zu letzterer Strömung stand er im Verhältnis des direkten Gegensatzes. Sie sagte sich unablässig vor, daß der Papa sie dieser Frau geopfert habe, demonstrierte geräuschvoll, daß sie ihr den Besitz des Papas nicht gönne, und verbarg sich so das Gegenteil, daß sie dem Papa die Liebe dieser Frau nicht gönnen konnte und der geliebten Frau die Enttäuschung über ihren Verrat nicht vergeben hatte. Die eifersüchtige Regung des Weibes war im Unbewußten an eine wie von einem Mann empfundene Eifersucht gekoppelt. Diese männlichen oder, wie man besser sagt, gynäkophilen Gefühlsströmungen sind für das unbewußte Liebesleben der hysterischen Mädchen als typisch zu betrachten.

II
DER ERSTE TRAUM

Als wir gerade Aussicht hatten, einen dunkeln Punkt in dem Kinderleben Doras durch das Material, welches sich zur Analyse drängte, aufzuhellen, berichtete Dora, sie habe einen Traum, den sie in genau der nämlichen Weise schon wiederholt geträumt, in einer der letzten Nächte neuerlich gehabt. Ein periodisch wiederkehrender Traum war schon dieses Charakters wegen besonders geeignet, meine Neugierde zu wecken; im Interesse der Behandlung durfte man ja die Einflechtung dieses Traumes in den Zusammenhang der Analyse ins Auge fassen. Ich beschloß also, diesen Traum besonders sorgfältig zu erforschen.

I. Traum: *„In einem Haus brennt es*[1], erzählte Dora, *der Vater steht vor meinem Bett und weckt mich auf. Ich kleide mich schnell an. Die Mama will noch ihr Schmuckkästchen retten, der Papa sagt aber: Ich will nicht, daß ich und meine beiden Kinder wegen deines Schmuckkästchens verbrennen. Wir eilen herunter, und sowie ich draußen bin, wache ich auf."*

Da es ein wiederkehrender Traum ist, frage ich natürlich, wann sie ihn zuerst geträumt. — Das weiß sie nicht. Sie erinnert sich aber, daß sie den Traum in L. (dem Orte am See, wo die Szene mit Herrn K. vorfiel) in drei Nächten hintereinander gehabt,

---

[1] Es hat nie bei uns einen wirklichen Brand gegeben, antwortete sie dann auf meine Erkundigung.

dann kam er vor einigen Tagen hier wieder¹. — Die so hergestellte Verknüpfung des Traumes mit den Ereignissen in L. erhöht natürlich meine Erwartungen in betreff der Traumlösung. Ich möchte aber zunächst den Anlaß für seine letzte Wiederkehr erfahren und fordere darum Dora, die bereits durch einige kleine, vorher analysierte Beispiele für die Traumdeutung geschult ist, auf, sich den Traum zu zerlegen und mir mitzuteilen, was ihr zu ihm einfällt.

Sie sagt: „Etwas, was aber nicht dazu gehören kann, denn es ist ganz frisch, während ich den Traum gewiß schon früher gehabt habe."

Das macht nichts, nur zu; es wird eben das letzte dazu Passende sein.

„Also der Papa hat in diesen Tagen mit der Mama einen Streit gehabt, weil sie nachts das Speisezimmer absperrt. Das Zimmer meines Bruders hat nämlich keinen eigenen Ausgang, sondern ist nur durchs Speisezimmer zugänglich. Der Papa will nicht, daß der Bruder bei Nacht so abgesperrt sein soll. Er hat gesagt, das ginge nicht; es könnte doch bei Nacht etwas passieren, daß man hinaus muß."

Das haben sie nun auf Feuersgefahr bezogen?

„Ja."

Ich bitte Sie, merken Sie sich ihre eigenen Ausdrücke wohl. Wir werden sie vielleicht brauchen. Sie haben gesagt: Daß bei Nacht etwas passieren kann, daß man hinaus muß².

Dora hat nun aber die Verbindung zwischen dem rezenten und den damaligen Anlässen für den Traum gefunden, denn sie fährt fort:

---

1) Es läßt sich aus dem Inhalt nachweisen, daß der Traum in L. zuerst geträumt worden ist.

2) Ich greife diese Worte heraus, weil sie mich stutzig machen. Sie klingen mir zweideutig. Spricht man nicht mit denselben Worten von gewissen körperlichen Bedürfnissen? Zweideutige Worte sind aber wie „Wechsel" für den Assoziationsverlauf. Stellt man den Wechsel anders, als er im Trauminhalt eingestellt erscheint, so kommt man wohl auf das Geleise, auf dem sich die gesuchten und noch verborgenen Gedanken hinter dem Traum bewegen.

„Als wir damals in L. ankamen, der Papa und ich, hat er die Angst vor einem Brand direkt geäußert. Wir kamen in einem heftigen Gewitter an, sahen das kleine Holzhäuschen, das keinen Blitzableiter hatte. Da war diese Angst ganz natürlich."

Es liegt mir nun daran, die Beziehung zwischen den Ereignissen in L. und den damaligen gleichlautenden Träumen zu ergründen. Ich frage also: Haben Sie den Traum in den ersten Nächten in L. gehabt oder in den letzten vor Ihrer Abreise, also vor oder nach der bekannten Szene im Walde? (Ich weiß nämlich, daß die Szene nicht gleich am ersten Tage vorfiel, und daß sie nach derselben noch einige Tage in L. verblieb, ohne etwas von dem Vorfalle merken zu lassen.)

Sie antwortet zuerst: Ich weiß nicht. Nach einer Weile: Ich glaube doch, nachher.

Nun wußte ich also, daß der Traum eine Reaktion auf jenes Erlebnis war. Warum kehrte er aber dort dreimal wieder? Ich fragte weiter: Wie lange sind Sie noch nach der Szene in L. geblieben?

„Noch vier Tage, am fünften bin ich mit dem Papa abgereist."

Jetzt bin ich sicher, daß der Traum die unmittelbare Wirkung des Erlebnisses mit Herrn K. war. Sie haben ihn dort zuerst geträumt, nicht früher. Sie haben die Unsicherheit im Erinnern nur hinzugefügt, um sich den Zusammenhang zu verwischen[1]. Es stimmt mir aber noch nicht ganz mit den Zahlen. Wenn Sie noch vier Nächte in L. blieben, können Sie den Traum viermal wiederholt haben. Vielleicht war es so?

Sie widerspricht nicht mehr meiner Behauptung, setzt aber, anstatt auf meine Frage zu antworten, fort[2]: „Am Nachmittag nach unserer Seefahrt, von der wir, Herr K. und ich, mittags zurückkamen, hatte ich mich wie gewöhnlich auf das Sofa im

---

1) Vgl. das eingangs Seite 175 über den Zweifel beim Erinnern Gesagte.

2) Es muß nämlich erst neues Erinnerungsmaterial kommen, ehe die von mir gestellte Frage beantwortet werden kann.

Schlafzimmer gelegt, um kurz zu schlafen. Ich erwachte plötzlich und sah Herrn K. vor mir stehen..."

Also wie Sie im Traume den Papa vor Ihrem Bette stehen sehen?

„Ja. Ich stellte ihn zur Rede, was er hier zu suchen habe. Er gab zur Antwort, er lasse sich nicht abhalten, in sein Schlafzimmer zu gehen, wann er wolle; übrigens habe er etwas holen wollen. Dadurch vorsichtig gemacht, habe ich Frau K. gefragt, ob denn kein Schlüssel zum Schlafzimmer existiert, und habe mich am nächsten Morgen (am zweiten Tag) zur Toilette eingeschlossen. Als ich mich dann nachmittags einschließen wollte, um mich wieder aufs Sofa zu legen, fehlte der Schlüssel. Ich bin überzeugt, Herr K. hatte ihn beseitigt."

Das ist also das Thema vom Verschließen oder Nichtverschließen des Zimmers, das im ersten Einfall zum Traume vorkommt und das zufällig auch im frischen Anlaß zum Traum eine Rolle gespielt hat[1]. Sollte der Satz: ich kleide mich schnell an, auch in diesen Zusammenhang gehören?

„Damals nahm ich mir vor, nicht ohne den Papa bei K. zu bleiben. An den nächsten Morgen mußte ich fürchten, daß mich Herr K. bei der Toilette überrasche, und kleidete mich darum immer sehr schnell an. Der Papa wohnte ja im Hotel, und Frau K. war immer schon früh weggegangen, um mit dem Papa eine Partie zu machen. Herr K. belästigte mich aber nicht wieder."

Ich verstehe, Sie faßten am Nachmittag des zweiten Tages den Vorsatz, sich diesen Nachstellungen zu entziehen und hatten nun in der zweiten, dritten und vierten Nacht nach der Szene im Walde Zeit, sich diesen Vorsatz im Schlafe zu wiederholen. Daß Sie am nächsten — dritten — Morgen den Schlüssel nicht

---

[1] Ich vermute, ohne es noch Dora zu sagen, daß dies Element wegen seiner symbolischen Bedeutung von ihr ergriffen wurde. „Zimmer" im Traum wollen recht häufig „Frauenzimmer" vertreten, und ob ein Frauenzimmer „offen" oder „verschlossen" ist, kann natürlich nicht gleichgültig sein. Auch welcher „Schlüssel" in diesem Falle öffnet, ist wohlbekannt.

haben würden, um sich beim Ankleiden einzuschließen, wußten
Sie ja schon am zweiten Nachmittag, also vor dem Traum, und
konnten sich vornehmen, die Toilette möglichst zu beeilen. Ihr
Traum kam aber jede Nacht wieder, weil er eben einem Vorsatz
entsprach. Ein Vorsatz bleibt so lange bestehen, bis er ausgeführt
ist. Sie sagten sich gleichsam: ich habe keine Ruhe, ich kann
keinen ruhigen Schlaf finden, bis ich nicht aus diesem Hause
heraus bin. Umgekehrt sagen Sie im Traume: Sowie ich draußen
bin, wache ich auf.

Ich unterbreche hier die Mitteilung der Analyse, um dieses
Stückchen einer Traumdeutung an meinen allgemeinen Sätzen
über den Mechanismus der Traumbildung zu messen. Ich habe
in meinem Buche[1] ausgeführt, jeder Traum sei ein als erfüllt
dargestellter Wunsch, die Darstellung sei eine verhüllende, wenn
der Wunsch ein verdrängter, dem Unbewußten angehöriger sei,
und außer bei den Kinderträumen habe nur der unbewußte oder
bis ins Unbewußte reichende Wunsch die Kraft, einen Traum
zu bilden. Ich glaube, die allgemeine Zustimmung wäre mir
sicherer gewesen, wenn ich mich begnügt hätte zu behaupten,
daß jeder Traum einen Sinn habe, der durch eine gewisse
Deutungsarbeit aufzudecken sei. Nach vollzogener Deutung könne
man den Traum durch Gedanken ersetzen, die sich an leicht
kenntlicher Stelle in das Seelenleben des Wachens einfügen. Ich
hätte dann fortfahren können, dieser Sinn des Traumes erwiese
sich als ebenso mannigfaltig wie eben die Gedankengänge des
Wachens. Es sei das eine Mal ein erfüllter Wunsch, das andere
Mal eine verwirklichte Befürchtung, dann etwa eine im Schlafe
fortgesetzte Überlegung, ein Vorsatz (wie bei Doras Traum), ein
Stück geistigen Produzierens im Schlafe usw. Diese Darstellung
hätte gewiß durch ihre Faßlichkeit bestochen und hätte sich auf

---

[1] Die Traumdeutung, 1900. (Ges. Werke, Bd. II/III).

eine große Anzahl gut gedeuteter Beispiele, wie z. B. auf den hier analysierten Traum, stützen können.

Anstatt dessen habe ich eine allgemeine Behauptung aufgestellt, die den Sinn der Träume auf eine einzige Gedankenform, auf die Darstellung von Wünschen einschränkt, und habe die allgemeinste Neigung zum Widerspruche wachgerufen. Ich muß aber sagen, daß ich weder das Recht noch die Pflicht zu besitzen glaubte, einen Vorgang der Psychologie zur größeren Annehmlichkeit der Leser zu vereinfachen, wenn er meiner Untersuchung eine Komplikation bot, deren Lösung zur Einheitlichkeit erst an anderer Stelle gefunden werden konnte: Es wird mir darum von besonderem Werte sein zu zeigen, daß die scheinbaren Ausnahmen, wie Doras Traum hier, der sich zunächst als ein in den Schlaf fortgesetzter Tagesvorsatz enthüllt, doch die bestrittene Regel neuerdings bekräftigen.

Wir haben ja noch ein großes Stück des Traumes zu deuten. Ich fragte weiter: Was ist es mit dem Schmuckkästchen, das die Mama retten will?

„Die Mama liebt Schmuck sehr und hat viel vom Papa bekommen."

Und Sie?

„Ich habe Schmuck früher auch sehr geliebt; seit der Krankheit trage ich keinen mehr. — Da gab es damals vor vier Jahren (ein Jahr vor dem Traum) einen großen Streit zwischen Papa und Mama wegen eines Schmuckes. Die Mama wünschte sich etwas Bestimmtes, Tropfen von Perlen im Ohre zu tragen. Der Papa liebt aber dergleichen nicht und brachte ihr anstatt der Tropfen ein Armband. Sie war wütend und sagte ihm, wenn er schon soviel Geld ausgegeben habe, um etwas zu schenken, was sie nicht möge, so solle er es nur einer anderen schenken."

Da werden Sie sich gedacht haben, Sie nähmen es gerne?

„Ich weiß nicht,[1] weiß überhaupt nicht, wie die Mama in den Traum kommt; Sie war doch damals nicht mit in L."[2]

Ich werde es Ihnen später erklären. Fällt Ihnen denn nichts anderes zum Schmuckkästchen ein? Bis jetzt haben Sie nur von Schmuck und nichts von einem Kästchen gesprochen.

„Ja, Herr K. hatte mir einige Zeit vorher ein kostbares Schmuckkästchen zum Geschenke gemacht."

Da war das Gegengeschenk also wohl am Platze. Sie wissen vielleicht nicht, daß „Schmuckkästchen" eine beliebte Bezeichnung für dasselbe ist, was Sie unlängst mit dem angehängten Täschchen angedeutet haben,[3] für das weibliche Genitale.

„Ich wußte, daß Sie das sagen würden."[4]

Das heißt, Sie wußten es. — Der Sinn des Traumes wird nun noch deutlicher. Sie sagten sich: Der Mann stellt mir nach, er will in mein Zimmer dringen, meinem „Schmuckkästchen" droht Gefahr, und wenn da ein Malheur passiert, wird es die Schuld des Papa sein. Darum haben Sie in den Traum eine Situation genommen, die das Gegenteil ausdrückt, eine Gefahr, aus welcher der Papa Sie rettet. In dieser Region des Traumes ist überhaupt alles ins Gegenteil verwandelt; Sie werden bald hören, warum. Das Geheimnis liegt allerdings bei der Mama. Wie die Mama dazu kommt? Sie ist, wie Sie wissen, Ihre frühere Konkurrentin in der Gunst des Papas. Bei der Begebenheit mit dem Armbande wollten Sie gerne annehmen, was die Mama zurückgewiesen hat. Nun lassen Sie uns einmal „annehmen" durch „geben", „zurückweisen" durch „verweigern" ersetzen.

---

1) Ihre damals gewöhnliche Redensart, etwas Verdrängtes anzuerkennen.

2) Diese Bemerkung, die von gänzlichem Mißverständnisse der ihr sonst wohlbekannten Regeln der Traumerklärung zeugt, sowie die zögernde Art und die spärliche Ausbeute ihrer Einfälle zum Schmuckkästchen bewiesen mir, daß es sich hier um Material handle, das mit großem Nachdrucke verdrängt worden sei.

3) Über dieses Täschchen siehe weiter unten.

4) Eine sehr häufige Art, eine aus dem Verdrängten auftauchende Kenntnis von sich wegzuschieben.

Das heißt dann, Sie waren bereit, dem Papa zu geben, was die Mama ihm verweigert, und das, um was es sich handelt, hätte mit Schmuck zu tun[1]. Nun erinnern Sie sich an das Schmuckkästchen, das Herr K. Ihnen geschenkt hat. Sie haben da den Anfang einer parallelen Gedankenreihe, in der wie in der Situation des vor Ihrem Bette Stehens Herr K. anstatt des Papas einzusetzen ist. Er hat Ihnen ein Schmuckkästchen geschenkt, Sie sollen ihm also Ihr Schmuckkästchen schenken; darum sprach ich vorhin vom „Gegengeschenke". In dieser Gedankenreihe wird Ihre Mama durch Frau K. zu ersetzen sein, die doch wohl damals anwesend war. Sie sind also bereit, Herrn K. das zu schenken, was ihm seine Frau verweigert. Hier haben Sie den Gedanken, der mit soviel Anstrengung verdrängt werden muß, der die Verwandlung aller Elemente in ihr Gegenteil notwendig macht. Wie ich's Ihnen schon vor diesem Traume gesagt habe, der Traum bestätigt wieder, daß Sie die alte Liebe zum Papa wachrufen, um sich gegen die Liebe zu K. zu schützen. Was beweisen aber alle diese Bemühungen? Nicht nur, daß Sie sich vor Herrn K. fürchten, noch mehr fürchten Sie sich vor sich selber, vor Ihrer Versuchung, ihm nachzugeben. Sie bestätigen also dadurch, wie intensiv die Liebe zu ihm war[2].

Dieses Stück der Deutung wollte sie natürlich nicht mitmachen.

Mir hatte sich aber auch eine Fortsetzung der Traumdeutung ergeben, die ebensowohl für die Anamnese des Falles wie für die Theorie des Traumes unentbehrlich schien. Ich versprach, dieselbe Dora in der nächsten Sitzung mitzuteilen.

---

[1] Auch für die Tropfen werden wir später eine vom Zusammenhange geforderte Deutung anführen können.

[2] Ich füge noch hinzu: Übrigens muß ich aus dem Wiederauftauchen des Traumes in den letzten Tagen schließen, daß Sie dieselbe Situation für wiedergekommen erachten, und daß Sie beschlossen haben, aus der Kur, zu der ja nur der Papa Sie bringt, wegzubleiben. — Die Folge zeigte, wie richtig ich geraten hatte. Meine Deutung streift hier das praktisch wie theoretisch höchst bedeutsame Thema der „Übertragung", auf welches einzugehen ich in dieser Abhandlung wenig Gelegenheit mehr finden werde.

Ich konnte nämlich den Hinweis nicht vergessen, der sich aus den angemerkten zweideutigen Worten zu ergeben schien (daß man hinaus muß, daß bei Nacht ein Malheur passieren kann). Dem reihte sich an, daß mir die Aufklärung des Traumes unvollständig schien, solange nicht eine gewisse Forderung erfüllt war, die ich zwar nicht allgemein aufstellen will, nach deren Erfüllung ich aber mit Vorliebe suche. Ein ordentlicher Traum steht gleichsam auf zwei Beinen, von denen das eine den wesentlichen aktuellen Anlaß, das andere eine folgenschwere Begebenheit der Kinderjahre berührt. Zwischen diesen beiden, dem Kindererlebnisse und dem gegenwärtigen, stellt der Traum eine Verbindung her, er sucht die Gegenwart nach dem Vorbilde der frühesten Vergangenheit umzugestalten. Der Wunsch, der den Traum schafft, kommt ja immer aus der Kindheit, er will die Kindheit immer wieder von neuem zur Realität erwecken, die Gegenwart nach der Kindheit korrigieren. Die Stücke, die sich zu einer Anspielung auf ein Kinderereignis zusammensetzen lassen, glaubte ich in dem Trauminhalte bereits deutlich zu erkennen.

Ich begann die Erörterung hierüber mit einem kleinen Experimente, das wie gewöhnlich gelang. Auf dem Tische stand zufällig ein großer Zündhölzchenbehälter. Ich bat Dora, sich doch umzusehen, ob sie auf dem Tische etwas Besonderes sehen könne, das gewöhnlich nicht darauf stände. Sie sah nichts. Dann fragte ich, ob sie wisse, warum man den Kindern verbiete, mit Zündhölzchen zu spielen.

„Ja, wegen der Feuersgefahr. Die Kinder meines Onkels spielen so gerne mit Zündhölzchen."

Nicht allein deswegen. Man warnt sie: „Nicht zündeln" und knüpft daran einen gewissen Glauben.

Sie wußte nichts darüber. — Also man fürchtet, daß sie dann das Bett naß machen werden. Dem liegt wohl der Gegensatz von Wasser und Feuer zugrunde. Etwa, daß sie vom Feuer träumen und dann versuchen werden, mit Wasser zu löschen. Das weiß ich nicht genau zu sagen. Aber ich sehe, daß Ihnen der Gegensatz von Wasser und Feuer im Traume ausgezeichnete Dienste leistet. Die Mama will das Schmuckkästchen retten, damit es nicht verbrennt, in den Traumgedanken kommt es darauf an, daß das „Schmuckkästchen" nicht naß wird. Feuer ist aber nicht nur als Gegensatz zu Wasser verwendet, es dient auch zur direkten Vertretung von Liebe, Verliebt-, Verbranntsein. Von Feuer geht also das eine Geleise über diese symbolische Bedeutung zu den Liebesgedanken, das andere führt über den Gegensatz Wasser, nachdem noch die eine Beziehung zur Liebe, die auch naß macht, abgezweigt hat, anderswohin. Wohin nun? Denken Sie an Ihre Ausdrücke: daß bei Nacht ein Malheur passiert, daß man hinaus muß. Bedeutet das nicht ein körperliches Bedürfnis, und wenn Sie das Malheur in die Kindheit versetzen, kann es ein anderes sein, als daß das Bett naß wird? Was tut man aber, um die Kinder vor dem Bettnässen zu hüten? Nicht wahr, man weckt sie in der Nacht aus dem Schlafe, ganz so, wie es im Traume der Papa mit Ihnen tut? Dieses wäre also die wirkliche Begebenheit, aus welcher Sie sich das Recht nehmen, Herrn K., der Sie aus dem Schlafe weckt, durch den Papa zu ersetzen. Ich muß also schließen, daß Sie an Bettnässen länger, als es sich sonst bei Kindern erhält, gelitten haben. Dasselbe muß bei Ihrem Bruder der Fall gewesen sein. Der Papa sagt ja: Ich will nicht, daß meine beiden Kinder... zugrunde gehen. Der Bruder hat mit der aktuellen Situation bei K. sonst nichts zu tun, er war auch nicht nach L. mitgekommen. Was sagen nun Ihre Erinnerungen dazu?

„Von mir weiß ich nichts," antwortete sie, „aber der Bruder hat bis zum sechsten oder siebenten Jahre das Bett naß gemacht, es ist ihm auch manchmal am Tage passiert."

Ich wollte sie eben aufmerksam machen, wieviel leichter man sich an derartiges von seinem Bruder als von sich erinnert, als sie mit der wiedergewonnenen Erinnerung fortsetzte: „Ja, ich

habe es auch gehabt, aber erst im siebenten oder achten Jahre
eine Zeitlang. Es muß arg gewesen sein, denn ich weiß jetzt,
daß der Doktor um Rat gefragt wurde. Es war bis kurz vor
dem nervösen Asthma."

Was sagte der Doktor dazu?

„Er erklärte es für eine nervöse Schwäche: es werde sich
schon verlieren, meinte er, und verschrieb stärkende Mittel[1]."

Die Traumdeutung schien mir nun vollendet[2]. Einen Nachtrag zum Traume brachte sie noch tags darauf. Sie habe vergessen zu erzählen, daß sie nach dem Erwachen jedesmal Rauch gerochen. Der Rauch paßte ja wohl zum Feuer, er wies auch darauf hin, daß der Traum eine besondere Beziehung zu meiner Person habe, denn ich pflegte ihr, wenn sie behauptet hatte, da oder dort stecke nichts dahinter, oft entgegenzuhalten: „Wo Rauch ist, ist auch Feuer." Sie wandte aber gegen diese ausschließlich persönliche Deutung ein, daß Herr K. und der Papa leidenschaftliche Raucher seien, wie übrigens auch ich. Sie rauchte selbst am See, und Herr K. hatte ihr, ehe er damals mit seiner unglücklichen Werbung begann, eine Zigarette gedreht. Sie glaubte sich auch sicher zu erinnern, daß der Geruch nach Rauch nicht erst im letzten, sondern schon in dem dreimaligen Träumen in L. aufgetreten war. Da sie weitere Auskünfte verweigerte, blieb es mir überlassen, wie ich mir diesen Nachtrag in das Gefüge der Traumgedanken eintragen wolle. Als Anhaltspunkt konnte mir dienen, daß die Sensation des Rauches als Nachtrag kam, also eine besondere Anstrengung der Verdrängung hatte überwinden müssen. Demnach gehörte sie wahrscheinlich

---

1) Dieser Arzt war der einzige, zu dem sie Zutrauen zeigte, weil sie an dieser Erfahrung gemerkt, er wäre nicht hinter ihr Geheimnis gekommen. Vor jedem andern, den sie noch nicht einzuschätzen wußte, empfand sie Angst, die sich jetzt also motiviert, er könne ihr Geheimnis erraten.

2) Der Kern des Traumes würde übersetzt etwa so lauten: Die Versuchung ist so stark. Lieber Papa, schütze Du mich wieder wie in den Kinderzeiten, daß mein Bett nicht naß wird!

zu dem im Traume am dunkelsten dargestellten und bestverdrängten Gedanken, also dem der Versuchung, sich dem Manne willig zu erweisen. Sie konnte dann kaum etwas anderes bedeuten als die Sehnsucht nach einem Kusse, der beim Raucher notwendigerweise nach Rauch schmeckt; ein Kuß war aber etwa zwei Jahre vorher zwischen den beiden vorgefallen und hätte sich sicherlich mehr als einmal wiederholt, wenn das Mädchen nun der Werbung nachgegeben hätte. Die Versuchungsgedanken scheinen so auf die frühere Szene zurückgegriffen und die Erinnerung an den Kuß aufgeweckt zu haben, gegen dessen Verlockung sich die Lutscherin seinerzeit durch den Ekel schützte. Nehme ich endlich die Anzeichen zusammen, die eine Übertragung auf mich, weil ich auch Raucher bin, wahrscheinlich machen, so komme ich zur Ansicht, daß ihr eines Tages wahrscheinlich während der Sitzung eingefallen, sich einen Kuß von mir zu wünschen. Dies war für sie der Anlaß, sich den Warnungstraum zu wiederholen und den Vorsatz zu fassen, aus der Kur zu gehen. So stimmt es sehr gut zusammen, aber vermöge der Eigentümlichkeiten der „Übertragung" entzieht es sich dem Beweise.

Ich könnte nun schwanken, ob ich zuerst die Ausbeute dieses Traumes für die Krankengeschichte des Falles in Angriff nehmen oder lieber den aus ihm gegen die Traumtheorie gewonnenen Einwand erledigen soll. Ich wähle das erstere.

Es verlohnt sich, auf die Bedeutung des Bettnässens in der Vorgeschichte der Neurotiker ausführlich einzugehen. Der Übersichtlichkeit zu Liebe beschränke ich mich darauf zu betonen, daß Doras Fall von Bettnässen nicht der gewöhnliche war. Die Störung hatte sich nicht einfach über die fürs Normale zugestandene Zeit fortgesetzt, sondern war nach ihrer bestimmten Angabe zunächst geschwunden und dann verhältnismäßig spät, nach dem sechsten Lebensjahre, wieder aufgetreten. Ein solches Bettnässen hat meines Wissens keine wahrscheinlichere Ursache

als Masturbation, die in der Ätiologie des Bettnässens überhaupt
eine noch zu gering geschätzte Rolle spielt. Den Kindern selbst
ist nach meiner Erfahrung dieser Zusammenhang sehr wohl bekannt gewesen, und alle psychischen Folgen leiten sich so davon
ab, als ob sie ihn niemals vergessen hätten. Nun befanden wir
uns zur Zeit, als der Traum erzählt wurde, auf einer Linie der
Forschung, welche direkt auf ein solches Eingeständnis der
Kindermasturbation zulief. Sie hatte eine Weile vorher die Frage
aufgeworfen, warum denn gerade sie krank geworden sei, und
hatte, ehe ich eine Antwort gab, die Schuld auf den Vater ge-
wälzt. Es waren nicht unbewußte Gedanken, sondern bewußte
Kenntnis, welche die Begründung übernahm. Das Mädchen wußte
zu meinem Erstaunen, welcher Natur die Krankheit des Vaters
gewesen war. Sie hatte nach der Rückkehr des Vaters von meiner
Ordination ein Gespräch erlauscht, in dem der Name der Krankheit genannt wurde. In noch früheren Jahren, zur Zeit der
Netzhautablösung, muß ein zu Rate gezogener Augenarzt auf die
luetische Ätiologie hingewiesen haben, denn das neugierige und
besorgte Mädchen hörte damals eine alte Tante zur Mutter sagen:
„Er war ja schon vor der Ehe krank" und etwas ihr Unver-
ständliches hinzufügen, was sie sich später auf unanständige
Dinge deutete.

Der Vater war also durch leichtsinnigen Lebenswandel krank
geworden, und sie nahm an, daß er ihr das Kranksein erblich
übertragen habe. Ich hütete mich, ihr zu sagen, daß ich, wie
erwähnt (Seite 178), gleichfalls die Ansicht vertrete, die Nachkommenschaft Luetischer sei zu schweren Neuropsychosen ganz
besonders prädisponiert. Die Fortsetzung dieses den Vater an-
klagenden Gedankenganges ging durch unbewußtes Material. Sie
identifizierte sich einige Tage lang in kleinen Symptomen und
Eigentümlichkeiten mit der Mutter, was ihr Gelegenheit gab,
Hervorragendes in Unausstehlichkeit zu leisten, und ließ mich
dann erraten, daß sie an einen Aufenthalt in Franzensbad denke,

das sie in Begleitung der Mutter — ich weiß nicht mehr, in
welchem Jahre — besucht hatte. Die Mutter litt an Schmerzen
im Unterleibe und an einem Ausflusse — Katarrh —, der eine
Franzensbader Kur notwendig machte. Es war ihre — wahrscheinlich wieder berechtigte — Meinung, daß diese Krankheit
vom Papa herrühre, der also seine Geschlechtsaffektion auf die
Mutter übertragen hatte. Es war ganz begreiflich, daß sie bei
diesem Schlusse, wie ein großer Teil der Laien überhaupt,
Gonorrhöe und Syphilis, erbliche und Übertragung durch den
Verkehr zusammenwarf. Ihr Verharren in der Identifizierung
nötigte mir fast die Frage auf, ob sie denn auch eine Geschlechtskrankheit habe, und nun erfuhr ich, daß sie mit einem Katarrh
(Fluor albus) behaftet sei, an dessen Beginn sie sich nicht erinnern
könne.

Ich verstand nun, daß hinter dem Gedankengange, der laut
den Vater anklagte, wie gewöhnlich eine Selbstbeschuldigung verborgen sei, und kam ihr entgegen, indem ich ihr versicherte,
daß der Fluor der jungen Mädchen in meinen Augen vorzugs-
weise auf Masturbation deute, und daß ich alle anderen Ursachen, die gewöhnlich für solch ein Leiden angeführt werden,
neben der Masturbation in den Hintergrund treten lasse[1]. Sie
sei also auf dem Wege, ihre Frage, warum gerade sie erkrankt
sei, durch das Eingeständnis der Masturbation, wahrscheinlich in
den Kinderjahren, zu beantworten. Sie leugnete entschiedenst,
sich an etwas Derartiges erinnern zu können. Aber einige Tage
später führte sie etwas auf, was ich als weitere Annäherung an
das Geständnis betrachten mußte. Sie hatte an diesem Tage
nämlich, was weder früher noch später je der Fall war, ein
Portemonnaietäschchen von der Form, die eben modern wurde,
umgehängt und spielte damit, während sie im Liegen sprach.
indem sie es öffnete, einen Finger hineinsteckte, es wieder schloß,

---

[1] [*Zusatz 1923:*] Eine extreme Auffassung, die ich heute nicht mehr vertreten würde.

usw. Ich sah ihr eine Weile zu und erklärte ihr dann, was eine Symptomhandlung[1] sei. Symptomhandlungen nenne ich jene Verrichtungen, die der Mensch, wie man sagt, automatisch, unbewußt, ohne darauf zu achten, wie spielend, vollzieht, denen er jede Bedeutung absprechen möchte, und die er für gleichgültig und zufällig erklärt, wenn er nach ihnen gefragt wird. Sorgfältigere Beobachtung zeigt dann, daß solche Handlungen, von denen das Bewußtsein nichts weiß oder nichts wissen will, unbewußten Gedanken und Impulsen Ausdruck geben, somit als zugelassene Äußerungen des Unbewußten wertvoll und lehrreich sind. Es gibt zwei Arten des bewußten Verhaltens gegen die Symptomhandlungen. Kann man sie unauffällig motivieren, so nimmt man auch Kenntnis von ihnen; fehlt ein solcher Vorwand vor dem Bewußten, so merkt man in der Regel gar nicht, daß man sie ausführt. Im Falle Doras war die Motivierung leicht: „Warum soll ich nicht ein solches Täschchen tragen, wie es jetzt modern ist?" Aber eine solche Rechtfertigung hebt die Möglichkeit der unbewußten Herkunft der betreffenden Handlung nicht auf. Anderseits läßt sich diese Herkunft und der Sinn, den man der Handlung beilegt, nicht zwingend erweisen. Man muß sich begnügen zu konstatieren, daß ein solcher Sinn in den Zusammenhang der vorliegenden Situation, in die Tagesordnung des Unbewußten ganz ausgezeichnet hineinpaßt.

Ich werde ein anderes Mal eine Sammlung solcher Symptomhandlungen vorlegen, wie man sie bei Gesunden und Nervösen beobachten kann. Die Deutungen sind manchmal sehr leicht. Das zweiblättrige Täschchen Doras ist nichts anderes als eine Darstellung des Genitales, und ihr Spielen damit, ihr Öffnen und Fingerhineinstecken eine recht ungenierte, aber unverkennbare pantomimische Mitteilung dessen, was sie damit tun möchte, die

---

[1] Vgl. meine Abhandlung über die Psychopathologie des Alltagslebens in der Monatsschrift für Psychiatrie und Neurologie, 1901. (Als Buch 1904, 10. Aufl. 1924. — Enthalten im Bd. IV. dieser Gesamtausgabe).

der Masturbation. Vor kurzem ist mir ein ähnlicher Fall vorgekommen, der sehr erheiternd wirkte. Eine ältere Dame zieht mitten in der Sitzung, angeblich um sich durch ein Bonbon anzufeuchten, eine kleine beinerne Dose hervor, bemüht sich sie zu öffnen, und reicht sie dann mir, damit ich mich überzeuge, wie schwer sie aufgeht. Ich äußere mein Mißtrauen, daß diese Dose etwas Besonderes bedeuten müsse, ich sehe sie heute doch zum ersten Male, obwohl die Eigentümerin mich schon länger als ein Jahr besucht. Darauf die Dame im Eifer: „Diese Dose trage ich immer bei mir, ich nehme sie überall mit, wohin ich gehe!" Sie beruhigt sich erst, nachdem ich sie lachend aufmerksam gemacht, wie gut ihre Worte auch zu einer anderen Bedeutung passen. Die Dose — box, πύξις — ist wie das Täschchen, wie das Schmuckkästchen wieder nur eine Vertreterin der Venusmuschel, des weiblichen Genitales!

Es gibt viel solcher Symbolik im Leben, an der wir gewöhnlich achtlos vorübergehen. Als ich mir die Aufgabe stellte, das, was die Menschen verstecken, nicht durch den Zwang der Hypnose, sondern aus dem, was sie sagen und zeigen, ans Licht zu bringen, hielt ich die Aufgabe für schwerer, als sie wirklich ist. Wer Augen hat zu sehen und Ohren zu hören, überzeugt sich, daß die Sterblichen kein Geheimnis verbergen können. Wessen Lippen schweigen, der schwätzt mit den Fingerspitzen; aus allen Poren dringt ihm der Verrat. Und darum ist die Aufgabe, das verborgenste Seelische bewußt zu machen, sehr wohl lösbar.

Doras Symptomhandlung mit dem Täschchen war nicht der nächste Vorläufer des Traumes. Die Sitzung, die uns die Traumerzählung brachte, leitete sie durch eine andere Symptomhandlung ein. Als ich in das Zimmer trat, in dem sie wartete, versteckte sie rasch einen Brief, in dem sie las. Ich fragte natürlich, von wem der Brief sei, und sie weigerte sich erst es anzugeben. Dann kam etwas heraus, was höchst gleichgültig und ohne Beziehung zu unserer Kur war. Es war ein Brief der

Großmutter, in dem sie aufgefordert wurde, ihr öfter zu schreiben. Ich meine, sie wollte mir nur „Geheimnis" vorspielen und andeuten, daß sie sich jetzt ihr Geheimnis vom Arzt entreißen lasse. Ihre Abneigung gegen jeden neuen Arzt erkläre ich mir nun durch die Angst, er würde bei der Untersuchung (durch den Katarrh) oder beim Examen (durch die Mitteilung des Bettnässens) auf den Grund ihres Leidens kommen, die Masturbation bei ihr erraten. Sie sprach dann immer sehr geringschätzig von den Ärzten, die sie vorher offenbar überschätzt hatte.

Anklagen gegen den Vater, daß er sie krank gemacht, mit der Selbstanklage dahinter — Fluor albus — Spielen mit dem Täschchen — Bettnässen nach dem sechsten Jahre — Geheimnis, das sie sich von den Ärzten nicht entreißen lassen will: ich halte den Indizienbeweis für die kindliche Masturbation für lückenlos hergestellt. Ich hatte in diesem Falle die Masturbation zu ahnen begonnen, als sie mir von den Magenkrämpfen der Cousine erzählte (siehe Seite 197) und sich dann mit dieser identifizierte, indem sie tagelang über die nämlichen schmerzhaften Sensationen klagte. Es ist bekannt, wie häufig Magenkrämpfe gerade bei Masturbanten auftreten. Nach einer persönlichen Mitteilung von W. Fließ sind es gerade solche Gastralgien, die durch Kokainisierung der von ihm gefundenen „Magenstelle" in der Nase unterbrochen und durch deren Ätzung geheilt werden können. Dora bestätigte mir bewußterweise zweierlei, daß sie selbst häufig an Magenkrämpfen gelitten, und daß sie die Cousine mit guten Gründen für eine Masturbantin gehalten habe. Es ist bei den Kranken sehr gewöhnlich, daß sie einen Zusammenhang bei anderen erkennen, dessen Erkenntnis ihnen bei der eigenen Person durch Gefühlswiderstände unmöglich wird. Sie leugnete auch nicht mehr, obwohl sie noch nichts erinnerte. Auch die Zeitbestimmung des Bettnässens „bis kurz vor dem Auftreten des nervösen Asthmas" halte ich für klinisch verwertbar. Die hysterischen Symptome treten fast niemals auf, solange die Kinder mastur-

bieren, sondern erst in der Abstinenz[1], sie drücken einen Ersatz
für die masturbatorische Befriedigung aus, nach der das Verlangen im Unbewußten erhalten bleibt, solange nicht andersartige
normalere Befriedigung eintritt, wo diese noch möglich geblieben
ist. Letztere Bedingung ist die Wende für mögliche Heilung der
Hysterie durch Ehe und normalen Geschlechtsverkehr. Wird die
Befriedigung in der Ehe wieder aufgehoben, etwa durch Coitus
interruptus, psychische Entfremdung u. dgl., so sucht die Libido
ihr altes Strombett wieder auf und äußert sich wiederum in
hysterischen Symptomen.

Ich möchte gerne noch die sichere Auskunft anfügen, wann und
durch welchen besonderen Einfluß die Masturbation bei Dora
unterdrückt wurde, aber die Unvollständigkeit der Analyse nötigt
mich, hier lückenhaftes Material vorzubringen. Wir haben gehört,
daß das Bettnässen bis nahe an die erste Erkrankung an Dyspnoe
heranreichte. Nun war das einzige, was sie zur Aufklärung dieses
ersten Zustandes anzugeben wußte, daß der Papa damals das
erstemal nach seiner Besserung verreist gewesen sei. In diesem
erhaltenen Stückchen Erinnerung mußte eine Beziehung zur
Ätiologie der Dyspnoe angedeutet sein. Ich bekam nun durch
Symptomhandlungen und andere Anzeichen guten Grund zur
Annahme, daß das Kind, dessen Schlafzimmer sich neben dem
der Eltern befand, einen nächtlichen Besuch des Vaters bei seiner
Ehefrau belauscht und das Keuchen des ohnedies kurzatmigen
Mannes beim Koitus gehört habe. Die Kinder ahnen in solchen
Fällen das Sexuelle in dem unheimlichen Geräusche. Die Aus-
drucksbewegungen für die sexuelle Erregung liegen ja als mit-
geborene Mechanismen in ihnen bereit. Daß die Dyspnoe und
das Herzklopfen der Hysterie und Angstneurose nur losgelöste
Stücke aus der Koitusaktion sind, habe ich vor Jahren bereits

---

[1] Bei Erwachsenen gilt prinzipiell dasselbe, doch reicht hier auch relative
Abstinenz, Einschränkung der Masturbation aus, so daß bei heftiger Libido Hysterie
und Masturbation mitsammen vorkommen können.

ausgeführt, und in vielen Fällen, wie dem Doras, konnte ich das Symptom der Dyspnoe, des nervösen Asthmas, auf die gleiche Veranlassung, auf das Belauschen des sexuellen Verkehres Erwachsener, zurückführen. Unter dem Einflusse der damals gesetzten Miterregung konnte sehr wohl der Umschwung in der Sexualität der Kleinen eintreten, welcher die Masturbationsneigung durch die Neigung zur Angst ersetzte. Eine Weile später, als der Vater abwesend war und das verliebte Kind seiner sehnsüchtig gedachte, wiederholte sie dann den Eindruck als Asthmaanfall. Aus dem in der Erinnerung bewahrten Anlasse zu dieser Erkrankung läßt sich noch der angstvolle Gedankengang erraten, der den Anfall begleitete. Sie bekam ihn zuerst, nachdem sie sich auf einer Bergpartie überangestrengt, wahrscheinlich etwas reale Atemnot verspürt hatte. Zu dieser trat die Idee, daß dem Vater Bergsteigen verboten sei, daß er sich nicht überanstrengen dürfe, weil er kurzen Atem habe, dann die Erinnerung, wie sehr er sich in der Nacht bei der Mama angestrengt, ob ihm das nicht geschadet habe, dann die Sorge, ob sie sich nicht überangestrengt habe bei der gleichfalls zum sexuellen Orgasmus mit etwas Dyspnoe führenden Masturbation, und dann die verstärkte Wiederkehr dieser Dyspnoe als Symptom. Einen Teil dieses Materials konnte ich noch der Analyse entnehmen, den andern mußte ich ergänzen. Aus der Konstatierung der Masturbation haben wir ja gesehen, daß das Material für ein Thema erst stückweise zu verschiedenen Zeiten und in verschiedenen Zusammenhängen zusammengebracht wird¹.

---

1) In ganz ähnlicher Weise wird der Beweis der infantilen Masturbation auch in anderen Fällen hergestellt. Das Material dafür ist meist ähnlicher Natur: Hinweise auf Fluor albus, Bettnässen, Handzeremoniell (Waschzwang) u. dgl. Ob die Gewöhnung von einer Warteperson entdeckt worden ist oder nicht, ob ein Abgewöhnungskampf oder ein plötzlicher Umschwung diese Sexualbetätigung zum Ende geführt hat, läßt sich aus der Symptomatik des Falles jedesmal mit Sicherheit erraten. Bei Dora war die Masturbation unentdeckt geblieben und hatte mit einem Schlage ein Ende gefunden (Geheimnis, Angst vor Ärzten — Ersatz durch Dyspnoe). Die Kranken bestreiten zwar regelmäßig die Beweiskraft dieser Indizien und dies selbst dann, wenn die Erinnerung an den Katarrh oder an die Verwarnung der Mutter („das mache dumm; es sei giftig") in bewußter Erinnerung geblieben ist. Aber einige Zeit nachher

Es erheben sich nun eine Reihe der gewichtigsten Fragen zur
Ätiologie der Hysterie, ob man den Fall Doras als typisch für
die Ätiologie ansehen darf, ob er den einzigen Typus der Verursachung darstellt usw. Allein ich tue gewiß recht daran, die
Beantwortung dieser Fragen erst auf die Mitteilung einer größeren
Reihe von ähnlich analysierten Fällen warten zu lassen. Ich müßte
überdies damit beginnen, die Fragestellung zurechtzurücken. Anstatt mich mit Ja oder Nein darüber zu äußern, ob die Ätiologie
dieses Krankheitsfalles in der kindlichen Masturbation zu suchen
ist, würde ich zunächst den Begriff der Ätiologie bei den Psychoneurosen zu erörtern haben. Der Standpunkt, von dem aus ich
antworten könnte, würde sich als wesentlich verschoben gegen
den Standpunkt erweisen, von dem aus die Frage an mich gestellt
wird. Genug, wenn wir für diesen Fall zur Überzeugung gelangen,
daß hier Kindermasturbation nachweisbar ist, daß sie nichts Zu-
fälliges und nichts für die Gestaltung des Krankheitsbildes Gleichgültiges sein kann[1]. Uns winkt ein weiteres Verständnis der
Symptome bei Dora, wenn wir die Bedeutung des von ihr

---

stellt sich auch die so lange verdrängte Erinnerung an dieses Stück des kindlichen
Sexuallebens mit Sicherheit, und zwar bei allen Fällen, ein. — Bei einer Patientin
mit Zwangsvorstellungen, welche direkte Abkömmlinge der infantilen Masturbation
waren, erwiesen sich die Züge des sich Verbietens, Bestrafens, wenn sie dies eine getan
habe, dürfe es das andere nicht, das Nicht-gestört-werden-dürfen, das Pausen-Ein-
schieben zwischen einer Verrichtung (mit den Händen) und einer nächsten, das
Händewaschen usw. als unverändert erhaltene Stücke der Abgewöhnungsarbeit ihrer
Pflegeperson. Die Warnung: „Pfui, das ist giftig!" war das einzige, was dem Gedächtnisse immer erhalten geblieben war. Vgl. hierzu noch meine „Drei Abhandlungen
zur Sexualtheorie", 1905; 5. Aufl. 1922 (in Bd. V dieser Gesamtausgabe).

[1] Mit der Angewöhnung der Masturbation muß der Bruder in irgend welcher
Verbindung sein, denn in diesem Zusammenhang erzählte sie mit dem Nachdrucke,
der eine „Deckerinnerung" verrät, daß der Bruder ihr regelmäßig alle Ansteckungen
zugetragen, die er selbst leicht, sie aber schwer durchgemacht. Der Bruder wird auch
im Traume vor dem „Zugrundegehen" behütet; er hat selbst an Bettnässen gelitten,
aber noch vor der Schwester damit aufgehört. In gewissem Sinne war es auch eine
„Deckerinnerung", wenn sie aussprach, bis zu der ersten Krankheit habe sie mit dem
Bruder Schritt halten können, von da an sei sie im Lernen gegen ihn zurückgeblieben.
Als wäre sie bis dahin ein Bub gewesen, dann erst mädchenhaft geworden. Sie war
wirklich ein wildes Ding, vom „Asthma" an wurde sie still und sittig. Diese Erkrankung bildete bei ihr die Grenze zwischen zwei Phasen des Geschlechtslebens,
von denen die erste männlichen, die spätere weiblichen Charakter hatte.

eingestandenen Fluor albus ins Auge fassen. Das Wort „Katarrh", mit dem sie ihre Affektion bezeichnen lernte, als ein ähnliches Leiden der Mutter Franzensbad nötig machte, ist wiederum ein „Wechsel", welcher der ganzen Reihe von Gedanken über die Krankheitsverschuldung des Papas den Zugang zur Äußerung in dem Symptom des Hustens öffneten. Dieser Husten, der gewiß ursprünglich von einem geringfügigen realen Katarrh herstammte, war ohnedies Nachahmung des auch mit einem Lungenleiden behafteten Vaters und konnte ihrem Mitleid und ihrer Sorge für ihn Ausdruck geben. Außerdem aber rief er gleichsam in die Welt hinaus, was ihr damals vielleicht noch nicht bewußt geworden war: „Ich bin die Tochter von Papa. Ich habe einen Katarrh wie er. Er hat mich krank gemacht, wie er die Mama krank gemacht hat. Von ihm habe ich die bösen Leidenschaften, die sich durch Krankheit strafen."[1]

Wir können nun den Versuch machen, die verschiedenen Determinierungen, die wir für die Anfälle von Husten und Heiserkeit gefunden haben, zusammenzustellen. Zu unterst in der Schichtung ist ein realer, organisch bedingter Hustenreiz anzunehmen, das Sandkorn also, um welches das Muscheltier die Perle bildet. Dieser Reiz ist fixierbar, weil er eine Körperregion betrifft, welche die Bedeutung einer erogenen Zone bei dem Mädchen in hohem Grade bewahrt hat. Er ist also geeignet dazu, der erregten Libido Ausdruck zu geben. Er wird fixiert durch die wahrscheinlich erste psychische Umkleidung, die Mitleidsimitation für den

---

[1] Die nämliche Rolle spielte das Wort bei dem 14jährigen Mädchen, dessen Krankengeschichte ich auf Seite 183. in einige Zeilen zusammengedrängt habe. Ich hatte das Kind mit einer intelligenten Dame, die mir die Dienste einer Wärterin leistete, in einer Pension installiert. Die Dame berichtete mir, daß die kleine Patientin ihre Gegenwart beim Zubettegehen nicht dulde, und daß sie im Bette auffällig huste, wovon tagsüber nichts zu hören war. Der Kleinen fiel, als sie über diese Symptome befragt wurde, nur ein, daß ihre Großmutter so huste, von der man sage, sie habe einen Katarrh. Es war dann klar, daß auch sie einen Katarrh habe, und daß sie bei der abends vorgenommenen Reinigung nicht bemerkt werden wolle. Der Katarrh, der mittels dieses Wortes von unten nach oben geschoben worden war, zeigte sogar eine nicht gewöhnliche Intensität.

kranken Vater und dann durch die Selbstvorwürfe wegen des
„Katarrhs". Dieselbe Symptomgruppe zeigt sich ferner fähig, die
Beziehungen zu Herrn K. darzustellen, seine Abwesenheit zu bedauern und den Wunsch auszudrücken, ihm eine bessere Frau
zu sein. Nachdem ein Teil der Libido sich wieder dem Vater
zugewendet, gewinnt das Symptom seine vielleicht letzte Bedeutung
zur Darstellung des sexuellen Verkehres mit dem Vater in der
Identifizierung mit Frau K. Ich möchte dafür bürgen, daß diese
Reihe keineswegs vollständig ist. Leider ist die unvollständige
Analyse nicht imstande, dem Wechsel der Bedeutung zeitlich zu
folgen, die Reihenfolge und die Koexistenz verschiedener Bedeutungen klarzulegen. An eine vollständige darf man diese Forderungen stellen.

Ich darf nun nicht versäumen, auf weitere Beziehungen des
Genitalkatarrhs zu den hysterischen Symptomen Doras einzugehen.
Zu Zeiten, als eine psychische Aufklärung der Hysterie noch in
weiter Ferne lag, hörte ich ältere, erfahrene Kollegen behaupten,
daß bei den hysterischen Patientinnen mit Fluor eine Ver-
schlimmerung des Katarrhs regelmäßig eine Verschärfung der
hysterischen Leiden, besonders der Eßunlust und des Erbrechens
nach sich ziehe. Über den Zusammenhang war niemand recht
klar, aber ich glaube, man neigte zur Anschauung der Gynäkologen hin, die bekanntlich einen direkten und organisch störenden
Einfluß von Genitalaffektionen auf die nervösen Funktionen im
breitesten Ausmaße annehmen, wobei uns die therapeutische Probe
auf die Rechnung zu allermeist im Stich läßt. Bei dem heutigen
Stande unserer Einsicht kann man einen solchen direkten und
organischen Einfluß auch nicht für ausgeschlossen erklären, aber
leichter nachweisbar ist jedenfalls dessen psychische Umkleidung.
Der Stolz auf die Gestaltung der Genitalien ist bei unseren Frauen
ein ganz besonderes Stück ihrer Eitelkeit; Affektionen derselben,
welche für geeignet gehalten werden, Abneigung oder selbst Ekel
einzuflößen, wirken in ganz unglaublicher Weise kränkend, das

Selbstgefühl herabsetzend, machen reizbar, empfindlich und mißtrauisch. Die abnorme Sekretion der Scheidenschleimhaut wird als ekelerregend angesehen.

Erinnern wir uns, daß bei Dora nach dem Kusse des Herrn K. eine lebhafte Ekelempfindung eintrat, und daß wir Grund fanden, uns ihre Erzählung dieser Kußszene dahin zu vervollständigen, daß sie den Druck des erigierten Gliedes gegen ihren Leib in der Umarmung verspürte. Wir erfahren nun ferner, daß dieselbe Gouvernante, welche sie wegen ihrer Untreue von sich gestoßen hatte, ihr aus eigener Lebenserfahrung vorgetragen hatte, alle Männer seien leichtsinnig und unverläßlich. Für Dora mußte das heißen, alle Männer seien wie der Papa. Ihren Vater hielt sie aber für geschlechtskrank, hatte er doch diese Krankheit auf sie und auf die Mutter übertragen. Sie konnte sich also vorstellen, alle Männer seien geschlechtskrank, und ihr Begriff von Geschlechtskrankheit war natürlich nach ihrer einzigen und dazu persönlichen Erfahrung gebildet. Geschlechtskrank hieß ihr also mit einem ekelhaften Ausflusse behaftet — ob dies nicht eine weitere Motivierung des Ekels war, den sie im Moment der Umarmung empfand? Dieser auf die Berührung des Mannes übertragene Ekel wäre dann ein nach dem erwähnten primitiven Mechanismus (siehe Seite 194) projizierter, der sich in letzter Linie auf ihren eigenen Fluor bezog.

Ich vermute, daß es sich hiebei um unbewußte Gedankengänge handelt, welche über vorgebildete organische Zusammenhänge gezogen sind, etwa wie Blumenfestons über Drahtgewinde, so daß man ein andermal andere Gedankenwege zwischen den nämlichen Ausgangs- und Endpunkten eingeschaltet finden kann. Doch ist die Kenntnis der im einzelnen wirksam gewesenen Gedankenverbindungen für die Lösung der Symptome von unersetzlichem Werte. Daß wir im Falle Doras zu Vermutungen und Ergänzungen greifen müssen, ist nur durch den vorzeitigen Abbruch der Analyse begründet. Was ich zur Ausfüllung der Lücken

vorbringe, lehnt sich durchweg an andere, gründlich analysierte
Fälle an.

*

Der Traum, durch dessen Analyse wir die vorstehenden Aufschlüsse gewonnen haben, entspricht, wie wir fanden, einem Vorsatze, den Dora in den Schlaf mitnimmt. Er wird darum jede Nacht wiederholt, bis der Vorsatz erfüllt ist, und er tritt Jahre später wieder auf, sowie sich ein Anlaß ergibt, einen analogen Vorsatz zu fassen. Der Vorsatz läßt sich bewußt etwa folgendermaßen aussprechen: Fort aus diesem Hause, in dem, wie ich gesehen habe, meiner Jungfräulichkeit Gefahr droht; ich reise mit dem Papa ab und morgens bei der Toilette will ich meine Vorsichten treffen, nicht überrascht zu werden. Diese Gedanken finden ihren deutlichen Ausdruck im Traume; sie gehören einer Strömung an, die im Wachleben zum Bewußtsein und zur Herrschaft gelangt ist. Hinter ihnen läßt sich ein dunkler vertretener Gedankenzug erraten, welcher der gegenteiligen Strömung entspricht und darum der Unterdrückung verfallen ist. Er gipfelt in der Versuchung, sich dem Manne zum Danke für die ihr in den letzten Jahren bewiesene Liebe und Zärtlichkeit hinzugeben, und ruft vielleicht die Erinnerung an den einzigen Kuß auf, den sie bisher von ihm empfangen hat. Aber nach der in meiner Traumdeutung entwickelten Theorie reichen solche Elemente nicht hin, um einen Traum zu bilden. Ein Traum sei kein Vorsatz, der als ausgeführt, sondern ein Wunsch, der als erfüllt dargestellt wird, und zwar womöglich ein Wunsch aus dem Kinderleben. Wir haben die Verpflichtung zu prüfen, ob dieser Satz nicht durch unseren Traum widerlegt wird.

Der Traum enthält in der Tat infantiles Material, welches in keiner auf den ersten Blick ergründbaren Beziehung zum Vorsatze steht, das Haus des Herrn K. und die von ihm ausgehende Versuchung zu fliehen. Wozu taucht wohl die Erinnerung an das Bettnässen als Kind und an die Mühe auf, die sich der Vater

damals gab, das Kind rein zu gewöhnen? Man kann darauf die
Antwort geben, weil es nur mit Hilfe dieses Gedankenzuges
möglich ist, die intensiven Versuchungsgedanken zu unterdrücken
und den gegen sie gefaßten Vorsatz zur Herrschaft zu bringen.
Das Kind beschließt, mit seinem Vater zu flüchten; in Wirklichkeit flüchtet es sich in der Angst vor dem ihm nachstellenden
Manne zu seinem Vater; es ruft eine infantile Neigung zum
Vater wach, die es gegen die rezente zu dem Fremden schützen
soll. An der gegenwärtigen Gefahr ist der Vater selbst mitschuldig,
der sie wegen eigener Liebesinteressen dem fremden Manne aus
geliefert hat. Wie viel schöner war es doch, als derselbe Vater
niemanden anderen lieber hatte als sie und sich bemühte, sie
vor den Gefahren, die sie damals bedrohten, zu retten. Der
infantile und heute unbewußte Wunsch, den Vater an die Stelle
des fremden Mannes zu setzen, ist eine traumbildende Potenz.
Wenn es eine Situation gegeben hat, die ähnlich einer der gegenwärtigen sich doch durch diese Personvertretung von ihr unterschied, so wird diese zur Hauptsituation des Trauminhaltes. Es
gibt eine solche; gerade so wie am Vortage Herr K., stand einst
der Vater vor ihrem Bette und weckte sie etwa mit einem Kusse,
wie vielleicht Herr K. beabsichtigt hatte. Der Vorsatz, das Haus
zu fliehen, ist also nicht an und für sich traumfähig, er wird
es dadurch, daß sich ihm ein anderer, auf infantile Wünsche
gestützter Vorsatz beigesellt. Der Wunsch, Herrn K. durch den
Vater zu ersetzen, gibt die Triebkraft zum Traume ab. Ich erinnere an die Deutung, zu der mich der verstärkte, auf das
Verhältnis des Vaters zu Frau K. bezügliche Gedankenzug nötigte,
es sei hier eine infantile Neigung zum Vater wachgerufen worden,
um die verdrängte Liebe zu Herrn K. in der Verdrängung erhalten zu können; diesen Umschwung im Seelenleben der Patientin
spiegelt der Traum wieder.

Über das Verhältnis zwischen den in den Schlaf sich fort-
setzenden Wachgedanken — den Tagesresten — und dem

unbewußten traumbildenden Wunsche habe ich in der „Traumdeutung" (p. 329, 8. Aufl., S. 383) einige Bemerkungen niedergelegt, die ich hier unverändert zitieren werde, denn ich habe ihnen nichts hinzuzufügen, und die Analyse dieses Traumes von Dora beweist von neuem, daß es sich nicht anders verhält.

„Ich will zugeben, daß es eine ganze Klasse von Träumen gibt, zu denen die Anregung vorwiegend oder selbst ausschließlich aus den Resten des Tageslebens stammt und ich meine, selbst mein Wunsch, endlich einmal Professor extraordinarius zu werden[1], hätte mich diese Nacht ruhig schlafen lassen können, wäre nicht die Sorge um die Gesundheit meines Freundes vom Tage her noch rührig gewesen. Aber diese Sorge hätte noch keinen Traum gemacht; die Triebkraft, die der Traum bedurfte, mußte von einem Wunsche beigesteuert werden; es war Sache der Besorgnis, sich einen solchen Wunsch als Triebkraft des Traumes zu verschaffen. Um es in einem Gleichnisse zu sagen: Es ist sehr wohl möglich, daß ein Tagesgedanke die Rolle des Unternehmers für den Traum spielt; aber der Unternehmer, der, wie man sagt, die Idee hat und den Drang, sie in Tat umzusetzen, kann doch ohne Kapital nichts machen; er braucht einen Kapitalisten, der den Aufwand bestreitet, und dieser Kapitalist, der den psychischen Aufwand für den Traum beistellt, ist allemal und unweigerlich, was immer auch der Tagesgedanke sein mag, ein Wunsch aus dem Unbewußten."

Wer die Feinheit in der Struktur solcher Gebilde wie der Träume kennen gelernt hat, wird nicht überrascht sein, zu finden, daß der Wunsch, der Vater möge die Stelle des versuchenden Mannes einnehmen, nicht etwa beliebiges Kindheitsmaterial zur Erinnerung bringt, sondern gerade solches, das auch die intimsten Beziehungen zur Unterdrückung dieser Versuchung unterhält. Denn wenn Dora sich unfähig fühlt, der Liebe zu diesem Manne

---

[1] Dies bezieht sich auf die Analyse des dort zum Muster genommenen Traumes.

nachzugeben, wenn es zur Verdrängung dieser Liebe anstatt zur Hingebung kommt, so hängt diese Entscheidung mit keinem anderen Moment inniger zusammen als mit ihrem vorzeitigen Sexualgenusse und mit dessen Folgen, dem Bettnässen, dem Katarrh und dem Ekel. Eine solche Vorgeschichte kann je nach der Summation der konstitutionellen Bedingungen zweierlei Verhalten gegen die Liebesanforderung in reifer Zeit begründen, entweder die volle widerstandslose, ins Perverse greifende Hingebung an die Sexualität oder in der Reaktion die Ablehnung derselben unter neurotischer Erkrankung. Konstitution und die Höhe der intellektuellen und moralischen Erziehung hatten bei unserer Patientin für das letztere den Ausschlag gegeben.

Ich will noch besonders darauf aufmerksam machen, daß wir von der Analyse dieses Traumes aus den Zugang zu Einzelheiten der pathogen wirksamen Erlebnisse gefunden haben, die der Erinnerung oder wenigstens der Reproduktion sonst nicht zugänglich gewesen waren. Die Erinnerung an das Bettnässen der Kindheit war, wie sich ergab, bereits verdrängt. Die Einzelheiten der Nachstellung von seiten des Herrn K. hatte Dora niemals erwähnt, sie waren ihr nicht eingefallen.

*

Noch einige Bemerkungen zur Synthese dieses Traumes. Die Traumarbeit nimmt ihren Anfang am Nachmittage des zweiten Tages nach der Szene im Walde, nachdem sie bemerkt, daß sie ihr Zimmer nicht mehr verschließen kann. Da sagt sie sich: Hier droht mir ernste Gefahr, und bildet den Vorsatz, nicht allein im Hause zu bleiben, sondern mit dem Papa abzureisen. Dieser Vorsatz wird traumbildungsfähig, weil er sich ins Unbewußte fortzusetzen vermag. Dort entspricht ihm, daß sie die infantile Liebe zum Vater als Schutz gegen die aktuelle Versuchung aufruft. Die Wendung, die sich dabei in ihr vollzieht, fixiert sich und führt sie auf den Standpunkt, den ihr überwertiger Gedankengang vertritt (Eifersucht gegen Frau K. wegen des Vaters, als ob sie in ihn verliebt wäre). Es kämpfen in ihr die Versuchung, dem werbenden Manne nachzugeben, und das zusammengesetzte Sträuben dagegen. Letzteres ist zusammengesetzt aus Motiven der Wohlanständigkeit und Besonnenheit, aus feindseligen Regungen infolge der Eröffnung der Gouvernante (Eifersucht, gekränkter Stolz, siehe unten) und aus einem neurotischen Elemente, dem in ihr vorbereiteten Stücke Sexualabneigung, welches auf ihrer Kindergeschichte fußt. Die zum Schutze gegen die Versuchung wachgerufene Liebe zum Vater stammt aus dieser Kindergeschichte.

Der Traum verwandelt den im Unbewußten vertieften Vorsatz, sich zum Vater zu flüchten, in eine Situation, die den Wunsch, der Vater möge sie aus der Gefahr retten, erfüllt zeigt. Dabei ist ein im Wege stehender Gedanke beiseite zu schieben, der Vater ist es ja, der sie in diese Gefahr gebracht hat. Die hier unterdrückte feindselige Regung (Racheneigung) gegen den Vater werden wir als einen der Motoren des zweiten Traumes kennen lernen.

Nach den Bedingungen der Traumbildung wird die phantasierte Situation so gewählt, daß sie eine infantile Situation wiederholt. Ein besonderer Triumph ist es, wenn es gelingt, eine rezente, etwa gerade die Situation des Traumanlasses, in eine infantile zu verwandeln. Das gelingt hier durch reine Zufälligkeit des Materials. So wie Herr K. vor ihrem Lager gestanden und sie geweckt, so tat es oft in Kinderjahren der Vater. Ihre ganze Wendung läßt sich treffend symbolisieren, indem sie in dieser Situation Herrn K. durch den Vater ersetzt.

Der Vater weckte sie aber seinerzeit, damit sie das Bett nicht naß mache. Dieses „Naß" wird bestimmend für den weiteren Trauminhalt, in welchem es aber nur durch eine entfernte Anspielung und durch seinen Gegensatz vertreten ist.

Der Gegensatz von „Naß", „Wasser" kann leicht „Feuer", „Brennen", sein. Die Zufälligkeit, daß der Vater bei der Ankunft an dem Orte Angst vor Feuersgefahr geäußert hatte, hilft mit, um zu entscheiden, daß die Gefahr, aus welcher der Vater sie rettet, eine Brandgefahr sei. Auf diesen Zufall und auf den Gegensatz zu „Naß" stützt sich die gewählte Situation des Traumbildes: Es brennt, der Vater steht vor ihrem Bette, um sie zu wecken. Die zufällige Äußerung des Vaters gelangte wohl nicht zu dieser Bedeutung im Trauminhalte, wenn sie nicht so vortrefflich zu der siegreichen Gefühlsströmung stimmen würde, die in dem Vater durchaus den Helfer und Retter finden will. Er hat die Gefahr gleich bei der Ankunft geahnt, er hat recht gehabt! (In Wirklichkeit hatte er das Mädchen in diese Gefahr gebracht.)

In den Traumgedanken fällt dem „Naß" infolge leicht herstellbarer Beziehungen die Rolle eines Knotenpunktes für mehrere Vorstellungskreise zu. „Naß" gehört nicht allein dem Bettnässen an, sondern auch dem Kreise der sexuellen Versuchungsgedanken die unterdrückt hinter diesem Trauminhalte stehen. Sie weiß, daß es auch ein Naßwerden beim sexuellen Verkehre gibt, daß der Mann dem Weib etwas Flüssiges in Tropfenform bei der Begattung schenkt. Sie weiß, daß gerade darin die Gefahr besteht, daß ihr die Aufgabe gestellt wird, das Genitale vor dem Benetztwerden zu hüten.

Mit „Naß" und „Tropfen" erschließt sich gleichzeitig der andere Assoziationskreis, der des ekelhaften Katarrhs, der in ihren reiferen Jahren wohl die nämliche beschämende Bedeutung hat wie in der Kinderzeit das Bettnässen. „Naß" wird hier gleichbedeutend mit „Verunreinigt". Das Genitale, das reingehalten werden soll, ist ja schon durch den Katarrh verunreinigt, übrigens bei der Mama gerade so wie bei ihr (Seite 238). Sie scheint zu verstehen, daß die Reinlichkeitssucht der Mama die Reaktion gegen diese Verunreinigung ist.

Beide Kreise treffen in dem einen zusammen: Die Mama hat beides vom Papa bekommen, das sexuelle Naß und den verunreinigenden Fluor. Die Eifersucht gegen die Mama ist untrennbar von dem Gedankenkreise der hier zum Schutze aufgerufenen infantilen Liebe zum Vater. Aber darstellungsfähig ist dieses Material noch nicht. Läßt sich aber eine Erinnerung finden, die mit beiden Kreisen des „Naß" in ähnlich guter Beziehung steht, aber das Anstößige vermeidet, so wird diese die Vertretung im Trauminhalte übernehmen können.

Eine solche findet sich in der Begebenheit von den „Tropfen", die sich die Mama als Schmuck gewünscht. Anscheinend ist die Verknüpfung dieser Reminiszenz mit den beiden Kreisen des sexuellen Naß und der Verunreinigung eine äußerliche, oberflächliche, durch die Worte vermittelt, denn „Tropfen" ist als „Wechsel", als zweideutiges Wort verwendet, und „Schmuck" ist so viel als „rein", ein etwas gezwungener Gegensatz zu „verunreinigt". In Wirklichkeit sind die festesten inhaltlichen Verknüpfungen nachweisbar. Die Erinnerung stammt aus dem Material der infantil wurzelnden, aber weit fortgesetzten Eifersucht gegen die Mama. Über die beiden Wortbrücken kann alle Bedeutung, die an den Vorstellungen vom sexuellen Verkehre zwischen den Eltern, von der Fluorerkrankung und von der quälenden Reinmacherei der Mama haftet, auf die eine Reminiszenz von den „Schmucktropfen" übergeführt werden.

Doch muß noch eine weitere Verschiebung für den Trauminhalt Platz greifen. Nicht das dem ursprünglichen „Naß" nähere „Tropfen", sondern das entferntere „Schmuck" gelangt zur Aufnahme in den Traum. Es hätte also heißen können, wenn dieses Element in die vorher fixierte Traumsituation eingefügt wird: Die Mama will noch ihren Schmuck retten. In der neuen Abänderung „Schmuckkästchen" macht sich nun nachträglich der Einfluß von Elementen aus dem unterliegenden Kreise der Versuchung durch Herrn K. geltend. Schmuck hat ihr Herr K. nicht geschenkt, wohl aber ein „Kästchen" dafür, die Vertretung all der Auszeichnungen und Zärtlichkeiten, für die sie jetzt dankbar sein sollte. Und das jetzt entstandene Kompositum „Schmuckkästchen" hat noch einen besonderen vertretenden Wert. Ist „Schmuckkästchen" nicht ein gebräuchliches Bild für das unbefleckte, unversehrte, weibliche Genitale?· Und anderseits ein harmloses Wort, also vortrefflich geeignet, die sexuellen Gedanken hinter dem Traum ebensosehr anzudeuten wie zu verstecken?

So heißt es also im Trauminhalte an zwei Stellen: „Schmuckkästchen der Mama", und dies Element ersetzt die Erwähnung der infantilen Eifersucht, der Tropfen, also des sexuellen Nassen, der Verunreinigung durch den Fluor und anderseits der jetzt aktuellen Versuchungsgedanken, die auf Gegenliebe dringen und die bevorstehende — ersehnte und drohende — sexuelle Situation ausmalen. Das Element „Schmuckkästchen" ist wie kein anderes ein Verdichtungs- und Verschiebungsergebnis und ein Kompromiß gegensätzlicher Strömungen. Auf seine mehrfache Herkunft — aus infantiler wie aus aktueller Quelle — deutet wohl sein zweimaliges Auftreten im Trauminhalte.

Der Traum ist die Reaktion auf ein frisches, erregend wirkendes Erlebnis, welches notwendigerweise die Erinnerung an das einzige analoge Erlebnis früherer Jahre wecken muß. Dies ist die Szene mit dem Kusse im Laden, bei dem der Ekel auftrat. Dieselbe Szene ist aber assoziativ von anderswoher zugänglich, von dem Gedankenkreise des Katarrhs (vgl. S. 246) und von dem der aktuellen Versuchung aus. Sie liefert also einen eigenen Beitrag zum Trauminhalte, der sich der vorgebildeten Situation anpassen muß. Es brennt ... der Kuß hat wohl nach Rauch geschmeckt, sie riecht also Rauch im Trauminhalte, der sich hier über das Erwachen fortsetzt.

In der Analyse dieses Traumes habe ich leider aus Unachtsamkeit eine Lücke gelassen. Dem Vater ist die Rede in den Mund gelegt: Ich will nicht, daß meine beiden Kinder usw. (hier ist wohl aus den Traumgedanken einzufügen: an den Folgen der Masturbation) zugrunde gehen. Solche Traumrede ist regelmäßig aus Stücken realer, gehaltener oder gehörter Rede zusammengesetzt. Ich hätte mich nach der realen Herkunft dieser Rede erkundigen sollen. Das Ergebnis dieser Nachfrage hätte den Aufbau des Traumes zwar verwickelter ergeben, aber dabei gewiß auch durchsichtiger erkennen lassen.

Soll man annehmen, daß dieser Traum damals in L. genau den nämlichen Inhalt gehabt hat wie bei seiner Wiederholung während der Kur? Es scheint nicht notwendig. Die Erfahrung zeigt, daß die Menschen häufig behaupten, sie hätten denselben Traum gehabt, während sich die einzelnen Erscheinungen des wiederkehrenden Traumes durch zahlreiche Details und sonst weitgehende Abänderungen unterscheiden. So berichtet eine meiner Patientinnen, sie habe heute wieder ihren stets in gleicher Weise wiederkehrenden Lieblingstraum gehabt, daß sie im blauen Meere schwimme, mit Genuß die Wogen teile usw. Nähere Nachforschung ergibt, daß auf dem gemeinsamen Untergrunde das eine Mal dies, das andere Mal jenes Detail aufgetragen ist; ja, einmal schwamm sie im Meere, während es gefroren war, mitten zwischen Eisbergen. Andere Träume, die sie selbst nicht mehr für die nämlichen auszugeben versucht, zeigen sich mit diesen wiederkehrenden innig verknüpft. Sie sieht z. B. nach einer Photographie gleichzeitig das Ober- und das Unterland von Helgoland in realen Dimensionen, auf dem Meere ein Schiff, in dem sich zwei Jugendbekannte von ihr befinden usw.

Sicher ist, daß der während der Kur vorfallende Traum Doras — vielleicht ohne seinen manifesten Inhalt zu ändern — eine neue aktuelle Bedeutung gewonnen hatte. Er schloß unter seinen Traumgedanken eine Beziehung zu meiner Behandlung ein und entsprach einer Erneuerung des damaligen Vorsatzes, sich einer Gefahr zu entziehen. Wenn keine Erinnerungstäuschung von ihrer Seite im Spiele war, als sie behauptete, den Rauch nach dem Erwachen schon in L. verspürt zu haben, so ist anzuerkennen, daß sie meinen Ausspruch: „Wo Rauch ist, da ist Feuer" sehr geschickt unter die fertige Traumform gebracht, wo er zur Überdeterminierung des letzten Elementes verwendet erscheint. Ein unleugbarer Zufall war es, daß ihr der letzte aktuelle Anlaß, das Verschließen des Speisezimmers von seiten der Mutter, wodurch der Bruder in seinem Schlafraume eingeschlossen blieb, eine Anknüpfung an die Nachstellung des Herrn K. in L. brachte, wo ihr Entschluß zur Reife kam, als sie ihr Schlafzimmer nicht verschließen konnte. Vielleicht kam der Bruder in den damaligen Träumen nicht vor, so daß die Rede „meine beiden Kinder" erst nach dem letzten Anlasse in den Trauminhalt gelangte.

III
DER ZWEITE TRAUM

Wenige Wochen nach dem ersten fiel der zweite Traum vor, mit dessen Erledigung die Analyse abbrach. Er ist nicht so voll durchsichtig zu machen wie der erste, brachte aber eine erwünschte Bestätigung einer notwendig gewordenen Annahme über den Seelenzustand der Patientin, füllte eine Gedächtnislücke aus und ließ einen tiefen Einblick in die Entstehung eines anderen ihrer Symptome gewinnen.

Dora erzählte: *Ich gehe in einer Stadt, die ich nicht kenne, spazieren, sehe Straßen und Plätze, die mir fremd sind.*[1] *Ich komme dann in ein Haus, wo ich wohne, gehe auf mein Zimmer und finde dort einen Brief der Mama liegen. Sie schreibt: Da ich ohne Wissen der Eltern vom Hause fort bin, wollte sie mir nicht schreiben, daß der Papa erkrankt ist. Jetzt ist er gestorben, und wenn Du willst,*[2] *kannst Du kommen. Ich gehe nun zum Bahnhofe und frage etwa 100 mal: Wo ist der Bahnhof? Ich bekomme immer die Antwort: Fünf Minuten. Ich sehe dann einen dichten Wald vor mir, in den ich hineingehe, und frage dort einen Mann, dem ich begegne. Er sagt mir: Noch 2½ Stunden.*[3] *Er bietet mir an, mich zu begleiten. Ich lehne ab und gehe*

---

1) Hierzu der wichtige Nachtrag: *Auf einem der Plätze sehe ich ein Monument.*
2) Dazu der Nachtrag: *Bei diesem Worte stand ein Fragezeichen: willst?*
3) Ein zweites Mal wiederholt sie: 2 *Stunden*

allein. Ich sehe den Bahnhof vor mir und kann ihn nicht erreichen. Dabei ist das gewöhnliche Angstgefühl, wenn man im Traume nicht weiter kommt. Dann bin ich zu Hause, dazwischen muß ich gefahren sein, davon weiß ich aber nichts. — Trete in die Portierloge und frage ihn nach unserer Wohnung. Das Dienstmädchen öffnet mir und antwortet: Die Mama und die anderen sind schon auf dem Friedhofe[1].

Die Deutung dieses Traumes ging nicht ohne Schwierigkeiten vor sich. Infolge der eigentümlichen, mit seinem Inhalte verknüpften Umstände, unter denen wir abbrachen, ist nicht alles geklärt worden, und damit hängt wieder zusammen, daß meine Erinnerung die Reihenfolge der Erschließungen nicht überall gleich sicher bewahrt hat. Ich schicke noch voraus, welches Thema der fortlaufenden Analyse unterlag, als sich der Traum einmengte. Dora warf seit einiger Zeit selbst Fragen über den Zusammenhang ihrer Handlungen mit den zu vermutenden Motiven auf. Eine dieser Fragen war: Warum habe ich die ersten Tage nach der Szene am See noch darüber geschwiegen? Die zweite: Warum habe ich dann plötzlich den Eltern davon erzählt? Ich fand es überhaupt noch der Erklärung bedürftig, daß sie sich durch die Werbung K.s so schwer gekränkt gefühlt, zumal da mir die Einsicht aufzugehen begann, daß die Werbung um Dora auch für Herrn K. keinen leichtsinnigen Verführungsversuch bedeutet hatte. Daß sie von dem Vorfalle ihre Eltern in Kenntnis gesetzt, legte ich als eine Handlung aus, die bereits unter dem Einflusse krankhafter Rachsucht stand. Ein normales Mädchen wird, so sollte ich meinen, allein mit solchen Angelegenheiten fertig.

Ich werde also das Material, welches sich zur Analyse dieses Traumes einstellte, in der ziemlich bunten Ordnung, die sich in meiner Reproduktion ergibt, vorbringen.

---

1) Dazu in der nächsten Stunde zwei Nachträge: *Ich sehe mich besonders deutlich die Treppe hinaufgehen,* und: *Nach ihrer Antwort gehe ich, aber gar nicht traurig, auf mein Zimmer und lese in einem großen Buche, das auf meinem Schreibtische liegt.*

Sie irrt allein in einer fremden Stadt, sieht Straßen
und Plätze. Sie versichert, es war gewiß nicht B., worauf ich
zuerst geraten hatte. sondern eine Stadt, in der sie nie gewesen
war. Es lag nahe, fortzusetzen: Sie können ja Bilder oder Photo-
graphien gesehen haben, denen Sie die Traumbilder entnehmen.
Nach dieser Bemerkung stellte sich der Nachtrag von dem
Monumente auf einem Platze ein und dann sofort die Kenntnis der
Quelle. Sie hatte zu den Weihnachtsfeiertagen ein Album mit Stadt-
ansichten aus einem deutschen Kurorte bekommen und dasselbe
gerade gestern hervorgesucht, um es den Verwandten, die bei ihnen
zu Gast waren, zu zeigen. Es lag in einer Bilderschachtel, die sich nicht
gleich vorfand, und sie fragte die Mama: Wo ist die Schachtel?[1]
Eines der Bilder zeigte einen Platz mit einem Monumente. Der
Spender aber war ein junger Ingenieur, dessen flüchtige Bekanntschaft
sie einst in der Fabrikstadt gemacht hatte. Der junge Mann hatte eine
Stellung in Deutschland angenommen, um rascher zur Selbständigkeit zu kommen, benützte jede Gelegenheit, um sich in Erinnerung
zu bringen, und es war leicht zu erraten, daß er vorhabe, seinerzeit,
wenn sich seine Position gebessert, mit einer Werbung um Dora
hervorzutreten. Aber das brauchte noch Zeit, da hieß es warten.

Das Umherwandern in einer fremden Stadt war überdeter-
miniert. Es führte zu einem der Tagesanlässe. Zu den Feiertagen
war ein jugendlicher Cousin auf Besuch gekommen, dem sie jetzt
die Stadt Wien zeigen mußte. Dieser Tagesanlaß war freilich
ein höchst indifferenter. Der Vetter erinnerte sie aber an einen
kurzen ersten Aufenthalt in Dresden. Damals wanderte sie als
Fremde herum, versäumte natürlich nicht, die berühmte Galerie
zu besuchen. Ein anderer Vetter, der mit ihnen war und Dresden
kannte, wollte den Führer durch die Galerie machen. Aber sie
wies ihn ab und ging allein, blieb vor den Bildern stehen,
die ihr gefielen. Vor der Sixtina verweilte sie zwei Stunden

---

[1] Im Traume fragt sie: Wo ist der Bahnhof? Aus dieser Annäherung zog ich
einen Schluß, den ich später entwickeln werde.

lang in still träumender Bewunderung. Auf die Frage, was ihr an dem Bilde so sehr gefallen, wußte sie nichts Klares zu antworten. Endlich sagte sie: Die Madonna.

Daß diese Einfälle wirklich dem traumbildenden Material angehören, ist doch gewiß. Sie schließen Bestandteile ein, die wir unverändert im Trauminhalte wiederfinden (sie wies ihn ab und ging allein — zwei Stunden). Ich merke bereits, daß „Bilder" einem Knotenpunkte in dem Gewebe der Traumgedanken entsprechen (die Bilder im Album — die Bilder in Dresden). Auch das Thema der Madonna, der jungfräulichen Mutter, möchte ich für weitere Verfolgung herausgreifen. Vor allem aber sehe ich, daß sie sich in diesem ersten Teile des Traumes mit einem jungen Manne identifiziert. Er irrt in der Fremde herum, er bestrebt sich, ein Ziel zu erreichen, aber er wird hingehalten, er braucht Geduld, er muß warten. Wenn sie dabei an den Ingenieur dachte, so hätte es gestimmt, daß dieses Ziel der Besitz eines Weibes, ihrer eigenen Person, sein sollte. Anstatt dessen war es ein — Bahnhof, für den wir allerdings nach dem Verhältnisse der Frage im Traume zu der wirklich getanen Frage eine Schachtel einsetzen dürfen. Eine Schachtel und ein Weib, das geht schon besser zusammen.

Sie fragt wohl hundertmal... Das führt zu einer anderen, minder indifferenten Veranlassung des Traumes. Gestern abends nach der Gesellschaft bat sie der Vater, ihm den Cognac zu holen; er schlafe nicht, wenn er nicht vorher Cognac getrunken. Sie verlangte den Schlüssel zum Speisekasten von der Mutter, aber die war in ein Gespräch verwickelt und gab ihr keine Antwort, bis sie mit der ungeduldigen Übertreibung herausfuhr: Jetzt habe ich dich schon hundertmal gefragt, wo der Schlüssel ist. In Wirklichkeit hatte sie die Frage natürlich nur etwa fünfmal wiederholt[1].

---

[1] Im Trauminhalte steht die Zahl fünf bei der Zeitangabe: 5 Minuten. In meinem Buche über die Traumdeutung habe ich an mehreren Beispielen gezeigt, wie in den Traumgedanken vorkommende Zahlen vom Traume behandelt werden; man findet sie häufig aus ihren Beziehungen gerissen und in neue Zusammenhänge eingetragen.

Wo ist der Schlüssel? scheint mir das männliche Gegenstück zur Frage: Wo ist die Schachtel? (siehe den ersten Traum, Seite 228) Es sind also Fragen — nach den Genitalien.

In derselben Versammlung Verwandter hatte jemand einen Trinkspruch auf den Papa gehalten und die Hoffnung ausgesprochen, daß er noch lange in bester Gesundheit usw. Dabei hatte es so eigentümlich in den müden Mienen des Vaters gezuckt, und sie hatte verstanden, welche Gedanken er zu unterdrücken hatte. Der arme kranke Mann! Wer konnte wissen, wie lange Lebensdauer ihm noch beschieden war.

Damit sind wir beim Inhalte des Briefes im Traume angelangt. Der Vater war gestorben, sie hatte sich eigenmächtig vom Haus entfernt. Ich mahnte sie bei dem Briefe im Traume sofort an den Abschiedsbrief, den sie den Eltern geschrieben oder wenigstens für die Eltern aufgesetzt hatte. Dieser Brief war bestimmt, den Vater in Schrecken zu versetzen, damit er von Frau K. ablasse, oder wenigstens an ihm Rache zu nehmen, wenn er dazu nicht zu bewegen sei. Wir stehen beim Thema ihres Todes und beim Tode ihres Vaters (Friedhof später im Traume). Gehen wir irre, wenn wir annehmen, daß die Situation, welche die Fassade des Traumes bildet, einer Rachephantasie gegen den Vater entspricht? Die mitleidigen Gedanken vom Tage vorher würden gut dazu stimmen. Die Phantasie aber lautete: Sie ginge von Haus weg in die Fremde, und dem Vater würde aus Kummer darüber, vor Sehnsucht nach ihr das Herz brechen. Dann wäre sie gerächt. Sie verstand ja sehr gut, was dem Vater fehlte, der jetzt nicht ohne Cognac schlafen konnte[1].

Wir wollen uns die Rachsucht als ein neues Element für eine spätere Synthese der Traumgedanken merken.

---

[1] Die sexuelle Befriedigung ist unzweifelhaft das beste Schlafmittel, sowie Schlaflosigkeit zu allermeist die Folge der Unbefriedigung ist. Der Vater schlief nicht, weil ihm der Verkehr mit der geliebten Frau fehlte. Vgl. hierzu das unten Folgende: Ich habe nichts an meiner Frau.

Der Inhalt des Briefes mußte aber weitere Determinierung zulassen. Woher stammte der Zusatz: Wenn Du willst?

Da fiel ihr der Nachtrag ein, daß hinter dem Worte „willst" ein Fragezeichen gestanden hatte, und damit erkannte sie auch diese Worte als Zitat aus dem Briefe der Frau K., welcher die Einladung nach L. (am See) enthalten hatte. In ganz auffälliger Weise stand in diesem Briefe nach der Einschaltung: „wenn Du kommen willst?" mitten im Gefüge des Satzes ein Fragezeichen.

Da wären wir also wieder bei der Szene am See und bei den Rätseln, die sich an sie knüpften. Ich bat sie, mir diese Szene einmal ausführlich zu erzählen. Sie brachte zuerst nicht viel Neues. Herr K. hatte eine einigermaßen ernsthafte Einleitung vorgebracht; sie ließ ihn aber nicht ausreden. Sobald sie nur verstanden hatte, um was es sich handle, schlug sie ihm ins Gesicht und eilte davon. Ich wollte wissen, welche Worte er gebrauchte; sie erinnert sich nur an seine Begründung: „Sie wissen, ich habe nichts an meiner Frau[1]." Sie wollte dann, um nicht mehr mit ihm zusammenzutreffen, den Weg nach L. zu Fuß um den See machen und fragte einen Mann, der ihr begegnete, wie weit sie dahin habe. Auf seine Antwort: „2½ Stunden" gab sie diese Absicht auf und suchte doch wieder das Schiff auf, das bald nachher abfuhr. Herr K. war auch wieder da, näherte sich ihr, bat sie, ihn zu entschuldigen und nichts von dem Vorfalle zu erzählen. Sie gab aber keine Antwort. — Ja, der Wald im Traume war ganz ähnlich dem Walde am Seeufer, in dem sich die eben von neuem beschriebene Szene abgespielt hatte. Genau den nämlichen dichten Wald hatte sie aber gestern auf einem Gemälde in der Sezessionsausstellung gesehen. Im Hintergrunde des Bildes sah man Nymphen[2].

---

[1] Diese Worte werden zur Lösung eines unserer Rätsel führen.

[2] Hier zum drittenmal: Bild (Städtebilder, Galerie in Dresden), aber in weit bedeutsamerer Verknüpfung. Durch das, was man an dem Bilde sieht, wird es zum Weibsbilde (Wald, Nymphen).

Jetzt wurde ein Verdacht bei mir zur Gewißheit. Bahnhof[1] und Friedhof, an Stelle von weiblichen Genitalien, war auffällig genug, hatte aber meine geschärfte Aufmerksamkeit auf das ähnlich gebildete „Vorhof" gelenkt, einen anatomischen Terminus für eine bestimmte Region der weiblichen Genitalien. Aber das konnte ein witziger Irrtum sein. Nun, da die „Nymphen" dazu kamen, die man im Hintergrunde des „dichten Waldes" sieht, war ein Zweifel nicht mehr gestattet. Das war symbolische Sexualgeographie! Nymphen nennt man, wie dem Arzte, aber nicht dem Laien bekannt, wie übrigens auch ersterem nicht sehr gebräuchlich, die kleinen Labien im Hintergrunde des „dichten Waldes" von Schamhaaren. Wer aber solche technische Namen wie „Vorhof" und „Nymphen" gebrauchte, der mußte seine Kenntnis aus Büchern geschöpft haben, und zwar nicht aus populären, sondern aus anatomischen Lehrbüchern oder aus einem Konversationslexikon, der gewöhnlichen Zuflucht der von sexueller Neugierde verzehrten Jugend. Hinter der ersten Situation des Traumes verbarg sich also, wenn diese Deutung richtig war, eine Deflorationsphantasie, wie ein Mann sich bemüht, ins weibliche Genitale einzudringen[2].

Ich teilte ihr meine Schlüsse mit. Der Eindruck muß zwingend gewesen sein, denn es kam sofort ein vergessenes Stückchen des Traumes nach: Daß sie ruhig[3] auf ihr Zimmer geht und

---

[1] Der „Bahnhof" dient übrigens dem „Verkehre". Die psychische Umkleidung mancher Eisenbahnangst.

[2] Die Deflorationsphantasie ist der zweite Bestandteil dieser Situation. Die Hervorhebung der Schwierigkeit im Vorwärtskommen und die im Traume empfundene Angst weisen auf die gerne betonte Jungfräulichkeit, die wir an anderer Stelle durch die „Sixtina" angedeutet finden. Diese sexuellen Gedanken ergeben eine unbewußte Untermalung für die vielleicht nur geheim gehaltenen Wünsche, die sich mit dem wartenden Bewerber in Deutschland beschäftigen. Als ersten Bestandteil derselben Traumsituation haben wir die Rachephantasie kennen gelernt, die beiden decken einander nicht völlig, sondern nur partiell; die Spuren eines noch bedeutsameren dritten Gedankenzuges werden wir später finden.

[3] Ein andermal hatte sie anstatt „ruhig" gesagt „gar nicht traurig" (S. 257). Ich kann diesen Traum als neuen Beweis für die Richtigkeit einer in der Traumdeutung (p. 299 u. ff., 8. Aufl., S. 354) enthaltenen Behauptung verwerten, daß die

in einem großen Buch liest, welches auf ihrem Schreibtische liegt. Der Nachdruck liegt hier auf den beiden Details: ruhig und groß bei Buch. Ich fragte: War es Lexikonformat? Sie bejahte. Nun lesen Kinder über verbotene Materien niemals ruhig im Lexikon nach. Sie zittern und bangen dabei und schauen sich ängstlich um, ob wohl jemand kommt. Die Eltern sind bei solcher Lektüre sehr im Wege. Aber die wunscherfüllende Kraft des Traumes hatte die unbehagliche Situation gründlich verbessert. Der Vater war tot und die anderen schon auf den Friedhof gefahren. Sie konnte ruhig lesen, was ihr beliebte. Sollte das nicht heißen, daß einer ihrer Gründe zur Rache auch die Auflehnung gegen den Zwang der Eltern war? Wenn der Vater tot war, dann konnte sie lesen oder lieben, wie sie wollte. Zunächst wollte sie sich nun nicht erinnern, daß sie je im Konversationslexikon gelesen, dann gab sie zu, daß eine solche Erinnerung in ihr auftauchte, freilich harmlosen Inhaltes. Zur Zeit, als die geliebte Tante so schwer krank und ihre Reise nach Wien schon beschlossen war, kam von einem anderen Onkel ein Brief, sie könnten nicht nach Wien reisen, ein Kind, also ein Vetter Doras, sei gefährlich an Blinddarmentzündung erkrankt. Damals las sie im Lexikon nach, welches die Symptome einer Blinddarmentzündung seien. Von dem, was sie gelesen, erinnert sie noch den charakteristisch lokalisierten Schmerz im Leibe.

Nun erinnerte ich, daß sie kurz nach dem Tode der Tante eine angebliche Blinddarmentzündung in Wien durchgemacht. Ich hatte mich bisher nicht getraut, diese Erkrankung zu ihren hysterischen Leistungen zu rechnen. Sie erzählte, daß sie die ersten Tage hoch gefiebert und denselben Schmerz im Unterleibe verspürt, von dem sie im Lexikon gelesen. Sie habe kalte Umschläge be-

---

zuerst vergessenen und nachträglich erinnerten Traumstücke stets die für das Verständnis des Traumes wichtigsten sind. Ich ziehe dort den Schluß, daß auch das Vergessen der Träume die Erklärung durch den innerpsychischen Widerstand fordert.

kommen, sie aber nicht vertragen; am zweiten Tage sei unter heftigen Schmerzen die seit ihrem Kranksein sehr unregelmäßige Periode eingetreten. An Stuhlverstopfung habe sie damals konstant gelitten.

Es ging nicht recht an, diesen Zustand als einen rein hysterischen aufzufassen. Wenn auch hysterisches Fieber unzweifelhaft vorkommt, so schien es doch willkürlich, das Fieber dieser fraglichen Erkrankung auf Hysterie anstatt auf eine organische, damals wirksame Ursache zu beziehen. Ich wollte die Spur wieder aufgeben, als sie selbst weiterhalf, indem sie den letzten Nachtrag zum Traume brachte: Sie sehe sich besonders deutlich die Treppe hinaufgehen.

Dafür verlangte ich natürlich eine besondere Determinierung. Ihren wohl nicht ernsthaft gemeinten Einwand, daß sie ja die Treppe hinaufgehen müsse, wenn sie in ihre im Stocke gelegene Wohnung wolle, konnte ich leicht mit der Bemerkung abweisen, wenn sie im Traume von der fremden Stadt nach Wien reisen und dabei die Eisenbahnfahrt übergehen könne, so dürfe sie sich auch über die Stufen der Treppe im Traume hinwegsetzen. Sie erzählte dann weiter: Nach der Blinddarmentzündung habe sie schlecht gehen können, weil sie den rechten Fuß nachgezogen. Das sei lange so geblieben, und sie hätte darum besonders Treppen gerne vermieden. Noch jetzt bleibe der Fuß manchmal zurück. Die Ärzte, die sie auf Verlangen des Vaters konsultierte, hätten sich über diesen ganz ungewöhnlichen Rest nach einer Blinddarmentzündung sehr verwundert, besonders da der Schmerz im Leibe nicht wieder aufgetreten sei und keineswegs das Nachziehen des Fußes begleitete[1].

Das war also ein richtiges hysterisches Symptom. Mochte auch das Fieber damals organisch bedingt gewesen sein — etwa durch

---

[1] Zwischen der „Ovarie" benannten Schmerzhaftigkeit im Abdomen und der Gehstörung des gleichseitigen Beines ist ein somatischer Zusammenhang anzunehmen, der hier bei Dora eine besonders spezialisierte Deutung, d. h. psychische Überlagerung und Verwertung erfährt. Vgl. die analoge Bemerkung bei der Analyse der Hustensymptome und des Zusammenhanges von Katarrh und Eßunlust.

eine der so häufigen Influenza-Erkrankungen ohne besondere Lokalisation — so war doch sichergestellt, daß sich die Neurose des Zufalles bemächtigte, um ihn für eine ihrer Äußerungen zu verwerten. Sie hatte sich also eine Krankheit angeschafft, über die sie im Lexikon nachgelesen, sich für diese Lektüre bestraft und mußte sich sagen, die Strafe konnte unmöglich der Lektüre des harmlosen Artikels gelten, sondern war durch eine Verschiebung zustande gekommen, nachdem an diese Lektüre sich eine andere schuldvollere angeschlossen hatte, die sich heute in der Erinnerung hinter der gleichzeitigen harmlosen verbarg[1]. Vielleicht ließ sich noch erforschen, über welche Themata sie damals gelesen hatte.

Was bedeutete denn der Zustand, der eine Perityphlitis nachahmen wollte? Der Rest der Affektion, das Nachziehen eines Beines, der zu einer Perityphlitis so gar nicht stimmte, mußte sich besser zu der geheimen, etwa sexuellen Bedeutung des Krankheitsbildes schicken und konnte seinerseits, wenn man ihn aufklärte, ein Licht auf diese gesuchte Bedeutung werfen. Ich versuchte, einen Zugang zu diesem Rätsel zu finden. Es waren im Traume Zeiten vorgekommen; die Zeit ist wahrlich nichts Gleichgültiges bei allem biologischen Geschehen. Ich fragte also, wann diese Blinddarmentzündung sich ereignet, ob früher oder später als die Szene am See. Die prompte, alle Schwierigkeiten mit einem Schlage lösende Antwort war: neun Monate nachher. Dieser Termin ist wohl charakteristisch. Die angebliche Blinddarmentzündung hatte also die Phantasie einer Entbindung realisiert mit den bescheidenen Mitteln, die der Patientin zu Gebote standen, den Schmerzen und der Periodenblutung[2]. Sie

---

[1] Ein ganz typisches Beispiel für Entstehung von Symptomen aus Anlässen, die anscheinend mit dem Sexuellen nichts zu tun haben.

[2] Ich habe schon angedeutet, daß die meisten hysterischen Symptome, wenn sie ihre volle Ausbildung erlangt haben, eine phantasierte Situation des Sexuallebens darstellen, also eine Szene des sexuellen Verkehres, eine Schwangerschaft, Entbindung, Wochenbett u. dgl.

kannte natürlich die Bedeutung dieses Termins und konnte die
Wahrscheinlichkeit nicht in Abrede stellen, daß sie damals im
Lexikon über Schwangerschaft und Geburt gelesen. Was war
aber mit dem nachgezogenen Beine? Ich durfte jetzt ein Erraten
versuchen. So geht man doch, wenn man sich den Fuß übertreten hat. Sie hatte also einen „Fehltritt" getan, ganz richtig,
wenn sie neun Monate nach der Szene am See entbinden konnte.
Nur mußte ich eine weitere Forderung aufstellen. Man kann
— nach meiner Überzeugung — solche Symptome nur dann
bekommen, wenn man ein infantiles Vorbild für sie hat. Die
Erinnerungen, die man von Eindrücken späterer Zeit hat, besitzen,
wie ich nach meinen bisherigen Erfahrungen strenge festhalten
muß, nicht die Kraft, sich als Symptome durchzusetzen. Ich
wagte kaum zu hoffen, daß sie mir das gewünschte Material
aus der Kinderzeit liefern würde, denn ich kann in Wirklichkeit
obigen Satz, an den ich gerne glauben möchte, noch nicht allgemein aufstellen. Aber hier kam die Bestätigung sofort. Ja, sie
hatte sich als Kind einmal denselben Fuß übertreten, sie war in
B. beim Heruntergehen auf der Treppe über eine Stufe gerutscht;
der Fuß, es war sogar der nämliche, den sie später nachzog, schwoll
an, mußte bandagiert werden, sie lag einige Wochen ruhig. Es war
kurze Zeit vor dem nervösen Asthma im achten Lebensjahre.

Nun galt es, den Nachweis dieser Phantasie zu verwerten:
Wenn Sie neun Monate nach der Szene am See eine Entbindung
durchmachen und dann mit den Folgen des Fehltrittes bis zum
heutigen Tage herumgehen, so beweist dies, daß Sie im Unbewußten den Ausgang der Szene bedauert haben. Sie haben ihn
also in ihrem unbewußten Denken korrigiert. Die Voraussetzung
Ihrer Entbindungsphantasie ist ja, daß damals etwas vorgegangen
ist[1], daß Sie damals all das erlebt und erfahren haben, was Sie

---

[1] Die Deflorationsphantasie findet also ihre Anwendung auf Herrn K., und es wird klar, warum dieselbe Region des Trauminhalts Material aus der Szene am See enthält. (Ablehnung. 2': Stunden, der Wald, Einladung nach L.)

später aus dem Lexikon entnehmen mußten. Sie sehen, daß Ihre
Liebe zu Herrn K. mit jener Szene nicht beendet war, daß sie sich, wie
ich behauptet habe, bis auf den heutigen Tag — allerdings Ihnen
unbewußt — fortsetzt. — Sie widersprach dem auch nicht mehr[1].

Diese Arbeiten zur Aufklärung des zweiten Traumes hatten
zwei Stunden in Anspruch genommen. Als ich nach Schluß der
zweiten Sitzung meiner Befriedigung über das Erreichte Ausdruck gab, antwortete sie geringschätzig: Was ist denn da viel
herausgekommen? und bereitete mich so auf das Herannahen
weiterer Enthüllungen vor.

[1] Einige Nachträge zu den bisherigen Deutungen: Die „Madonna" ist offenbar sie selbst, erstens wegen des „Anbeters", der ihr die Bilder geschickt hat, dann weil sie Herrn K.s Liebe vor allem durch ihre Mütterlichkeit gegen seine Kinder gewonnen hatte, und endlich, weil sie als Mädchen doch schon ein Kind gehabt hat, im direkten Hinweise auf die Entbindungsphantasie. Die „Madonna" ist übrigens eine beliebte Gegenvorstellung, wenn ein Mädchen unter dem Drucke sexueller Beschuldigungen steht, was ja auch bei Dora zutrifft. Ich bekam von diesem Zusammenhange die erste Ahnung als Arzt der psychiatrischen Klinik bei einem Falle von halluzinatorischer Verworrenheit raschen Ablaufes, der sich als Reaktion auf einen Vorwurf des Bräutigams herausstellte.

Die mütterliche Sehnsucht nach einem Kinde wäre bei Fortsetzung der Analyse wahrscheinlich als dunkles aber mächtiges Motiv ihres Handelns aufzudecken gewesen. — Die vielen Fragen, die sie in letzter Zeit aufgeworfen hatte, erscheinen wie Spätabkömmlinge der Fragen sexueller Wißbegierde, welche sie aus dem Lexikon zu befriedigen gesucht. Es ist anzunehmen, daß sie über Schwangerschaft, Entbindung, Jungfräulichkeit und ähnliche Themata nachgelesen. — Eine der Fragen, die in den Zusammenhang der zweiten Traumsituation einzufügen sind, hatte sie bei der Reproduktion des Traumes vergessen. Es konnte nur die Frage sein: Wohnt hier der Herr ***? oder: Wo wohnt der Herr ***? Es muß seinen Grund haben, daß sie diese scheinbar harmlose Frage vergessen, nachdem sie sie überhaupt in den Traum aufgenommen. Ich finde diesen Grund in dem Familiennamen selbst, der gleichzeitig Gegenstandsbedeutung hat, und zwar mehrfache, also einem „zweideutigen" Worte gleichgesetzt werden kann. Ich kann diesen Namen leider nicht mitteilen, um zu zeigen, wie geschickt er verwendet worden ist, um „Zweideutiges" und „Unanständiges" zu bezeichnen. Es stützt diese Deutung, wenn wir in anderer Region des Traumes, wo das Material aus den Erinnerungen an den Tod der Tante stammt, in dem Satze „Sie sind schon auf den Friedhof gefahren" gleichfalls eine Wortanspielung auf den Namen der Tante finden. In diesen unanständigen Worten wäre wohl der Hinweis auf eine zweite mündliche Quelle gelegen, da für sie das Wörterbuch nicht ausreicht. Ich wäre nicht erstaunt gewesen zu hören, daß Frau K. selbst, die Verleumderin, diese Quelle war. Dora hätte dann gerade sie edelmütig verschont, während sie die anderen Personen mit nahezu tückischer Rache verfolgte; hinter der schier unübersehbaren Reihe von Verschiebungen, die sich so ergeben, könnte man ein einfaches Moment, die tief wurzelnde homosexuelle Liebe zu Frau K., vermuten.

Zur dritten Sitzung trat sie mit den Worten an: „Wissen Sie, Herr Doktor, daß ich heute das letzte Mal hier bin?" — Ich kann es nicht wissen, da Sie mir nichts davon gesagt haben. — „Ja, ich habe mir vorgenommen, bis Neujahr[1] halte ich es noch aus; länger will ich aber auf die Heilung nicht warten." — Sie wissen, daß Sie die Freiheit auszutreten, immer haben. Heute wollen wir aber noch arbeiten. Wann haben Sie den Entschluß gefaßt? — „Vor 14 Tagen, glaube ich." — Das klingt ja wie von einem Dienstmädchen, einer Gouvernante, 14 tägige Kündigung. — „Eine Gouvernante, die gekündigt hat, war auch damals bei K., als ich sie in L. am See besuchte." — So? von der haben Sie noch nie erzählt. Bitte, erzählen Sie.

„Es war also ein junges Mädchen im Hause als Gouvernante der Kinder, die ein ganz merkwürdiges Benehmen gegen den Herrn zeigte. Sie grüßte ihn nicht, gab ihm keine Antwort, reichte ihm nichts bei Tisch, wenn er um etwas bat, kurz, behandelte ihn wie Luft. Er war übrigens auch nicht viel höflicher gegen sie. Einen oder zwei Tage vor der Szene am See nahm mich das Mädchen auf die Seite; sie habe mir etwas mitzuteilen. Sie erzählte mir dann, Herr K. habe sich ihr zu einer Zeit, als die Frau gerade für mehrere Wochen abwesend war, genähert, sie sehr umworben und sie gebeten, ihm gefällig zu sein; er habe nichts von seiner Frau usw." ... Das sind ja dieselben Worte, die er dann in der Werbung um Sie gebraucht, bei denen Sie ihm den Schlag ins Gesicht gegeben. — „Ja. Sie gab ihm nach, aber nach kurzer Zeit kümmerte er sich nicht mehr um sie, und sie haßte ihn seitdem." — Und diese Gouvernante hatte gekündigt? — „Nein, sie wollte kündigen. Sie sagte mir, sie habe sofort, wie sie sich verlassen gefühlt, den Vorfall ihren Eltern mitgeteilt, die anständige Leute sind und irgendwo in Deutschland wohnen. Die Eltern verlangten, daß sie das Haus

---

[1]) Es war der 31. Dezember.

augenblicklich verlasse, und schrieben ihr dann, als sie es nicht tat, sie wollten nichts mehr von ihr wissen, sie dürfe nicht mehr nach Hause zurückkommen." — Und warum ging sie nicht fort? — „Sie sagte, sie wolle noch eine kurze Zeit abwarten, ob sich nichts bei Herrn K. ändere. So zu leben, halte sie nicht aus. Wenn sie keine Änderung sehe, werde sie kündigen und fortgehen." — Und was ist aus dem Mädchen geworden? — „Ich weiß nur, daß sie fortgegangen ist." — Ein Kind hat sie von dem Abenteuer nicht davongetragen? — „Nein."
Da war also — wie übrigens ganz regelrecht — inmitten der Analyse ein Stück tatsächlichen Materials zum Vorscheine gekommen, das früher aufgeworfene Probleme lösen half. Ich konnte Dora sagen: Jetzt kenne ich das Motiv jenes Schlages, mit dem Sie die Werbung beantwortet haben. Es war nicht Kränkung über die an Sie gestellte Zumutung, sondern eifersüchtige Rache. Als Ihnen das Fräulein seine Geschichte erzählte, machten Sie noch von Ihrer Kunst Gebrauch, alles beiseite zu schieben, was Ihren Gefühlen nicht paßte. In dem Moment, da Herr K. die Worte gebrauchte: Ich habe nichts an meiner Frau, die er auch zu dem Fräulein gesagt, wurden neue Regungen in Ihnen wachgerufen, und die Wagschale kippte um. Sie sagten sich: Er wagt es, mich zu behandeln wie eine Gouvernante, eine dienende Person? Diese Hochmutskränkung zur Eifersucht und zu den bewußten besonnenen Motiven hinzu: das war endlich zu viel[1]. Zum Beweise, wie sehr Sie unter dem Eindrucke der Geschichte des Fräuleins stehen, halte ich Ihnen die wiederholten Identifizierungen mit ihr im Traume und in Ihrem Benehmen vor. Sie sagen es den Eltern, was wir bisher nicht verstanden haben, wie das Fräulein es den Eltern geschrieben hat. Sie kündigen mir wie eine Gouvernante mit 14tägiger Kündigung. Der Brief im Traume,

---

[1] Es war vielleicht nicht gleichgültig, daß sie dieselbe Klage über die Frau, deren Bedeutung sie wohl verstand, auch vom Vater gehört haben konnte, wie ich sie aus seinem Munde gehört habe.

der Ihnen erlaubt, nach Hause zu kommen, ist ein Gegenstück zum Briefe der Eltern des Fräuleins, die es ihr verboten hatten.

„Warum habe ich es dann den Eltern nicht gleich erzählt?"

Welche Zeit haben Sie denn verstreichen lassen?

„Am letzten Juni fiel die Szene vor; am 14. Juli habe ich's der Mutter erzählt."

Also wieder 14 Tage, der für eine dienende Person charakteristische Termin! Ihre Frage kann ich jetzt beantworten. Sie haben ja das arme Mädchen sehr wohl verstanden. Sie wollte nicht gleich fortgehen, weil sie noch hoffte, weil sie erwartete, daß Herr K. seine Zärtlichkeit ihr wieder zuwenden würde. Das muß also auch Ihr Motiv gewesen sein. Sie warteten den Termin ab, um zu sehen, ob er seine Werbung erneuern würde, daraus hätten Sie geschlossen, daß es ihm Ernst war, und daß er nicht mit Ihnen spielen wollte wie mit der Gouvernante.

„In den ersten Tagen nach der Abreise schickte er noch eine Ansichtskarte[1]."

Ja, als aber dann nichts weiter kam, da ließen Sie Ihrer Rache freien Lauf. Ich kann mir sogar vorstellen, daß damals noch Raum für die Nebenabsicht war, ihn durch die Anklage zum Hinreisen nach Ihrem Aufenthalte zu bewegen.

„... Wie er's uns ja auch zuerst angetragen hat," warf sie ein. — Dann wäre Ihre Sehnsucht nach ihm gestillt worden — hier nickte sie Bestätigung, was ich nicht erwartet hatte — und er hätte Ihnen die Genugtuung geben können, die Sie sich verlangten.

„Welche Genugtuung?"

Ich fange nämlich an zu ahnen, daß Sie die Angelegenheit mit Herrn K. viel ernster aufgefaßt haben, als Sie bisher verraten wollten. War zwischen den K. nicht oft von Scheidung die Rede?

„Gewiß, zuerst wollte sie nicht der Kinder wegen, und jetzt will sie, aber er will nicht mehr."

---

[1] Dies die Anlehnung für den Ingenieur, der sich hinter dem Ich in der ersten Traumsituation verbirgt.

Sollten Sie nicht gedacht haben, daß er sich von seiner Frau scheiden lassen will, um Sie zu heiraten? Und daß er jetzt nicht mehr will, weil er keinen Ersatz hat? Sie waren freilich vor zwei Jahren sehr jung, aber Sie haben mir selbst von der Mama erzählt, daß sie mit 17 Jahren verlobt war und dann zwei Jahre auf ihren Mann gewartet hat. Die Liebesgeschichte der Mutter wird gewöhnlich zum Vorbilde für die Tochter. Sie wollten also auch auf ihn warten und nahmen an, daß er nur warte, bis Sie reif genug seien, seine Frau zu werden[1]. Ich stelle mir vor, daß es ein ganz ernsthafter Lebensplan bei Ihnen war. Sie haben nicht einmal das Recht zu behaupten, daß eine solche Absicht bei Herrn K. ausgeschlossen war, und haben mir genug von ihm erzählt, was direkt auf eine solche Absicht deutet[2]. Auch sein Benehmen in L. widerspricht dem nicht. Sie haben ihn ja nicht ausreden lassen und wissen nicht, was er Ihnen sagen wollte. Nebstbei wäre der Plan gar nicht so unmöglich auszuführen gewesen. Die Beziehungen des Papa zu Frau K., die Sie wahrscheinlich nur darum so lange unterstützt haben, boten Ihnen die Sicherheit, daß die Einwilligung der Frau zur Scheidung zu erreichen wäre, und beim Papa setzen Sie durch, was Sie wollen. Ja, wenn die Versuchung in L. einen anderen Ausgang genommen hätte, wäre dies für alle Teile die einzig mögliche Lösung gewesen. Ich meine auch, darum haben Sie den anderen Ausgang so bedauert und ihn in der Phantasie, die als Blinddarmentzündung auftrat, korrigiert. Es mußte also eine schwere Enttäuschung für Sie sein, als anstatt einer erneuten Werbung das Leugnen und die Schmähungen von seiten des Herrn K. der Erfolg Ihrer Anklage wurden. Sie gestehen zu, daß nichts Sie so sehr in Wut bringen kann, als wenn man glaubt, Sie hätten sich die Szene

---

[1] Das Warten, bis man das Ziel erreicht, findet sich im Inhalte der ersten Traumsituation; in dieser Phantasie vom Warten auf die Braut sehe ich ein Stück der dritten, bereits angekündigten Komponente dieses Traumes.

[2] Besonders eine Rede, mit der er im letzten Jahre des Zusammenlebens in B. das Weihnachtsgeschenk einer Briefschachtel begleitet hatte.

am See eingebildet. Ich weiß nun, woran Sie nicht erinnert
werden wollen, daß Sie sich eingebildet, die Werbung sei ernsthaft und Herr K. werde nicht ablassen, bis Sie ihn geheiratet.

Sie hatte zugehört, ohne wie sonst zu widersprechen. Sie schien
ergriffen, nahm auf die liebenswürdigste Weise mit warmen
Wünschen zum Jahreswechsel Abschied und — kam nicht wieder.
Der Vater, der mich noch einige Male besuchte, versicherte, sie
werde wiederkommen; man merke ihr die Sehnsucht nach der
Fortsetzung der Behandlung an. Aber er war wohl nie ganz aufrichtig. Er hatte die Kur unterstützt, so lange er sich Hoffnung
machen konnte, ich würde Dora „ausreden", daß zwischen ihm
und Frau K. etwas anderes als Freundschaft bestehe. Sein Interesse
erlosch, als er merkte, daß dieser Erfolg nicht in meiner Absicht
liege. Ich wußte, daß sie nicht wiederkommen würde. Es war
ein unzweifelhafter Racheakt, daß sie in so unvermuteter Weise,
als meine Erwartungen auf glückliche Beendigung der Kur den
höchsten Stand einnahmen, abbrach und diese Hoffnungen ver-
nichtete. Auch ihre Tendenz zur Selbstschädigung fand ihre
Rechnung bei diesem Vorgehen. Wer wie ich die bösesten
Dämonen, die unvollkommen gebändigt in einer menschlichen
Brust wohnen, aufweckt, um sie zu bekämpfen, muß darauf
gefaßt sein, daß er in diesem Ringen selbst nicht unbeschädigt
bleibe. Ob ich das Mädchen bei der Behandlung erhalten hätte,
wenn ich mich selbst in eine Rolle gefunden, den Wert ihres
Verbleibens für mich übertrieben und ihr ein warmes Interesse
bezeigt hätte, das bei aller Milderung durch meine Stellung als
Arzt doch wie ein Ersatz für die von ihr ersehnte Zärtlichkeit
ausgefallen wäre? Ich weiß es nicht. Da ein Teil der Faktoren,
die sich als Widerstand entgegenstellen, in jedem Falle unbekannt
bleibt, habe ich es immer vermieden, Rollen zu spielen, und
mich mit anspruchsloserer psychologischer Kunst begnügt. Bei
allem theoretischen Interesse und allem ärztlichen Bestreben, zu
helfen, halte ich mir doch vor, daß der psychischen Beeinflussung

notwendig Grenzen gesetzt sind, und respektiere als solche auch den Willen und die Einsicht des Patienten.

Ich weiß auch nicht, ob Herr K. mehr erreicht hätte, wäre ihm verraten worden, daß jener Schlag ins Gesicht keineswegs ein endgültiges „Nein" Doras bedeutete, sondern der zuletzt geweckten Eifersucht entsprach, während noch die stärksten Regungen ihres Seelenlebens für ihn Partei nahmen. Würde er dieses erste „Nein" überhört und seine Werbung mit überzeugender Leidenschaft fortgesetzt haben, so hätte der Erfolg leicht sein können, daß die Neigung des Mädchens sich über alle inneren Schwierigkeiten hinweggesetzt hätte. Aber ich meine, vielleicht ebenso leicht wäre sie nur gereizt worden, ihre Rachsucht um so ausgiebiger an ihm zu befriedigen. Auf welche Seite sich in dem Widerstreite der Motive die Entscheidung neigt, ob zur Aufhebung oder zur Verstärkung der Verdrängung, das ist niemals zu berechnen. Die Unfähigkeit zur Erfüllung der realen Liebesforderung ist einer der wesentlichsten Charakterzüge der Neurose; die Kranken sind vom Gegensatze zwischen der Realität und der Phantasie beherrscht. Was sie in ihren Phantasien am intensivsten ersehnen, davor fliehen sie doch, wenn es ihnen in Wirklichkeit entgegentritt, und den Phantasien überlassen sie sich am liebsten, wo sie eine Realisierung nicht mehr zu befürchten brauchen. Die Schranke, welche die Verdrängung aufgerichtet hat, kann allerdings unter dem Ansturme heftiger, real veranlaßter Erregungen fallen, die Neurose kann noch durch die Wirklichkeit überwunden werden. Wir können aber nicht allgemein berechnen, bei wem und wodurch diese Heilung möglich wäre[1].

---

1) Noch einige Bemerkungen über den Aufbau dieses Traumes, der sich nicht so gründlich verstehen läßt, daß man seine Synthese versuchen könnte. Als ein fassadenartig vorgeschobenes Stück läßt sich die Rachephantasie gegen den Vater herausheben: Sie ist eigenmächtig von Hause weggegangen; der Vater ist erkrankt, dann gestorben ... Sie geht jetzt nach Hause, die anderen sind schon alle auf dem Friedhofe. Sie geht gar nicht traurig auf ihr Zimmer und liest ruhig im Lexikon. Darunter zwei Anspielungen auf den anderen Racheakt, den sie wirklich ausgeführt, indem sie

die Eltern einen Abschiedsbrief finden ließ: Der Brief (im Traume von der Mama) und die Erwähnung des Leichenbegängnisses der für sie vorbildlichen Tante. — Hinter dieser Phantasie verbergen sich die Rachegedanken gegen Herrn K., denen sie in ihrem Benehmen gegen mich einen Ausweg geschafft hat. Das Dienstmädchen — die Einladung — der Wald — die $2^{1}/_{2}$ Stunden stammen aus dem Material der Vorgänge in L. Die Erinnerung an die Gouvernante und deren Briefverkehr mit ihren Eltern tritt mit dem Element ihres Abschiedsbriefes zu dem im Trauminhalte vorfindlichen Brief, der ihr nach Hause zu kommen erlaubt, zusammen. Die Ablehnung, sich begleiten zu lassen, der Entschluß, allein zu gehen, läßt sich wohl so übersetzen: Weil du mich wie ein Dienstmädchen behandelt hast, lasse ich dich stehen, gehe allein meiner Wege und heirate nicht. — Durch diese Rachegedanken verdeckt, schimmert an anderen Stellen Material aus zärtlichen Phantasien aus der unbewußt fortgesetzten Liebe zu Herrn K. durch: Ich hätte auf dich gewartet, bis ich deine Frau geworden wäre — die Defloration — die Entbindung. — Endlich gehört es dem vierten, am tiefsten verborgenen Gedankenkreise, dem der Liebe zu Frau K. an, daß die Deflorationsphantasie vom Standpunkte des Mannes dargestellt wird (Identifizierung mit dem Verehrer, der jetzt in der Fremde weilt), und daß an zwei Stellen die deutlichsten Anspielungen auf zweideutige Reden (wohnt hier der Herr X. X.) und auf die nicht mündliche Quelle ihrer sexuellen Kenntnisse (Lexikon) enthalten sind. Grausame und sadistische Regungen finden in diesem Traume ihre Erfüllung.

IV
NACHWORT

Ich habe diese Mitteilung zwar als Bruchstück einer Analyse angekündigt; man wird aber gefunden haben, daß sie in viel weiterem Umfange unvollständig ist, als sich nach diesem ihrem Titel erwarten ließ. Es geziemt sich wohl, daß ich versuche, diese keinesfalls zufälligen Auslassungen zu motivieren.

Eine Reihe von Ergebnissen der Analyse ist weggeblieben, weil sie beim Abbruch der Arbeit teils nicht genügend sicher erkannt, teils einer Fortführung bis zu einem allgemeinen Resultat bedürftig waren. Andere Male habe ich, wo es mir statthaft schien, auf die wahrscheinliche Fortsetzung einzelner Lösungen hingewiesen. Die keineswegs selbstverständliche Technik, mittels welcher man allein dem Rohmaterial von Einfällen des Kranken seinen Reingehalt an wertvollen unbewußten Gedanken entziehen kann, ist von mir hier durchwegs übergangen worden, womit der Nachteil verbunden bleibt, daß der Leser die Korrektheit meines Vorgehens bei diesem Darstellungsprozeß nicht bestätigen kann. Ich fand es aber ganz undurchführbar, die Technik einer Analyse und die innere Struktur eines Falles von Hysterie in einem zu behandeln; es wäre für mich eine fast unmögliche Leistung und für den Leser eine sicher ungenießbare Lektüre geworden. Die Technik erfordert durchaus eine abgesonderte Darstellung, die durch zahlreiche, den verschiedensten Fällen entnommene Beispiele erläutert wird und von dem jedesmaligen Ergebnis absehen darf. Auch die psychologischen Voraussetzungen, die sich in meinen Beschreibungen psychischer Phänomene verraten, habe ich hier zu begründen nicht versucht. Eine flüchtige Begründung würde nichts leisten; eine ausführliche wäre eine Arbeit für sich. Ich kann nur ·versichern, daß ich, ohne einem bestimmten psychologischen System verpflichtet zu sein, an das Studium der Phänomene gegangen bin, welche die Beobachtung der Psychoneurotiker enthüllt, und daß ich dann meine Meinungen um so viel zurechtgerückt habe, bis sie mir geeignet erschienen, von dem Zusammenhange des Beobachteten Rechenschaft zu geben. Ich setze keinen Stolz darein, die Spekulation vermieden zu haben; das Material für diese Hypothesen ist aber durch die ausgedehnteste und mühevollste Beobachtung gewonnen worden. Besonders dürfte die Entschiedenheit meines Standpunktes in der Frage des Unbewußten Anstoß erregen, indem ich mit unbewußten Vorstellungen, Gedankenzügen und Regungen so operiere, als ob sie ebenso gute und unzweifelhafte Objekte der Psychologie wären wie alles Bewußte; aber ich bin dessen sicher, wer dasselbe Erscheinungsgebiet mit der nämlichen Methode zu erforschen unternimmt, wird nicht umhin können, sich trotz alles Abmahnens der Philosophen auf denselben Standpunkt zu stellen.

Diejenigen Fachgenossen, welche meine Theorie der Hysterie für eine rein psychologische gehalten und darum von vornherein für unfähig erklärt haben, ein pathologisches Problem zu lösen, werden aus dieser Abhandlung wohl entnehmen, daß ihr Vorwurf einen Charakter der Technik ungerechterweise auf die Theorie überträgt. Nur die therapeutische Technik ist rein psychologisch; die Theorie versäumt es keineswegs, auf die organische Grundlage der Neurose hinzuweisen, wenngleich sie dieselbe nicht in einer pathologisch-anatomischen Veränderung sucht und die zu erwartende chemische Veränderung als derzeit noch unfaßbar durch die Vorläufigkeit der organischen Funktion ersetzt. Der

Sexualfunktion, in welcher ich die Begründung der Hysterie wie der Psychoneurosen überhaupt sehe, wird den Charakter eines organischen Faktors wohl niemand absprechen wollen. Eine Theorie des Sexuallebens wird, wie ich vermute, der Annahme bestimmter, erregend wirkender Sexualstoffe nicht entbehren können. Die Intoxikationen und Abstinenzen beim Gebrauch gewisser chronischer Gifte stehen ja unter allen Krankheitsbildern, welche uns die Klinik kennen lehrt, den genuinen Psychoneurosen am nächsten.

Was sich aber über das „somatische Entgegenkommen", über die infantilen Keime zur Perversion, über die erogenen Zonen und die Anlage zur Bisexualität heute aussagen läßt, habe ich in dieser Abhandlung gleichfalls nicht ausgeführt, sondern nur die Stellen hervorgehoben, an denen die Analyse auf diese organischen Fundamente der Symptome stößt. Mehr ließ sich von einem vereinzelten Falle aus nicht tun, auch hatte ich die nämlichen Gründe wie oben, eine beiläufige Erörterung dieser Momente zu vermeiden. Hier ist reichlicher Anlaß zu weiteren, auf eine große Zahl von Analysen gestützten Arbeiten gegeben.

Mit dieser soweit unvollständigen Veröffentlichung wollte ich doch zweierlei erreichen. Erstens als Ergänzung zu meinem Buche über die Traumdeutung zeigen, wie diese sonst unnütze Kunst zur Aufdeckung des Verborgenen und Verdrängten im Seelenleben verwendet werden kann; bei der Analyse der beiden hier mitgeteilten Träume ist dann auch die Technik des Traumdeutens, welche der psychoanalytischen ähnlich ist, berücksichtigt worden. Zweitens wollte ich Interesse für eine Reihe von Verhältnissen erwecken, welche heute der Wissenschaft noch völlig unbekannt sind, weil sie sich nur bei Anwendung dieses bestimmten Verfahrens entdecken lassen. Von der Komplikation der psychischen Vorgänge bei der Hysterie, dem Nebeneinander der verschiedenartigsten Regungen, der gegenseitigen Bindung der Gegensätze, den Verdrängungen und Verschiebungen u. a. m. hat wohl niemand eine richtige Ahnung haben können. Janets Hervorhebung der *idée fixe*, die sich in das Symptom umsetzt, bedeutet nichts als eine wahrhaft kümmerliche Schematisierung. Man wird sich auch der Vermutung nicht erwehren können, daß Erregungen, deren zugehörige Vorstellungen der Bewußtseinsfähigkeit ermangeln, anders aufeinander einwirken, anders verlaufen und zu anderen Äußerungen führen als die von uns „normal" genannten, deren Vorstellungsinhalt uns bewußt wird. Ist man soweit aufgeklärt, so steht dem Verständnis einer Therapie nichts mehr im Wege, welche neurotische Symptome aufhebt, indem sie Vorstellungen der ersteren Art in normale verwandelt.

Es lag mir auch daran zu zeigen, daß die Sexualität nicht bloß als einmal auftretender *deus ex machina* irgendwo in das Getriebe der für die Hysterie charakteristischen Vorgänge eingreift, sondern daß sie die Triebkraft für jedes einzelne Symptom und für jede einzelne Äußerung eines Symptoms abgibt. Die Krankheitserscheinungen sind, geradezu gesagt, die Sexualbetätigung der Kranken. Ein einzelner Fall wird niemals imstande sein, einen so allgemeinen Satz zu erweisen, aber ich kann es nur immer wieder von neuem wiederholen, weil ich es niemals anders finde, daß die Sexualität der Schlüssel zum Problem der Psychoneurosen wie der Neurosen überhaupt ist. Wer ihn verschmäht, wird niemals aufzuschließen imstande sein. Ich warte noch auf die Untersuchungen, welchen diesen Satz aufzuheben oder einzuschränken vermögen sollen. Was ich bis jetzt dagegen gehört habe, waren Äußerungen persönlichen Mißfallens oder Unglaubens, denen es genügt, das Wort Charcots entgegenzuhalten: „Ça n'empêche pas d'exister."

Der Fall, aus dessen Kranken- und Behandlungsgeschichte ich hier ein Bruchstück veröffentlicht habe, ist auch nicht geeignet, den Wert der psychoanalytischen Therapie ins rechte Licht zu setzen. Nicht nur die Kürze der Behandlungsdauer, die kaum drei Monate betrug, sondern noch ein anderes dem Falle innewohnendes Moment haben es verhindert, daß die Kur mit der sonst zu erreichenden, vom Kranken und seinen Angehörigen zugestandenen Besserung abschloß, die mehr oder weniger nahe an vollkommene Heilung heranreicht. Solche erfreuliche Erfolge erzielt man, wo die Krankheitserscheinungen allein durch den inneren Konflikt zwischen den auf die Sexualität bezüglichen Regungen gehalten werden. Man sieht in diesen Fällen das Befinden der Kranken in dem Maße sich bessern, in dem man durch Übersetzung des pathogenen Materials in normales zur Lösung ihrer psychischen Aufgaben beigetragen hat. Anders ist der Verlauf, wo sich die Symptome in den Dienst äußerer Motive des Lebens gestellt haben, wie es auch bei Dora seit den letzten zwei Jahren geschehen war. Man ist überrascht und könnte leicht irre werden, wenn man erfährt, daß das Befinden der Kranken durch die selbst weit vorgeschrittene Arbeit nicht merklich geändert wird. In Wirklichkeit steht es nicht so arg; die Symptome schwinden zwar nicht unter der Arbeit, wohl aber eine Zeit lang nach derselben, wenn die Beziehungen zum Arzte gelöst sind. Der Aufschub der Heilung oder Besserung ist wirklich nur durch die Person der Arztes verursacht.

Ich muß etwas weiter ausholen, um diesen Sachverhalt verständlich zu machen. Während einer psychoanalytischen Kur ist die Neubildung von Symptomen, man darf wohl sagen: regelmäßig, sistiert. Die Produktivität der Neurose ist aber durchaus nicht erloschen, sondern betätigt sich in der Schöpfung einer besonderen Art von meist unbewußten Gedankenbildungen, welchen man den Namen „Übertragungen" verleihen kann.

Was sind die Übertragungen? Es sind Neuauflagen, Nachbildungen von den Regungen und Phantasien, die während des Vordringens der Analyse erweckt und bewußt gemacht werden sollen, mit einer für die Gattung charakteristischen Ersetzung einer früheren Person durch die Person des Arztes. Um es anders zu sagen: eine ganze Reihe früherer psychischer Erlebnisse wird nicht als vergangen, sondern als aktuelle Beziehung zur Person des Arztes wieder lebendig. Es gibt solche Übertragungen, die sich im Inhalt von ihrem Vorbilde in gar nichts bis auf die Ersetzung unterscheiden. Das sind also, um in dem Gleichnisse zu bleiben, einfache Neudrucke, unveränderte Neuauflagen. Andere sind kunstvoller gemacht, sie haben eine Milderung ihres Inhaltes, eine Sublimierung, wie ich sage, erfahren und vermögen selbst bewußt zu werden, indem sie sich an irgend eine geschickt verwertete reale Besonderheit an der Person oder in den Verhältnissen des Arztes anlehnen. Das sind also Neubearbeitungen, nicht mehr Neudrucke.

Wenn man sich in die Theorie der analytischen Technik einläßt, kommt man zu der Einsicht, daß die Übertragung etwas notwendig Gefordertes ist. Praktisch überzeugt man sich wenigstens, daß man ihr durch keinerlei Mittel ausweichen kann, und daß man diese letzte Schöpfung der Krankheit wie alle früheren zu bekämpfen hat. Nun ist dieses Stück der Arbeit das bei weitem schwierigste. Das Deuten der Träume, das Extrahieren der unbewußten Gedanken und Erinnerungen aus den Einfällen des Kranken und ähnliche Übersetzungskünste sind leicht zu erlernen; dabei liefert immer der Kranke selbst den Text. Die Übertragung allein muß man fast selbständig erraten, auf geringfügige Anhaltspunkte hin und ohne sich der Willkür schuldig zu machen. Zu umgehen ist sie aber nicht, da sie zur Herstellung aller Hindernisse verwendet wird, welche das Material der Kur unzugänglich machen, und da die Überzeugungsempfindung für die Richtigkeit der konstruierten Zusammenhänge beim Kranken erst nach Lösung der Übertragung hervorgerufen wird.

Man wird geneigt sein, es für einen schweren Nachteil des ohnehin unbequemen Verfahrens zu halten, daß dasselbe die Arbeit des Arztes durch Schöpfung einer neuen Gattung von krankhaften psychischen Produkten noch vermehrt, ja, wird vielleicht eine

Schädigung des Kranken durch die analytische Kur aus der Existenz der Übertragungen ableiten wollen. Beides wäre irrig. Die Arbeit des Arztes wird durch die Übertragung nicht vermehrt; es kann ihm ja gleichgültig sein, ob er die betreffende Regung des Kranken in Verbindung mit seiner Person oder mit einer anderen zu überwinden hat. Die Kur nötigt aber auch dem Kranken mit der Übertragung keine neue Leistung auf, die er nicht auch sonst vollzogen hätte. Wenn Heilungen von Neurosen auch in Anstalten zustande kommen, wo psycho-analytische Behandlung ausgeschlossen ist, wenn man sagen konnte, daß die Hysterie nicht durch die Methode, sondern durch den Arzt geheilt wird, wenn sich eine Art von blinder Abhängigkeit und dauernder Fesselung des Kranken an den Arzt zu ergeben pflegt, der ihn durch hypnotische Suggestion von seinen Symptomen befreit hat, so ist die wissenschaftliche Erklärung für all dies in „Übertragungen" zu sehen, die der Kranke regelmäßig auf die Person des Arztes vornimmt. Die psychoanalytische Kur schafft die Übertragung nicht, sie deckt sie bloß, wie anderes im Seelenleben Verborgene, auf. Der Unterschied äußert sich nur darin, daß der Kranke spontan bloß zärtliche und freundschaftliche Übertragungen zu seiner Heilung wachruft; wo dies nicht der Fall sein kann, reißt er sich so schnell wie möglich, unbeeinflußt vom Arzte, der ihm nicht „sympathisch" ist, los. In der Psychoanalyse werden hingegen, entsprechend einer veränderten Motivenanlage, alle Regungen, auch die feindseligen, geweckt, durch Bewußtmachen für die Analyse verwertet, und dabei wird die Übertragung immer wieder vernichtet. Die Übertragung, die das größte Hindernis für die Psychoanalyse zu werden bestimmt ist, wird zum mächtigsten Hilfsmittel derselben, wenn es gelingt, sie jedesmal zu erraten und dem Kranken zu übersetzen[1].

---

1) [*Zusatz 1923:*] Was hier über die Übertragung gesagt wird, findet dann seine Fortsetzung in dem technischen Aufsatz über die „Übertragungsliebe" (enthalten in Bd. X. dieser Gesamtausgabe).

Ich mußte von der Übertragung sprechen, weil ich die Besonderheiten der Analyse Doras nur durch dieses Moment aufzuklären vermag. Was den Vorzug derselben ausmacht und sie als geeignet für eine erste, einführende Publikation erscheinen läßt, ihre besondere Durchsichtigkeit, das hängt mit ihrem großen Mangel, welcher zu ihrem vorzeitigen Abbruche führte, innig zusammen. Es gelang mir nicht, der Übertragung rechtzeitig Herr zu werden; durch die Bereitwilligkeit, mit welcher sie mir den einen Teil des pathogenen Materials in der Kur zur Verfügung stellte, vergaß ich der Vorsicht, auf die ersten Zeichen der Übertragung zu achten, welche sie mit einem anderen, mir unbekannt gebliebenen Teile desselben Materials vorbereitete. Zu Anfang war es klar, daß ich ihr in der Phantasie den Vater ersetzte, wie auch bei dem Unterschiede unserer Lebensalter nahelag. Sie verglich mich auch immer bewußt mit ihm, suchte sich ängstlich zu vergewissern, ob ich auch ganz aufrichtig gegen sie sei, denn der Vater „bevorzuge immer die Heimlichkeit und einen krummen Umweg". Als dann der erste Traum kam, in dem sie sich warnte, die Kur zu verlassen wie seinerzeit das Haus des Herrn K., hätte ich selbst gewarnt werden müssen und ihr vorhalten sollen: „Jetzt haben Sie eine Übertragung von Herrn K. auf mich gemacht. Haben Sie etwas bemerkt, was Sie auf böse Absichten schließen läßt, die denen des Herrn K. (direkt oder in irgend einer Sublimierung) ähnlich sind, oder ist Ihnen etwas an mir aufgefallen oder von mir bekannt geworden, was Ihre Zuneigung erzwingt, wie ehemals bei Herrn K.?" Dann hätte sich ihre Aufmerksamkeit auf irgend ein Detail aus unserem Verkehre, an meiner Person oder an meinen Verhältnissen gerichtet, hinter dem etwas Analoges, aber ungleich Wichtigeres, das Herrn K. betraf, sich verborgen hielt, und durch die Lösung dieser Übertragung hätte die Analyse den Zugang zu neuem, wahrscheinlich tatsächlichem Material der Erinnerung gewonnen. Ich überhörte aber diese erste Warnung, meinte, es sei reichlich Zeit, da sich andere Stufen der Über-

tragung nicht einstellten und das Material für die Analyse noch
nicht versiegte. So wurde ich denn von der Übertragung überrascht und wegen des X, in dem ich sie an Herrn K. erinnerte,
rächte sie sich an mir, wie sie sich an Herrn K. rächen wollte,
und verließ mich, wie sie sich von ihm getäuscht und verlassen
glaubte. Sie agierte so ein wesentliches Stück ihrer Erinnerungen
und Phantasien, anstatt es in der Kur zu reproduzieren. Welches
dieses X war, kann ich natürlich nicht wissen: ich vermute, es
bezog sich auf Geld, oder es war Eifersucht gegen eine andere
Patientin, die nach ihrer Heilung im Verkehre mit meiner Familie
geblieben war. Wo sich die Übertragungen frühzeitig in die
Analyse einbeziehen lassen, da wird deren Verlauf undurchsichtig
und verlangsamt, aber ihr Bestand ist gegen plötzliche unwider-
stehliche Widerstände besser gesichert.

In dem zweiten Traume Doras ist die Übertragung durch
mehrere deutliche Anspielungen vertreten. Als sie ihn mir erzählte,
wußte ich noch nicht, erfuhr es erst zwei Tage später, daß wir
nur noch zwei Stunden Arbeit vor uns hatten, dieselbe Zeit,
die sie vor dem Bilde der Sixtinischen Madonna verbracht, und
die sie auch vermittelst einer Korrektur (zwei Stunden anstatt
zweieinhalb Stunden) zum Maße des von ihr nicht zurückgelegten
Weges um den See gemacht hatte. Das Streben und Warten im
Traume, das sich auf den jungen Mann in Deutschland bezog
und von ihrem Warten, bis Herr K. sie heiraten könne, herstammte,
hatte sich schon einige Tage vorher in der Übertragung geäußert:
Die Kur dauere ihr zu lange, sie werde nicht die Geduld haben,
so lange zu warten, während sie in den ersten Wochen Einsicht
genug gezeigt hatte, meine Ankündigung, ihre volle Herstellung
werde etwa ein Jahr in Anspruch nehmen, ohne solchen Einspruch anzuhören. Die Ablehnung der Begleitung im Traume,
sie wolle lieber allein gehen, die gleichfalls aus dem Besuche
in der Dresdener Galerie herrührte, sollte ich ja an dem hiefür
bestimmten Tage erfahren. Sie hatte wohl den Sinn: Da alle

Männer so abscheulich sind, so will ich lieber nicht heiraten. Dies meine Rache.[1]

Wo Regungen der Grausamkeit und Motive der Rache, die schon im Leben zur Aufrechthaltung der Symptome verwendet worden sind, sich während der Kur auf den Arzt übertragen, ehe er Zeit gehabt hat, dieselben durch Rückführung auf ihre Quellen von seiner Person abzulösen, da darf es nicht Wunder nehmen, daß das Befinden der Kranken nicht den Einfluß seiner therapeutischen Bemühung zeigt. Denn wodurch könnte die Kranke sich wirksamer rächen, als indem sie an ihrer Person dartut, wie ohnmächtig und unfähig der Arzt ist? Dennoch bin ich geneigt, den therapeutischen Wert auch so fragmentarischer Behandlungen, wie die Doras war, nicht gering zu veranschlagen.

Erst fünf Vierteljahre nach Abschluß der Behandlung und dieser Niederschrift erhielt ich Nachricht von dem Befinden meiner Patientin und somit von dem Ausgange der Kur. An einem nicht ganz gleichgültigen Datum, am 1. April — wir wissen, daß Zeiten bei ihr nie bedeutungslos waren — erschien sie bei mir, um ihre Geschichte zu beenden und um neuerdings Hilfe zu

---

[1] Je weiter ich mich zeitlich von der Beendigung dieser Analyse entferne, desto wahrscheinlicher wird mir, daß mein technischer Fehler in folgender Unterlassung bestand: Ich habe es versäumt, rechtzeitig zu erraten und der Kranken mitzuteilen, daß die homosexuelle (gynäkophile) Liebesregung für Frau K. die stärkste der unbewußten Strömungen ihres Seelenlebens war. Ich hätte erraten müssen, daß keine andere Person als Frau K. die Hauptquelle für ihre Kenntnis sexueller Dinge sein konnte, dieselbe Person, von der sie dann wegen ihres Interesses an solchen Gegenständen verklagt worden war. Es war doch zu auffällig, daß sie alles Anstößige wußte und niemals wissen wollte, woher sie es wußte. An dieses Rätsel hätte ich anknüpfen, für diese sonderbare Verdrängung hätte ich das Motiv suchen müssen. Der zweite Traum hätte es mir dann verraten. Die rücksichtslose Rachsucht, welcher dieser Traum den Ausdruck gab, war wie nichts anderes geeignet, die gegensätzliche Strömung zu verdecken, den Edelmut, mit dem sie den Verrat der geliebten Freundin verzieh und es allen verbarg, daß diese selbst ihr die Eröffnungen gemacht, deren Kenntnis dann zu ihrer Verdächtigung verwendet wurde. Ehe ich die Bedeutung der homosexuellen Strömung bei den Psychoneurotikern erkannt hatte, bin ich oftmals in der Behandlung von Fällen stecken geblieben oder in völlige Verwirrung geraten.

erbitten: ein Blick auf ihre Miene konnte mir aber verraten, daß es ihr mit dieser Bitte nicht ernst war. Sie war noch vier bis fünf Wochen, nachdem sie die Behandlung verlassen, im „Durcheinander", wie sie sagte. Dann trat eine große Besserung ein, die Anfälle wurden seltener, ihre Stimmung gehoben. Im Mai des jetzt vergangenen Jahres starb das eine Kind des Ehepaares K., das immer gekränkelt hatte. Sie nahm diesen Trauerfall zum Anlasse, um den K. einen Kondolenzbesuch zu machen, und wurde von ihnen empfangen, als ob in diesen letzten drei Jahren nichts vorgefallen wäre. Damals söhnte sie sich mit ihnen aus, nahm ihre Rache an ihnen und brachte ihre Angelegenheit zu einem für sie befriedigenden Abschlusse. Der Frau sagte sie: Ich weiß, du hast ein Verhältnis mit dem Papa, und diese leugnete nicht. Den Mann veranlaßte sie, die von ihm bestrittene Szene am See zuzugestehen, und brachte diese, sie rechtfertigende Nachricht ihrem Vater. Sie hat den Verkehr mit der Familie nicht wieder aufgenommen.

Es ging ihr dann ganz gut bis Mitte Oktober, um welche Zeit sich wieder ein Anfall von Stimmlosigkeit einstellte, der sechs Wochen lang anhielt. Über diese Mitteilung überrascht, frage ich, ob dafür ein Anlaß vorhanden war, und höre, daß der Anfall an ein heftiges Erschrecken anschloß. Sie mußte zusehen, wie jemand von einem Wagen überfahren wurde. Endlich rückte sie damit heraus, daß der Unfall keinen anderen als Herrn K. betroffen hatte. Sie traf ihn eines Tages auf der Straße; er kam ihr an einer Stelle lebhaften Verkehres entgegen, blieb wie verworren vor ihr stehen und ließ sich in der Selbstvergessenheit von einem Wagen niederwerfen[1]. Sie überzeugte sich übrigens, daß er ohne erheblichen Schaden davonkam. Es rege sich noch leise in ihr, wenn sie von dem Verhältnisse des Papas zu Frau K. reden höre,

---

[1] Ein interessanter Beitrag zu dem in meiner „Psychopathologie des Alltagslebens" behandelten indirekten Selbstmordversuche.

in welches sie sich sonst nicht mehr menge. Sie lebe ihren Studien, gedenke nicht zu heiraten.

Meine Hilfe suchte sie wegen einer rechtsseitigen Gesichtsneuralgie, die jetzt Tag und Nacht anhalte. Seit wann? „Seit genau vierzehn Tagen[1]." — Ich mußte lächeln, da ich ihr nachweisen konnte, daß sie vor genau vierzehn Tagen eine mich betreffende Nachricht in der Zeitung gelesen, was sie auch bestätigte (1902).

Die angebliche Gesichtsneuralgie entsprach also einer Selbstbestrafung, der Reue wegen der Ohrfeige, die sie damals Herrn K. gegeben, und der daraus auf mich bezogenen Racheübertragung. Welche Art Hilfe sie von mir verlangen wollte, weiß ich nicht, aber ich versprach, ihr zu verzeihen, daß sie mich um die Befriedigung gebracht, sie weit gründlicher von ihrem Leiden zu befreien.

Es sind wiederum Jahre seit dem Besuche bei mir vergangen. Das Mädchen hat sich seither verheiratet, und zwar mit jenem jungen Manne, wenn mich nicht alle Anzeichen trügen, den die Einfälle zu Beginn der Analyse des zweiten Traumes erwähnten. Wie der erste Traum die Abwendung vom geliebten Manne zum Vater, also die Flucht aus dem Leben in die Krankheit bezeichnete, so verkündete ja dieser zweite Traum, daß sie sich vom Vater losreißen werde und dem Leben wiedergewonnen sei.

---

1) Siehe die Bedeutung dieses Termins und dessen Beziehung zum Thema der Rache in der Analyse des zweiten Traumes.

PSYCHISCHE BEHANDLUNG (SEELENBEHANDLUNG)

Psyche ist ein griechisches Wort und lautet in deutscher Übersetzung S e e l e. Psychische Behandlung heißt demnach S e e l e n b e h a n d l u n g. Man könnte also meinen, daß darunter verstanden wird: Behandlung der krankhaften Erscheinungen des Seelenlebens. Dies ist aber nicht die Bedeutung dieses Wortes. Psychische Behandlung will vielmehr besagen: Behandlung von der Seele aus, Behandlung — seelischer oder körperlicher Störungen — mit Mitteln, welche zunächst und unmittelbar auf das Seelische des Menschen einwirken.

Ein solches Mittel ist vor allem das Wort, und Worte sind auch das wesentliche Handwerkszeug der Seelenbehandlung. Der Laie wird es wohl schwer begreiflich finden, daß krankhafte Störungen des Leibes und der Seele durch „bloße" Worte des Arztes beseitigt werden sollen. Er wird meinen, man mute ihm zu, an Zauberei zu glauben. Er hat damit nicht so unrecht; die Worte unserer täglichen Reden sind nichts anderes als abgeblaßter Zauber. Es wird aber notwendig sein, einen weiteren Umweg einzuschlagen, um verständlich zu machen, wie die Wissenschaft es anstellt, dem Worte wenigstens einen Teil seiner früheren Zauberkraft wiederzugeben.

Auch die wissenschaftlich geschulten Ärzte haben den
Wert der Seelenbehandlung erst in neuerer Zeit schätzen
gelernt. Dies erklärt sich leicht, wenn man an den
Entwicklungsgang der Medizin im letzten Halbjahrhundert
denkt. Nach einer ziemlich unfruchtbaren Zeit der Abhängigkeit von der sogenannten Naturphilosophie hat die Medizin
unter dem glücklichen Einfluß der Naturwissenschaften die
größten Fortschritte als Wissenschaft wie als Kunst gemacht,
den Aufbau des Organismus aus mikroskopisch kleinen
Einheiten (den Zellen) ergründet, die einzelnen Lebensverrichtungen (Funktionen) physikalisch und chemisch verstehen
gelernt, die sichtbaren und greifbaren Veränderungen der
Körperteile, welche Folgen der verschiedenen Krankheitsprozesse sind, unterschieden, anderseits auch die Zeichen
gefunden, durch welche sich tiefliegende Krankheitsvorgänge
noch an Lebenden verraten, hat ferner eine große Anzahl
der belebten Krankheitserreger entdeckt und mit Hilfe der
neugewonnenen Einsichten die Gefahren schwerer operativer
Eingriffe ganz außerordentlich herabgesetzt. Alle diese
Fortschritte und Entdeckungen betrafen das Leibliche des
Menschen, und so kam es infolge einer nicht richtigen,
aber leicht begreiflichen Urteilsrichtung dazu, daß die Ärzte
ihr Interesse auf das Körperliche einschränkten und die
Beschäftigung mit dem Seelischen den von ihnen mißachteten
Philosophen gerne überließen.

Zwar hatte die moderne Medizin genug Anlaß, den
unleugbar vorhandenen Zusammenhang zwischen Körperlichem und Seelischem zu studieren, aber dann versäumte
sie niemals, das Seelische als bestimmt durch das Körperliche und abhängig von diesem darzustellen. So wurde
hervorgehoben, daß die geistigen Leistungen an das Vorhandensein eines normal entwickelten und hinreichend
ernährten Gehirns gebunden sind und bei jeder Erkrankung

dieses Organs in Störungen verfallen; daß die Einführung von Giftstoffen in den Kreislauf gewisse Zustände von Geisteskrankheit zu erzeugen gestattet, oder im Kleinen, daß die Träume des Schlafenden je nach den Reizen verändert werden, welche man zum Zwecke des Versuches auf ihn einwirken läßt.

Das Verhältnis zwischen Leiblichem und Seelischem (beim Tier wie beim Menschen) ist eines der Wechselwirkung, aber die andere Seite dieses Verhältnisses, die Wirkung des Seelischen auf den Körper, fand in früheren Zeiten wenig Gnade vor den Augen der Ärzte. Sie schienen es zu scheuen, dem Seelenleben eine gewisse Selbständigkeit einzuräumen, als ob sie damit den Boden der Wissenschaftlichkeit verlassen würden.

Diese einseitige Richtung der Medizin auf das Körperliche hat in den letzten anderthalb Jahrzehnten allmählich eine Änderung erfahren, welche unmittelbar von der ärztlichen Tätigkeit ausgegangen ist. Es gibt nämlich eine große Anzahl von leichter und schwerer Kranken, welche durch ihre Störungen und Klagen große Anforderungen an die Kunst der Ärzte stellen, bei denen aber sichtbare und greifbare Zeichen des Krankheitsprozesses weder im Leben noch nach dem Tode aufzufinden sind, trotz aller Fortschritte in den Untersuchungsmethoden der wissenschaftlichen Medizin. Eine Gruppe dieser Kranken wird durch die Reichhaltigkeit und Vielgestaltigkeit des Krankheitsbildes auffällig; sie können nicht geistig arbeiten infolge von Kopfschmerz oder von Versagen der Aufmerksamkeit, ihre Augen schmerzen beim Lesen, ihre Beine ermüden beim Gehen, sind dumpf schmerzhaft oder eingeschlafen, ihre Verdauung ist gestört durch peinliche Empfindungen, Aufstoßen oder Magenkrämpfe, der Stuhlgang erfolgt nicht ohne Nachhilfe, der Schlaf ist aufgehoben usw. Sie können alle diese Leiden gleichzeitig haben oder nacheinander oder nur eine Auswahl derselben; es ist offenbar in allen Fällen dieselbe Krankheit. Dabei sind die Zeichen der Krankheit oftmals veränderlicher Art, sie lösen einander ab und ersetzen einander; derselbe Kranke, der bisher leistungsunfähig war wegen Kopfschmerzen, aber eine ziemlich gute Verdauung hatte, kann am nächsten Tag sich eines freien Kopfes erfreuen, aber von da an die meisten Speisen schlecht vertragen. Auch verlassen ihn seine Leiden plötzlich bei einer eingreifenden Veränderung seiner Lebensverhältnisse; auf einer Reise kann er sich ganz wohl fühlen und die verschiedenartigste Kost ohne Schaden genießen, nach Hause zurückgekehrt muß er sich vielleicht wieder auf Sauermilch einschränken. Bei einigen dieser Kranken kann die Störung — ein Schmerz oder eine lähmungsartige Schwäche — sogar plötzlich die Körperseite wechseln, von rechts auf das entsprechende Körpergebiet links überspringen. Bei allen aber kann man die Beobachtung machen, daß die Leidenszeichen sehr deutlich unter dem Einfluß von Aufregungen, Gemütsbewegungen, Sorgen usw. stehen, sowie daß sie verschwinden, der vollen Gesundheit Platz machen können, ohne selbst nach langem Bestand Spuren zu hinterlassen.

Die ärztliche Forschung hat endlich ergeben, daß solche Personen nicht als Magenkranke oder Augenkranke u. dgl. zu betrachten und zu behandeln sind, sondern daß es sich bei ihnen um ein Leiden des gesamten Nervensystems handeln muß. Die Untersuchung des Gehirnes und der Nerven solcher Kranker hat aber bisher keine greifbare Veränderung auffinden lassen und manche Züge des Krankheitsbildes verbieten sogar die Erwartung, daß man solche Veränderungen, wie sie imstande wären, die Krankheit zu erklären, einst mit feineren Untersuchungsmitteln werde nachweisen können. Man hat diese Zustände Nervosität

(Neurasthenie, Hysterie) genannt und bezeichnet sie als bloß „funktionelle" Leiden des Nervensystems. (Vgl. Bd. II, X. Abschnitt, 4. Kapitel.[1]) Übrigens ist auch bei vielen beständigeren nervösen Leiden und bei solchen, die nur seelische Krankheitszeichen ergeben (sogenannte Zwangsideen, Wahnideen, Verrücktheit), die eingehende Untersuchung des Gehirns (nach dem Tode des Kranken) ergebnislos geblieben.

Es trat die Aufgabe an die Ärzte heran, die Natur und Herkunft der Krankheitsäußerungen bei diesen Nervösen oder Neurotikern zu untersuchen. Dabei wurde dann die Entdeckung gemacht, daß wenigstens bei einem Teil dieser Kranken die Zeichen des Leidens von nichts anderem herrühren als von einem **veränderten Einfluß ihres Seelenlebens auf ihren Körper**, daß also die nächste Ursache der Störung im Seelischen zu suchen ist. Welches die entfernteren Ursachen jener Störung sind, von der das Seelische betroffen wurde, das nun seinerseits auf das Körperliche störend einwirkt, das ist eine andere Frage und kann hier füglich außer Betracht gelassen werden. Aber die ärztliche Wissenschaft hatte hier die Anknüpfung gefunden, um der bisher vernachläßigten Seite in der Wechselbeziehung zwischen Leib und Seele ihre Aufmerksamkeit im vollen Maße zuzuwenden.

Erst wenn man das Krankhafte studiert, lernt man das Normale verstehen. Über den Einfluß des Seelischen auf den Körper war vieles immer bekannt gewesen, was erst jetzt in die richtige Beleuchtung rückte. Das alltäglichste, regelmäßig und bei jedermann zu beobachtende Beispiel von seelischer Einwirkung auf den Körper bietet der sogenannte **„Ausdruck der Gemütsbewegungen"**. Fast alle seelischen Zustände eines Menschen äußern sich in den

---

[1] Anm. d. Herausg.: Siehe 2. Band des Gesamtwerks „Die Gesundheit".

Spannungen und Erschlaffungen seiner Gesichtsmuskeln, in der Einstellung seiner Augen, der Blutfüllung seiner Haut, der Inanspruchnahme seines Stimmapparates und in den Haltungen seiner Glieder, vor allem der Hände. Diese begleitenden körperlichen Veränderungen bringen dem Betreffenden meist keinen Nutzen, sie sind im Gegenteil oft seinen Absichten im Wege, wenn er seine Seelenvorgänge vor Anderen verheimlichen will, aber sie dienen den Anderen als verläßliche Zeichen, aus denen man auf die seelischen Vorgänge schließen kann, und denen man mehr vertraut als den etwa gleichzeitigen absichtlichen Äußerungen in Worten. Kann man einen Menschen während gewisser seelischer Tätigkeiten einer genaueren Untersuchung unterziehen, so findet man weitere körperliche Folgen derselben in den Veränderungen seiner Herztätigkeit, in dem Wechsel der Blutverteilung in seinem Körper u. dgl.

Bei gewissen Seelenzuständen, die man „Affekte" heißt, ist die Mitbeteiligung des Körpers so augenfällig und so großartig, daß manche Seelenforscher sogar gemeint haben, das Wesen der Affekte bestehe nur in diesen ihren körperlichen Äußerungen. Es ist allgemein bekannt, welch außerordentliche Veränderungen im Gesichtsausdruck, im Blutumlauf, in den Absonderungen, in den Erregungszuständen der willkürlichen Muskeln, unter dem Einfluß z. B. der Furcht, des Zornes, des Seelenschmerzes, des geschlechtlichen Entzückens zustande kommen. Minder bekannt, aber vollkommen sichergestellt sind andere körperliche Wirkungen der Affekte, die nicht mehr zum Ausdruck derselben gehören. Anhaltende Affektzustände von peinlicher oder, wie man sagt, „depressiver" Natur wie Kummer, Sorge und Trauer, setzen die Ernährung des Körpers im ganzen herab, verursachen, daß die Haare bleichen, das Fett schwindet und die Wandungen der Blutgefäße krankhaft verändert werden.

Umgekehrt sieht man unter dem Einfluß freudiger Erregungen, des „Glückes", den ganzen Körper aufblühen und die Person manche Kennzeichen der Jugend wiedergewinnen. Die großen Affekte haben offenbar viel mit der Widerstandsfähigkeit gegen Erkrankung an Ansteckungen zu tun; es ist ein gutes Beispiel davon, wenn ärztliche Beobachter angeben, daß die Geneigtheit zu den Lagererkrankungen und zur Ruhr (Dysenterie) bei den Angehörigen einer geschlagenen Armee sehr viel bedeutender ist als unter den Siegern. Die Affekte, und zwar fast ausschließlich die depressiven, werden aber auch häufig genug selbst zu Krankheitsursachen sowohl für Krankheiten des Nervensystems mit anatomisch nachweisbaren Veränderungen als auch für Krankheiten anderer Organe, wobei man anzunehmen hat, daß die betreffende Person eine bis dahin unwirksame Eignung zu dieser Krankheit schon vorher besessen hat.

Bereits ausgebildete Krankheitszustände können durch stürmische Affekte sehr erheblich beeinflußt werden, meistens im Sinne einer Verschlechterung, aber es fehlt auch nicht an Beispielen dafür, daß ein großer Schreck, ein plötzlicher Kummer durch eine eigentümliche Umstimmung des Organismus einen gut begründeten Krankheitszustand heilsam beeinflußt oder selbst aufgehoben hat. Daß endlich die Dauer des Lebens durch depressive Affekte erheblich abgekürzt werden kann, sowie daß ein heftiger Schreck, eine brennende „K r ä n k u n g" oder Beschämung dem Leben ein plötzliches Ende setzen kann, unterliegt keinem Zweifel; merkwürdigerweise wird letztere Wirkung auch mitunter als Folge einer unerwarteten großen Freude beobachtet.

Die Affekte im engeren Sinne sind durch eine ganz besondere Beziehung zu den körperlichen Vorgängen ausgezeichnet, aber streng genommen sind alle Seelenzustände, auch diejenigen, welche wir als „Denkvorgänge" zu betrachten gewohnt sind, in gewissem Maße „affektiv", und kein einziger von ihnen entbehrt der körperlichen Äußerungen und der Fähigkeit, körperliche Vorgänge zu verändern. Selbst beim ruhigen Denken in „Vorstellungen" werden dem Inhalt dieser Vorstellungen entsprechend beständig Erregungen zu den glatten und gestreiften Muskeln abgeleitet, welche durch geeignete Verstärkung deutlich gemacht werden können und die Erklärung für manche auffällige, ja vermeintlich „übernatürliche" Erscheinungen geben. So z.B. erklärt sich das sogenannte „Gedankenerraten" durch die kleinen, unwillkürlichen Muskelbewegungen, die das „Medium" ausführt, wenn man mit ihm Versuche anstellt, etwa sich von ihm leiten läßt, um einen versteckten Gegenstand aufzufinden. Die ganze Erscheinung verdient eher den Namen eines Gedankenverratens.

Die Vorgänge des Willens und der Aufmerksamkeit sind gleichfalls imstande, die leiblichen Vorgänge tief zu beeinflussen und bei körperlichen Krankheiten als Förderer oder als Hemmungen eine große Rolle zu spielen. Ein großer englischer Arzt hat von sich berichtet, daß es ihm gelingt, an jeder Körperstelle, auf die er seine Aufmerksamkeit lenken will, mannigfache Empfindungen und Schmerzen hervorzurufen, und die Mehrzahl der Menschen scheint sich ähnlich wie er zu verhalten. Bei der Beurteilung von Schmerzen, die man sonst zu den körperlichen Erscheinungen rechnet, ist überhaupt deren überaus deutliche Abhängigkeit von seelischen Bedingungen in Betracht zu ziehen. Die Laien, welche solche seelische Einflüsse gerne unter dem Namen der „Einbildung" zusammenfassen, pflegen vor Schmerzen infolge von Einbildung im Gegensatz zu den durch Verletzung, Krankheit oder Entzündung verursachten wenig Respekt zu haben. Aber das ist ein offenbares

Unrecht; mag die Ursache von Schmerzen welche immer sein, auch die Einbildung, die Schmerzen selbst sind darum nicht weniger wirklich und nicht weniger heftig.

Wie Schmerzen durch Zuwendung der Aufmerksamkeit erzeugt oder gesteigert werden, so schwinden sie auch bei Ablenkung der Aufmerksamkeit. Bei jedem Kind kann man diese Erfahrung zur Beschwichtigung verwerten; der erwechsene Krieger verspürt den Schmerz der Verletzung nicht im fieberhaften Eifer des Kampfes; der Märtyrer wird sehr wahrscheinlich in der Überhitzung seines religiösen Gefühls, in der Hinwendung all seiner Gedanken auf den ihm winkenden himmlischen Lohn vollkommen unempfindlich gegen den Schmerz seiner Qualen. Der Einfluß des Willens auf Krankheitsvorgänge des Körpers ist weniger leicht durch Beispiele zu belegen, es ist aber sehr wohl möglich, daß der Vorsatz, gesund zu werden, oder der Wille, zu sterben, selbst für den Ausgang schwerer und zweifelhafter Erkrankungsfälle nicht ohne Bedeutung ist.

Den größten Anspruch an unser Interesse hat der seeliche Zustand der E r w a r t u n g, mittels dessen eine Reihe der wirksamsten seelischen Kräfte für Erkrankung und Genesung von körperlichen Leiden rege gemacht werden können. Die ä n g s t l i c h e Erwartung ist gewiß nichts Gleichgültiges für den Erfolg; es wäre wichtig, mit Sicherheit zu wissen, ob sie so viel für das Krankwerden leistet, als man ihr zutraut, ob es z.B. auf Wahrheit beruht, daß während der Herrschaft einer Epidemie diejenigen am ehesten gefährdet sind, die zu erkranken fürchten. Der gegenteilige Zustand, die hoffnungsvolle und g l ä u b i g e E r w a r t u n g ist eine wirkende Kraft, mit der wir streng genommen bei allen unseren Behandlungs- und Heilungsversuchen zu rechnen haben. Wir könnten uns sonst die Eigentümlichkeiten der Wirkungen, die wir an den Medikamenten und Heileingriffen

beobachten, nicht erklären. Am greifbarsten wird aber
der Einfluß der **gläubigen Erwartung** bei den
sogenannten Wunderheilungen, die sich noch heute unter
unseren Augen ohne Mitwirkung ärztlicher Kunst vollziehen.
Die richtigen Wunderheilungen erfolgen bei Gläubigen
unter dem Einfluß von Veranstaltungen, welche geeignet
sind, die religiösen Gefühle zu steigern, also an Orten,
wo ein wundertätiges Gnadenbild verehrt wird, wo eine
heilige oder göttliche Person sich den Menschenkindern gezeigt
und ihnen Linderung als Entgelt für Anbetung versprochen
hat, oder wo die Reliquien eines Heiligen als Schatz
aufbewahrt werden. Es scheint dem religiösen Glauben allein
nicht leicht zu werden, auf dem Wege der Erwartung die
Krankheit zu verdrängen, denn bei den Wunderheilungen
sind meist noch andere Veranstaltungen mit im Spiele.
Die Zeiten, zu denen man die göttliche Gnade sucht,
müssen durch besondere Beziehungen ausgezeichnet sein;
körperliche Mühsal, die sich der Kranke auferlegt, die
Beschwerden und Opfer der Pilgerfahrt müssen ihn für diese
Gnade besonders würdigen.

Es wäre bequem, aber sehr unrichtig, wenn man diesen
Wunderheilungen einfach den Glauben verweigern und die
Berichte über sie durch Zusammentreffen von frommem
Betrug und ungenauer Beobachtung aufklären wollte. So
oft dieser Erklärungsversuch auch recht haben mag, er hat
doch nicht die Kraft, die Tatsache der Wunderheilungen
überhaupt wegzuräumen. Diese kommen wirklich vor, haben
sich zu allen Zeiten ereignet und betreffen nicht nur
Leiden seelischer Herkunft, die also ihre Gründe in der
„Einbildung" haben, auf welche gerade die Umstände der
Wallfahrt besonders wirken können, sondern auch „organisch"
begründete Krankheitszustände, die vorher allen ärztlichen
Bemühungen widerstanden hatten.

Doch liegt keine Nötigung vor, zur Erklärung der Wunderheilungen andere als seelische Mächte heranzuziehen. Wirkungen, die für unsere Erkenntnis als unbegreiflich gelten könnten, kommen auch unter solchen Bedingungen nicht zum Vorschein. Es geht alles natürlich zu; ja die Macht der religiösen Gläubigkeit erfährt hier eine Verstärkung durch mehrere echt menschliche Triebkräfte. Der fromme Glaube des einzelnen wird durch die Begeisterung der Menschenmenge gesteigert, in deren Mitte er sich dem heiligen Ort zu nähern pflegt. Durch solche Massenwirkung können alle seelischen Regungen des einzelnen Menschen ins Maßlose gehoben werden. Wo ein einzelner die Heilung am Gnadenorte sucht, da ist es der Ruf, das Ansehen des Ortes, welche den Einfluß der Menschenmenge ersetzt, da kommt also doch wieder nur die Macht der Menge zur Wirkung. Dieser Einfluß macht sich auch noch auf anderem Wege geltend. Da es bekannt ist, daß die göttliche Gnade sich stets nur einigen wenigen unter den vielen um sie Werbenden zuwendet, möchte jeder unter diesen Ausgezeichneten und Ausgewählten sein; der in jedem einzelnen schlummernde Ehrgeiz kommt der frommen Gläubigkeit zu Hilfe. Wo so viel starke Kräfte zusammenwirken, dürfen wir uns nicht wundern, wenn gelegentlich das Ziel wirklich erreicht wird.

Auch die religiös Ungläubigen brauchen auf Wunderheilungen nicht zu verzichten. Das Ansehen und die Massenwirkung ersetzen ihnen vollauf den religiösen Glauben. Es gibt jederzeit Modekuren und Modeärzte, die besonders die vornehme Gesellschaft beherrschen, in welcher das Bestreben, es einander zuvorzutun und es den Vornehmsten gleichzutun, die mächtigsten seelischen Triebkräfte darstellen. Solche Modekuren entfalten Heilwirkungen, die nicht in ihrem Machtbereich gelegen sind, und die nämlichen Mittel

leisten in der Hand des Modearztes, der etwa als der
Helfer einer hervorragenden Persönlichkeit bekannt geworden
ist, weit mehr, als sie anderen Ärzten leisten können.
So gibt es menschliche Wundertäter ebenso wie göttliche;
nur nützen sich diese von der Gunst der Mode und der
Nachahmung zu Ansehen erhobenen Menschen rasch ab,
wie es der Natur der für sie wirkenden Mächte entspricht.

Die begreifliche Unzufriedenheit mit der oft unzuläng-
lichen Hilfe der ärztlichen Kunst, vielleicht auch die innere
Auflehnung gegen den Zwang des wissenschaftlichen Denkens,
welcher dem Menschen die Unerbittlichkeit der Natur
widerspiegelt, haben zu allen Zeiten und in unseren Tagen
von neuem eine merkwürdige Bedingung für die Heilkraft
von Personen und Mitteln geschaffen. Die gläubige Erwartung will sich nur herstellen, wenn der Helfer kein Arzt
ist und sich rühmen kann, von der wissenschaftlichen
Begründung der Heilkunst nichts zu verstehen, wenn das
Mittel nicht durch genaue Prüfung erprobt, sondern etwa
durch eine volkstümliche Vorliebe empfohlen ist. Daher
die Überfülle von Naturheilkünsten und Naturheilkünstlern,
die auch jetzt wieder den Ärzten die Ausübung ihres
Berufes streitig machen, und von denen wir wenigstens
mit einiger Sicherheit aussagen können, daß sie den Heilung
Suchenden weit öfter schaden als nützen. Haben wir hier
Grund, auf die gläubige Erwartung der Kranken zu schelten,
so dürfen wir doch nicht so undankbar sein, zu vergessen,
daß die nämliche Macht unausgesetzt auch unsere eigenen
ärztlichen Bemühungen unterstützt. Die Wirkung wahrscheinlich eines jeden Mittels. das der Arzt verordnet, eines
jeden Eingriffes, den er vornimmt, setzt sich aus zwei
Anteilen zusammen. Den einen, der bald größer, bald
kleiner, niemals ganz zu vernachlässigen ist, stellt das
seelische Verhalten des Kranken bei. Die gläubige Erwartung,

mit welcher er dem unmittelbaren Einfluß der ärztlichen
Maßregel entgegenkommt, hängt einerseits von der Größe
seines eigenen Strebens nach Genesung ab, anderseits
von seinem Zutrauen, daß er die richtigen Schritte dazu
getan, also von seiner Achtung vor der ärztlichen Kunst
überhaupt, ferner von der Macht, die er der Person seines
Arztes zugesteht, und selbst von der rein menschlichen
Zuneigung, welche der Arzt in ihm erweckt hat. Es gibt
Ärzte, denen die Fähigkeit, das Zutrauen der Kranken zu
gewinnen, in höherem Grade eignet als anderen; der
Kranke verspürt die Erleichterung dann oft bereits, wenn er
den Arzt in sein Zimmer kommen sieht.

Die Ärzte haben von jeher, in alten Zeiten noch viel
ausgiebiger als heute, Seelenbehandlung ausgeübt. Wenn wir
unter Seelenbehandlung verstehen die Bemühung, beim
Kranken die der Heilung günstigsten seelischen Zustände
und Bedingungen hervorzurufen, so ist diese Art ärztlicher
Behandlung die geschichtlich älteste. Den alten Völkern
stand kaum etwas anderes als psychische Behandlung zu
Gebote; sie versäumten auch nie, die Wirkung von Heil-
tränken und Heilmaßnahmen durch eindringliche Seelenbehandlung zu unterstützen. Die bekannten Anwendungen
von Zauberformeln, die Reinigungsbäder, die Hervorlockung
von Orakelträumen durch den Schlaf im Tempelraum u. a.
können nur auf seelischem Wege heilend gewirkt haben.
Die Persönlichkeit des Arztes selbst schuf sich ein Ansehen,
das sich direkt von der göttlichen Macht ableitete. da die
Heilkunst in ihren Anfängen in den Händen der Priester
war. So war die Person des Arztes damals wie heute einer
der Hauptumstände zur Erzielung des für die Heilung
günstigen Seelenzustandes beim Kranken.

Wir beginnen nun auch den „Zauber" des Wortes zu
verstehen. Worte sind ja die wichtigsten Vermittler für

den Einfluß, den ein Mensch auf den anderen ausüben will; Worte sind gute Mittel, um seelische Veränderungen bei dem hervorzurufen, an den sie gerichtet werden, und darum klingt es nicht länger rätselhaft, wenn behauptet wird, daß der Zauber des Wortes Krankheitserscheinungen beseitigen kann, zumal solche, die selbst in seelischen Zuständen begründet sind.

Allen seelischen Einflüssen, welche sich als wirksam zur Beseitigung von Krankheiten erwiesen haben, haftet etwas Unberechenbares an. Affekte, Zuwendung des Willens, Ablenkung der Aufmerksamkeit, gläubige Erwartung, alle diese Mächte, welche gelegentlich die Erkrankung aufheben, versäumen in anderen Fällen, dies zu leisten, ohne daß man die Natur der Krankheit für den verschiedenen Erfolg verantwortlich machen könnte. Es ist offenbar die Selbstherrlichkeit der seelisch so verschiedenen Persönlichkeiten, welche der Regelmäßigkeit des Heilerfolges im Wege steht. Seitdem nun die Ärzte die Bedeutung des seelischen Zustandes für die Heilung klar erkannt haben, ist ihnen der Versuch nahe gelegt, es nicht mehr dem Kranken zu überlassen, welcher Betrag von seelischem Entgegenkommen sich in ihm herstellen mag, sondern den günstigen Seelenzustand zielbewußt mit geeigneten Mitteln zu erzwingen. Mit dieser Bemühung nimmt die moderne S e e l e n b e h a n d l u n g ihren Anfang.

Es ergeben sich so eine ganze Anzahl von Behandlungsweisen, einzelne von ihnen selbstverständlich, andere erst nach verwickelten Voraussetzungen dem Verständnis zugänglich. Selbstverständlich ist es etwa, daß der Arzt, der heute nicht mehr als Priester oder als Besitzer geheimer Wissenschaft Bewunderung einflößen kann, seine Persönlichkeit so hält, daß er das Zutrauen und ein Stück der Neigung seines Kranken erwerben kann. Es dient dann einer zweckmäßigen Verteilung, wenn ihm solcher Erfolg nur bei einer beschränkten Anzahl von Kranken gelingt, während andere durch ihren Bildungsgrad und ihre Zuneigung zu anderen ärztlichen Personen hingezogen werden. **Mit der Aufhebung der freien Ärztewahl aber wird eine wichtige Bedingung für die seelische Beeinflussung der Kranken vernichtet.**

Eine ganze Reihe sehr wirksamer seelischer Mittel muß sich der Arzt entgehen lassen. Er hat entweder nicht die Macht oder er darf sich das Recht nicht anmaßen, sie anzuwenden. Dies gilt vor allem für die Hervorrufung starker Affekte, also für die wichtigsten Mittel, mit denen das Seelische aufs Körperliche wirkt. Das Schicksal heilt Krankheiten oft durch große freudige Erregungen, durch Befriedigung von Bedürfnissen, Erfüllung von Wünschen; damit kann der Arzt, der außerhalb seiner Kunst oft selbst ein Ohnmächtiger ist, nicht wetteifern. Furcht und Schrecken zu Heilzwecken zu erzeugen, wird etwa eher in seiner Macht stehen, aber er wird sich außer bei Kindern sehr bedenken müssen, zu solchen zweischneidigen Maßregeln zu greifen. Anderseits schließen sich alle Beziehungen zum Kranken, die mit zärtlichen Gefühlen verknüpft sind, für den Arzt wegen der Lebensbedeutung dieser Seelenlagen aus. Und somit erschiene seine Machtfülle zur seelischen Veränderung seiner Kranken von vornherein so sehr eingeschränkt, daß die absichtlich betriebene Seelenbehandlung keinen Vorteil gegen die frühere Art verspräche.

Der Arzt kann etwa Willenstätigkeit und Aufmerksamkeit des Kranken zu lenken versuchen und hat bei verschiedenen Krankheitszuständen guten Anlaß dazu. Wenn er den, der sich gelähmt glaubt, beharrlich dazu nötigt, die Bewegungen auszuführen, die der Kranke angeblich nicht kann, oder bei dem Ängstlichen, der wegen einer sicherlich nicht vorhandenen Krankheit untersucht zu werden verlangt, die Untersuchung verweigert, wird er die richtige Behandlung eingeschlagen haben; aber diese vereinzelten Gelegenheiten geben kaum ein Recht, die Seelenbehandlung als ein besonderes Heilverfahren aufzustellen. Dagegen hat sich dem Arzt auf einem eigentümlichen und nicht vorherzusehenden Wege die Möglichkeit geboten, einen tiefen, wenn auch vorübergehenden Eifluß auf das Seelenleben seiner Kranken zu nehmen und diesen zu Heilzwecken auszunützen.

Es ist seit langer Zeit bekannt gewesen, aber erst in den letzten Jahrzehnten über jede Anzweiflung erhoben worden, daß es möglich ist, Menschen durch gewisse sanfte Einwirkungen in einen ganz eigentümlichen seelischen Zustand zu versetzen, der mit dem Schlaf viel Ähnlichkeit hat und darum als **Hypnose** bezeichnet wird. Die Verfahren zur Herbeiführung der Hypnose haben auf den ersten Blick nicht viel untereinander gemein. Man kann hypnotisieren, indem man einen glänzenden Gegenstand durch einige Minuten unverwandt ins Auge fassen läßt, oder indem man eine Taschenuhr durch dieselbe Zeit an das Ohr der Versuchsperson hält, oder dadurch, daß man wiederholt über Gesicht und Glieder derselben mit seinen eigenen, flach gehaltenen Händen aus geringer Entfernung streicht. Man kann aber dasselbe erreichen, wenn man der Person, die man hypnotisieren will, das Eintreten des hypnotischen Zustandes und seiner Besonderheiten mit ruhiger Sicherheit ankündigt, ihr die Hypnose also „einredet". Man kann auch beide Verfahren miteinander verbinden. Man läßt etwa die Person Platz nehmen, hält ihr einen Finger vor die Augen, trägt ihr auf, denselben starr anzusehen, und sagt ihr dann: Sie fühlen sich müde. Ihre Augen fallen schon zu, Sie können sie nicht offen halten. Ihre Glieder sind schwer, Sie können sich nicht mehr rühren. Sie schlafen ein usw. Man merkt doch, daß diesen Verfahren allen eine Fesselung der Aufmerksamkeit gemeinsam ist; bei den erstangeführten handelt es sich um Ermüdung der Aufmerksamkeit durch schwache und gleichmäßige Sinnesreize. Wie es zugeht, daß das bloße Einreden genau den nämlichen Zustand hervorruft wie die anderen Verfahren, das ist noch nicht befriedigend aufgeklärt. Geübte Hypnotiseure geben an, daß man auf solche Weise bei etwa 80 Prozent der Versuchspersonen eine deutliche hypnotische Veränderung erzielt. Man hat aber keine Anzeichen, aus denen man im vorhinein erraten könnte, welche Personen hypnotisierbar sind und welche nicht. Ein Krankheitszustand gehört keineswegs zu den Bedingungen der Hypnose, normale Menschen sollen sich besonders leicht hypnotisieren lassen, und von den Nervösen ist ein Teil sehr schwer hypnotisierbar, während Geistekranke ganz und gar widerspenstig sind. Der hypnotische Zustand hat sehr verschiedene Abstufungen; in seinem leichtesten Grade verspürt der Hypnotisierte nur etwas wie eine geringe Betäubung, der höchste und durch besondere Merkwürdigkeiten ausgezeichnete Grad wird S o m n a m b u l i s m u s genannt wegen seiner Ähnlichkeit mit dem als natürliche Erscheinung beobachteten S c h l a f w a n d e l n. Die Hypnose ist aber keineswegs ein Schlaf wie unser nächtliches Schlafen oder wie der künstliche durch Schlafmittel erzeugte. Es treten Veränderungen in ihr auf, und es zeigen sich seelische Leistungen bei ihr erhalten, die dem normalen Schlafe fehlen.

Manche Erscheinungen der Hypnose, z. B. die Veränderungen der Muskeltätigkeit, haben nur wissenschaftliches Interesse. Das bedeutsamste aber und das für uns wichtigste Zeichen der Hypnose liegt in dem Benehmen des Hypnotisierten gegen seinen Hypnotiseur. Während der Hypnotisierte sich gegen die Außenwelt sonst verhält wie ein Schlafender, also sich mit all seinen Sinnen von ihr abgewendet hat, ist er **wach** für die Person, die ihn in Hypnose versetzt hat, hört und sieht nur diese, versteht sie und gibt ihr Antwort. Diese Erscheinung, die man den **Rapport** in der Hypnose heißt, findet ein Gegenstück in der Art, wie manche Menschen, z. B. die Mutter, die ihr Kind nährt, schlafen. Sie ist so auffällig, daß sie uns das Verständnis des Verhältnisses zwischen Hypnotisiertem und Hypnotiseur vermitteln sollte.

Daß sich die Welt des Hypnotisierten sozusagen auf den Hypnotiseur einschränkt, ist aber nicht das einzige. Es kommt dazu, daß der erstere vollkommen gefügig gegen den letzteren wird, **gehorsam und gläubig**, und zwar bei tiefer Hypnose in fast schrankenloser Weise. Und in der Ausführung dieses Gehorsams und dieser Gläubigkeit zeigt es sich nun als Charakter des hypnotischen Zustandes, daß der Einfluß des Seelenlebens auf das Körperliche beim Hypnotisierten außerordentlich erhöht ist. Wenn der Hypnotiseur sagt: Sie können Ihren Arm nicht bewegen, so fällt der Arm wie unbeweglich herab; der Hypnotisierte strengt offenbar alle seine Kraft an und kann ihn nicht bewegen. Wenn der Hypnotiseur sagt: Ihr Arm bewegt sich von selbst, Sie können ihn nicht aufhalten, so bewegt sich dieser Arm, und man sieht den Hypnotisierten vergebliche Anstrengungen machen, ihn ruhig zu stellen. Die Vorstellung, die der Hypnotiseur dem Hypnotisierten durch das Wort gegeben hat, hat genau jenes seelisch-körperliche Verhalten bei ihm hervorgerufen, das ihrem Inhalt entspricht. Darin liegt einerseits Gehorsam, anderseits aber Steigerung des körperlichen Einflusses einer Idee. Das Wort ist hier wirklich wieder zum Zauber geworden.

Dasselbe auf dem Gebiete der Sinneswahrnehmungen. Der Hypnotiseur sagt: Sie sehen eine Schlange, Sie riechen eine Rose, Sie hören die schönste Musik, und der Hypnotisierte sieht, riecht, hört, wie die ihm eingegebene Vorstellung es von ihm verlangt. Woher weiß man, daß der Hypnotisierte diese Wahrnehmungen wirklich hat? Man könnte meinen, er stelle sich nur so an; aber es ist doch kein Grund, daran zu zweifeln, denn er benimmt sich ganz so, als ob er sie wirklich hätte, äußert alle dazu gehörigen Affekte, kann auch unter Umständen nach der Hypnose von seinen eingebildeten Wahrnehmungen und Erlebnissen berichten Man merkt dann, daß er gesehen und gehört hat, wie wir im Traum sehen und hören, d. h. er hat **halluziniert**. Er ist offenbar so sehr gläubig gegen den Hypnotiseur, daß er **überzeugt** ist, eine Schlange müsse zu sehen sein, wenn der Hypnotiseur sie ihm ankündigt, und diese Überzeugung wirkt so stark auf das Körperliche, daß er die Schlange wirklich sieht, wie es übrigens gelegentlich auch bei nicht hypnotisierten Personen geschehen kann.

Nebenbei bemerkt, eine solche Gläubigkeit, wie sie der Hypnotisierte für seinen Hypnotiseur bereit hat, findet sich außer der Hypnose im wirklichen Leben nur **beim Kinde gegen die geliebten Eltern**, und eine derartige Einstellung des eigenen Seelenlebens auf das einer anderen Person mit ähnlicher Unterwerfung hat ein einziges, aber dann vollwertiges Gegenstück in manchen **Liebesverhältnissen** mit voller Hingebung. Das Zusammentreffen von Alleinschätzung und gläubigem Gehorsam gehört überhaupt zur Kennzeichnung des Liebens.

Über den hypnotischen Zustand ist noch einiges zu berichten. Die Rede des Hypnotiseurs, welche die beschriebenen zauberhaften Wirkungen äußert, heißt man die **Suggestion**, und man hat sich gewöhnt, diesen Namen auch dort anzuwenden, wo zunächst bloß die Absicht vorliegt, eine ähnliche Wirkung hervorzubringen. Wie Bewegung und Empfindung, gehorchen auch alle anderen Seelentätigkeiten des Hypnotisierten dieser Suggestion, während er aus eigenem Antriebe nichts zu unternehmen pflegt. Man kann den hypnotischen Gehorsam für eine Reihe von höchst merkwürdigen Versuchen ausnützen, die tiefe Einblicke in das seelische Getriebe gestatten und dem Zuschauer eine unvertilgbare Überzeugung von der nicht geahnten Macht des Seelischen über das Körperliche schaffen. Wie man den Hypnotisierten nötigen kann zu sehen, was nicht da ist, so kann man ihm auch verbieten, etwas, was da ist und sich seinen Sinnen aufdrängen will, z. B. eine bestimmte Person, zu sehen (die sogenannte negative Halluzination), und diese Person findet es dann unmöglich, sich dem Hypnotisierten durch irgend welche Reizungen bemerklich zu machen; sie wird von ihm „wie Luft" behandelt. Man kann dem Hypnotisierten die Suggestion erteilen, eine gewisse Handlung erst eine bestimmte Zeit nach dem Aufwachen aus der Hypnose auszuführen (die posthypnotische Suggestion), und der Hypnotisierte hält die Zeit ein und führt mitten in seinem wachen Zustand die suggerierte Handlung aus, ohne einen Grund für sie angeben zu können. Fragt man ihn dann, warum er dies jetzt getan hat, so beruft er sich entweder auf einen dunklen Drang, dem er nicht widerstehen konnte, oder er erfindet einen halbwegs einleuchtenden Vorwand, während er den wahren Grund, die ihm erteilte Suggestion, nicht erinnert.

Das Erwachen aus der Hypnose erfolgt mühelos durch das Machtwort des Hypnotiseurs: Wachen Sie auf. Bei den tiefsten Hypnosen fehlt dann die Erinnerung für alles, was während der Hypnose unter dem Einfluß des Hypnotiseurs erlebt wurde. Dieses Stück Seelenleben bleibt gleichsam abgesondert von dem sonstigen. Andere Hypnotisierte haben eine traumhafte Erinnerung, und noch andere erinnern sich zwar an alles, berichten aber, daß sie unter einen seelischen Zwang gestanden hatten, gegen den es keinen Widerstand gab.

Der wissenschaftliche Gewinn, den die Bekanntschaft mit den hypnotischen Tatsachen Ärzten und Seelenforschern gebracht hat, kann nicht leicht überschätzt werden. Um nun aber die praktische Bedeutung der neuen Erkenntnisse zu würdigen, wolle man an Stelle des Hypnotiseurs den Arzt, an Stelle des Hypnotisierten den Kranken setzen. Scheint da die Hypnose nicht berufen, alle Bedürfnisse des Arztes, insoferne er als „Seelenarzt" gegen den Kranken auftreten will, zu befriedigen? Die Hypnose schenkt dem Arzt eine Autorität, wie sie wahrscheinlich niemals ein Priester oder Wundermann besessen hat, indem sie alles seelische Interesse des Hypnotisierten auf die Person des Arztes vereinigt; sie schafft die Eigenmächtigkeit des Seelenlebens beim Kranken ab, in der wir das launenhafte Hemmnis für die Äußerung seelischer Einflüsse auf den Körper erkannt haben; sie stellt an und für sich eine Steigerung der Seelenherrschaft über das Körperliche her, die sonst nur unter den stärksten Affekteinwirkungen beobachtet wird, und durch die Möglichkeit, das in der Hypnose dem Kranken Eingegebene erst nachher im Normalzustand zum Vorschein kommen zu lassen (posthypnotische Suggestion), gibt sie dem Arzt die Mittel in die Hand, seine große Macht während der Hypnose zur Veränderung des Kranken im wachen Zustande zu verwenden. So ergäbe sich ein einfaches Muster für die Art der Heilung durch Seelenbehandlung. Der Arzt versetzt den Kranken in den Zustand der Hypnose, erteilt ihm die nach den jeweiligen Umständen abgeänderte Suggestion, daß er nicht krank ist, daß er nach dem Erwachen von seinen

Leidenszeichen nichts verspüren wird, weckt ihn dann auf und darf sich der Erwartung hingeben, daß die Suggestion ihre Schuldigkeit gegen die Krankheit getan hat. Dieses Verfahren wäre etwa, wenn eine einzige Anwendung nicht genug genützt hat, die nötige Anzahl von Malen zu wiederholen.

Ein einziges Bedenken könnte Arzt und Patienten von der Anwendung selbst eines so vielversprechenden Heilverfahrens abhalten. Wenn sich nämlich ergeben sollte, daß die Versetzung in Hypnose ihren Nutzen durch einen Schaden auf anderer Seite wett macht, z.B. eine dauernde Störung oder Schwächung im Seelenleben des Hypnotisierten hinterläßt. Die bisher gemachten Erfahrungen reichen nun bereits aus, um dieses Bedeken zu beseitigen; einzelne Hypnotisierungen sind völlig harmlos, selbst häufig wiederholte Hypnosen im ganzen unschädlich. Nur eines ist hervorzuheben: wo die Verhälntisse eine fortdauernde Anwendung der Hypnose notwendig machen, da stellt sich eine Gewöhnung an die Hypnose und eine Abhängigkeit vom hypnotisierenden Arzt her, die nicht in der Absicht des Heilverfahrens gelegen sein kann.

Die hypnotische Behandlung bedeutet nun wirklich eine große Erweiterung des ärztlichen Machtbereiches und somit einen Fortschritt der Heilkunst. Man kann jedem Leidenden den Rat geben, sich ihr anzuvertrauen, wenn sie von einem kundigen und vertrauenswürdigen Arzte ausgeübt wird. Aber man sollte sich der Hypnose in anderer Weise bedienen, als es heute zumeist geschieht. Gewöhnlich greift man zu dieser Behandlungsart erst, wenn alle anderen Mittel im Stiche gelassen haben, der Leidende bereits verzagt und unmutig geworden ist. Dann verläßt man seinen Arzt, der nicht hypnotisieren kann oder es nicht ausübt, und wendet sich an einen fremden Arzt, der meist nichts anderes übt

und nichts anderes kann als hypnotisieren. Beides ist
unvorteilhaft für den Kranken. Der Hausarzt sollte selbst
mit der hypnotischen Heilmethode vertraut sein und diese
von Anfang an anwenden, wenn er den Fall und die
Person dafür geeignet hält. Die Hypnose sollte dort, wo
sie überhaupt brauchbar ist, gleichwertig neben den anderen
Heilverfahren stehen, nicht eine letzte Zuflucht oder gar
einen Abfall von der Wissenschaftlichkeit zur Kurpfuscherei
bedeuten. Brauchbar aber ist das hypnotische Heilverfahren
nicht nur bei allen nervösen Zuständen und den durch
„Einbildung" entstandenen Störungen, sowie zur Entwöhnung
von krankhaften Gewohnheiten (Trunksucht, Morphinsucht,
geschlechtliche Verirrungen), sondern auch bei vielen Organkrankheiten, selbst entzündlichen, wo man die Aussicht hat,
bei Fortbestand des Grundleidens die den Kranken zunächst
belästigenden Zeichen desselben, wie die Schmerzen, Bewegungshemmung u. dgl. zu beseitigen. Die Auswahl der
Fälle für die Verwendung des hypnotischen Verfahrens ist
durchwegs von der Entscheidung des Arztes abhängig.

Nun ist es aber an der Zeit, den Eindruck zu zerstreuen,
als wäre mit dem Hilfsmittel der Hypnose für den Arzt
eine Zeit bequemer Wundertäterei angebrochen. Es sind
noch mannigfache Umstände in Betracht zu ziehen, die
geeignet sind, unsere Ansprüche an das hypnotische Heilverfahren erheblich herabzusetzen und die beim Kranken etwa
rege gewordenen Hoffnungen auf ihr berechtigtes Maß
zurückzuführen. Vor allem stellt sich die eine Grundvoraussetzung als unhaltbar heraus, daß es gelungen wäre,
durch die Hypnose den Kranken die störende Eigenmächtigkeit in ihrem seelischen Verhalten zu benehmen. Sie
bewahren dieselbe und beweisen sie bereits in ihrer Stellungnahme gegen den Versuch, sie zu hypnotisieren. Wenn
oben gesagt wurde, daß etwa 80 Prozent der Menschen

hypnotisierbar sind, so ist diese große Zahl nur dadurch zustande gekommen, daß man alle Fälle, die irgend eine Spur von Beeinflussung zeigen, zu den positiven Fällen gerechnet hat. Wirklich tiefe Hypnosen mit vollkommener Gefügigkeit, wie man sie bei der Beschreibung zum Muster wählt, sind eigentlich selten, jedenfalls nicht so häufig, wie es im Interesse der Heilung erwünscht wäre. Man kann den Eindruck dieser Tatsache wieder abschwächen, indem man hervorhebt, daß die Tiefe der Hypnose und die Gefügigkeit gegen die Suggestionen nicht gleichen Schritt miteinander halten, so daß man oft bei leichter hypnotischer Betäubung doch gute Wirkung der Suggestion beobachten kann. Aber auch, wenn man die hypnotische Gefügigkeit als das Wesentlichere des Zustandes selbständig nimmt, muß man zugestehen, daß die einzelnen Menschen ihre Eigenart darin zeigen, daß sie sich nur bis zu einem bestimmten Grad von Gefügigkeit beeinflussen lassen, bei dem sie dann haltmachen. Die einzelnen Personen zeigen also sehr verschiedene Grade von Brauchbarkeit für das hypnotische Heilverfahren. Gelänge es, Mittel aufzufinden, durch welche man alle diese besonderen Stufen des hypnotischen Zustandes bis zur vollkommenen Hypnose steigern könnte, so wäre die Eigenart der Kranken wieder aufgehoben, das Ideal der Seelenbehandlung verwirklicht. Aber dieser Fortschritt ist bisher nicht geglückt; es hängt noch immer weit mehr vom Kranken als vom Arzt ab, welcher Grad von Gefügigkeit sich der Suggestion zur Verfügung stellen wird, d. h. es liegt wiederum im Belieben des Kranken.

Noch bedeutsamer ist ein anderer Gesichtspunkt. Wenn man die höchst merkwürdigen Erfolge der Suggestion im hypnotischen Zustand schildert, vergißt man gerne daran, daß es sich hierbei wie bei allen seelischen Wirkungen auch um Größen- oder Stärkenverhältnisse handelt. Wenn man einen gesunden Menschen in tiefe Hypnose versetzt hat und ihm nun aufträgt, in eine Kartoffel zu beißen, die man ihm als Birne vorstellt, oder ihm einredet, er sehe einen Bekannten, den er grüßen müsse, so wird man leicht volle Gefügigkeit sehen, weil kein ernster Grund beim Hypnotisierten vorhanden ist, welcher sich gegen die Suggestion sträuben könnte. Aber schon bei anderen Aufträgen, wenn man z. B. von einem sonst schamhaften Mädchen verlangt, sich zu entblößen, oder von einem ehrlichen Mann, sich einen wertvollen Gegenstand durch Diebstahl anzueignen, kann man einen Widerstand bei dem Hypnotisierten bemerken, der selbst soweit gehen kann, daß er der Suggestion den Gehorsam verweigert. Man lernt daraus, daß in der besten Hypnose die Suggestion nicht eine unbegrenzte Macht ausübt, sondern nur eine Macht von bestimmter Stärke. Kleine Opfer bringt der Hypnotisierte, mit großen hält er, ganz wie im Wachen, zurück. Hat man es nun mit einem Kranken zu tun, und drängt ihn durch die Suggestion zum Verzicht auf die Krankheit, so merkt man, daß dies für ihn ein großes und nicht ein kleines Opfer bedeutet. Die Macht der Suggestion mißt sich zwar auch dann mit der Kraft, welche die Krankheitserscheinungen geschaffen hat und sie festhält, aber die Erfahrung zeigt, daß letztere von einer ganz anderen Größenordnung ist als der hypnotische Einfluß. Derselbe Kranke, der sich in jede — nicht gerade anstößige — Traumlage, die man ihm eingibt, voll gefügig hineinfindet, kann vollkommen widerspenstig gegen die Suggestion bleiben, welche ihm etwa seine eingebildete Lähmung abspricht. Dazu kommt noch in der Praxis, daß gerade nervöse Kranke meist schlecht hypnotisierbar sind, so daß nicht der volle hypnotische Einfluß, sondern nur ein Bruchteil desselben den Kampf gegen die starken Kräfte aufzunehmen hat, mit denen die Krankheit im Seelenleben verankert ist.

Der Suggestion ist also nicht von vornherein der Sieg über die Krankheit sicher, wenn einmal die Hypnose und selbst eine tiefe Hypnose gelungen ist. Es bedarf dann noch immer eines Kampfes, und der Ausgang ist sehr häufig ungewiß. Gegen ernstliche Störungen seelischer Herkunft richtet man daher mit einmaliger Hypnose nichts aus. Mit der Wiederholung der Hypnose fällt aber der Eindruck des Wunders, auf das sich der Kranke vielleicht gefaßt gemacht hat. Man kann es dann erzielen, daß bei wiederholten Hypnosen die anfänglich mangelnde Beeinflussung der Krankheit immer deutlicher wird, bis sich ein befriedigender Erfolg herstellt. Aber eine solche hypnotische Behandlung kann ebenso mühselig und zeitraubend verlaufen wie nur irgend eine andere.

Eine andere Art, wie sich die relative Schwäche der Suggestion im Vergleich mit dem zu bekämpfenden Leiden verrät, ist die, daß die Suggestion zwar die Aufhebung der Krankheitserscheinungen zustande bringt, aber nur für kurze Zeit. Nach Ablauf dieser Zeit sind die Leidenszeichen wieder da und müssen durch neuerliche Hypnose mit Suggestion wieder vertrieben werden. Wiederholt sich dieser Ablauf oft genug, so erschöpft er gewöhnlich die Geduld des Kranken wie die des Arztes und hat das Aufgeben der hypnotischen Behandlung zur Folge. Auch sind dies die Fälle, in denen sich bei dem Kranken die Abhängigkeit vom Arzt und eine Art Sucht nach der Hypnose herzustellen pflegen.

Es ist gut, wenn der Kranke diese Mängel der hypnotischen Heilmethode und die Möglichkeiten der Enttäuschung bei ihrer Anwendung kennt. Die Heilkraft der hypnotischen Suggestion ist ja etwas Tatsächliches, sie bedarf der

übertreibenden Anpreisung nicht. Anderseits ist es leicht
verständlich, wenn die Ärzte, denen die hypnotische Seelenbehandlung soviel mehr versprochen hatte, als sie halten
konnte, nicht müde werden, nach anderen Verfahren zu
suchen, welche eine eingreifendere oder minder unberechen-
bare Einwirkung auf die Seele des Kranken ermöglichen.
Man darf sich der sicheren Erwartung hingeben, daß die
zielbewußte moderne Seelenbehandlung, welche ja eine ganz
junge Wiederbelebung alter Heilmethoden darstellt, den
Ärzten noch weit kräftigere Waffen zum Kampfe gegen die
Krankheit in die Hände geben wird. Eine tiefere Einsicht
in die Vorgänge des Seelenlebens, deren erste Anfänge
gerade auf den hypnotischen Erfahrungen ruhen, wird
Mittel und **Wege** dazu weisen.

BIBLIOGRAPHISCHE ANMERKUNG

DIE FREUDSCHE PSYCHOANALYTISCHE METHODE

In deutscher Sprache:
- 1904 In: Löwenfeld, "Psychische Zwangserscheinungen", Verlag J. F. Bergmann, Wiesbaden.
- 1906 In "Sammlung kleiner Schriften zur Neurosenlehre aus den Jahren 1893–1906", Verlag Franz Deuticke, Leipzig und Wien.
- 1911 Zweite Auflage, im gleichen Verlag.
- 1920 Dritte Auflage, im gleichen Verlag.
- 1922 Vierte Auflage, im gleichen Verlag.
- 1925 In "Gesammelte Schriften", Band I, Internationaler Psychoanalytischer Verlag, Leipzig, Wien, Zürich.

In englischer Sprache:
- 1924 Übersetzt von J. Bernays. In "Collected Papers", Vol. I. The International Psycho-Analytical Library, No. 7, The Hogarth Press, London.

In japanischer Sprache:
- 1932 Übersetzt von K. Ohtski, im Sammelband "Technik der Psychoanalyse" der Shunyodo-Ausgabe, Shunyodo Verlag, Tokio.
- 1936 Zweite Auflage, im gleichen Verlag.

In russischer Sprache:
- ——— Übersetzt von M. Wulff, im Sammelband "Freud: Methodik und Technik der Psychoanalyse", Band IV der Psychologischen und Psychoanalytischen Bibliothek, Staatsverlag Moskau.

ÜBER PSYCHOTHERAPIE

In deutscher Sprache:

1905 In "Wiener Medizinische Presse", Nr. 1.

1906 In "Sammlung kleiner Schriften zur Neurosenlehre aus den Jahren 1893–1906", Verlag Franz Deuticke, Leipzig und Wien.

1911 Zweite Auflage, im gleichen Verlag.

1920 Dritte Auflage, im gleichen Verlag.

1922 Vierte Auflage, im gleichen Verlag.

1925 In "Gesammelte Schriften", Band VI, Internationaler Psychoanalytischer Verlag, Leipzig, Wien, Zürich.

In englischer Sprache:

1909 Übersetzt von A. A. Brill. In "Selected Papers on Hysteria and other Psychoneurosis", Nervous and Mental Disease Monograph Series, No. 4, New York.

1924 Übersetzt von J. Bernays. In "Collected Papers", Vol. I, The International Psycho-Analytical Library, No. 7, The Hogarth Press, London.

In russischer Sprache:

—— Übersetzt von M. Wulff, im Sammelband "Freud: Methodik und Technik der Psychoanalyse", Band IV der Psychologischen und Psychoanalytischen Bibliothek, Staatsverlag Moskau.

In japanischer Sprache:

1930 Übersetzt von Yasuda Tokutaro, im Verlag "Ars", Tokio.

DREI ABHANDLUNGEN ZUR SEXUALTHEORIE

In deutscher Sprache:

1905 Im Verlag Franz Deuticke, Leipzig und Wien.

1910 Zweite Auflage, im gleichen Verlag.

1915 Dritte Auflage, im gleichen Verlag.

1920 Vierte Auflage, im gleichen Verlag.

1922 Fünfte Auflage, im gleichen Verlag.

1924 In "Gesammelte Schriften", Band V, Internationaler Psychoanalytischer Verlag, Leipzig, Wien, Zürich.

1925 Sechste, durchgesehene Auflage, Verlag Franz Deuticke, Leipzig und Wien.

In englischer Sprache:

1910   Übersetzt von A. A. Brill. Nervous and Mental Disease Monograph Series, No. 7, New York.
1912   Zweite Auflage, im gleichen Verlag.
1920   Dritte Auflage, im gleichen Verlag.
1930   Vierte Auflage, im gleichen Verlag.
1938   Übersetzt von A. A. Brill, in "The Basic Writings of Sigmund Freud", The Modern Library, New York.

In französischer Sprache:

1923   Übersetzt von B. Reverchon. "Les Documents Bleus", No. 1, Librairie Gallimard, Paris.
1925   Zweite Auflage, im gleichen Verlag.

In italienischer Sprache:

1921   Übersetzt von Prof. M. Levi-Bianchini, als No. 3 der Bibliotheca Psicoanalitica Italiana.

In japanischer Sprache:

1931   Übersetzt von Y. K. Yabe und K. Ohtski. Im Sammelband "Sexualtheorie und Hemmungstheorie" der Shunyodo-Ausgabe, Shunyodo Verlag, Tokio.
1938   Dritte Auflage im gleichen Verlag.

In dänischer Sprache:

1934   Übersetzt von Jorgen Neergaard, Store Nordiske Videnskabsboghandel, Kopenhavn.

In polnischer Sprache:

1924   Übersetzt von L. Jekels und Marjan Albinski. Polska Bibljoteka Psychoanalityczna, Tom. 2.

In spanischer Sprache:

1922   Übersetzt von Luis Lopez-Ballesteros y de Torres. Im Band II der "Obras Completas", Biblioteca Nueva, Madrid.

In tschechischer Sprache:
    1926   Im Verlag Alois Srdce, Praha.

In ungarischer Sprache:
    1915   Übersetzt von S. Ferenczi, Verlag Mano Dick, Budapest.
    1919   Zweite Auflage, im gleichen Verlag.

MEINE ANSICHTEN ÜBER DIE ROLLE DER SEXUALITÄT IN DER ÄTIOLOGIE DER NEUROSEN

In deutscher Sprache:
    1905   Datum des Manuskripts.
    1906   In Löwenfeld: Sexualleben und Nervenleiden, IV. Auflage.
    1906   In "Sammlung kleiner Schriften zur Neurosenlehre aus den Jahren 1893–1906", Verlag Franz Deuticke, Leipzig und Wien.
    1911   Zweite Auflage, im gleichen Verlag.
    1920   Dritte Auflage, im gleichen Verlag.
    1922   Vierte Auflage, im gleichen Verlag.
    1925   In "Gesammelte Schriften", Band V, Internationaler Psychoanalytischer Verlag, Leipzig, Wien, Zürich.

In englischer Sprache:
    1909   Übersetzt von A. A. Brill. In "Selected Papers on Hysteria and other Psychoneurosis", Nervous and Mental Disease Monograph Series, No. 4, New York.
    1924   Übersetzt von J. Bernays. In "Collected Papers", Vol. I, The International Psycho-Analytical Library, No. 7, The Hogarth Press, London.

BRUCHSTÜCK EINER HYSTERIE-ANALYSE

In deutscher Sprache:
    1905   In "Monatsschrift für Psychiatrie und Neurologie", herausgegeben von C. Wernicke und Th. Ziehen. Band XXVIII, Heft 4.
    1909   In "Sammlung kleiner Schriften zur Neurosenlehre", Zweite Folge, Verlag Franz Deuticke, Leipzig und Wien.

1912   Zweite Auflage, im gleichen Verlag.
1921   Dritte Auflage, im gleichen Verlag.
1924   In "Gesammelte Schriften", Band VIII, Internationaler Psychoanalytischer Verlag, Leipzig, Wien, Zürich.
1932   In "Vier psychoanalytische Krankengeschichten", Kleinoktavausgabe, im gleichen Verlag.

In englischer Sprache:
1925   Übersetzt von A. u. J. Strachey. In "Collected Papers", Vol. III, The International Psycho-Analytical Library No. 9, The Hogarth Press, London.

In französischer Sprache:
1928   Übersetzt von Marie Bonaparte und R. Loewenstein. In "Revue Francaise de Psychanalyse", Tom. II.

In japanischer Sprache:
1930   Übersetzt von Yasuda Tokutaro, im Sammelband "Studien über Hysterie", Verlag "Ars", Tokio.

In spanischer Sprache:
1931   Übersetzt von Luis Lopez-Ballesteros y de Torres, in Band XV der "Obras Completas", Biblioteca Nueva, Madrid.

In tschechischer Sprache:
1937   Übersetzt von Dr. Otto Friedmann. In Band 2 der Ausgewählten Schriften Freuds "Psychoanalytische Krankengeschichten", Verlag Julius Albert, Praha.

PSYCHISCHE BEHANDLUNG (SEELENBEHANDLUNG)

1905   In dem Sammelwerk "Die Gesundheit, ihre Erhaltung, ihre Störung, ihre Wiederherstellung", herausgegeben von Prof. Dr. R. Kossmann in Berlin und Priv. Doz. Julius Weiss in Wien, Union Deutsche Verlagsgesellschaft, Stuttgart.

INDEX

Abfuhr 63
Abstinenzerscheinungen u. Neurose 158
Abraham 99 Anm. 1, 99 Anm. 2, 100 Anm. 1
Abreagieren 4, 13, 151
Abulie 9, 22
Affektausdruck 293f
Affekte 294ff
   eingeklemmte -, s. eingeklemmte Affekte
   Übergreifen von -n auf die sexuelle Sphäre 104
   -verkehrung, hysterische -, 187
After, sexuelle Verwendung des -s, 51, 86f
Aggression u. männl. Sexualität 57
   -sneigung der Kinder 92ff
Aktivität im Sexualverhalten 56f, 99, 121 Anm. 1, 154
Akzidentelles u. Dispositionelles 29
Algolagnie 56
Ambivalenz 99f
Amnesie 6, 8
   Aufhebung der- als therapeutisches Ziel 175
   hysterische-, 76, 174
   infantile-, 75f, 90
Anästhesie, weibliche-, 122, 128
Analcharakter 111 Anm. 1
Analerotik 88 Anm. 1, 106 Anm. 1, 135
anal-sadistische Phase 99, 135
Analytiker, Charakterforderungen an den-, 25
"analytische" Methode (Namengebung) 16

Analytische Situation 5
   Sprechen über Sexuelles in der - n-, 207f
   Therapie u. Alter 9, 21f
   Dauer der- n-, 10
   "Gefährlichkeit" der- n-, 22f
   u. Intelligenz 9, 21
   u. Psychosen 21
   Unannehmlichkeiten der- 19
   u. Verworrenheitszustände 21
   Voraussetzung beim Patienten für-, 9
Analzone s. After
   u. Inversion 45 Anm. 1
Andreas- Salomé, Lou-, 88 Anm. 1
Angst vor Dunkelheit 125
   infantile-, 125f
   Verwandlung von Libido in-, 126
Ängstigen, Gefühl des- s, 104
Angsthysterie 149f
Anlehnung der infant. Sexualität an lebenswichtige Körperfunktionen 83, 123 Anm. 1
Anlehnungstypus der Objektwahl 123 Anm. 1f
Anorexie 9, 22
Antike; Liebesleben der-, 37f, 38 Anm. 1, 43, 48 Anm. 1
Aphonie 181, 199
Arduin 43 Anm. 1
Armee, Erkrankungen in-5
Ärztewahl, freie-, 303, 29
Assoziation, freie-, 5f
   sgesetze 6, 198
Ästhetische Hemmungen 78

Ätiologie, definitive-, 142
　dispositionelle-, 142
　der Neurosen 25, 142, 149-159
Autoerotismus 81ff, 134
Autorität 50
　Ablösung von der Eltern-, 128

Baldwin 74 Anm. 1
Bayer 77 Anm. 2
Bell, S. 74 Anm. 1, 94 Anm. 1
Bemächtigungstrieb 93
Bernheim 15
Berufswahl 102f
Beschauen 55f
Bestätigung einer Deutung des Unbewussten 217f, 218 Anm.1
Betasten 55f
Bewegungslust 104, 104 Anm. 1
Binet 53, 54 Anm. 1, 71
Biologie u. PsA. 30
Bisexualität 40ff, 121
"Blasenleiden" der Kinder 90
Bleuler 74 Anm. 1, 90 Anm. 1, 99
Bloch, J. 33 Anm. 1, 38, 38 Anm. 1, 50 Anm. 2, 211 Anm. 1
Breuer, J. 3, 4, 13, 16, 62, 64 Anm. 1, 151, 182, 185, 185 Anm. 1

"Ça n'empêche pas d'exister" 278
Charakter, Begriff des-, 140
　verbildungen 9
Charcot 151, 198, 278
Chevalier 40, 42 Anm. 1
Coitus interruptus als ätiologisches Moment 150, 242
Colin 59 Anm. 1

Darmstörungen der Kinderjahre 86
Deckerinnerung, Dora's-, 244 Anm. 2
　u. Fetisch 54 Anm. 1
Defäkation, Lustgewinn bei der-, 87
Degeneration, Begriff der-, 36f
"Degeneration", Inversion als-, 36

Degeneration, neuropathische-, 21
"Degeneration", Perversion als-, 59 f
dégénéré 21
Denkvorgänge 295f
Dessoir 130
Detumeszenztrieb 69 Anm. 1
Deutungstechnik 7
Dirne s. Prostitution, weibliche-,
Diskretion, ärztliche-, 164
Dispositionelles u. Akzidentelles 29
Dora's Krankengeschichte 179ff
Dyspnoe, hysterische-, 179ff, 243

Eichel als erogene Zone 88
Eingeklemmte Affekte 4, 151
Eingeweidewürmer, Reizung durch-, 88
Einverleibung des Objektes 98
Eisenbahnangst 103
　-fahren, Lust am-, 102
Ekel statt Genitalsensation 187
　-schranke 50f, 78
Ellis, Havelock. 33 Anm. 1, 39, 41, 59 Anm. 1, 74 Anm. 1, 82, 82 Anm. 1, 91 Anm. 1, 119 Anm. 3, 124 Anm. 1
Endlust 112
Entstellung psychischer Gebilde 6f
Enuresis nocturna 90
Erb- Fournier'sche Lehre 178 Anm. 1
Erblichkeit s. Heredität
Erektionsäquivalente, hysterische-, 68
Ergänzungsreihen 141
Erinnern in der Hypnose 3
Erinnerungslücken 175 Anm. 1
Erogene Zonen 67-69, 82, 83ff, 212
Erogeneität 85 Anm. 1, 102f
Eros 32
Esstörungen 83
Eulenberg 33 Anm. 1
Exekutive Schwäche des Sexualapparates 53, 53 Anm. 1
Exhibitionismus 56, 56 Anm. 1
　-sneigung der Kinder 92f

Familienroman 127 Anm. 2
  situation, abnorme-, 131
Faust 53
Faustparodie Vischer's 15
Fellatio 212
Féré 59 Anm. 1
Ferenczi 45 Anm. 1, 50 Anm. 1, 78
  Anm. 2, 130 Anm. 2
Fetischismus 52ff, 54 Anm. 1
Finger 178 Anm. 1 f.
Finsentherapie 20
Fixierbarkeit früher Sexualäusserungen,
  144
Fixierung, inzestuöse-, 129
  vorläufiger Sexualziele 55-59, 144f
Fliess, W. 43 Anm. 1, 46 Anm. 1, 65
  Anm. 2, 79 Anm. 1, 241
Flucht in die Krankheit 202 Anm. 1
Fluor albus 238
Frigidität, weibliche-, 122, 128
Frühreife 142

Galant, Dr. 81 Anm. 2
Geburtsangst 127 Anm. 2f
Gedankenerraten 296
Gegensatzpaare von Perversionen 59, 66
  von Trieben 99
Gehstörung 104 Anm. 1
Genitalien, "Unschönheit" der-, 55
  Anm. 1
Genitalzone als erogene Zone 88ff
Geschenk- Kot 87
Geschlechtscharaktere, sekundäre u.
  tertiäre-, 41
"Geschlechts- Triebe" 33
Geschlechtsumwandlung, experimentelle-, 46 Anm. 1
Gesellschaftsangst 190 Anm. 1
Gesundheit u. Krankheit 8
"gläubige Erwartung", Zustand der-n-," 14
gläubige Heilungserwartung 300f

Gleichnis von der Finsentherapie des
  Lupus 20
  vom Himmel durch die Welt zur
    Hölle 61
  vom Kienholz u. härteren Brennholz
    122
  von den Kommunizierenden Röhren
    50 Anm. 2
  von "per via di porre — per via di
    levare" 17
  Plato's von den in zwei Hälften geschnittenen Menschen 34
  vom prähistorischen Charakter der
    eigenen Kindheit 76
  von der Schwierigkeit, das seelische
    Instrument zu spielen 18
  vom Touristen u. der Pyramide von
    Gizeh 76
  vom Tunneldurchschlag von zwei
    Seiten 108
Geburtstheorien 96f
Gley, E. 42 Anm. 1
Goethe 53
Grausamkeit 58
  der Kinder 92ff
Grausen, Gefühl des- s, 104
Groos, Karl 74 Anm. 1
Grundregel, analytische-, 5f
Gruselgeschichten 125
gynäkophile Gefühlsströmungen 224

Haftbarkeit früher Sexualäusserungen,
  144
Haftfähigkeit der ersten Liebe 53
Halban 41, 41 Anm. 1, 77 Anm. 2
Hall, Stanley-, 74 Anm. 1
Halluzination in Hypnose 307
  negative-, 308
Hamlet 19
"hämorrhoidale Einflüsse" 87
Harnerotik 106 Anm. 1
"Hausfrauenpsychose" 178

Heller, Th. 74 Anm. 1
Heredität 73, 73 Anm. 1, 137, 178 Anm. 1 in Ätiologie der Hysterie 178 Anm. 1
Herman, G. 43 Anm. 1
Hermaphroditismus 40ff
Hirschfeld, M. 33 Anm. 1, 34 Anm. 1, 43 Anm. 1, 45 Anm. 1
Hoche 50 Anm. 2
Homoerotik 45 Anm. 1
Homosexualität 34-47, s. auch Inversion
Hug- Hellmuth, H.v.-, 74 Anm. 1
Husten, nervöser-, s. Tussis nervosa
hypnoide Zustände 185 Anm. 1
Hypnose 4, 50 Anm. 1, 304ff
    Aufgeben der- in der PsA. 240
    Gewöhnung an die-, 310
hypnotische Methode, Unzulänglichkeiten der- n-, 7f, 16, 311ff
Hypnotisierbarkeit 3, 50 Anm. 1
Hysterie 8f, 13, 22, 63f, 163-286
    Atiologie der- u. Heredität, 178
    erogene Zonen in der-, 84
    männliche-, 65
"hystérie, Petite-" 181
hysterische Amnesie 76, 174
    Anorexie s Anorexie
    Dyspnoe s. Dyspnoe, hysterische-
    -r Ekel 51
    -s Erbrechen 83, 182 Anm. 1f
    Erektionsäquivalente 68
    -r Globus 83
    Konversion s. Konversion
hysterogene Zonen 85

Ichlibido 118
idée fixe 24, 278
Identifizierung 98
Indikationen der PsA Therapie 9f, 20f
infantile Sexualforschung s. Sexualforschung, infantile-,
infantile Sexualität, s. Sexualität, infantile
Sexualtraumen 154
Infantilismus der Sexualität 71f, 154
Intellektuelle Arbeit 105
inter urinas et faeces nascimur 190
Intoxikation — Neurose 117, 158
Inversion 34-47
    absolute-, 34f
    Abwechslung von- u. Normalität 36
    u. Adel 131
    amphigene-, 35
    u. Analzone 45 Anm. 1
    angeboren oder erworben? 38
    in der Antike 37f, 38 Anm. 1, 43, 131
    Ätiologie der-, 38ff, 44 Anm. 1f
    Behandelbarkeit der-, 35 Anm. 1
    Charakter- bei Frauen 41
    als "Degeneration" 36
    u. Erziehung durch Männer, 131
    u. Familiensituation 45 Anm. 1, 131
    Herabsetzung des Sexualtriebs bei-, 41
    okkasionelle-, 35
    bei Primitiven 37f
    Sexualobjekt in der-, 43ff
    Urteil der Invertierten über-, 35
    Verbreitung der-, 37f
    Verhütung der-, 130
    Zeitliches Auftreten der-, 35, 35 Anm 2
    Zwanghaftigkeit der-, 35
    -sneigung aller Neurotiker 65 Anm. 2
Inzestschranke 127f, 127 Anm. 1
Inzestuöse Objektwahl 126f

Janet 24, 278
"J'appelle un chat un chat" 208
Jullien 178 Anm. 1 f
Jung, C. G. 120
Jung's Libidobegriff 120

Kachexie 20
Kannibalische Gelüste 58
 Phase 98
Kastraten, Sexualität bei-, 116
Kastrationskomplex, männlicher- 96
 u. Masochismus 58
 weiblicher-, 96 Anm. 1
Kathartisches Verfahren 3f, 16, 157
Kiernau 40
Kinderbeobachtung, direkte-, 32
Kitzelreiz 84
Klitoris 88, 121
 -onanie 121
 -sexualität, Verdrängung der-, 122
Konstitution, Verschiedenheiten in der
 Sexual-, 106, 137
Kontraindikationen für PsA Therapie
 9, 20ff
Konträrsexuelle 34
Kontrektationstrieb 69 Anm. 1
Konversion 4, 13, 63, 151
Koprophilie 54 Anm. 3
Kot- Geschenk 87
Kotlecken 60
Kraft- Ebing 33 Anm. 1, 42, 42 Anm. 1,
 56, 59 Anm. 1, 115, 210
Krankengeschichte, Darstellung der
 eigenen-, 174
Krankheit, Flucht in die-, s. Flucht in
 die Krankheit
 u. Gesundheit 8
 -einsicht 21
 -sgewinn, primärer-, s. primärer
 Krankheitsgewinn
 sekundärer-, s. sekundärer Krank-
 heitsgewinn
 -smotive 202f
Kränkung 295
Kurella 74 Anm. 1
Kuss 49, 83

Lagererkrankungen 295

Lang, Prof.-, 174 Anm. 1
Latenzperiode 77-80, 100f, 135
 -zeit der Tiere 78 Anm. 2, 135
Leichenmissbrauch 60
Leitzonen, sexuelle-, 121f
Leonardo da Vinci 17
Libido 33
 Ich-, 118
 narzisstische-, 119
 Objekt-, 118f
 Verwandlung von- in Angst 126
 -theorie 118-120
Lièbault 15
Liebe, Gläubigkeit der-, 50
 erste-, 53
 "reine"-, 124
Lindner 80, 81
Lipschütz, A. 46 Anm. 1, 78 Anm. 2,
 116
Löwenfeld 14, 33 Anm. 1
Lust, Begriff der-, 33 Anm. 2, 84, 114
 Anm. 1
 -Schmerz 58f
 -Unlustproblem 110f
Lüsternheit 25
Lutschen 80ff, 98f, 133, 211
"Lutscherli, Das-," 81 Anm. 2
Lydstone, Frank-, 40

Magenschmerzen Dora's 197, 241
Magnan 36
"männlich" Begriff:- 120, 121 Anm. 1
männliche Sexualentwicklung 120ff
Mantegazza 184, 223
Masochismus 56ff, 94
Masochismus, "erogener"-, 105 Anm. 1
 femininer-, 57 Anm. 1
 moralischer-, 57 Anm. 1
 primärer, (erogener) 57 Anm. 1
 sekundärer-, 57 Anm. 1
Massenpsychologie u. Wunderkur 299
Masturbation s. Onanie

Medium u. Gedankenerraten 296
Menschenscheu 190 Anm. 1
Mienenspiel als Ausdruck des Unbewussten 219
Migräne 181
Modeärzte 299
-kuren 299
Moebius 15, 33 Anm. 1, 37 Anm. 1, 71
Moll 33 Anm. 1, 69 Anm. 1, 74 Anm. 1
Moralische Hemmungen 78
Mundschleimhaut als Sexualziel 50ff
Mutismus, hysterischer-, 199
Mutterbrust als Objekt 123
Mythus, fetischistische Symbole im-, 54
u. Phantasie 127 Anm. 2

Nacherziehung durch PsA, 25
Nachmansohn, S. 32
Naecke 119 Anm. 3
Nancy, Schule von-, 15
Narzissmus, Terminus "-", 119 Anm. 3
der Invertierten 44 Anm. 1
narzisstische Libido 119
Typus der Objektwahl 123 Anm. 1f
Naturheilkünstler 300
nervöse Erschöpfung 9
"Nervosität" 292f
Neugebauer 40 Anm. 1
Neurasthenie 149f, 293
Neurose als Negativ der Perversion 65, 132, 210
Neurosenwahl 154
Neurotiker, Inversionsneigung aller-, 65 Anm. 2
Normalität — Abnormalität 106 Anm. 1

Objekt-findung-123-131
-homoerotiker 45 Anm. 1
-libido 118f
-wahl, frühkindliche-, 94 Anm. 1
inzestuöse-, 126
Obstipation 88

Ödipuskomplex 127 Anm. 2, 216f
u. Perversionen 62 Anm. 1
Onanie-ersatzhandlung 239
infantile-, 81, 86-94, 121, 243 Anm. 1f
Klitoris-, 121
u. Magenkrämpfe 241
mutuelle- Invertierter, 51
Pubertäts-, 89
Säuglings-, 89
-schuldgefühl 90 Anm. 1
-technik 89 Anm. 1
-verbot 89 Anm. 1
onanistische Reizung der Afterzone 88
on revient toujours à ses premiers amours 53
Ontogenese u. Phylogenese 29
Orale Phase 98f
Oralerotik 106 Anm. 1, 135, 212
Orgasmus beim Wonnesaugen 81

Päderastie 47-48
Pädikatio 51
"Pansexualismus" der PsA 32
"Paracelus" (Schnitzler) 203 Anm. 1
Partialtrieb, Begriff des- s, 67
-e 92ff
Intensitätsunterschiede der- 70
u. Symptombildung 66
Passivität im Sexualverhalten 56f, 99, 121 Anm. 1, 154
Penisneid 96
Pérez 74 Anm. 1
Perverse, Phantasien der- n. 65 Anm. 1
Perversion, Neurose als Negativ der- 65, 132, 210
u. psa Therapie 133 Anm. 1
u. Vorlust 115
-en 33-72, 157, 210
Ausschliesslichkeit der-, 61
Fixierung der-, 61
u. Ödipuskomplex 62 Anm. 1

Phallische Phase 100 Anm. 1
Phantasie von Kastrationsdrohung 127
  Anm. 2
  Mutterleibs- 127 Anm. 2
  u. Mythus 127 Anm. 2
  -n der Pubertätszeit 127 Anm. 2
  von Urszene 127 Anm. 2
  verführungs-, 127 Anm. 2
  philosophische Kritik am Begriff des
  "Unbewussten" 24
Phobie 9
Phylogenese u. Ontogenese 29
Plato 32
Pollution 90, 114
  in Prüfungssituation 104
polymorph perverse Anlage der Kinder
  91f, 156
pour faire une omelette... 209
prägenitale Organisation 94, 98ff, 135
Preyer 74 Anm. 1
primärer Krankheitsgewinn 202 Anm. 1
Primat der Genitalzone 100, 108ff
Primitive, Sexualentwicklung bei den
  -n, 144
Prostitution, männliche-, 43
  weibliche-, 92
Prüderie 25
Prüfungsangst 104
Prügeln von Kindern 94
"Pubertätsdrüse" 46 Anm. 1
Psychoanalyse, Geschichte der-, 13f,
  62f
  Kritik an der-, 14
  Technik der-, 169
  "wilde"-, 18
psychoanalytisch s. auch analytisch
  -e Methode 3-10
Psychosentherapie 21
Psychotherapie 13-26, 289-315
Pubertät 108-131
  als Manifestationszeit von Neurosen
  69

Pubertät
  -sdrüse 117

Rank, O. 127 Anm. 2f
Rapport 306
Rauchen, Disposition zum-, 83
Raufen, Lust am-, 103 f
Raumangst 104 Anm. 1
Reaktionsbildung 78f, 79 Anm. 2, 140
  -gedanken 215
  -regungen 79
  -verstärkung 215
Reder, Prof. von-, 13
Reiz, Begriff des- es 67
  -hunger 50 Anm. 2
Reliquien 298
"Retourkutschen" 194
Riechlust 54 Anm. 3
Rieger, C. 116
Ringen, Lust am-, 103f
Rohleder 86 Anm. 1
Rousseau, Jean Jacques 94

Sadger, J. 33 Anm. 1
Sadismus 56ff, 104
  Wendung des- gegen die eigene
  Person 57f
Sadistisch- anale Phase 99, 135
  -e Auffassung des Sexualverkehrs 97
Samenanhäufung, Reiz durch-, 115
Saugen an der Mutterbrust 123
Schamgefühl 56, 78
Schaudern, Gefühl des- s, 104
Schaukeln, Lust am-, 102
Schautrieb s. Voyeurtum
Schlaflosigkeit, nervöse-, 81 Anm. 1,
  260 Anm. 1
  -wandeln 305
Schlagen von Kindern 94
Schmerz u. Aufmerksamkeitszuwendung 297
  erogene Wirkung des- es, 105

Schmerz
-Lust 58f
-schranke der Sexualität 58
Schmidt, Richard-, 166 Anm. 1
Schnitzler, Arthur-, 203 Anm. 1
Schönheit, Begriff der-, 55, 55 Anm. 1, 111
Schopenhauer, A. 32
Schreber 171 Anm. 1
v. Schrenk- Notzing 33
Schuldgefühl u. Masochismus 58
Schwärmerei 130
Scott 59 Anm. 1
Seelenbehandlung s. Psychotherapie
Sekundäre Geschlechtscharaktere s. Geschlechtscharaktere, sekundäre
-r Krankheitsgewinn 202 Anm. 1
-funktion des Symptoms 203
Selbstmordvorsatz 181, 181 Anm. 1
Sexualeinschüchterung 45 Anm. 1
-entwicklung, männliche u. weibliche-, 120ff
  Onto- u. Phylogenese der-, 61 Anm. 1
-forschung, infantile-, 95-97
-hemmungen 78
Sexualität, Begriff der-, 32
  Grausen vor-, 129
  infantile-, 73-107
  Literatur über- -74 Anm. 1
  bei Kastraten 116
  u. Neurosenätiologie 149-159
  u. PsA. 25
Sexual-objekt 34
  -e, Imagines als-, 129
  der Säuglingszeit 124f
  Überschätzung des- s, 49f, 52f
  Wahl des- s, 44 Anm. 1ff, 123-131
-spannung 110
  in Kinderjahren 113
-reihen 130
-stoffe 114f
-theorie 27-145

Sexual
-trieb 33ff
  Herabsetzung des- s bei Inversion 41
  bei Fetischisten 53, 53 Anm. 1
  bei Neurotikern 62-67
-überschätzung 49ff, 50 Anm. 3, 122
-verdrängung 64, 156
-ziel 34, 85
Sexuelle Abirrungen s. Perversionen
-s Ausleben als "Therapie" 25f
  Bedürftigkeit 26
  Erregtheit 110
Sinnliche Strömung der Pubertätssexualität 101
Skatalogische Gebräuche 88
Sodomie 47-48
Somatisches Entgegenkommen 200f
Somnambulismus 305
Sphinx, Rätsel der-, 95
Sport als Sexualablenkung 104 Anm. 1
Steinach, E. 46 Anm. 1, 116
Stimmlosigkeit s. Aphonie
Storchfabel 97
Strachey, Mr. and Mrs. James 171 Anm. 1
Strümpell 74 Anm. 1
Subjekthomoerotiker 45 Anm. 1
Sublimierung 79, 79 Anm. 2, 107, 140, 210, 280
  des Reizvollen zum Schönen 55 Anm. 1, 111
Suggestion 15, 307f
-sverfahren der Psychotherapie 4
Suggestivbehandlung 17
Sully 74
Symbol, Eisenbahn als-, 103
  Feuer als-, 234
  Fuss als-, 54, 54 Anm. 2, 54 Anm. 3
  Pantoffel als-, 54 Anm. 2
  Pelz als-, 54
  Schuh als-, 54 Anm. 2
  für weibliches Genitale 262

Symbol,
  Zimmer als-, 228 Anm. 1
Symbolik in ersten Lebensjahren 94 Anm. 1
  -ische Gleichung: Kot- Geschenk- Kind 87
Symptom als Darstellung einer sexuellen Phantasie 206
  als Sexualbetätigung des Kranken 157, 206, 278
  -bildung 4, 53ff, 213f
  u. Partialtriebe 66
  -handlung 239
Syphilis der Eltern u. neuropathische Konstitution der Kinder 178 Anm. 1f

Tarnowsky 178 Anm, 1f
Taruffi 40 Anm. 1
Teuscher, R. 40 Anm. 1
toxische Verstimmungen 21
Transplantation der Geschlechtsdrüsen 116
Traum u. Phantasie 127 Anm. 2
  als Weg zur Umgehung der Verdrängung 173
  u. Wunscherfullung 229f
  zweideutige Worte im-, 226 Anm. 2
traumatische Neurose 103
  Situation 4
Traumdeutung 7
  u. psa Therapie 167
Träume, bestimmte-,
  Dora's Traum vom brennenden Haus u. der Rettung des Schmuckkästchens 225-255
  Dora's Traum von Tod des Vaters 256-274
Traumstücke, vergessene-, 262 Anm. 3f
Trieb-begriff 67
  Sexual-, s. Sexualtrieb 33ff
  Auftreten der -e, 143

Trieb
  -quellen 67
  -ziele 67
Trinken, Disposition zum-, 83
Tussis nervosa 179ff, 207, 245f

Überarbeitung 105
Überdeterminierung 189 Anm. 2
Überschätzung des Sexualobjekts s. Sexualobjekt, Überschätzung des-s
Übertragung 170, 279
  -sneurosen 118f
Überwertiger Gedanke 214
Ulbrich 42
Unaufrichtigkeit des Patienten in der PsA. 174
  in Sexualfragen 50
unbewusste Regungen, Intensität- r-, 24
  -s 7, 23f
Uranismus 37 Anm. 2
Urmund- After 99 Anm. 2

Variationen im Sexualleben 59f
Verdrängung 6, 8, 24, 26, 63, 76 Anm. 1, 139, 156
Vererbung, scheinbare — von Neurosen 125
Verführung von Kindern 91, 92
Verliebtheit, inzestuöse-, 129f
  Zwanghaftigkeit der-, 120 Anm. 1
Verschiebung von unten nach oben 188, 188 Anm. 1, 245 Anm. 1
Vischer 15
Vischer, Th. 25
Vorlust 109-114
Voyeurtum 54 Anm. 3, 56
  -trieb der Kinder 92f

Wasserheilanstalten 23
"was sich liebt, das neckt sich" 104

Weib, Geringschätzung des- es, 96 Anm. 1
"polymorph perverse Anlage des Durchschnitts-es" 92
"weiblich", Begriff:-, 120, 121 Anm. 1
weibliche Sexualentwicklung 120
Weininger, O. 43 Anm. 1
Werbung, sexuelle-, 57
Wernicke 214
Widerstand 6, 18, 24
Wiegen 102
Wisstrieb 95
  Schädigung des- es, 97
Witztechnik 112 Anm. 1
Wonnesaugen 80ff
Wortzauber 301f

Wunderheilungen 298

Zärtliche Strömungen 101, 108, 124
Zärtlichkeitsbedürfnis, unersättliches- u. spätere Neurose 125
Zola, E. 141 Anm. 2
Züchtigung von Kindern 94
Zwangsneurose 8f, 22, 68
  Sexualziele in der-, 68
Zweideutige Worte im Traum 226 Anm. 2
Zweigeschlechtigkeit 43 Anm. 1
Zweizeitige Objektwahl 100, 135
Zwischenstufe, sexuelle-, 45
Zwittertum s. Hermaphroditismus

INHALT DES FÜNFTEN BANDES

Werke aus den Jahren 1904–1905

*

	Seite
Die Freudsche psychoanalytische Methode	1
Über Psychotherapie	11
Drei Abhandlungen zur Sexualtheorie	27

    Vorwort zur dritten Auflage. 29
    Vorwort zur vierten Auflage 31

    I. Die sexuellen Abirrungen   33
        1) Abweichungen in Bezug auf das Sexualobjekt 34
            a) Die Inversion 34
            b) Geschlechtsunreife und Tiere als Sexualobjekte 47
        2) Abweichungen in Bezug auf das Sexualziel 48
            a) Anatomische Überschreitungen. 49
            b) Fixierungen von vorläufigen Sexualzielen 55
        3) Allgemeines über alle Perversionen 59
        4) Der Sexualtrieb bei den Neurotikern. 62
        5) Partialtriebe und erogene Zonen 67
        6) Erklärung des scheinbaren Überwiegens perverser Sexualität bei den Psychoneurosen. 69
        7) Verweis auf den Infantilismus der Sexualität 71

    II. Die infantile Sexualität   73
        Die sexuelle Latenzperiode der Kindheit und ihre Durchbrechungen. . . 77
        Die Äußerungen der infantilen Sexualität 80
        Das Sexualziel der infantilen Sexualität 83
        Die masturbatorischen Sexualäußerungen. 86
        Die infantile Sexualforschung 95
        Entwicklungsphasen der sexuellen Organisation. 98
        Quellen der infantilen Sexualität. 101

    III. Die Umgestaltungen der Pubertät   108
        Das Primat der Genitalzonen und die Vorlust 109
        Das Problem der Sexualerregung 114
        Die Libidotheorie. 118
        Differenzierung von Mann und Weib 120
        Die Objektfindung 123

    Zusammenfassung   132

	Seite
Meine Ansichten über die Rolle der Sexualität in der Ätiologie der Neurosen	147
Bruchstück einer Hysterie-Analyse	161
Vorwort	163
I. Der Krankheitszustand	172
II. Der erste Traum	225
III. Der zweite Traum	256
IV. Nachwort	275
Psychische Behandlung (Seelenbehandlung)	287
Bibliographische Anmerkung	317
Index	325

INHALTSVERZEICHNIS

DER GESAMTEN AUSGABE

1. BAND, (1892–1899)

Inhalt: Liste der voranalytischen Arbeiten.
Ein Fall von hypnotischer Heilung.
Charcot.
Quelques Considérations pour une Etude Comparative des Paralysies Motrices Organiques et Hystériques.
Die Abwehr-Neuropsychosen. Versuch einer psychologischen Theorie der akquirierten Hysterie, vieler Phobien und Zwangsvorstellungen und gewisser halluzinatorischer Psychosen.
Studien über Hysterie:
  Über den psychischen Mechanismus hysterischer Phänomene.
  Frau Emmy v.N....., vierzig Jahre, aus Livland.
  Miss Lucy R., dreißig Jahre.
  Katharina.
  Fräulein Elisabeth v. R....
  Zur Psychotherapie der Hysterie.
Über die Berechtigung, von der Neurasthenie einen bestimmten Symptomenkomplex als „Angstneurose" abzutrennen.
Obsessions et Phobies.
Zur Kritik der „Angstneurose".
Weitere Bemerkungen über die Abwehrneuropsychosen.
L'Hérédité et L'Etiologie des Névroses.
Zur Ätiologie der Hysterie.
Die Sexualität in der Ätiologie der Neurosen.
Über Deckerinnerungen.
Zum psychischen Mechanismus der Vergeßlichkeit.

2. U. 3. BAND, (1900–1901)

Inhalt: Die Traumdeutung. (Mit den Zusätzen bis 1935.)
Über den Traum.

4. BAND, (1904)

Inhalt: Zur Psychopathologie des Alltagslebens.

5. BAND, (1904–1905)

Inhalt: Die Freudsche psychoanalytische Methode.
Über Psychotherapie.
Drei Abhandlungen zur Sexualtheorie.
Meine Ansichten über die Rolle der Sexualität in der Ätiologie der Neurosen.
Bruchstück einer Hysterie-Analyse.
Psychische Behandlung (Seelenbehandlung).

6. BAND, (1905)

Inhalt: Der Witz und seine Beziehung zum Unbewußten.

7. BAND, (1906–1909)

Inhalt: Tatbestandsdiagnostik und Psychoanalyse.
Zur sexuellen Aufklärung der Kinder.

Der Wahn und die Träume in W. Jensens „Gradiva".
Zwangshandlungen und Religionsübungen.
Die „kulturelle" Sexualmoral und die moderne Nervosität.
Über infantile Sexualtheorien.
Hysterische Phantasien und ihre Beziehung zur Bisexualität.
Charakter und Analerotik.
Der Dichter und das Phantasieren.
Vorwort zu „Nervöse Angstzustände und ihre Behandlung" von Dr. Wilhelm Stekel.
Der Familienroman der Neurotiker.
Allgemeines über den hysterischen Anfall.
Analyse der Phobie eines fünfjährigen Knaben.
Bemerkungen über einen Fall von Zwangsneurose.
Vorwort zu „Lélekelemzés, értekezések a pszichoanalizis körébol, irta Dr. Ferenczi Sándor".

8. Band, (1909–1913)

Inhalt: Über Psychoanalyse.
Zur Einleitung der Selbstmord-Diskussion. Schlußwort.
Beiträge zur Psychologie des Liebeslebens:
    Über einen bes. Typus der Objektwahl beim Manne.
    Über die allgemeinste Erniedrigung des Liebeslebens.
Die psychogene Sehstörung in psychoanalytischer Auffassung.
Die zukünftigen Chancen der psychoanalytischen Therapie.
Über „wilde" Psychoanalyse.
Eine Kindheitserinnerung des Leonardo da Vinci.
Über den Gegensinn der Urworte.
Brief an Dr. Friedrich S. Krauss über die „Anthropophyteia".
Beispiele des Verrats pathogener Phantasien bei Neurotikern.
Formulierungen über die zwei Prinzipien des psychischen Geschehens.
Psychoanalytische Bemerkungen über einen autobiographisch beschriebenen Fall von Paranoia (Dementia paranoides).
Über neurotische Erkrankungstypen.
Zur Einleitung der Onanie-Diskussion. Schlußwort.
Die Bedeutung der Vokalfolge.
Die Handhabung der Traumdeutung in der Psychoanalyse.
„Gross ist die Diana der Epheser."
Zur Dynamik der Übertragung.
Ratschläge für den Arzt bei der psychoanalytischen Behandlung.
Das Interesse an der Psychoanalyse.
Zwei Kinderlügen.
Einige Bemerkungen über den Begriff des Unbewußten in der Psychoanalyse.
Die Disposition zur Zwangsneurose.
Zur Einleitung der Behandlung.

9. Band, (1912)

Inhalt: Totem und Tabu.

10. Band, (1913–1917)

Inhalt: Märchenstoffe in Träumen.
Ein Traum als Beweismittel.
Das Motiv der Kästchenwahl.

Erfahrungen und Beispiele aus der analytischen Praxis.
Zur Geschichte der psychoanalytischen Bewegung.
Über Fausse Reconnaissance („Déjà raconté") während der psychoanalytischen Arbeit.
Erinnern, Wiederholen und Durcharbeiten.
Zur Einführung des Narzißmus.
Der Moses des Michelangelo.
Zur Psychologie des Gymnasiasten.
Triebe und Triebschicksale.
Mitteilung eines der psychoanalytischen Theorie widersprechenden Falles von Paranoia.
Die Verdrängung.
Das Unbewußte.
Bemerkungen über die Übertragungsliebe.
Zeitgemäßes über Krieg und Tod.
Vergänglichkeit.
Einige Charaktertypen aus der psychoanalytischen Arbeit.
Eine Beziehung zwischen einem Symbol und einem Symptom.
Mythologische Parallele zu einer plastischen Zwangsvorstellung.
Über Triebumsetzungen, insbesondere der Analerotik.
Metapsychologische Ergänzung zur Traumlehre.
Trauer und Melancholie.
Geleitwort zu „Die psychanalytische Methode" von Dr. Oskar Pfister Zürich.
Vorwort zu „Die psychischen Störungen der männlichen Potenz" von Dr. Maxim. Steiner.
Geleitwort zu „Der Unrat in Sitte, Brauch, Glauben und Gewohnheitsrecht der Völker" von John Gregory Bourke.
Brief an Frau Dr. Hermine von Hug-Hellmuth.

11. BAND, (1916–1917)

Inhalt: Vorlesungen zur Einführung in die Psychoanalyse.
    I. Die Fehlleistungen.
    II. Der Traum.
    III. Allgemeine Neurosenlehre.

12. BAND, (1917–1920)

Inhalt: Eine Schwierigkeit der Psychoanalyse.
Eine Kindheitserinnerung aus „Dichtung und Wahrheit".
Aus der Geschichte einer infantilen Neurose
Beiträge zur Psychologie des Liebeslebens: Das Tabu der Virginität.
Wege der psychoanalytischen Therapie.
„Ein Kind wird geschlagen".
Das Unheimliche.
Über die Psychogenese eines Falles von weiblicher Homosexualität.
Gedankenassoziation eines vierjährigen Kindes.
Zur Vorgeschichte der analytischen Technik.
James J. Putnam†.
Victor Tausk†.
Einleitung zu „Zur Psychoanalyse der Kriegsneurosen".
Vorrede zu „Probleme der Religionspsychologie" von Dr. Theodor Reik.
Preiszuteilungen für psychoanalytische Arbeiten.

13. Band, (1920–1924)

Inhalt: Jenseits des Lustprinzips.
Massenpsychologie und Ich-Analyse.
Traum und Telepathie.
Über einige neurotische Mechanismen bei Eifersucht, Paranoia und Homosexualität.
„Psychoanalyse" und „Libidotheorie".
Das Ich und das Es.
Die infantile Genitalorganisation.
Bemerkungen zur Theorie und Praxis der Traumdeutung.
Eine Teufelsneurose im siebzehnten Jahrhundert.
Josef Popper-Lynkeus und die Theorie des Traumes.
Der Realitätsverlust bei Neurose und Psychose.
Das ökonomische Problem des Masochismus.
Neurose und Psychose.
Der Untergang des Ödipuskomplexes.
Kurzer Abriß der Psychoanalyse.
Nachschrift zur Analyse des kleinen Hans.
Dr. Anton v. Freund.
Preface to *Addresses on Psycho-Analysis*, by J. J. Putnam.
Geleitwort zu J. Varendonck, *Über das Vorbewußte phantasierende Denken*.
Vorwort zu Max Eitingon, *Bericht über die Berliner psychoanalytische Poliklinik*.
Brief an Luis Lopez-Ballesteros y de Torres.
Dr. Ferenczi Sandor (Zum 50. Geburtstag).
Zuschrift an die Zeitschrift, *Le Disque Vert*.

14. Band, (1925–1932)

Inhalt: Notiz über den Wunderblock.
Die Verneinung.
Einige psychische Folgen des anatomischen Geschlechtsunterschiedes.
Selbstdarstellung.
Die Widerstände gegen die Psychoanalyse.
Geleitwort zu „Verwahrloste Jugend" von August Aichhorn.
Josef Breuer†.
Brief an den Herausgeber der „Jüdischen Preßzentrale Zürich".
To the Opening of the Hebrew University.
Hemmung, Symptom und Angst.
An Romain Rolland.
Karl Abraham†.
Die Frage der Laienanalyse.
„Psycho-Analysis".
Nachwort zur Diskussion über die „Frage der Laienanalyse".
Fetischismus.
Nachtrag zur Arbeit über den Moses des Michelangelo.
Die Zukunft einer Illusion.
Der Humor.
Ein religiöses Erlebnis.
Dostojewski und die Vatertötung.
Ernest Jones zum 50. Geburtstag.
Brief an Maxim Leroy über einen Traum des Cartesius.
Das Unbehagen in der Kultur.
Vorwort zur Broschüre „Zehn Jahre Berliner Psychoanalytisches Institut."

Geleitwort zu ,,The Review of Reviews", vol. XVII, 1930.
Brief an Dr. Alfons Paquet.
Über libidinöse Typen.
Über die weibliche Sexualität.
Geleitwort zu ,,Elementi di Psicoanalisi" von Eduardo Weiss.
Ansprache im Frankfurter Goethe-Haus.
Das Fakultätsgutachten im Prozeß Halsmann.
Brief an den Bürgermeister der Stadt Pribor.
Brief an die Vorsitzenden der Psychoanalytischen Vereinigungen.

15. BAND, (1932)
Inhalt: Neue Folge der Vorlesungen zur Einführung in die Psychoanalyse.

16. BAND, (1932-1939)
Inhalt: Zur Gewinnung des Feuers.
Warum Krieg?
Geleitwort zu ,,Allgemeine Neurosenlehre auf psychoanalytischer Grundlage" von Hermann Nunberg.
Meine Berührung mit Josef Popper-Lynkeus.
Sandor Ferenczi†.
Vorrede zur hebräischen Ausgabe der ,,Vorlesungen zur Einführung in die Psychoanalyse."
Vorrede zur hebräischen Ausgabe von ,,Totem und Tabu".
Vorwort zu ,,Edgar Poe, Étude psychanalytique", par Marie Bonaparte.
Nachschrift (zur Selbstdarstellung) 1935.
Die Feinheit einer Fehlhandlung.
Thomas Mann zum 60. Geburtstag.
Eine Erinnerungsstörung auf der Akropolis.
Nachruf für Lou Andreas-Salome.
Konstruktionen in der Analyse.
Die endliche und die unendliche Analyse.
Moses ein Ägypter.
Wenn Moses ein Ägypter war. . . .
Moses, sein Volk, und die monotheistische Religion.

17. BAND, (NACHLASS: 1892-1939)
Inhalt: Brief an Josef Breuer.
Zur Theorie des hysterischen Anfalles (Gemeinsam mit Josef Breuer).
Notiz ,,III".
Eine erfüllte Traumahnung.
Psychoanalyse und Telepathie.
Das Medusenhaupt.
Ansprache an die Mitglieder des Vereins B'Nai B'Rith (1926).
Die Ichspaltung im Abwehrvorgang.
Abriss der Psychoanalyse.
Some Elementary Lessons in Psycho-Analysis.
Ergebnisse, Ideen, Probleme.

18. BAND
INDEX DER BÄNDE 1-17

Alphabetisches Titel-Verzeichnis aller in diese Ausgabe aufgenommenen Veröffentlichungen.